日本制造业概览

2022~2023

主编　褚健

宁波工业互联网研究院
上海交通大学宁波人工智能研究院

社会科学文献出版社
SOCIAL SCIENCES ACADEMIC PRESS (CHINA)

本书获 2022 年宁波市科学技术局软科学计划（2022R005）支持及海曙区科协重点科普项目专项资助

图解说明：

行业小节序号 / 标题

行业代表企业的信息卡,包含:日本企业中文名（译）,日文名,上市公司代码（如有）,企业网址,简要介绍……

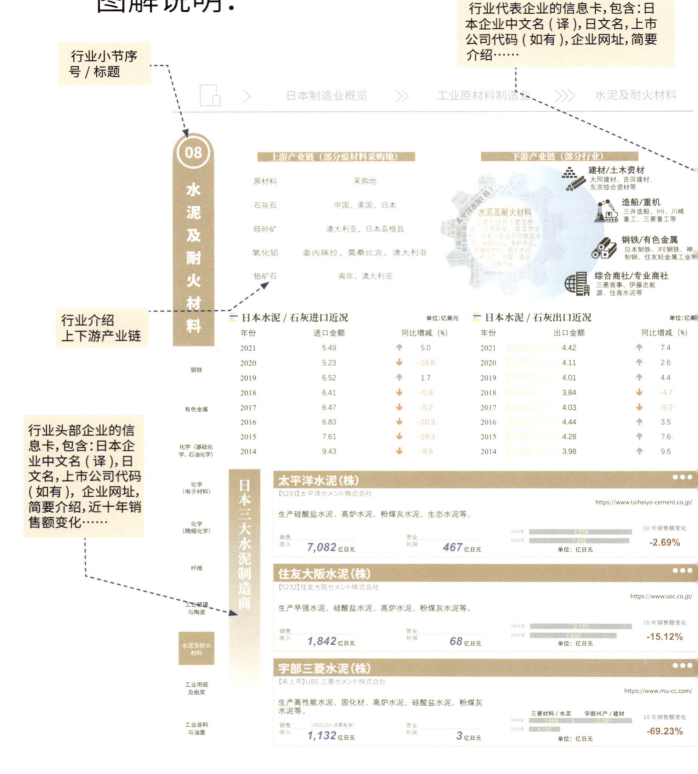

08 水泥及耐火材料

行业介绍
上下游产业链

上游产业链（部分原材料采购地）

原材料	采购地
石灰石	中国、美国、日本
硅砂矿	澳大利亚、日本岛根县
氧化铝	委内瑞拉、莫桑比克、澳大利亚
锆矿石	南非、澳大利亚

下游产业链（部分行业）

水泥及耐火材料

建材/土木资材
大同建材、吉田建材、东京综合资材等

造船/重机
三井造船、IHI、川崎重工、三菱重工等

钢铁/有色金属
日本制铁、JFE钢铁、神制钢、住友轻金属工业等

综合商社/专业商社
三菱商事、伊藤忠能源、住商水泥等

行业头部企业的信息卡,包含:日本企业中文名（译）,日文名,上市公司代码（如有）,企业网址,简要介绍,近十年销售额变化……

钢铁

有色金属

化学（基础化学、石油化学）

化学（电子材料）

化学（精细化学）

纤维

工业玻璃与陶瓷

水泥及耐火材料

工业用纸及纸浆

工业涂料与油墨

日本水泥 / 石灰进口近况
单位:亿美元

年份	进口金额	同比增减（%）
2021	5.49	↑ 5.0
2020	5.23	↓ -19.8
2019	6.52	↑ 1.7
2018	6.41	↓ -0.9
2017	6.47	↓ -5.2
2016	6.83	↓ -10.3
2015	7.61	↓ -19.3
2014	9.43	↓ -8.9

日本水泥 / 石灰出口近况
单位:亿美元

年份	出口金额	同比增减（%）
2021	4.42	↑ 7.4
2020	4.11	↑ 2.6
2019	4.01	↑ 4.4
2018	3.84	↓ -4.7
2017	4.03	↓ -9.2
2016	4.44	↑ 3.5
2015	4.28	↑ 7.6
2014	3.98	↑ 9.6

日本三大水泥制造商

太平洋水泥(株)
【5233】太平洋セメント株式会社
https://www.taiheiyo-cement.co.jp/

生产硅酸盐水泥、高炉水泥、粉煤灰水泥、生态水泥等。

销售收入 **7,082** 亿日元　营业利润 **467** 亿日元

2011年 7,278　2021年 7,082　单位: 亿日元
10年销售额变化 **-2.69%**

住友大阪水泥(株)
【5232】住友大阪セメント株式会社
https://www.soc.co.jp/

生产早强水泥、硅酸盐水泥、高炉水泥、粉煤灰水泥等。

销售收入 **1,842** 亿日元　营业利润 **68** 亿日元

2011年 2,170　2021年 1,842　单位: 亿日元
10年销售额变化 **-15.12%**

宇部三菱水泥(株)
【未上市】UBE 三菱セメント株式会社
https://www.mu-cc.com/

生产高性能水泥、固化材、高炉水泥、硅酸盐水泥、粉煤灰水泥等。

销售收入 【2021/03 决算报告】 **1,132** 亿日元　营业利润 **3** 亿日元

三菱材料/水泥　宇部兴产/建材
2011年 3,588 / 2,091　2021年 1,832
10年销售额变化 **-69.23%**

最新的（除非有特别注明，否则都是最近一个财年的统计数据）来自官方统计公报的企业经营数据

特别注明的（非最新的）数据统计截止时间

行业企业分类标题，以颜色区分

工业原材料制造业

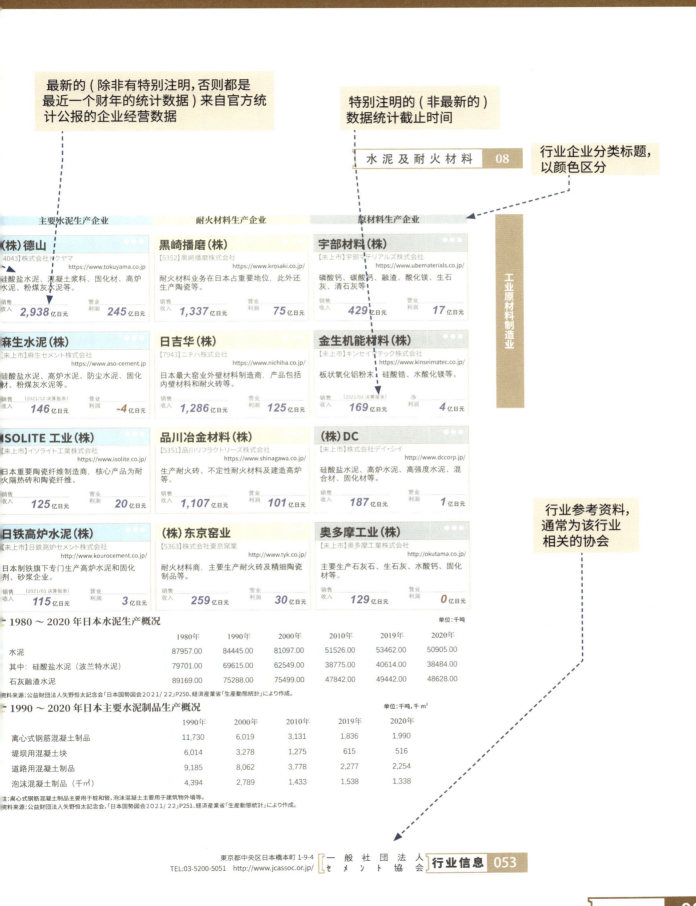

主要水泥生产企业

（株）德山
【4043】株式会社トクヤマ
https://www.tokuyama.co.jp
硅酸盐水泥、混凝土浆料、固化材、高炉水泥、粉煤灰水泥等。
销售收入 **2,938** 亿日元　营业利润 **245** 亿日元

麻生水泥（株）
【未上市】麻生セメント株式会社
https://www.aso-cement.jp
硅酸盐水泥、高炉水泥、防尘水泥、固化材、粉煤灰水泥等。
销售收入〔2021/12 决算报表〕 **146** 亿日元　营业利润 **-4** 亿日元

ISOLITE 工业（株）
【未上市】イソライト工業株式会社
https://www.isolite.co.jp
日本重要陶瓷纤维制造商，核心产品为耐火隔热砖和陶瓷纤维。
销售收入 **125** 亿日元　营业利润 **20** 亿日元

日铁高炉水泥（株）
【未上市】日鉄高炉セメント株式会社
http://www.kourocement.co.jp/
日本制铁旗下专门生产高炉水泥和固化剂、砂浆企业。
销售收入〔2021/03 决算报表〕 **115** 亿日元　营业利润 **3** 亿日元

耐火材料生产企业

黒崎播磨（株）
【5352】黒崎播磨株式会社
https://www.krosaki.co.jp/
耐火材料业务在日本占重要地位，此外还生产陶瓷等。
销售收入 **1,337** 亿日元　营业利润 **75** 亿日元

日吉华（株）
【7943】ニチハ株式会社
https://www.nichiha.co.jp/
日本最大窑业外壁材料制造商，产品包括内壁材料和耐火砖等。
销售收入 **1,286** 亿日元　营业利润 **125** 亿日元

品川冶金材料（株）
【5351】品川リフラクトリーズ株式会社
https://www.shinagawa.co.jp/
生产耐火砖、不定性耐火材料及建造高炉等。
销售收入 **1,107** 亿日元　营业利润 **101** 亿日元

（株）东京窑业
【5363】株式会社東京窯業
http://www.tyk.co.jp/
耐火材料商，主要生产耐火砖及精细陶瓷制品等。
销售收入 **259** 亿日元　营业利润 **30** 亿日元

原材料生产企业

宇部材料（株）
【未上市】宇部マテリアルズ株式会社
https://www.ubematerials.co.jp/
磷酸钙、碳酸钙、融渣、酸化镁、生石灰、清石灰等。
销售收入 **429** 亿日元　营业利润 **17** 亿日元

金生机能材料（株）
【未上市】キンセイマテック株式会社
https://www.kinseimatec.co.jp/
板状氧化铝粉末、硅酸锆、水酸化镁等。
销售收入〔2021/03 决算报表〕 **169** 亿日元　净利润 **4** 亿日元

（株）DC
【未上市】株式会社デイ・シイ
http://www.dccorp.jp/
硅酸盐水泥、高炉水泥、高强度水泥、混合材、固化材等。
销售收入 **187** 亿日元　营业利润 **1** 亿日元

奥多摩工业（株）
【未上市】奥多摩工業株式会社
http://www.okutama.co.jp/
主要生产石灰石、生石灰、水酸钙、固化材等。
销售收入 **129** 亿日元　营业利润 **0** 亿日元

行业参考资料，通常为该行业相关的协会

1980～2020 年日本水泥生产概况

单位：千吨

	1980年	1990年	2000年	2010年	2019年	2020年
水泥	87957.00	84445.00	81097.00	51526.00	53462.00	50905.00
其中：硅酸盐水泥（波兰特水泥）	79701.00	69615.00	62549.00	38775.00	40614.00	38484.00
石灰融渣水泥	89169.00	75288.00	75499.00	47842.00	49442.00	48628.00

资料来源：公益財団法人矢野恒太記念会「日本国勢図会2021/22」P250、経済産業省「生産動態統計」により作成。

1990～2020 年日本主要水泥制品生产概况

单位：千吨，千 m²

	1990年	2000年	2010年	2019年	2020年
离心式钢筋混凝土制品	11,730	6,019	3,131	1,836	1,990
堤坝用混凝土块	6,014	3,278	1,275	615	516
道路用混凝土制品	9,185	8,062	3,778	2,277	2,254
泡沫混凝土制品（千 m²）	4,394	2,789	1,433	1,538	1,338

注：离心式钢筋混凝土制品主要用于桩和管，泡沫混凝土主要用于建筑物外墙等。
资料来源：公益財団法人矢野恒太記念会、「日本国勢図会2021/22」P251、経済産業省「生産動態統計」により作成。

编制说明

　　2020 年以来，新冠肺炎疫情对世界经济造成冲击，面对大量不确定因素的日本制造业有什么变化呢？日本经济产业省、厚生劳动省、文部科学省共同整理的《2020 年版制造业白皮书》显示，日本政府为了应对这种不确定性，要求企业即使在环境和世界状况发生难以预测的变化下，也必须具备与之相适应的变革能力。最近几年，日本政府坚持认为数字化是提高制造业企业变革能力的有效措施，也是解决日本当前人才不足的手段之一，并将制造业的数字化作为日本今后最重要的课题之一。其实早在 2016 年《第 5 期科学技术基本计划》中，日本政府就明确提出了"Society5.0"，要将物联网 (IoT)、机器人、人工智能 (AI)、大数据等尖端技术引入所有产业和社会生活，在促进日本经济发展的同时解决现实社会问题，从而建立一个全数字化的社会。

　　面对正在不断求生求变的日本制造业，中国制造业的短板在哪里呢？

　　经过几十年的追赶，中国制造业和日本的差距依然在核心技术不足、产品竞争力低下等老问题上。这是因为目前中国制造业大部分仍是劳动密集型产业，以技术密集型为主的高端装备制造业严重不足。由于中国制造业企业缺乏核心技术，至今相当数量的高端技术仍然依赖国外进口，所以中国大多数产品附加值不仅不高且同质化现象非常严重。根据中国社科院工业经济研究所 2019 年资料，2017 年中国制造业劳动生产率仅相当于日本 20 世纪 70 年代的水平，日本高技术产品贸易竞争优势指数竟是中国的 11 倍。

（资料来源：《学习与探索》2019 年 01 期《制造业高质量发展：差距、问题与举措》）

　　据统计，目前中国生产线上的光纤制造设备、集成电路芯片制造设备、大型石化设备、汽车工业设备、数控机床、纺织机械、胶印设备以及医疗设备，大多数仍然需要从国外进口。从某种意义上来看，中国虽然是世界上最大的工业制造国，但实际上只是全球中低端产品和零部件的廉价供应商。

　　今天的中国制造业决不能满足于生产规模，一定要清醒地认识到，中国大多数制造业企业，仍处于研究开发投入不足、产品创新能力较弱、国际主流渠道产品竞争力不强的状况。此外，我国制造业产品结构也不尽合理。一方面，造船、钢铁、水泥、煤炭等传统产业产能严重过剩，另一方面，大型数控机床设备、精细化工材料、精密仪器设备等高科技产品普遍不足，形成了中国制造业一般普通产品总量过剩，而具有竞争力的高技术装备和材料严重依赖进口的窘境。目前中国制造业与西方工业发达国家的一大区别是，中国制造业的 500 强企业仍以传统加工业为主，而全球 500 强制造业企业则主要集中在现代制造业。

2021 年我们编制了《日本产业概览 2021~2022》一书，向中国读者提供了一个系统了解日本产业的窗口，今年我们在去年的基础上，向中国读者开辟了一个新的了解日本制造业的窗口———《日本制造业概览 2022~2023》。制造业在产业分类中属于第二产业，现代制造业大多数产品是以工业化量产的方式来降低制造成本、提高生产效率的。因此现代制造业也包含了研究开发、工业设计、工艺流程、产品检验等必要环节，少品种大量生产不再是制造业的唯一生产方式，而具有品牌意识的多品种个性化生产，以及具备高附加价值的生产已逐渐成为现代制造业的一个重要倾向。

日本在现代制造业的发展上比中国先行一步，了解日本制造业的过去和现状，对于今天的中国企业来说仍具有现实意义。日本是中国搬不走的重要邻居，不管风云如何变化，中国制造业企业的使命之一，就是要虚心向工业发达的国家学习，缩短我们与工业发达国家之间的差距。这次由于疫情的影响，编纂工作比较仓促，但我们仍期望读者通过这个小窗口，粗线条式地扫描一下日本制造业。

关于本书的结构安排，从第一章中早期日本对工业化的追求开始，逐步涉及最早迈入近代产业的日本企业。第二章主要介绍战后日本制造业的发展历程，通过对日本战后混乱期、战后复兴期、高速经济期、安定成长期、泡沫经济期、低成长经济期的简要描述，简单勾勒了日本制造业从废墟中崛起和面临新挑战的背景。第三章至第五章采取了工业原材料制造业、工业器件与部件制造业、工业机械与设备制造业的分类方法，收集了上述各个制造业中 43 个行业大约 1000 家日本制造业企业（大部分为上市企业，少数为优秀的非上市企业），并大致描述了日本工业原材料、工业器件与部件、工业机械与设备等 30 多个相关行业的上下游关系，以及该行业日本制造业企业的概况。

本书所撰写的资料主要来自日本技术评论社 2017 年再版的《产业图鉴＆产业地图 (B2B 编)》和日文版维基百科（ウィキペディアフリー百科事典）以及各企业网站，书中统计资料来源主要为东洋经济新报社出版的『会社四季报未上場会社版』(2022 年版) 和公益财团法人矢野恒太记念会编纂的『日本国势图会 2021/22』、『数字でみる日本の 100 年』等。其他参考资料将在本书引用处标明并在索引中逐一进行说明。

宁波工业互联网研究院
上海交通大学宁波人工智能研究院
2022 年夏

序言：
千里之行始于足下 不积跬步无以至千里

　　日本的近代工业始于 1868 年的明治维新，起步时虽然远远落后于英法德美，但明治政府制定了"殖产兴业"国策，从欧美引进先进技术，大批招揽外国技术人员，建立官营企业（后多数卖给民间企业经营）推动工业化建设，这些企业在甲午战争前后发展了日本的纺织等轻工业，又在后来的日俄战争中推动了钢铁工业和造船业的发展，然后以一战为契机，进一步增强了重化学工业的实力。20 世纪 30 年代日本国家建设步入歧途，扩军备战发动侵略战争，以军需后盾为名大力培育金属、汽车、光学仪器等产业，但随着太平洋战争的爆发，日本的工业化道路遭到了毁灭性打击。

　　新中国的工业化道路和日本的战后经济恢复几乎是同步进行的，中国经历了非常艰难的工业化道路探索，苏联援建，自力更生，改革开放。日本的战后经济恢复是从 1950 年开始的，虽然在美国等西方国家的经济援助下迅速站稳了脚跟，但战前日本工业化道路的人才和经验"遗产"不可忽视，战后日本仅仅用了 23 年的时间，就从一个满目疮痍的战败国一跃成为全球第二大经济体，至今仍是全球制造业强国和经济大国。

　　改革开放初期日本工业奇迹的故事曾给我留下深刻印象，流传已久的"日本失去二十年"的话题今天也依然萦绕着我们。其实如何追赶日本的制造业仍是当今中国企业的重要课题。千里之行始于足下，不积跬步无以至千里。当中国企业终于可以和世界工业强国同台竞技时，我们一定要清醒地认识到 GDP 不是衡量一个国家经济实力的唯一标准。有经济学家告诉我，一个国家经济的强盛不仅要看 GDP（国内生产总值），也要看 GNP（国民生产总值），更要看创新能力和对高端产品的控制力，而制造业水平的高低决定了核心竞争力的含金量。日本作为老牌工业强国，至今仍在半导体材料、工业机器人、工业机床、工业机械、化学材料、电子元器件、精密仪器、汽车、航天等诸多领域保持着世界级的重要地位。日本的国土是中国的二十六分之一，人口是中国的十分之一，GDP 是中国的三分之一，但在上述制造业高端领域，日本的水平仍是我们望尘莫及的。

　　日本 GDP 的 20% 是制造业创造的，制造业人口占日本就业人口的 20%，因此支撑日本成为世界第三大经济体的原动力就是制造业。今天中国的制造业已经来到了转型升级的十字路口，了解日本制造业的历史有助于我们保持清醒的头脑，关注日本制造业企业的现状可以知己知彼。上一本书我们编纂了《日本产业概览 2021 ～ 2022》，为读者提供了一个全面扫描日本当今产业的机会，本书《日本制造业概览 2022 ～ 2023》在上一本书的的基础上，从日本工业原材料制造、工业器件与部件制造、工业机械与设备制造三个方面，遴选了日本制造业领域 43 个行业，增加了除上市公司以外的数百家受到日本投资者关注和表现优异的非上市公司，概述了上述行业的上下游关系以及行业地位和现状，以飨读者。

褚健

2022 年 9 月 1 日

一、早期日本对工业化的追求

日本的产业革命发生在明治维新至第一次世界大战爆发前，当时英国、法国、德国、美国的产业革命已经完成，但日本就业人口中农业人口接近 80%，还是个名副其实的农业国家。由手工操作向机器生产过渡过程中，资本积累所引起的劳动力、生产技术、商品市场、企业经营等一系列社会变革，对新生的日本来说还需要探索，工业化生产所需要的环境和条件也需要创造，这一切注定了日本早期的工业化道路并不平坦。但努力建立国家近代产业，成为明治时代日本人坚定不移的目标。

明治初期日本打开国门后，外国商品蜂拥而入，横扫了日本市场。当时日本的产品在市场上毫无竞争力，拿得出手的商品主要就是缫丝、棉纺织品、漆器、瓷器、金银箔等，落后的国内产业根本无法实现进口替代。1868～1881 年的 14 年间，日本进出口贸易只有两年盈余，其余都是逆差。由于无法平衡对外贸易，日本开始出现货币贬值、物价上涨、国力凋敝等问题。于是明治政府提出了通过国家干预迅速实现工业化的著名"殖产兴业"国策，由国家主导引进欧美先进技术，并投资近代国家所需要的金融、通信、铁路等经济基础设施，以及设立官办企业发展本国的制造业。从某种意义上说，日本近代产业完全是由国家顶层设计一手扶植和培育起来的。

1869 年，日本政府出资架设了国内第一条从东京至横滨的电报线，经过 20 多年的努力，1890 年日本终于铺设了 1.6 万公里的电报线，最终在 20 世纪初拥有了 50 个城市电话局和 5,000 多家邮局。1872 年东京至横滨的铁路线正式开通，1874 年又开通了大阪至神户的铁路线，东京到大阪只有 500 公里，但一直到 1889 年日本才开通东京到大阪的铁路线。与此同时，日本废除了明治初期流通的 1,600 种纸币，颁布了《新货币条令》和《国立银行条例》，保证了货币制度有序发展。到 1880 年前后，日本建立了 150 多家国立银行，基本为日本工业化促进民间资本积累铺平了道路。

明治初期日本没有原始积累，其国内财政"寅吃卯粮"，政府又害怕短期外债让外国借机控制日本，因此主要靠印刷大量无贵金属担保的纸币来推行"殖产兴业"国策，结果引起严重的通货膨胀，几乎要吞噬掉明治初期取得的初步工业化成果。而政府投资的官办企业效率极其低下，亏损累累。政府违背市场机制直接"兴业"的代价显而易见，日本的工业化道路走到了十字路口。

为了挽救建立近代国家的努力，明治政府从 1881 年开始大幅削减行政开支，增加赋税并直接出售了大量政府官办工厂。当时的大藏卿松方正义曾在一份政府的建议书中写道："政府不应在创办工商业上与人民竞争，因其永远不如受追逐私利的直接动机驱动的企业创办者精明和有远见，因此政府最好不要直接介入商业贸易，而是留给个人和企业去经营发展。"

资料来源：《日本史：1600～2000》（美国 詹姆斯·L.麦克莱恩著，王翔、朱慧颖译，海南出版社，2009），第 193 页所转引的英文出处：Matsukata Masayoshi, Report on the Adoption of the Gold standard in Japan (Tokyo: Japanese Government Press,1899),P.54(modified)。

比较幸运的是，当时的明治政府终于从早期工业化中吸取了教训，这才挽救了年轻的日本资本主义。此后的日本基本上遵循了明治时期前辈的教诲，主要依靠私营部门来实现对工业化的追求。

日本制造业成长的源头是明治早期的棉纺织业，棉纺织业的崛起带动了日本的轻工业发展。到了 20 世纪初期，日本工业产品和初级产品的进出口结构已经发生了巨大变化，1874～1912 年的 39 年间，制造业产值增加了 4.9 倍，其中纺织业增加了 15.7 倍、钢铁业增加了 27.4 倍、机械制造业增加了 63.3 倍，到第一次世界大战爆发前，日本基本上踏进了近代国家工业化的大门。

1874～1911年日本初级产品和制造业的进出口结构

单位:%

时间段	出口				进口			
	初级产品	制造业			初级产品	制造业		
	小计	纺织品	其他轻工	重工产品	小计	纺织品	其他轻工	重工产品
1874~1883	42.5	42.4	6.9	8.2	8.8	54	17.8	19.4
1877~1886	39.5	43	7.8	9.7	10.3	49.6	18.7	21.4
1882~1891	33	45.6	9	12.4	18.7	37.4	17.4	26.5
1887~1896	26.3	48.9	11.3	13.5	28.2	28.2	14.6	29
1892~1901	21	52.6	13.2	13.2	36.4	16.8	14.2	32.6
1897~1906	16.6	53.6	15.9	13.9	43.1	11.8	12.3	32.8
1902~1911	14.1	53.8	17.2	14.9	45.2	9.6	10.8	34.4

数据单位:按时价计算的进出口10年平均百分比比重。
注:进口初级产品为原材料和未加工食品,其他轻工指其他轻工产品。
资料来源:《日本史:1600～2000》(美国 詹姆斯·L.麦克莱恩著,王翔、朱慧颖译,海南出版社,2009),第195页所引的资料:及川和义、筱原美代平、拉里·麦士纳编著的《日本经济发展的模式:定量分析》(纽黑文:耶鲁大学出版社,1979年,第135页)。

1874～1912年日本制造业产值

单位:百万日元

年份	食品制造	纺织业	化工	钢铁/有色金属	机械制造	其他制造	合计
1874	422.80	59.99	72.49	6.71	4.30	119.42	685.72
1878	469.62	84.92	89.76	13.35	10.11	150.24	817.99
1882	544.29	103.97	96.92	12.92	16.82	141.26	916.17
1888	623.35	225.03	109.02	25.28	15.81	185.89	1,184.38
1894	810.75	468.88	154.61	26.94	28.95	248.51	1,734.63
1900	1,018.48	508.75	186.36	28.55	68.88	289.97	2,100.99
1906	1,047.63	611.85	230.45	48.59	127.65	380.79	2,446.97
1912	1,242.57	942.14	307.34	122.43	272.20	561.06	3,357.74
1912年/1874年比较	2.9倍	15.7倍	4.2倍	18.2倍	63.3倍	4.7倍	4.9倍

注:表内数据按1934～1936年不变价格计算。
资料来源:《日本史:1600～2000》(美国 詹姆斯·L.麦克莱恩著,王翔、朱慧颖译,海南出版社,2009),第194页所引的资料:及川和义、筱原美代平、拉里·麦士纳编著的《日本经济发展的模式:定量分析》(纽黑文:耶鲁大学出版社,1979年,第302～304页)。

二、最早迈入近代产业的日本企业

明治维新三年后的1871年,日本第一次造出了铁船,1890年造出了第一艘钢船,1893年造出了第一台蒸汽机车,1896年制造了矿山机械,1897年造出了更复杂的自动织机,到了1899年日本已经开始了工业机床的商业化生产,然后于1914年正式生产了小型汽车。一战后,日本制造业步入快车道,其中最成功的就是日本的纺织业。

纺织篇

众所周知,英国的产业革命是从纺织工业开始的,纺织工业的机械化促进了英国的机械工业发展,机械工业的繁荣又进一步推动了重化学工业发展。日本也不例外,纺织业是日本最早确立的可大规模生产的近代产业,也是早期日本制造业的支柱。早期的明治政府利用公共资本设立了一些纱线工厂、纺织工厂、制绒工厂,由于经营管理不善,于1875年转卖给了民间企业。从此以后,日本的纺织工业才逐步兴旺起来,规模化生产的大企业开始诞生。19世纪90年代初期,日本的纺织品在国内市场的份额已经超过了外国产品。1920年日本工业生产总值的44.4%是由纺织产业贡献的,1922年日本对外贸易出口额的74.5%也是纺织产品创造的。

1915年,日本第一座人造丝工厂诞生,标志日本纺织工业正式迈入化学纤维工业行列。到了20世纪30年代,日本已经取代英国成为继美国之后最大的纺织品工业国。二战前纺织业是日本最重要的出口行业。到了1937年,日本已是世界上最大的人造绢生产商。化学纤维工业的急速发展,使日本成为当时世界上少数几个纤维制品生产大国之一。今天仍活跃在日本纤维业界的东洋纺、富士纺、近绢、敷纺、日清纺、仓敷纺织、帝人、旭化成、东丽其实都是那个时代的产物。当然,随着后来二战日本战时体制的建立,日本纺织工业在战争中逐步衰落。

二战前后日本纺织工业的地位变迁

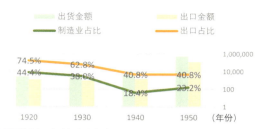

单位：百万日元

年份	工业制品出货金额		出口	
	纤维制品	制造业占比	纤维制品	出口占比
1920	2,626	44.4%	1,192	74.5%
1930	2,257	38.0%	901	62.8%
1940	4,976	18.4%	1,486	40.8%
1950（战后）	550,100	23.2%	121,500	40.8%

资料来源：数字でみる『日本の100年』日本国勢図会 長期統計版 改訂第2版 財団法人矢野恒太記念会編・矢野一郎修、第262页转引资料：通商産業省『工業統計50年史』(資料編)、同『工業統計表』(産業編)、大蔵省『日本貿易月表』及び日本繊維協議か『日本繊維産業史』(総論編)による。

钢铁篇

钢铁是近代产业最重要的原材料，日本的钢铁业起步也极其艰难。在明治维新之前，日本已有一些自己建造的土高炉，主要冶炼一些生铁并小规模生产熟铁。1874年，明治政府决定依靠英国工程师和技术及英国设备在日本釜石建造一座现代化高炉，最初只能用木炭做燃料，但投产不到100天就陷入困境，因为需要砍伐大面积树林才能满足木炭的供应。后来釜石炼铁所又建了一座焦炭炉，但不到200天就关闭了，因为烧出来的焦炭质量低劣根本无法使用。1887年，这座工厂被以12,600日元的价格卖给了一家私营企业，而政府对这座工厂的投资已经超过了230万日元。

1897年，明治政府决定依靠德国人和德国设备在九州建设一座炼钢厂。1901年，八幡制铁所落成了两座165吨的高炉，但问题层出不穷，两年半内工厂两次被迫关闭，直到1904年才成功开始生产。到了1910年，八幡制铁所的钢铁产量已占全国产量的90%。与此同时，私营钢铁企业开始进入钢铁行业，被卖出去的釜石制铁所于1903年开始炼钢、神户制钢所于1905年开始产钢、川崎制铁和日本制钢所于1907年开始炼钢，日本钢管于1912年开始涉足该行业。今天仍活跃在日本钢铁市场的企业，基本上都是当时就存在的老牌钢铁厂。

1880～1940年日本钢铁生产和进出口

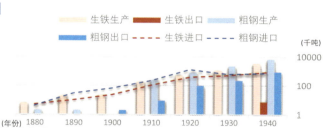

单位：千吨

年份	生 铁			粗 钢		
	生产	出口	进口	生产	出口	进口
1880	6	/	5	2	0	4
1890	19	0	10	2	0	29
1900	21	0	23	1	2	66
1910	188	1	106	252	9	226
1920	521	1	389	811	100	1,316
1930	1,162	1	515	2,289	226	626
1940	3,512	7	855	6,856	889	724

资料来源：数字でみる『日本の100年』日本国勢図会 長期統計版 改訂第2版 財団法人矢野恒太記念会編・矢野一郎修、第229页(鉄鋼統計委員会『日本の鉄鋼統計』及び同『鉄鋼統計要覧』による)。

机械篇

机械工业是一个国家的基础产业，日本在很早的时候就开始注重推进电机／机械国产化事业。1873年，明治政府工部省决定自己制造电报机，由此拉开了日本电气设备制造业的历史序幕。后来一家私营企业也参与了制造，这家叫田中制作所的企业后来改名芝浦制作所，在仿制进口电机后与美国通用电气结盟生产蒸汽机、发电机和其他重型电气设备。这个芝浦制作所就是现在东芝前身的一半，东芝前身的另一半是1890年成立的制造灯泡的东京电气（原名白热舍）。

东京电气也曾和美国通用电气合作生产轻型电气设备和电器，两家企业（芝浦制作所和东京电气）于1939年合并成现在的东芝。

1879年成立的明工舍（后改名冲电气），开始在日本生产电话机；1898年美国西部电气与自己的日方代理商合作成立了日本电气（NEC），利用西部电气的技术生产电话机和其他通信设备。作为东芝的竞争对手，日立公司成立于1911年，它的主要产品是发电机、鼓风机、变压器和其他用于矿业的重型电气设备，以及工业机械和轻型电气设备。日立公司是在一战期间成长起来的，而芝浦制作所与美国通用电气合作称霸了20世纪20年代的日本市场。1923年，三菱电气和美国西屋电气结盟，同年西门子和古河矿业合资成立了富士电气。我们至今熟悉的东芝、日立、NEC、三菱电气、富士电气、冲电气等著名企业，其实就是早期日本机械制造业的奠基者。可以说机械制造业的发展奠定了初期的日本工业化，日本电机／机械工业的进步，大大推动了食品制造、纺织业、木材加工、化工、有色金属和钢铁等其他制造业的发展。

1930年以后，日本推行对外侵略扩张的政策，这一时期日本的重化工制造业得到了快速发展。依靠大量的军需订单，成长起来的汽车、机械、化工、光学、航空、造船等行业，逐渐推高了日本重化产业的占比，并催生了一批为战时体制服务的大企业。譬如，丰田、日产、NEC、日立、富士（富士通）、东芝、明工舍（冲电气）等。不过在太平洋战争爆发前夕的1940年，日本就业人口中仍有42%是农业人口，钢铁年产量仅685万吨，而同期美国、德国、苏联、英国的钢铁年产量分别是日本的8.86倍、2.79倍、2.77倍和1.92倍。

1935～1946年日本机械类产品生产总额

单位：百万日元

年份	一般机械器具	电气机械器具	运输机械器具	精密机械器具	合计
1935	667	247	312	69	1,296
1940	3,891	865	1,001	218	5,974
1942	6,370	1,249	1,110	236	8,964
1946（战后）	8,626	3,719	4,538	669	17,553

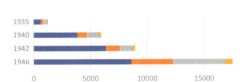

资料来源：数字でみる『日本の100年』日本国勢図会 長期統計版 改訂第2版 財団法人矢野恒太記念会編・矢野一郎修、第238页转引资料：総理府統計局『日本統計年鑑』(1950)及び通商産業省『工業統計表』(産業編)による。

汽车篇

今天在全球卓越非凡的日本汽车，在二战前可能是日本最不成功的产业。20世纪初只有很少的日本人见过汽车，在明治时代末期的1910年有十多家日本企业尝试制造汽车，但均以失败告终。直到1914年一家叫快进社的企业终于生产出一台10马力双缸汽车，尽管采用了一些进口部件，但总的来说这是日本第一辆国产汽车，不过3年只卖出7辆。因为当时的日本汽车市场早已是美国福特汽车和通用汽车的天下了。1910年，日本进口汽车超过200辆，到了1924年已经超过4000辆，而福特汽车干脆从1925年开始进口散件在日本组装汽车，两年后通用汽车也开始在日本组装汽车。

1918～1924年，在政府的补贴下，日本总共生产了160辆汽车，参与制造的有东京煤气电气公司、快进社、石川岛造船厂（后来的石川岛播磨重工）、三菱造船厂（现在的三菱重工）、大发公司等。一直到1931年，日本每年生产的汽车不超过500辆，由于无法撼动福特和通用在日本市场的霸主地位，1932年日本政府直接插手，依靠政府采购军队物资的办法，组织几家企业合资生产一款叫"五十铃"的汽车，两年共生产750辆，全部由军队和铁路省采购，随后该合资企业重组诞生了现在的五十铃汽车公司。

二战前，在汽车制造领域，除日产和丰田两家企业外，大多数日本造车企业都不太成功。1931年，户畑铸铁公司的鲇川义介收购了一家经营不善的汽车公司，并与自己的生意合并成立一家控股公司，名字就叫日产集团，1933年从中分离出的汽车事业就是现在的日产汽车，工厂建在横滨，技术完全从美国引进。丰田汽车则是1937年脱胎于丰田自动织布机公司，大本营设在爱知县的举母市（现在的丰田市）。但1936年日本政府出台国内汽车保护产业政策和1939年福特和通用退出日本市场，使日本的汽车产业基本上没什么前途了。1938年，丰田和日产两家的汽车总产量只有12,500辆，二战期间政府更是禁止生产轿车只能生产卡车以保证军队需要，二战前日本汽车产量最多的1941年也只生产了46,500辆汽车。

20世纪二三十年代，日本虽然实现了近代国家工业化的目标，但在制造业上仍和欧美大国有不小的差距。严格意义上讲，日本当时只是一个中等工业强国，工业制造业能力并不能维持一场长期战争，但最终狂热的军国主义分子还是将日本推进了战争的深渊。

三、近代产业支撑日本战时经济

1868年明治维新开始时，日本还是个闭关锁国的农业国。在1853年美国佩里将军率船抵达日本之前，西方早已走上了工业化的道路，那么日本为什么能在短短半个世纪后跻身世界工业国家之列呢？

美国学者詹姆斯·L.麦克莱恩就日本工业化成功的原因，在他所著的《日本史：1600～2000》中指出，19世纪七八十年代西方还没有遥遥领先到让日本人绝望的地步，最重要的是当日本开始工业化时，交通和通信革命已经把世界变成了一个全球性的市场，日本作为一个后发国家，可以学习欧美的经验并利用他们的技术进行创新，只要将外国需要的商品生产出来并能卖出去，就能开启自己的经济发展旅程。

的确如此，日本在"殖产兴业"国策的推动下，通过顶层设计、政商双管齐下、大力引进技术、聘请欧美顾问、对外招商引资、对内重用技术人才等方式，学习欧美的工业化经验以及市场营销手段，大约用了半个世纪基本建立了规模化的近代产业，后来有力支撑了二战前的日本经济。

在工业结构方面，19世纪末日本规模最大的行业是食品加工业和纺织业，钢铁业和机械制造业还很弱小。到了20世纪初，日本通过发展钢铁、煤炭、电力等基础产业，逐步建立了自己的金属、机械、化学等所谓重化工产业。在第一次世界大战期间，战争导致欧美进口商品严重短缺，日本制造业再次抓住机会，使本国落后的重化工产业得到了快速提升与发展，钢铁、造船、机械、化学等产业几乎到了自给自足的地步。1920年日本工业人口约占全部就业人口的50%，到了这个阶段日本基本上完成了近代工业化目标，成为亚洲第一个近代工业国家。20世纪20年代，日本经济曾经历漫长的衰退期，随后就是全球性的大萧条时代，但日本的制造业仍保持增长态势。不过20世纪30年代开始，日本军国主义甚嚣尘上，从侵华战争到发动太平洋战争，日本经济迅速转入战时体制，直至1945年战败投降。太平洋战争爆发前，西方企业、资本和技术不仅撤出了日本市场，还对日本进行了全面经济封锁，当时能够支撑日本战时经济勉强运转的正是明治时代开始建立的日本近代产业。

比较1937年和1945年的日本工业生产能力，可以发现战争期间日本的轻工产品及民需产品的工业生产能力下降，但重化工产品的生产能力得到加强，在长达数年的经济封锁和战争资源消耗下，正是重化学工业对内支撑战时日本经济。

根据资料判断，二战结束前的日本可能只是个自给自足的内循环工业国家，对外贸易主要集中在亚洲自己势力范围内和欧美在亚洲的殖民地，几乎没有什么像样的工业制品可向欧美发达地区出口，即使铜等金属制品的工业制成品，在主要出口商品中的占比也非常低，1900~1940年的40年间，占比在4%～10%波动。日本进口商品主要为粮食、棉花、铁矿石、橡胶、纸浆、煤炭、石油和钢材等原材料，唯一进口的工业制成品是机械类商品，但占比仅为6%～9%。

根据日本工作机床机械工业会的《工作机械统计要览》，日本在二战偷袭珍珠港前的1940年，所生产的工业机床数量是1930年的25.8倍。从下表中能看到整个二战期间，日本的生产能力一直在增长，战争末期其他产业的生产能力都在下降，唯独机械制造业还在支撑着战争。

二战后日本工业遭到了毁灭性打

📊 1937～1945年日本战时生产能力

行业	1937年	1938年	1939年	1940年	1941年	1942年	1943年	1944年	1945年
制造业	100	▲ 103	▲ 114	▲ 119	▲ 123	▲ 120	▲ 121	▲ 124	▼ 53
钢铁	100	▲ 115	▲ 123	▲ 128	▲ 135	▲ 140	▲ 156	▲ 146	▼ 52
机械	100	▲ 110	▲ 135	▲ 163	▲ 188	▲ 195	▲ 214	▲ 252	▲ 107
化学制品	100	▲ 114	▲ 122	▲ 120	▲ 120	▬ 100	▼ 87	▼ 80	▼ 33
纺织品	100	▼ 83	▼ 83	▼ 75	▼ 60	▼ 48	▼ 31	▼ 17	▼ 6
食品	100	▲ 101	▲ 104	▼ 90	▼ 78	▼ 69	▼ 58	▼ 47	▼ 32

注：1937年的生产量为指数=100。

资料来源：《日本史：1600～2000》（美国 詹姆斯·L.麦克莱恩著，王翔、朱慧颖译，海南出版社，2009），第412页所引的资料：中村隆英《萧条、恢复和战争，1920-1945》，转自约翰·W.霍尔（John W. Hall），《剑桥日本史》第6卷：彼得·杜斯（Peter Duus），《二十世纪》（剑桥大学出版社，1988年，第489页）。

击，但朝鲜战争的爆发又给日本带来了经济恢复契机，"战争特需"拯救了日本制造业，几十亿美元的纺织品、木材、纸张、钢铁和车辆订单纷至沓来，日本企业依靠战时经济遗产和近代工业生产经验与制造能力，在短期内站稳了脚跟。

本章参考书籍：
1、《日本史：1600～2000》(美国 詹姆斯·L.麦克莱恩著，王翔、朱慧颖译，海南出版社，2009)第七章，走向工业高度发展的未来，参考第129～132页、第186～188页、第191～195页。
2、《日本的技术与产业发展》，小田切宏之、后藤晃著，周超、刘文武、肖丹等译，广东人民出版社，参考第25页、第122页、第153～155页、第157～161页、第175～182页。
3、数字でみる『日本の100年』日本国勢図会 長期統計版 改訂第2版 財団法人矢野恒太記念会編·矢野一郎修(引用资料见各表)。
4、《现代日本经济》(桥本寿郎、长谷川信、宫岛英昭著，戴晓芙译，上海财经大学出版社)，第33页。

▤1909～1940年日本工厂数量（按雇佣人员规模）

单位：个

年份	5～49人	50～99人	100～499人	500～999人	1000人及以上	合计
1909	29,565	1,431	909	81	57	32,032
1914	28,322	1,786	2,141	124	85	31,458
1920	41,073	2,413	2,717	221	152	45,576
1925	43,850	2,520	2,963	284	233	48,850
1930	56,363	2,826	2,166	270	143	61,768
1935	77,613	3,743	2,689	355	225	84,625
1940	127,876	4,767	3,599	506	394	137,142

资料来源：『数字でみる日本の100年』日本国勢図会長期統計版 改訂第2版 財団法人矢野恒太記念会編·矢野一郎監修 P219、通商産業省『工業統計50年史』及び同『工業統計表』(産業編)による。

▤1909～1940年日本工厂雇佣人数（按雇佣人员规模）

单位：家

年份	5～49人	50～99人	100～499人	500～999人	1000人及以上	合计
1909	375	101	175	58	112	821
1914	404	126	226	85	168	1,009
1920	617	194	377	187	382	1,758
1925	620	191	436	215	535	1,996
1930	694	216	485	210	269	1,875
1935	969	283	583	269	515	2,620
1940	1,636	381	847	411	1,211	4,486

资料来源：『数字でみる日本の100年』、日本国勢図会長期統計版、改訂第2版、財団法人矢野恒太記念会編 / 矢野一郎監修 P220、通商産業省『工業統計50年史』及び同『工業統計表』(産業編)による。

▤1909～1940年日本工业生产额（按雇佣人员规模）

单位：百万日元

年份	5～49人	50～99人	100～499人	500～999人	1000人及以上	合计
1909	…	…	…	…	…	796
1914	…	…	…	…	…	1,372
1920	…	…	…	…	…	5,912
1925	…	…	…	…	…	6,925
1930	1,799	714	1,676	766	982	5,937
1935	2,778	1,047	2,706	1,360	2,924	10,816
1940	7,857	2,428	5,728	2,727	8,353	27,093

资料来源：『数字でみる日本の100年』日本国勢図会長期統計版 改訂第2版 財団法人矢野恒太記念会編·矢野一郎監修 P221、通商産業省『工業統計50年史』及び同『工業統計表』(産業編)による。

在日本，很多话题都离不开"战前""战后"，1945 年日本战败投降不仅是日本近代史上最重要的一页，也是日本经济发展的分水岭。二战前日本狂热追求工业化的目标虽然实现了，但走上了一条侵略扩张的不归路，二战后日本在美军的占领下，甘愿做美国地缘政治的棋子，获得了美国的经济复兴援助资金，工业生产开始慢慢恢复。

二战后初期联合国占领军的目标是使日本完全去工业化，让其退回到一个农业国。1945 年 9 月 12 日，麦克阿瑟在记者会上宣布要让日本成为四等国家，且不能再复活成世界强国的"日本弱体化政策"。具体为解散财阀、解体重化工产业，除了支付战争赔偿金以外不准进行经济复兴，还要破坏各地研究开发设施和工厂、没收工业机械或砸碎工厂使之废铁化、停止企业研究开发和生产、只允许日本发展农业和渔业。允许生产的工业品要代替赔偿金向东南亚各国无偿出口，禁止原油精炼、禁止石油和制油产品的进口。1946 年，联合国赔偿委员会报告明文规定：日本的工业能力仅允许维持在被侵略国生活水准以下的水平，超过这个水平的工业设施必须拆除移交给战胜国，国内所有的军工产业和民生产业的 30% 指定为赔偿设施，国内未受战争损害的工业设备均作为赔偿品强制移送亚洲各国。到 1950 年 5 月，日本被迫拆除了国内 43,919 台工厂机械运往了受害国，作为赔偿金。

与此同时，美国全面禁止日本商业海运业务和自主贸易活动，包括对日粮食禁运，直至 1946 年日本各地出现粮食危机引发民众暴动后才解除。日本出口产品不能标 Made in Japan，只能标 Made in Occupied Japan（占领下日本制），占领军的终战处理费 50 亿美元和劳务费均由日本政府负担。1945 年 9 月和 1947 年 6 月联合国占领军分别规定：禁止日本生产乘用车，仅允许生产 1,500 辆卡车和 1500cc 以下的小型车 300 辆（含库存备件）。二战后日本铁路运输的支配权归占领军，铁路车辆的 10%（以特等车辆、餐车、卧铺车为主）、铁路货物运力的 10% 均须优先满足占领军，禁止日本进行电气化铁路改造，并从菲律宾运来美制柴油机车，将日本铁路全部柴油机车化等。

日本一般将二战后分为战后混乱期（1945 ～ 1949 年）、战后复兴期（1950 ～ 1954 年）、高速经济发展期（1955 ～ 1972 年）、安定成长期（1973 ～ 1985 年）、泡沫经济期（1986 ～ 1990 年）、经济变革期（1991

年至今）。日本的战后复兴可以说是在一片废墟上开始的，如果没有朝鲜战争的爆发，日本也不会有后面的经济高速增长阶段。

在战后混乱期，联合国占领军制定了去工业化、日本弱体化等非常苛刻的政策，1946 年日本经济仅为 1930 ～ 1934 年水平的 18%，到 1947 年也只恢复到 40% 的水平。不过 1947 年美国陆军部调查团来日后认为，日本已经放弃了 500 亿美元以上的海外资产，为了让日本自立和东亚的安定，应允许日本保持相当于 1935 年生活水准的自给自足经济规模。这实际上降低了日本工业再建门槛，并缓和了赔偿方案。

朝鲜战争后的冷战局面使美国改变了对日政策。日本经济正式恢复的起爆剂也是战争，1950 年的朝鲜战争给摇摇欲坠的日本产业界打了一剂强心针，1950 ～ 1952 年的 3 年间朝鲜战争特需订单达 10 亿美元，至 1955 年间接战争特需订单达 36 亿美元，当时"联合国军"的兵站就设在横滨港，兵员和军事物资都是通过横滨港运出去的。初期的战争物资仅是军服、毛毯、帐篷等纤维制品和构筑阵地的钢管、铁丝网、水泥、沙石以及各种食品和车辆修理零部件等。到了后来，干脆让日本企业直接生产兵器和弹药甚至修理飞机。战争特需订单直接给了二战时生产武器的三菱重工和富士重工，大量战争特需订单使日本的机械、纺织、化工、金属、汽车等产业纷纷复活，而大量设备投资又促进了日本制造业的升级换代。正是这场朝鲜战争，使日本借机进入了战后复兴期。

朝鲜战争不仅让日本企业"满血复活"，而且使日本企业有机会学习美国的生产技术，逐步摆脱了二战前的劳动密集型生产方式，为再一次复兴工业掌握了重要的工业技术和生产诀窍。二战前日本企业并不重视生产品质管理，主要重视如何在短时间内生产出更多产品，因此二战前日本产品的口碑很差。此外企业普遍不具备工程管理思想，基本靠工人个人的技术水平来决定产品质量。朝鲜战争期间，美军为保证军用物资的质量，直接向日本企业派驻技术人员进行品质管理和工程管理，结果使日本企业大大提高了生产效率。此外，1950 年美军向日本新编警察预备队提供剩余战车，并允许三菱重工和小松制作所等主要军工企业承包维修保养任务，结果使日本军工企业有机会吸收美国的制造技术。日本业界认为朝鲜战争的特需订单，使日本的技术落后局面得到了迅速扭转，并使日本重要产业的工厂生产迎来了大转变，为后面的经济成长奠定了有利的基础。

（注：二战后联合国占领军解散了日本各财阀，三

菱重工在1950年被分割成东日本重工、中日本重工、西日本重工，1952年旧金山和约后改称三菱日本重工、新三菱重工、三菱造船，1964年又合并恢复为现在的三菱重工业）

朝鲜战争对日本摆脱战后经济危机起了重大作用，朝鲜战争结束后，1955～1972年日本年均经济增长率约为10%，这段时期就是著名的日本高速经济发展期。日本出现了有史以来最长的经济景气时期，分别称为神武景气（1954～1957年）、岩户景气（1958～1961年）、奥运景气（1962～1964年）和伊奘诺景气（1965～1970年）。在高速经济发展初期，日本企业设备投资大增，民间也出现了电视机、洗衣机、冰箱的消费热潮。当1956年日本政府正式宣布经济已经完全恢复后，随之而来的电气机器、精密机械、汽车等行业的技术革新又再次推动了日本企业新一轮的设备投资热潮。

1960年，日本政府发布了"所得倍增计划"，目标是充实铁路建设、道路建设社会资本，促进产业结构向重化学工业方面转型，并大力推进自由贸易和提高出口竞争力等。"所得倍增计划"进一步促进了企业投资，并建立了出口主导型的国民经济形态。此外，日本政府以东京奥运为契机，大力推动新干线、首都高速公路等公共投资，也对日本经济起到了很大的牵引作用。在高速经济发展期，国民所得的提高带动了消费革命，彩电、空调、汽车第一次在民间得到普及。"所得倍增计划"要求1965～1970年将日本GNP翻一番，结果到了1968年日本的GNP就超过德国排在了美国之后，成为了全球第二大经济体。换言之，日本战后仅用了23年时间就从一片废墟上重新崛起。

日本经济的安定成长期是1973～1985年。1973年的石油危机终结了日本经济的高速成长，这个阶段日本经济的增长率为4%～5%。除石油危机外，日本经济高速发展带来的环境公害、交通堵塞、住宅不足、通勤拥堵等弊病也渐渐显现。两次石油危机使日本下决心进行产业结构大调整，从引领经济高速发展的钢铁、水泥、石化等消耗资源的资本集约型产业，向汽车、电子机器、半导体等轻薄短小知识集约型产业转移。同样受到能源危机冲击的欧美国家却没能及时调整产业结构并出现经济衰退，这个时期成功调整产业结构的日本对欧美国家的出口剧增，造成了大量贸易摩擦，为日后的日本泡沫经济埋下了祸根。

日本的泡沫经济期是1986～1990年，起爆点是在1985年的广场协议中西方国家逼迫日元大幅升值，导致日本出口产业遭到重大打击。为了摆脱日元大幅升值带来的危机，日本政府和央行降低利息实施金融宽松政策，结果大量资金流入股市、债市及房地产市场酿成经济泡沫。1989年日本央行只好通过加息抑制投机行为，1990年日本政府主动出台限制地产融资政策后，金融泡沫终于被刺破，大量企业开始倒闭、银行出现坏账、个人债务破产剧增，整个20世纪90年代日本陷入了严重的经济衰退，即所谓"日本失去的十年"。

其实日本失去的不止10年，进入21世纪后日本经济增长缓慢，在错失一系列互联网机遇后，日本经济实际上已经失去了20年、30年。2020年，日本经济新闻社曾做过一个"2019年世界市场主要商品与服务调查"，在被调查的74个商品与服务项目中美国占市场份额首位的有25个，中国有12个，日本和韩国都是7个并列第3名；在全球市场份额占首位的商品中，日本是索尼的图像传感器、住友化学的液晶/OLED面板用偏光板、佳能的数码相机、理光的激光复印打印一体机、本田的摩托车、瑞萨的微处理器等。在上述74个商品与服务项目中，日本企业在制造业领域占有较大市场份额的仅有10项，即大型发电内燃机、精密轴承、建设机械、液晶用玻璃、锂电池绝缘材料、医疗图像诊断仪、硬盘驱动器、锂电池、VR头戴式耳机、激光打印机等。由此可见，日本企业虽然在不少制造业领域仍具有较强的技术优势，但在全球市场的激烈竞争中，渐落下风也是不争的事实。目前，日本在汽车、工业机器人、半导体设备与材料、工作机床、精细化工等少数几个制造业领域还有相当技术实力与市场优势，但与20世纪80年代相比，已经不可同日而语了。

1926~1965 年日本制造业工业指数（1960 年平均指数 =100）

年份	制造业平均	钢铁业	机械工业	化学工业	纤维工业	食品工业
1926		6.6		6.8	36.5	
1930	21.3	9.4	9.5	11.1	45.6	53.6
1935	27.9	19.5	9	22.9	70	57.5
1940	44.3	32.4	25	37.3	63.7	58
1945	19.6	13.1	16.4	10.3	5.5	20.3
1950	20.4	22.9	11.9	20.8	26.4	33.5
1955	45.7	43.8	28.5	49.6	62	77.4
1960	100	100	100	100	100	100
1965	177.2	177.7	198.8	208	147.1	134.4

资料来源:『数字でみる日本の100年』日本国勢図会 長期統計版 改定第2版P217。

1965~1985 年日本制造业工业指数（1980 年平均指数 =100）

年份	制造业平均	钢铁业	机械工业	化学工业	纤维工业	食品工业
1965	32	32.6	19.8	28.1	64	58.9
1968	50.2	54.7	37	43.9	81.5	69.4
1970	66.5	75.3	52.8	60.9	97.1	79.3
1972	73.3	78.9	58.6	68.2	102.2	86.3
1974	81.1	93.4	69.9	77.1	97.8	86.8
1976	80.2	87.6	68.4	78.2	100	89.6
1978	88.9	88.8	78.7	92.3	99.8	98
1980	100	100	100	100	100	100
1985	122.1	100.4	152.9	121.8	98.3	101.6

注：日本金属制品制造业主要指建设用 / 建筑用金属制品、金属型材、金属冲压制品、金属热处理制品、螺栓螺帽以及空调、厨房用品等。
资料来源:『数字でみる日本の100年』日本国勢図会 長期統計版 改定第5版。

1986~2005 年日本制造业工业指数（2000 年平均指数 =100）

年份	制造业平均	钢铁业	有色金属	金属制品	一般机械	运输机械	精密机械	化学	纸张/纸浆	纤维	食品/烟草
1986	79.9	96.2	70.8	95.2	84.9	86.9	120.5	63.3	70.8	181.6	94.4
1988	90.6	106.9	80.2	107.6	100.4	92.8	127.3	74.5	81.1	179.6	98
1990	99.9	111.6	91.1	116	115.6	108.3	142.3	83.7	90.6	173.9	99.7
1992	95.4	101.6	90.5	112.1	97.5	107	134.4	85.8	91	164.7	101
1994	92.6	97.9	91.9	109.9	91	96.6	111.5	89	91.1	142.3	102.2
1996	97.8	99.1	97.6	111.3	104	98	115.8	95.9	96.3	129.6	102.2
1998	94.4	92.2	91.3	100.6	97.4	96.4	116.9	94	95.6	113.8	99.5
2000	100	100	100	100	100	100	100	100	100	100	100
2005	101.3	107.5	99.9	83.6	107.7	120.7	96.9	101.7	98.4	66.2	94.3

资料来源:『数字でみる日本の100年』日本国勢図会 長期統計版 改定第5版。

2015~2020 年日本矿工业生产指数（2015 年平均指数 =100）

年份	钢铁工业	有色金属	金属制品	通用机械	生产用机械	其中：半导体·液晶装置	电子部品·设备	其中：芯片
2015	100	100	100	100	100	100	100	100
2016	▼ 99.8	▲ 101.2	▼ 97.6	▼ 99.6	▼ 98.2	▲ 120.5	▼ 97.8	▲ 101.8
2017	▲ 101.8	▲ 103.2	▼ 99.1	▲ 102.3	▲ 110.7	▲ 141.6	▲ 104.1	▲ 109.8
2018	▲ 102	▲ 105.1	▲ 99.6	▲ 109.2	▲ 116.3	▲ 150	▲ 106.8	▲ 121.9
2019	▼ 96.4	▼ 99.9	▼ 97.7	▲ 102.2	▲ 106.3	▲ 130.3	▼ 95	▲ 102.9
2020	▼ 80.1	▼ 90	▼ 86.5	▼ 89.8	▼ 95.3	▲ 134	▼ 96.4	▲ 106.1

年份	电气机械	运输机械（车/船）	信息通信机械	化学工业	纤维工业	食品/烟草
2015	100	100	100	100	100	100
2016	▲ 101.3	▲ 100.6	▼ 94.2	▲ 102.1	▼ 97.2	▲ 101
2017	▲ 106.2	▲ 105.2	▼ 89.9	▲ 106.2	▼ 96.5	▲ 100.2
2018	▲ 107.6	▲ 105.6	▼ 89	▲ 107.2	▼ 95	▼ 99.4
2019	▲ 101	▲ 104.8	▼ 91.4	▲ 106.5	▼ 91.9	▲ 100.6
2020	▼ 93.1	▼ 86.8	▼ 77.8	▼ 96.3	▼ 80.4	▼ 97.6

资料来源：公益财团法人矢野恒太记念会『日本国勢図会2021/ 22』P186。

1960 ～ 2018 年日本工业产业构成情况（按出厂产值计算）

年份	金属工业	机械工业	化学工业	食品工业	纤维工业	其他工业
1960	18.8	25.8	11.1	13.1	12.3	18.9
1970	19.3	32.3	10.6	10.4	7.7	19.7
1980	17.1	31.8	15.5	10.5	5.2	19.9
1985	14	39.6	12.5	11	4.6	18.3
1990	13.8	43.1	9.7	10.2	3.9	19.3
1995	12.5	43.4	10	11.3	3.2	19.6
2000	11.1	45.8	11	11.6	2.3	18.2
2010	13.6	44.6	14.2	11.7	1.4	14.5
2018	13.5	46	13.4	11.9	1.2	14

资料来源：『数字でみる日本の100年』改訂第5版 日本国勢図会長期統計版 財団法人矢野恒太記念会編集・発行 P 244、経済産業省『工業統計』(産業編)により作成，『日本国勢図会 2021/ 22』公益財団法人矢野恒太記念会編集・発行 P 183。

1990~2018 年日本海外生产比例（按销售额基准、会计年度）

产业类型	1990年	2000年	2005年	2010年	2015年	2016年	2017年	2018年
钢铁工业	5.3	14	9.6	11.2	14	17.6	19.3	20.8
有色金属	4.9	9.4	10.2	14.7	18.8	19	20.7	21.5
金属制品		1.6	2.2	3.9	6.4	5.7	7.9	7.2
通用机械				28.3	33.8	32.9	31.9	29.2
生产用机械	旧分类为一般机械/精密机械			11.1	15.7	13.9	15.9	14.7
业务用机械				13.8	18.5	16.2	17	17.5
电气机械	10.2	18	11	11.8	17.3	14.5	16.3	15.3
信息通信机械			34.9	28.4	29.4	27.3	29.3	27.8
运输机械	11.2	23.7	37	39.2	48.8	46.1	47.2	46.9
（旧）一般机械	9.6	10.8	13.1					
（旧）精密机械	4.5	11.2	13.8					
食品工业	1.2	2.7	4.2	5	12.2	10.6	11.4	10.7
纤维工业	3	8	6.3	6.2	12.9	11.1	14	14.2
化学工业	4.9	11.8	14.8	17.4	19.4	18	20.1	19.8
其他行业	（注：木材、纸浆、石油、煤炭、窑业等其他行业略）							
制造业合计	6	11.8	16.7	18.1	25.3	23.8	25.4	25.1

资料来源：公益财团法人矢野恒太记念会『日本国勢図会2020/ 21』P 187、公益财团法人矢野恒太记念会『日本国勢図会2021/ 22』P 186 (矢野恒太纪念会根据经济产业省"海外事业活动基本调查"作成，海外生产比率指海外生产占国内生产和海外生产之和的比例)。

01 钢铁工业

上游产业链（部分原材料采购地）

原材料	采购地
镍矿石	俄罗斯、澳大利亚
铬矿石	哈萨克斯坦、南非
钼矿石	美国、智利
铁矿石	巴西、澳大利亚

下游产业链（部分行业）

钢铁 主要包括用于建筑物、汽车、重型机械、工具、轴承等的型钢、带钢、圆钢、钢板、高张力钢板、轨道钢、线材、钢管等产品。

- **汽车行业** 丰田、本田、日产等
- **造船重机** 川崎重工、三菱重工等
- **建筑行业** 鹿岛建设、清水建设、大成建设等
- **专业商社** JFE商事、住金物产、日铁商事等

📊 历年日本金属工业变化

		1990年	2000年	2010年	2016年	2017年	2018年
企业数量	（个）	103,742	88,821	70,258	61,850	60,421	59,223
从业人员	（千人）	1,441	1,178	1,010	1,004	1,023	1,030
制造品出货值	（亿日元）	452,854	337,687	396,463	394,970	430,625	452,554
其中：钢铁业		183,131	119,630	181,776	157,381	176,298	187,248
有色金属业		78,526	62,189	89,294	89,201	97,940	102,600
金属制品业		191,197	155,868	125,392	148,387	156,396	162,706
附加价值	（亿日元）	167,523	131,835	106,419	108,646	119,278	118,311

注：日本金属制品制造业主要指建设用 / 建筑用金属制品、金属型材、金属冲压制品、金属热处理制品、螺栓螺帽以及空调、厨房用品等。
资料来源：『日本国势图会2020/21』P192、（财团法人矢野恒太纪念会根据经济产业省"工业统计调查"作成）。

日本钢铁三巨头

日本制铁（株）
【5401】日本製鉄株式会社

前身新日本制铁，目前为日本最大钢铁生产商。

https://www.nipponsteel.com

销售收入 **68,088** 亿日元　　营业利润 **8,409** 亿日元

	新日本制铁	住友金属工业
2011年	40,909	14,733
2021年	68,088	

单位：亿日元

10年销售额变化 **+22.37%**

JFE 控股（株）
【5411】JFE ホールディングス株式会社

主要生产型钢、圆钢、钢板、钢管、特殊钢等。

https://www.jfe-holdings.co.jp

销售收入 **43,651** 亿日元　　营业利润 **4,001** 亿日元

2011年	31,665
2021年	43,651

单位：亿日元

10年销售额变化 **+37.85%**

（株）神户制钢所
【5406】株式会社神戸製鋼所

主要生产型钢、圆钢、钢板、钢管、特殊钢等。

https://www.kobelco.co.jp

销售收入 **20,825** 亿日元　　营业利润 **876** 亿日元

2011年	18,646
2021年	20,825

单位：亿日元

10年销售额变化 **+11.69%**

钢铁工业
有色金属
化学（基础化学、石油化学）
化学（电子材料）
化学（精细化学）
纤维
工业玻璃与陶瓷
水泥及耐火材料
工业用纸及纸浆
工业涂料与油墨

工业原材料制造业

电炉钢企业	特殊钢企业	其他钢企业

共英制钢（株）
【5440】共英製鋼株式会社
https://www.kyoeisteel.co.jp

主要生产型钢、建筑用钢材等。

销售收入 **2,927** 亿日元　营业利润 **881** 亿日元

日立金属（株）
【5486】日立金属株式会社
https://www.hitachi-metals.co.jp

主要生产特殊钢、工具钢，全球最大钕磁铁生产商。

销售收入 **9,427** 亿日元　营业利润 **266** 亿日元

日铁不锈钢（株）
【未上市】日鉄ステンレス株式会社
https://stainless.nipponsteel.com

不锈钢生产日本第一，产品有不锈钢薄板、不锈钢厚板、不锈钢棒线、不锈钢钢片等。

销售收入 **4,140** 亿日元　营业利润 **410** 亿日元

东碧工业（株）
【7231】トピー工業株式会社
https://www.topy.co.jp

主要生产型钢、建筑用钢材、商用车轮、建工机械履带板等。

销售收入 **2,711** 亿日元　营业利润 **-17** 亿日元

大同特殊钢（株）
【5471】大同特殊鋼株式会社
https://www.daido.co.jp

主要生产特殊钢、汽车用钢板、发动机转轴、马达磁铁等。

销售收入 **5,296** 亿日元　营业利润 **369** 亿日元

丸一钢管（株）
【5463】丸一鋼管株式会社
https://www.maruichikokan.co.jp/

日本国内最大焊接钢管生产企业。

销售收入 **2,242** 亿日元　营业利润 **362** 亿日元

东京制铁（株）
【5423】東京製鐵株式会社
http://www.tokyosteel.co.jp

主要生产 H 钢、U 形钢板桩、I 形钢、沟形钢、线材等。

销售收入 **2,708** 亿日元　营业利润 **317** 亿日元

山阳特殊制钢（株）
【5481】山陽特殊製鋼株式会社
https://www.sanyo-steel.co.jp

主要生产特殊合金钢、轴承钢、结构钢材、工具钢等。

销售收入 **3,632** 亿日元　营业利润 **214** 亿日元

（株）日本制钢所
【5631】株式会社日本製鋼所
https://www.jsw.co.jp

世界著名核电站、火力发电铸锻钢件生产企业。

销售收入 **2,137** 亿日元　营业利润 **154** 亿日元

合同制铁（株）
【5410】合同製鐵株式会社
https://www.godo-steel.co.jp

主要生产建筑圆钢、线材等。

销售收入 **2,042** 亿日元　营业利润 **-27** 亿日元

爱知制钢（株）
【5482】愛知製鋼株式会社
https://www.aichi-steel.co.jp

主要生产特殊钢、汽车用钢板以及曲轴、齿轮等锻造品。

销售收入 **2,601** 亿日元　营业利润 **21** 亿日元

（株）淀川制钢所
【5451】株式会社淀川製鋼所
https://www.yodoko.co.jp

主要生产压延钢板（电镀钢板、彩色钢板）等。

销售收入 **2,016** 亿日元　营业利润 **143** 亿日元

历年日本钢铁生产和进出口变化（1）

单位：千吨

	1980年	1990年	2000年	2010年	2019年	2020年
生铁生产	87,041	80,229	81,071	82,283	74,907	61,600
粗钢生产	111,395	110,339	106,444	109,599	99,284	83,186
其中：普通钢	94,452	90,511	87,575	84,929	75,588	65,750
特殊钢	16,943	19,828	18,870	24,670	23,696	17,436
（炉型）						
转炉	84,150	75,640	75,784	85,756	74,983	62,047
电炉	27,245	34,698	30,660	23,843	24,301	21,149
粗钢出口	33,661	18,862	31,447	46,581	36,667	34,159
粗钢进口	1,273	7,555	5,564	5,099	7,470	6,060
粗钢消费	79,007	99,032	80,561	68,117	70,087	55,096
人均（kg）	675	801	635	532	556	

资料来源：『数字でみる日本の100年』日本国勢図会 長期統計版 改定第5版 P 254～255『日本国勢図会2017/18』公益財団法人矢野恒太記念会 P191~192『日本国勢図会2021/22』公益財団法人矢野恒太記念会P191。

01

钢铁工业

钢铁工业

有色金属

化学（基础化学、石油化学）

化学（电子材料）

化学（精细化学）

纤维

工业玻璃与陶瓷

水泥及耐火材料

工业用纸及纸浆

工业涂料与油墨

电炉钢企业

(株)中山制钢所
【5408】株式会社中山製鋼所
https://www.nakayama-steel.co.jp/
主要生产线材、卷板材等。

销售收入	营业利润
1,667 亿日元	**72** 亿日元

大和工业(株)
【5444】大和工業株式会社
https://www.yamatokogyo.co.jp
主要生产型钢、建筑用钢材等。

销售收入	营业利润
1,500 亿日元	**132** 亿日元

大阪制铁(株)
【5449】大阪製鐵株式会社
https://www.osaka-seitetu.co.jp
主要生产一般型钢、电梯轨道钢等。

销售收入	营业利润
1,044 亿日元	**38** 亿日元

特殊钢企业

三菱制钢(株)
【5632】三菱製鋼株式会社
https://www.mitsubishisteel.co.jp
主要生产特殊钢、机械结构钢材、弹簧钢等。

销售收入	营业利润
1,462 亿日元	**62** 亿日元

(株) Metal One 特殊钢
【非上市】株式会社メタルワン特殊鋼
https://www.mtlo-tok.co.jp
主要生产特殊钢材、铸锻钢品、普通钢材等。

销售收入	净利润
901 亿日元	**3** 亿日元

王子制铁(株)
【未上市】王子製鉄株式会社
https://www.oji-steel.co.jp
日本制铁集团旗下电炉钢企业，是日本最强平钢生产企业。

销售收入	净利润
369 亿日元	**31** 亿日元

水岛合金铁(株)
【未上市】水島合金鉄株式会社
http://www.mizukin.co.jp/
JFE 钢铁子公司，主营高、中、低碳锰铁等锰系铁合金。

销售收入（2021/03 决算报表）	净利润（2021/03）
296 亿日元	**-1** 亿日元

其他钢企业

日本冶金工业(株)
【5480】日本冶金工業株式会社
https://www.nyk.co.jp
主要生产耐高腐蚀、耐高温等不锈钢材等。

销售收入	营业利润
1,489 亿日元	**139** 亿日元

JFE 条钢(株)
【未上市】JFE 条鋼株式会社
https://www.jfe-bs.co.jp
大型电炉钢企业，以条钢产品为主，如型钢、钢筋混凝土用棒钢等。

销售收入	营业利润
1,117 亿日元	**1** 亿日元

(株)宇部钢铁
【未上市】株式会社宇部スチール
https://www.ube-ind.co.jp/ubs
主营机械、汽车部件用钢坯及各种铸造品。

销售收入	营业利润
307 亿日元	**2** 亿日元

丸一不锈钢钢管(株)
【未上市】丸一ステンレス鋼管株式会社
https://mstube.co.jp
生产不锈钢钢管、BA 精密钢管、特殊管等。

销售收入	营业利润
244 亿日元	**31** 亿日元

历年日本钢铁生产和进出口变化（2）

单位：千吨,%

年份	粗钢产量	平炉钢	转炉钢	电炉钢	普通钢	特殊钢	连续铸造化率
1926	1,506	1,401	85	18			
1930	2,289	2,225	0	62			
1940	6,856	5,537	234	1,083			
1950	4,839	3,891	195	752	4,673	165	
1960	22,138	15,045	2,629	4,464	19,935	2,204	
1970	93,322	3,855	73,847	15,620	82,071	11,251	0.056
1980	111,395		84,150	27,245	94,452	16,943	0.595
1990	110,339		75,640	34,698	90,511	19,828	0.939
2000	106,444		75,784	30,660	87,575	18,870	0.973
2010	109,599		85,756	23,843	84,929	24,670	
2020	83,186		62,047	21,149	65,750	17,436	

炼钢炉区分 / 粗钢品种

资料来源:『数字でみる日本の100年』日本国勢図会 長期統計版 改定第5版 P 254 ～255、『日本国勢図会2017/18』公益財団法人矢野恒太記念会 P191~192、『日本国勢図会2021/22』公益財団法人矢野恒太記念会P191。

工业原材料制造业

其他钢企业

新关西制铁（株）
【未上市】新関西製鉄株式会社
https://shinkansai-steel.co.jp
电炉钢生产中坚企业，平钢生产的规模和种类均为业界第一。

销售收入 (2020/09 决算报表)	营业利润
193 亿日元	**-2** 亿日元

近江锻工（株）
【未上市】近江鍛工株式会社
https://www.omitanko.co.jp
特殊钢生产商，滚锻工艺居世界前列。

销售收入 (2020/11 决算报表)	营业利润
113 亿日元	**-6** 亿日元

JFE 商事电磁钢板（株）
【未上市】JFE 商事電磁鋼板株式会社
https://jfe-denji.com
JFE 商事旗下硅钢片专业加工销售企业。

销售收入	营业利润
87 亿日元	**7** 亿日元

东海钢材工业（株）
【未上市】東海鋼材工業株式会社
http://www.tokaisteel.co.jp/
以中厚钢板熔断、打孔为主的钢铁制品二次加工企业。

销售收入 (2021/03 决算报表)	营业利润
86 亿日元	**3** 亿日元

藤田商事（株）
【未上市】藤田商事株式会社
http://www.fujita-shoji.co.jp/
特殊钢专业商社，以品种多样、短期交货为主要特色。

销售收入 (2020/08 决算报表)	营业利润
72 亿日元	**-1** 亿日元

历年日本生铁和粗钢生产与供需概况
单位：千吨

年份	生铁 生产	生铁 出口	生铁 进口	粗钢 生产	粗钢 出口	粗钢 进口
1880	6		5	2	0	4
1890	19	0	10	2	0	29
1900	21	0	23	1	2	66
1910	188	1	106	252	9	226
1920	521	1	389	811	100	1,316
1930	1,162	1	515	2,289	226	626
1940	3,412	7	855	6,856	889	724
1950	2,233		1	4,839	727	3
1960	11,896	0	1,001	22,138	3,144	308
1970	68,048	6	2,896	93,322	22,323	126
1980	87,041	15	781	111,395	33,661	1,273

资料来源：『数字でみる日本の100年』日本国勢図会　長期統計版　改定第2版、『数字でみる日本の100年』日本国勢図会　長期統計版　改定第5版『日本国勢図会2021/22』公益財団法人矢野恒太記念会P191。

历年日本生铁和粗钢生产与供需
单位：千吨

年份	生铁 生产	生铁 出口	生铁 进口	粗钢 生产	粗钢 出口	粗钢 进口
1985	80,569	1,085	748	105,279	34,967	3,066
1990	80,229	25	3,283	110,339	18,862	7,555
1995	74,905	526	2,776	101,640	24,839	7,534
2000	81,071	224	860	106,444	31,447	5,564
2005	83,058	34	1,063	112,471	35,200	5,823
2010	82,283			109,599	46,581	5,099
2015	81,011			105,134	44,416	6,832
2020	61,600			83,186	34,159	6,060

资料来源：公益財団法人矢野恒太記念会　『日本国勢図会2021/22』P191、経済産業省『生産動態統計』、日本鉄鋼連盟『鉄鋼統計要覧』および同ウェブサイトにより作成。

历年日本金属工业贸易情况
单位：亿日元

	出口				进口			
	1990年	2018年	2019年	2021年	1990年	2018年	2019年	2021年
钢铁	36,754	34,412	30,740	41,278	7,618	10,188	9,480	11,295
有色金属	13,353	15,131	13,684	18,954	16,062	19,997	17,502	26,475
金属制品	9,818	13,031	12,166	11,489	7,614	12,926	12,998	12,565
合计	59,925	62,574	56,590	71,721	31,293	43,112	39,980	50,335

注：日本金属制品制造业主要指建设用 / 建筑用金属制品、金属型材、金属冲压制品、金属热处理制品、螺栓螺帽以及空调、厨房用品等。
资料来源：『日本国勢図会2020/21』P192、『日本国勢図会2021/22』（財団法人矢野恒太記念会根据財務省"貿易統計"作成）、日东贸易图鉴。

02 有色金属

钢铁工业

有色金属

化学（基础化学、石油化学）

化学（电子材料）

化学（精细化学）

纤维

工业玻璃与陶瓷

水泥及耐火材料

工业用纸及纸浆

工业涂料与油墨

上游产业链（部分原材料采购地）

原材料	采购地
铅矿石	美国、秘鲁、澳大利亚
亚铅矿	美国、秘鲁、澳大利亚
铝土矿	委内瑞拉、莫桑比克、澳大利亚
铜矿石	秘鲁、智利、印度尼西亚

下游产业链（部分行业）

有色金属

主要包括用于制造半导体引线框、水管接头、引擎、PC终端铝合金框的铜板条、铜线材、铝线材、铝板、铝箔、压延铜箔、有色金属压铸件等产品。

电气机器/电子部件
松下、RYOBI、精工仪器等

汽车/车用部件
丰田、五十铃汽车、电装等

铝制罐行业
东洋制罐、昭和铝罐等

综合商社/专业商社
住友商事、岩谷产业、丰田通商等

日本有色金属原材料进口近况

单位:亿美元

年份	进口金额	同比增减（%）
2021	255.31	▲ 61.7
2020	157.85	▲ 1.1
2019	156.1	▼ -11.5
2018	176.49	▲ 17.1
2017	150.71	▲ 26.3
2016	119.34	▼ -11.6
2015	135	▼ -13.4
2014	155.88	▲ 1.2

日本有色金属制品出口近况

单位:亿美元

年份	出口金额	同比增减（%）
2021	182.79	▲ 25.7
2020	145.38	▲ 19.9
2019	121.24	▼ -8.3
2018	132.18	▲ 10.1
2017	120.07	▲ 9.4
2016	109.78	▼ -3.0
2015	113.15	▼ -13.5
2014	130.84	▼ -5.8

日本有色金属三大企业

三菱材料（株）

【5711】三菱マテリアル株式会社

主要生产铜材、多晶硅材料、铝罐、超硬材料等。

https://www.mmc.co.jp

销售收入 **18,117** 亿日元　　营业利润 **527** 亿日元

2011年	14,408
2021年	18,117

单位：亿日元

10年销售额变化 **+25.74%**

住友金属矿山（株）

【5713】住友金属砿山株式会社

主要生产铜材、锌、铅、电气镍、贵金属等。

https://www.smm.co.jp

销售收入 **12,590** 亿日元　　税前利润 **3,574** 亿日元

2011年	8,478
2021年	12,590

单位：亿日元

10年销售额变化 **+48.50%**

同和控股（株）

【5714】DOWA ホールディングス株式会社

主要生产型钢、圆钢、钢板、钢管、特殊钢等。

https://www.dowa.co.jp

销售收入 **8,317** 亿日元　　营业利润 **638** 亿日元

2011年	3,924
2021年	8,317

单位：亿日元

10年销售额变化 **+111.95%**

行业信息 一般社团法人 日本电线工业会　　东京都中央区筑地 1-12-22　　电话: 03-3542-6031 https://www.jcma2.jp/

工业原材料制造业

| 铜、锌、铅生产企业 | 铝材生产企业 | 其他有色金属生产企业 |

三井金属矿业(株)
【5706】三井金属鉱業株式会社
https://www.mitsui-kinzoku.com

主要生产铜、锌、铅、贵金属、电子陶瓷材料等。

销售收入 **6,333** 亿日元　　营业利润 **607** 亿日元

JX 金属(株)
【非上市】JX 金属株式会社
https://www.nmm.jx-group.co.jp/

主要生产 FPC 压延铜箔、半导体靶材、高纯度钽粉等。

销售收入 **3,025** 亿日元　　营业利润 **389** 亿日元

古河机械金属(株)
【5715】古河機械金属株式会社
https://www.furukawakk.co.jp

主要生产铜材、高纯度金属砷、镓磷多结晶、重型机械等。

销售收入 **1,990** 亿日元　　营业利润 **77** 亿日元

日铁矿业(株)
【1515】日鉄鉱業株式会社
https://www.nittetsukou.co.jp/

主要生产电气铜、石灰石等。

销售收入 **1,490** 亿日元　　营业利润 **157** 亿日元

(株)日铝全综(UACJ)
【5741】株式会社 UACJ
https://www.uacj.co.jp

主要生产压铸铝、铝板材、铝箔等。

销售收入 **7,829** 亿日元　　营业利润 **595** 亿日元

日本轻金属控股(株)
【5703】日本軽金属ホールディングス株式会社
https://www.nikkeikinholdings.co.jp

主要生产氧化铝、氢氧化铝、铝板、铝制品等。

销售收入 **4,865** 亿日元　　营业利润 **221** 亿日元

三菱铝业(株)
【非上市】三菱アルミニウム株式会社
http://www.malco.co.jp

主营铝轧制业务，生产饮料罐材料、电子部件用铝箔。

销售收入 （2021/03 决算报表） **578** 亿日元　　营业利润 **27** 亿日元

(株)神户制钢所
【5406】株式会社神戸製鋼所
https://www.kobelco.co.jp/

主要生产钛、铜材、铝板、钢板、钢管等。

销售收入 **20,825** 亿日元　　营业利润 **876** 亿日元

泛太平洋铜业(株)
【未上市】パンパシフィック・カッパー株式会社
https://www.ppcu.co.jp/

从事以铜为主体的有色金属冶炼、加工和销售。

销售收入 **9,360** 亿日元　　营业利润 **137** 亿日元

(株)大纪铝工业所
【5702】株式会社大紀アルミニウム工業所
https://www.dik-net.com

主要生产铝材、压铸制品等。

销售收入 **2,360** 亿日元　　营业利润 **203** 亿日元

朝日控股(株)
【5857】アサヒホールディングス株式会社
https://www.asahiholdings.com/

主要经营贵金属生产以及稀有金属的再利用等业务。

销售收入 **1,924** 亿日元　　营业利润 **264** 亿日元

日本轻金属(株)
【未上市】日本軽金属株式会社
https://www.nikkeikin.co.jp

从原材料到加工产品的综合铝制造商，生产和供应纯度为 99.99% 的铝。

销售收入 **1,375** 亿日元　　营业利润 **64** 亿日元

▤ 历年日本主要有色金属生产概况
单位：千吨

	1980年	1990年	2000年	2010年	2019年	2020年
铝压延品	1,429.0	2,258.0	2,452.0	2,057.0	1,905.0	1,719.0
粗钢	1,156.0	1,351.0	1,857.0	1,925.0	1,793.0	1,968.0
电气铜	1,014.0	1,008.0	1,437.0	1,549.0	1,495.0	1,580.0
锻铜品	874.0	1,180.0	1,168.0	867.0	753.0	644.0
电线（铜线）	904.0	1,155.0	880.0	641.0	645.0	572.0
电气铅	220.9	261.0	239.4	215.8	198.4	197.6
亚铅	735.2	687.5	654.4	574.0	526.7	501.1
锡	1.3	0.8	0.6	0.8	1.7	1.5
镍	24.8	22.3	36.2	40.2	58.8	57.6
电气银（吨）	1,177.0	2,089.0	2,385.0	1,898.0	1,783.0	1,755.0

资料来源：公益财团法人矢野恒太记念会『日本国势图会2021/22』P196～199、
日本アルミニウム协会『アルミニウム统计年报』及び经济产业省『生产动态统计』、日本鉱业振兴会ウェブサイトにより作成。

02

有色金属

钢铁工业

有色金属

化学（基础化学、石油化学）

化学（电子材料）

化学（精细化学）

纤维

工业玻璃与陶瓷

水泥及耐火材料

工业用纸及纸浆

工业涂料与油墨

铜、锌、铅生产企业

三菱制钢（株）
【5632】三菱製鋼株式会社
https://www.mitsubishisteel.co.jp
主要生产金属铜、铜合金、铜加工品等。

| 销售收入 | **1,462**亿日元 | 营业利润 | **62**亿日元 |

东邦亚铅（株）
【5707】東邦亜鉛株式会社
http://www.toho-zinc.co.jp/
主要生产锌、铅、电子部件材料等。

| 销售收入 | **1,242**亿日元 | 营业利润 | **105**亿日元 |

广岛铝工业（株）
【未上市】広島アルミニウム工業株式会社
http://www.hai.co.jp/ja/
马自达系汽车铸铝部件制造商，也生产汽车用树脂零件。

| 销售收入 （2021/12 决算报表） | **772**亿日元 | 营业利润 | **N/A**亿日元 |

东洋铝业（株）
【未上市】東洋アルミニウム株式会社
https://www.toyal.co.jp/
生产铝箔板、铝浆、合金粉、高纯度氮化铝粉、太阳能电池元件等。

| 销售收入 | **595**亿日元 | 营业利润 | **-2**亿日元 |

其他有色金属生产企业

石福金属兴业（株）
【未上市】石福金属興業株式会社
https://www.ishifuku.co.jp/
生产用于工业、牙科、医疗和装饰的贵金属部件和材料。

| 销售收入 （2020/12 决算报表） | **1,165**亿日元 | 净利润 | **33**亿日元 |

昭和电线电缆系统（株）
【未上市】昭和電線ケーブルシステム株式会社
https://www.swcc.co.jp/
生产用于基础设施和工业应用的电力和通信电缆。

| 销售收入 （2021/03 决算报表） | **1,148**亿日元 | 营业利润 | **42**亿日元 |

（株）德力本店
【未上市】株式会社徳力本店
http://www.tokuriki-kanda.co.jp/
贵金属制造商，生产产品从金银、珠宝、工艺品到电子元件、汽车、医疗材料等。

| 销售收入 （2020/12 决算报表） | **713**亿日元 | 营业利润 | **24**亿日元 |

日星电气（株）
【未上市】日星電気株式会社
https://www.nissei-el.co.jp/
电气和电子元件制造商，主要产品有激光器、天线、电缆和管道。

| 销售收入 （2021/11 决算报表） | **445**亿日元 | 营业利润 | **31**亿日元 |

（株）Ahresty
【5852】株式会社アーレスティ
https://www.ahresty.co.jp
主要生产铝材、压铸产品等。

| 销售收入 | **1,163**亿日元 | 营业利润 | **-24**亿日元 |

三越金属（株）
【未上市】サンエツ金属株式会社
https://www.sanetu.co.jp/
主要生产黄铜棒、铜线、黄铜线、黄铜管等。

| 销售收入 | **825**亿日元 | 营业利润 | **64**亿日元 |

福田金属箔粉工业（株）
【未上市】福田金属箔粉工業株式会社
https://www.fukuda-kyoto.co.jp/
铜基有色金属箔和金属粉末制造商。

| 销售收入 （2021/12 决算报表） | **675**亿日元 | 营业利润 | **56**亿日元 |

（株）Kobelco&MaterialsCopperTube
【未上市】株式会社コベルコマテリアル銅管
http://www.kmct.co.jp/
日本领先的铜管制造商，为空调、建筑和热水供应设备提供铜管。

| 销售收入 （2021/03 决算报表） | **397**亿日元 | 营业利润 | **5**亿日元 |

2021 年日本有色金属原材料进口额排名前十的国家 / 地区
单位：亿美元

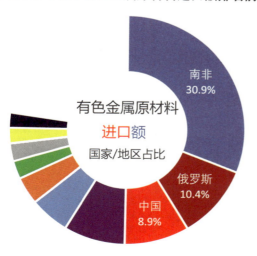

有色金属原材料
进口额
国家/地区占比

南非 30.9%
俄罗斯 10.4%
中国 8.9%

排名	国家/地区	进口金额	占比（%）
1	南非	78.75	30.9
2	俄罗斯	26.59	10.4
3	中国	22.69	8.9
4	韩国	21.52	8.4
5	澳大利亚	13.98	5.5
6	阿联酋	9.92	3.9
7	德国	6.49	2.5
8	中国台湾（推算）	6.38	2.5
9	美国	5.53	2.2
10	马来西亚	5.48	2.2
	其他所有国家/地区	57.92	22.7

一般社団法人 日本矿业协会　东京都千代田区神田锦町三丁目 17 番地 11 荣叶大楼 8F　电话：03-5280-2321　https://www.kogyo-kyokai.gr.jp/

其他有色金属生产企业

太阳矿工（株）
【未上市】太陽鉱工株式会社
http://www.taiyokoko.co.jp/

稀有金属（如钼、钒和锆）、稀土和陶瓷原料生产商。

销售收入 **232** 亿日元　营业利润 **27** 亿日元

中越合金铸工（株）
【未上市】中越合金鋳工株式会社
https://www.chuetsu-metal.co.jp/

有色金属铸件制造商，主要生产变速箱和轴承零件，以及钢、有色金属的连续铸造模具。

销售收入（2021/03 决算报表） **141** 亿日元　营业利润 **5** 亿日元

大阪特殊合金（株）
【未上市】大阪特殊合金株式会社
https://www.otg.co.jp/

日本领先的铸铁添加剂、特殊铁合金和镁合金铸造用合金专门制造商。

销售收入（2020/07 决算报表） **140** 亿日元　营业利润 **11** 亿日元

冲电线（株）
【未上市】沖電線株式会社
https://www.okidensen.co.jp/

主要生产电线、柔性基材和电极线，并且在机器人用电缆生产领域国内领先。

销售收入 **137** 亿日元　营业利润 **7** 亿日元

本多金属工业（株）
【未上市】本多金属工業株式会社
https://www.hondalex.co.jp/

日本领先铝型材专业制造商之一。

销售收入（2020/05 决算报表） **130** 亿日元　营业利润 **6** 亿日元

（株）ALMINE
【未上市】株式会社アルミネ
http://www.almine.co.jp/

铝材料制造商，铝线的日本国内市场占有率超过 80%。

销售收入 **137** 亿日元　营业利润 **11** 亿日元

KM 铝业（株）
【未上市】KM アルミニウム株式会社
http://www.kmac-web.com/

铝加工厂，生产用于电解电容器的高纯度铝、超纯铝、铝铸件等。

销售收入（2021/03 决算报表） **103** 亿日元　净利润 **11** 亿日元

本庄化学（株）
【未上市】本荘ケミカル株式会社
https://www.honjo-chem.com/

主要生产锌产品（如锌粉和氧化锌）、金属锂和医药中间体。

销售收入（2021/10 决算报表） **90** 亿日元　营业利润 **6** 亿日元

三映电子工业（株）
【未上市】三映電子工業株式会社
https://www.san-ei-elt.co.jp/

磁铁线制造商，其生产的适用于点火线圈的超细电线在全球占据较高的市场份额。

销售收入（2020/10 决算报表） **54** 亿日元　营业利润 **2** 亿日元

大和合金（株）
【未上市】大和合金株式会社
http://www.yamatogokin.co.jp/

特殊铜合金制造商，专业生产各种高硬度和高耐磨性合金，如铬铜、铍铜和 NC 合金等。

销售收入（2021/03 决算报表） **51** 亿日元　营业利润 **4** 亿日元

富士精密（株）
【未上市】富士精密株式会社
http://www.fujiseimitsu.co.jp/

主要从事用于高压气体和空调的金属阀门热锻和切割加工，其黄铜锻造能力行业领先。

销售收入（2020/08 决算报表） **47** 亿日元　营业利润 **-1** 亿日元

HIEN 电工（株）
【未上市】ヒエン電工株式会社
https://www.hien.co.jp/

日本最大的船用电力电缆供应商，还生产用于土木工程和桥梁的预应力混凝土涂层钢材和功能性复合薄膜。

销售收入（2021/03 决算报表） **44** 亿日元　营业利润 **0** 亿日元

2021 年日本有色金属原材料出口额排名前十的国家 / 地区
单位：亿美元

有色金属原材料 出口额 国家/地区占比

中国 34.2%　中国台湾（推算）12.8%　泰国 9.8%

排名	国家/地区	出口金额	占比（%）
1	中国	62.46	34.2
2	中国台湾（推算）	23.39	12.8
3	泰国	17.85	9.8
4	印度	13.01	7.1
5	韩国	11.38	6.2
6	美国	9.72	5.3
7	马来西亚	6.84	3.7
8	中国香港	6.53	3.6
9	印度尼西亚	6.15	3.4
10	越南	5.04	2.8
	其他所有国家/地区	20.42	11.2

说明：本节中未注明资料来源的图表均根据日本贸易图鉴网站（https://jtrade.ecodb.net/）的图解整理而成。日本贸易图鉴网站根据联合国商品贸易统计数据库（UN Comtrade）的数据制作图解，因此图表中含日本贸易图鉴网站推算数据。"中国"的进出口金额数据仅计算了中国大陆地区的数据，不含中国港澳台地区，"中国台湾"的数据均为推算数据。

東京都千代田区神田錦町三丁目１７番地１１榮葉ビル８階　TEL:03-5280-2321　https://www.kogyo-kyokai.gr.jp/　一 般 社 団 法 人 日 本 鉱 業 協 会

03

化学（基础化学、石油化学）

钢铁工业

有色金属

化学（基础化学、石油化学）

化学（电子材料）

化学（精细化学）

纤维

工业玻璃与陶瓷

水泥及耐火材料

工业用纸及纸浆

工业涂料与油墨

日本综合化学工业三巨头

上游产业链（部分原材料采购地）

原材料	采购地
原油 LPG（液化）	卡塔尔
石脑油	沙特阿拉伯、阿联酋、韩国
天然气	马来西亚、印度尼西亚、澳大利亚

下游产业链（部分行业）

基础化学/石油化学
主要包括用于耐水用纸、上下水管、隔热材、轮胎等的苯乙烯、丁二烯橡胶、聚丙烯、聚氯乙烯、聚乙烯、聚氨酯、氟树脂、ABS树脂、PET树脂等产品。

汽车行业
丰田汽车、丰田自动织机等

住宅行业
积水房屋、积水化学工业等

轮胎/橡胶
普利司通、住友橡胶等

综合商社/专业商社
三井物产、丰田通商、长濑产业等

▤ 1980～2020 年日本主要石油化学工业制品生产

单位:千吨

	1980年	1990年	2000年	2010年	2019年	2020年
乙烯	4,175	5,810	7,614	7,018	6,418	5,943
丙烯	2,637	4,214	5,453	5,986	5,504	4,998
丁烯/丁烷	1,512	2,243	2,977	3,035	2,790	2,596
苯	2,060	3,012	4,425	4,764	3,690	3,245
甲苯	908	1,111	1,489	1,393	1,706	1,451
二甲苯	1,195	2,652	4,681	5,935	6,597	5,195

资料来源:公益财团法人矢野恒太记念会『日本国势图会2021/22』P231、经济产业省『生产动态统计』により作成。

（株）三菱化学控股

【4188】三菱ケミカルグループ株式会社

https://www.mitsubishichem-hd.co.jp

三菱化学、三菱树脂、三菱人造丝、田边三菱制药、日本酸素控股等企业的控股公司。

销售收入 **39,769** 亿日元　　营业利润 **3,031** 亿日元

2011年 32,081
2021年 39,769
单位:亿日元

10 年销售额变化 **+23.96%**

住友化学（株）

【4005】住友化学株式会社

https://www.sumitomo-chem.co.jp

住友旗下综合性化学品企业，产品主要为基础化学品、功能性化学品等。

销售收入 **27,653** 亿日元　　营业利润 **2,150** 亿日元

2011年 19,478
2021年 27,653
单位:亿日元

10 年销售额变化 **+41.97%**

三井化学（株）

【4183】三井化学株式会社

https://jp.mitsuichemicals.com/jp

三井旗下综合性化学品企业，产品主要为基础化学品、功能性化学品等。

销售收入 **16,126** 亿日元　　营业利润 **1,473** 亿日元

2011年 14,540
2021年 16,126
单位:亿日元

10 年销售额变化 **+10.91%**

行业信息 一般社团法人 石油化学工业会（JPCA） 东京都中央区新川 1-4-1 住友不动产六甲大厦 电话:03-3297-2011 http://www.jpca.or.jp

工业原材料制造业

主要化学企业	其他化学企业	

旭化成（株）●●●
【3407】旭化成株式会社
https://www.asahi-kasei.com

该领域主要生产高性能树脂等。

销售收入 **24,613** 亿日元　　营业利润 **2,026** 亿日元

日本酸素控股（株）●●●
【4091】日本酸素ホールディングス株式会社
https://www.nipponsanso-hd.co.jp

三菱化学控股旗下氧气、氮气、同位素供应商。

销售收入 **9,571** 亿日元　　营业利润 **1,011** 亿日元

三菱瓦斯化学（株）●●●
【4182】三菱瓦斯化学株式会社
https://www.mgc.co.jp

主要生产二甲苯系芳香族化学品及功能性化学品等。

销售收入 **7,056** 亿日元　　营业利润 **553** 亿日元

信越化学工业（株）●●●
【4063】信越化学工业株式会社
https://www.shinetsu.co.jp

该领域主要生产聚氯乙烯树脂等。

销售收入 **20,744** 亿日元　　营业利润 **6,763** 亿日元

（株）钟化 ●●●
【4118】株式会社カネカ
https://www.kaneka.co.jp

主要生产树脂、氯乙烯、合成纤维、食用油脂、医药品原料等。

销售收入 **6,915** 亿日元　　营业利润 **435** 亿日元

（株）可乐丽 ●●●
【3405】株式会社クラレ
https://www.kuraray.co.jp

主要生产合成树脂、合成橡胶、合成纤维等。

销售收入 **6,293** 亿日元　　营业利润 **722** 亿日元

昭和电工（株）●●●
【4004】昭和電工株式会社
https://www.sdk.co.jp

该领域主要生产石化基础产品、有机化学产品等。

销售收入 **14,196** 亿日元　　营业利润 **871** 亿日元

（株）大赛璐 ●●●
【4202】株式会社ダイセル
https://www.daicel.com

主要生产合成树脂、合成橡胶、纤维素等。

销售收入 **4,679** 亿日元　　营业利润 **506** 亿日元

电化（株）●●●
【4061】デンカ株式会社
https://www.denka.co.jp

主要生产特殊合成橡胶、合成树脂、乙酰基系列化学品等。

销售收入 **3,848** 亿日元　　营业利润 **401** 亿日元

三菱化学（株）●●●
【非上市】三菱ケミカル株式会社
https://www.m-chemical.co.jp

日本最大综合性化学品生产企业，产品主要为基础化学品、功能性化学品等。

销售收入 **13,653** 亿日元　　营业利润 **759** 亿日元

（株）日本触媒 ●●●
【4114】株式会社日本触媒
https://www.shokubai.co.jp

主要生产氯化乙烯、丙烯酸、高吸水性树脂、涂料等。

销售收入 **3,692** 亿日元　　营业利润 **290** 亿日元

JSR（株）●●●
【4185】JSR 株式会社
https://www.jsr.co.jp

著名精细化工生产商，光刻胶、液晶配向膜等全球市场占比高。

销售收入 **3,410** 亿日元　　营业利润 **437** 亿日元

📊 1980～2020 年日本塑料生产与进出口情况

单位：千吨

	1980年	1990年	2000年	2010年	2019年	2020年
生产	7,518	12,630	14,736	12,320	10,505	9,639
其中：通用塑料	5,345	8,971	10,497	8,806	7,793	7,177
聚乙烯	1,860	2,888	3,342	2,964	2,448	2,246
聚苯乙烯	1,129	2,092	2,024	1,385	1,173	1,057
聚丙烯	927	1,942	2,721	2,709	1,733	1,627
氯乙烯树脂	1,429	2,049	2,410	1,749	1,733	1,627
出口	1,113	1,776	4,313	6,083	5,160	5,170
进口	295	582	1,185	1,999	3,110	2,742
国内消费	6,700	11,435	11,609	8,236	8,455	7,212
人均消费（kg）	57.2	92.5	91.5	64.3	67.0	57.4

资料来源：公益财团法人矢野恒太記念会『日本国勢図会2021/22』P233、経済産業省『生産動態統計』及ぶ财務省『貿易統計』により作成。

03 化学（基础化学、石油化学）

钢铁工业

有色金属

化学（基础化学、石油化学）

化学（电子材料）

化学（精细化学）

纤维

工业玻璃与陶瓷

水泥及耐火材料

工业用纸及纸浆

工业涂料与油墨

主要化学企业	其他化学企业

东曹（株）
【4042】東ソー株式会社
https://www.tosoh.co.jp
该领域主要生产基础化学品、功能性化学品、无机化学品等。
销售收入 **9,185** 亿日元　营业利润 **1,440** 亿日元

丸善石油化学（株）
【未上市】丸善石油化学株式会社
https://www.chemiway.co.jp/
主营乙烯、丙烯、笨等基础石油化学制品，甲基乙基酮产能全球最大。
销售收入（2021/03 决算报表）**2,392** 亿日元　营业利润 **-15** 亿日元

（株）普瑞曼聚合物
【未上市】株式会社プライムポリマー
http://www.primepolymer.co.jp/
生产聚丙烯和聚乙烯制品的化工企业。
销售收入 **2,259** 亿日元　营业利润 **61** 亿日元

宇部兴产（株）
【4208】宇部興産株式会社
https://www.ube-ind.co.jp
主要生产树脂、合成橡胶、聚酰亚胺、聚乙烯、硫铵、聚丁二烯橡胶等。
销售收入 **6,552** 亿日元　营业利润 **440** 亿日元

日油（株）
【4403】日油株式会社
https://www.nof.co.jp/
主要生产脂肪酸类制品、有机过氧化物制品、聚合物制品、火药等。
销售收入 **1,926** 亿日元　营业利润 **356** 亿日元

三洋化成工业（株）
【4471】三洋化成工業株式会社
https://www.sanyo-chemical.co.jp
主要生产合成树脂、界面活性剂、医药品原料等。
销售收入 **1,625** 亿日元　营业利润 **118** 亿日元

（株）INOAC
【未上市】株式会社イノアックコーポレーション
https://www.inoac.co.jp
主营氨基甲酸乙酯、橡胶、塑料、复合材料，在日本率先实现聚氨酯泡沫的生产。
销售收入（2021/12 决算报表）**1,763** 亿日元　营业利润 **13** 亿日元

（株）吴羽化学
【4023】株式会社クレハ
https://www.kureha.co.jp/
主要生产工业化学品、合成树脂、医药品等。
销售收入 **1,683** 亿日元　营业利润 **201** 亿日元

宝理塑料（株）
【未上市】ポリプラスチックス株式会社
https://www.polyplastics.com/jp
高功能树脂生产企业，共聚甲醛树脂和液晶高分子产品占有全球最高市场份额。
销售收入 **1,011** 亿日元　营业利润 **61** 亿日元

JFE 化工（株）
【未上市】JFE ケミカル株式会社
https://www.jfe-chem.com/
主要生产基础化学品、电池材料、精密化学品等。
销售收入 **557** 亿日元　营业利润 **76** 亿日元

三井化学农业（株）
【未上市】三井化学アグロ株式会社
http://www.mitsui-agro.com
主要向国内外农药制造商提供农药化学品原料、杀虫剂及肥料等。
销售收入（2021/03 决算报表）**462** 亿日元　营业利润 **N/A** 亿日元

大洋 VINYL（株）
【未上市】大洋塩ビ株式会社
http://www.taiyo-vinyl.co.jp/
聚氯乙烯树脂专业制造商。
销售收入（2021/03 决算报表）**342** 亿日元　营业利润 **-15** 亿日元

2021 年日本有机化合物进出口额排名前十的国家 / 地区

单位：亿美元

排名	进口 国家/地区	金额	占比(%)	出口 国家/地区	金额	占比(%)
1	中国	42.45	25.4	中国	54.21	29.5
2	美国	29.93	17.9	韩国	28.47	15.5
3	韩国	14.14	8.5	美国	17.31	9.4
4	德国	13.13	7.9	中国台湾（推算）	17.24	9.4
5	印度	9.38	5.6	德国	11.32	6.2
6	意大利	5.98	3.6	印度	5.3	2.9
7	巴西	5.27	3.2	泰国	4.97	2.7
8	中国台湾（推算）	4.68	2.8	比利时	4.21	2.3
9	爱尔兰	4.26	2.6	荷兰	3.86	2.1
10	沙特	4.11	2.5	印度尼西亚	3.79	2.1
	其他所有国家/地区	33.63	20.1	其他所有国家/地区	33.23	18.1

有机化合物
进口金额
国家/地区占比
韩国 美国 中国 中国

有机化合物
出口金额
国家/地区占比
中国 韩国 美国

注：有机化合物进口主要为有机—无机化合物、酒精、苯酚、其他有机化合物、氮气化合物、羧酸、碳氢化合物等。
有机化合物出口主要为碳氢化合物、有机—无机化合物、氮气化合物、羧酸、酒精、苯酚、其他有机化合物等。

行业信息 一般社团法人 石油化学工业会（JPCA）　东京都中央区新川 1-4-1 住友不动产六甲大厦　电话：03-3297-2011　http://www.jpca.or.jp

其他化学企业

日本 VAM&POVAL（株）●●●
【未上市】日本酢ビ・ポバール株式会社
https://www.j-vp.co.jp

主营聚氯乙烯和聚乙烯醇，聚乙烯醇约占日本市场份额的45%。拥有世界一流羧酸乙烯酯生产技术。

销售收入	营业利润
273亿日元	**59**亿日元

Aron 化成（株）●●●
【未上市】アロン化成株式会社
https://www.aronkasei.co.jp

合成树脂产品生产商，在日本率先研制硬质氯化乙烯基塑料管。

销售收入 （2021/12 决算报表）	营业利润
263亿日元	**16**亿日元

东丽杜邦（株）●●●
【未上市】東レ・デュポン株式会社
https://www.td-net.co.jp

生产热塑性聚酯弹性体、聚亚胺薄膜及芳族聚酰胺纤维的化工企业。

销售收入 （2021/03 决算报表）	营业利润
205亿日元	**28**亿日元

中兴化成工业（株）●●●
【未上市】中興化成工業株式会社
http://www.chukoh.co.jp/

氟树脂等高功能树脂的综合加工企业。

销售收入 （2021/03 决算报表）	营业利润
112亿日元	**11**亿日元

日本 Composite（株）●●●
【未上市】ジャパンコンポジット株式会社
https://www.j-comp.co.jp

不饱和聚酯树脂及其成形材料领域龙头企业。

销售收入 （2021/03 决算报表）	营业利润
92亿日元	**5**亿日元

Unimatec（株）●●●
【未上市】ユニマテック株式会社
https://www.unimatec.co.jp

NOK 旗下主营特殊合成橡胶和有机氟化合物的企业。

销售收入	营业利润
N/A亿日元	**4**亿日元

2015～2021 年日本有机化合物进口与出口情况
单位：亿美元

年份	进口金额	同比增减（%）	出口金额	同比增减（%）
2021	166.96	▲ 6.4	183.89	▲ 23.5
2020	156.9	▼ -1.0	148.85	▼ -16.3
2019	158.51	▼ -11.6	177.87	▼ -5.9
2018	179.33	▲ 14.7	188.95	▲ 6.5
2017	156.37	▲ 11.9	177.38	▲ 12.7
2016	139.75	▲ 1.1	157.44	▼ -11.2
2015	138.27	▼ -6.9	177.23	▼ -24.0

有机化合物进口项目中：
有机—无机化合物，36.12% | 酒精、苯酚，14.52% | 其他有机化合物，14.51% | 氮气化合物，13.55% | 羧酸，11.66% | 碳氢化合物，9.65%

有机化合物出口项目中：
34.41% | 25.69% | 9.50% | 12.30% | 9.12% | 8.97%

1990～2018 年日本化学工业规模

化学工业	1990年	2000年	2010年	2017年	2018年
企业数量（个）	6,030	5,943	5,421	5,366	5,360
从业人员（千人）	402.6	367.5	346.5	367.9	376.3
产品出厂值（亿日元）	235,510	237,994	262,478	287,918	298,538
其中：化学肥料	3,245	2,848	3,056	2,836	2,863
化学纤维	10,442	7,304	4,014	3,219	3,569
无机化学工业制品	13,973	14,444	18,209	21,252	23,338
有机化学工业制品	89,094	83,348	104,211	103,778	109,326
医药品	51,547	64,258	73,563	84,977	84,779
附加价值（亿日元）	112,891	115,095	101,796	114,734	115,031
石油制品/煤炭制品					
企业数量（个）	1,253	1,312	1,115	1,097	1,091
从业人员（千人）	33.7	27.6	25.8	26	26.5
产品出厂值（亿日元）	83,183	94,568	150,087	133,141	150,416
附加价值（亿日元）	7,481	7,144	11,750	13,520	12,576

注：经济产业省从 2008 年开始将"化学纤维"从化学工业分类中剔除，为连续统计分析，2010 年以后的化学纤维数据用红字加以区别。
资料来源：公益财团法人矢野恒太记念会『日本国势图会2021/22』P229、经济产业省『工业统计调查』により作成。

说明：本节中未注明资料来源的图表均根据日本贸易图鉴网站(https://jtrade.ecodb.net/)的图解整理而成。日本贸易图鉴网站根据联合国商品贸易统计数据库（UN Comtrade）的数据制作图解，因此图表中含日本贸易图鉴网站推算数据。"中国"的进出口金额数据仅计算了中国大陆地区的数据，不含中国港澳台地区，"中国台湾"的数据均为推算数据。

04 化学（电子材料）

钢铁工业

有色金属

化学（基础化学、石油化学）

化学（电子材料）

化学（精细化学）

纤维

工业玻璃与陶瓷

水泥及耐火材料

工业用纸及纸浆

工业涂料与油墨

上游产业链（部分原材料采购地、企业）

原材料	采购地（企业）
硅	中国、巴西、澳大利亚
稀土	中国、印度、澳大利亚
醋酸乙烯酯	日本合成化学、可乐丽等
双酚	三菱化学、三井化学、日铁化学材料等

下游产业链（部分行业）

电子材料
主要包括制造大规模集成电路、液晶面板、锂电池、聚碳酸酯的彩色胶片、偏光板胶片、液晶材料、晶圆片、TAC胶片、光掩模、封装材料、锂电池正负极材料等产品。

半导体行业
三星、瑞萨电子、东芝等

电池行业
三星SDI、松下、LG化学等

显示面板
三星、索尼、夏普等

存储介质
太阳诱电、TDK、JVC等

日本无机化合物进口近况
单位：亿美元

年份	进口金额	同比增减（%）
2021	76.2	▲ 32.7
2020	57.44	▼ -17.5
2019	69.64	▼ -17.3
2018	84.17	▲ 25.6
2017	67.01	▲ 16.5
2016	57.52	▼ -2.1
2015	58.75	▼ -11.8
2014	66.6	▲ 9.4

注：无机化合物进口项目中无机化合物占54.27%、无机酸金属盐占23.17%、其他无机化合物占17.25%、放射性物质占5.30%。

日本无机化合物出口近况
单位：亿美元

年份	出口金额	同比增减（%）
2021	91.88	▲ 38.3
2020	66.45	▲ 9.4
2019	60.74	▲ 7.2
2018	56.66	▲ 26.3
2017	44.87	▲ 23.4
2016	36.37	▲ 8.1
2015	33.65	▼ -8.1
2014	36.6	▼ -3.6

注：无机化合物出口项目中其他无机化合物占61.48%、无机化合物占27.85%、无机金属盐占8.28%、放射性物质占2.39%。

日本著名化学企业

信越化学工业（株）
【4063】信越化学工業株式会社

该领域主要生产硅树脂、硅晶圆、偏光膜、光刻胶等。

https://www.shinetsu.co.jp

销售收入 **20,744** 亿日元　　营业利润 **6,763** 亿日元

2011年 10,477
2021年 20,744
单位：亿日元

10年销售额变化 **+98.00%**

昭和电工（株）
【4004】昭和電工株式会社

该领域主要生产各种电子材料，以及半导体制造所用高纯度瓦斯和药品等。

https://www.sdk.co.jp

销售收入 **14,196** 亿日元　　营业利润 **871** 亿日元

2011年 7,396
2021年 14,196
单位：亿日元

10年销售额变化 **+91.94%**

东曹（株）
【4042】東ソー株式会社

该领域主要生产各种电子材料等。

https://www.tosoh.co.jp

销售收入 **9,185** 亿日元　　营业利润 **1,440** 亿日元

2011年 6,871
2021年 9,185
单位：亿日元

10年销售额变化 **+33.68%**

行业信息 一般社团法人 日本化学工业协会（JCIA） 东京都中央区新川1-4-1 住友不动产六甲大厦 电话：03-3297-2011 https://www.nikkakyo.org

主要电子材料企业 | 其他电子材料企业

住友化学（株） ●●●
【4005】住友化学株式会社
https://www.sumitomo-chem.co.jp
生产偏光膜、光刻胶等。

销售收入 **27,653** 亿日元　营业利润 **2,150** 亿日元

日亚化学工业（株） ●●●
【未上市】日亜化学工業株式会社
https://www.nichia.co.jp
主要从事光半导体和化工事业，化工领域主打正极材料和荧光粉。

销售收入（2021/12 决算报表） **4,036** 亿日元　营业利润 **761** 亿日元

日本瑞翁（株） ●●●
【4205】日本ゼオン株式会社
https://www.zeon.co.jp
主要生产合成橡胶、合成乳胶、电子材料、药品原料等。

销售收入 **3,617** 亿日元　营业利润 **444** 亿日元

三菱化学（株） ●●●
【非上市】三菱ケミカル株式会社
https://www.m-chemical.co.jp
生产各种电子材料等。

销售收入 **13,653** 亿日元　营业利润 **759** 亿日元

（株）SUMCO ●●●
【3436】株式会社 SUMCO
https://www.sumcosi.com/
主要生产半导体硅晶圆等。

销售收入（2021/12 决算报表） **3,356** 亿日元　营业利润 **515** 亿日元

（株）德山 ●●●
【4043】株式会社トクヤマ
https://www.tokuyama.co.jp
主要生产高纯度多晶硅、氢氧化钠、聚氯乙烯等。

销售收入 **2,938** 亿日元　营业利润 **245** 亿日元

日东电工（株） ●●●
【6988】日東電工株式会社
https://www.nitto.com/jp/
主要生产半导体关联材料、液晶光学薄膜及封装材料等。

销售收入 **8,534** 亿日元　营业利润 **1,322** 亿日元

住友酚醛树脂（株） ●●●
【4203】住友ベークライト株式会社
https://www.sumibe.co.jp/
住友旗下半导体封装材料、苯酚树脂提供商。

销售收入 **2,631** 亿日元　营业利润 **248** 亿日元

昭和电工材料（株） ●●●
【未上市】昭和電工マテリアルズ株式会社
https://www.mc.showadenko.com
主要生产半导体电子材料、各种树脂材料、功能性薄膜等。

销售收入（2020/12 决算报表） **2,189** 亿日元　营业利润 **124** 亿日元

JSR（株） ●●●
【4185】JSR 株式会社
https://www.jsr.co.jp
该领域主要生产光刻胶、液晶配向膜等电子材料。

销售收入 **3,410** 亿日元　营业利润 **437** 亿日元

日本化药（株） ●●●
【4272】日本化薬株式会社
https://www.nipponkayaku.co.jp
主要生产液晶偏光膜、芯片封装材、UA 硬化性树脂等。

销售收入 **1,848** 亿日元　营业利润 **210** 亿日元

东京应化工业（株） ●●●
【4186】東京応化工業株式会社
https://www.tok.co.jp/
主要生产半导体制造用光刻胶等。

销售收入（2021/12 决算报表） **1,400** 亿日元　营业利润 **207** 亿日元

历年日本无机化合物进出口情况

单位：亿美元

	出口					化学制品种类	进口					
	每5年间			近3年间			每5年间			近3年间		
2005年	2010年	2015年	2018年	2019年	2020年		2005年	2010年	2015年	2018年	2019年	2020年
121	128	142	135	141	127	肥料	783	745	990	868	840	731
3,109	3,772	4,034	6,163	6,575	7,043	无机化合物	3,935	5,237	6,529	8,527	7,310	5,866
18,832	18,728	21,166	20,513	19,071	15,556	有机化合物	11,843	13,496	16,499	19,739	16,911	16,481
17,157	23,360	24,441	25,574	24,297	24,198	塑料	5,324	6,542	9,523	11,383	10,529	8,812
3,323	4,048	4,629	5,338	4,896	4,787	染料/鞣制剂/着色剂	1,187	1,343	1,655	1,692	1,627	1,392
3,677	3,787	4,623	6,487	7,331	8,360	医药品	9,060	15,226	29,241	29,622	30,919	31,548
1,820	2,479	3,676	7,533	8,176	9,141	精油/香料/化妆品	2,909	3,087	4,213	4,757	4,928	4,619
10,442	12,950	14,883	17,473	16,904	16,125	其他化学品	8,172	8,119	8,828	9,271	8,570	8,490
58,480	69,253	77,954	89,215	87,391	85,336	化学制品合计	43,212	53,794	77,479	85,500	81,635	77,939

资料来源：日本化学工业协会网站，数据转自财务省贸易统计。

工业原材料制造业

04 化学（电子材料）

其他电子材料企业

三井化学东赛璐（株）
【未上市】三井化学東セロ株式会社
https://www.mc-tohcello.co.jp
主要生产各种高性能电子、光学工业用膜。

销售收入 〔2021/03 决算报表〕	营业利润
755 亿日元	**106** 亿日元

日本碳化物工业（株）
【4064】日本カーバイド工业株式会社
https://www.carbide.co.jp/
主要生产功能性化学品、树脂和电子材料等。

销售收入	营业利润
470 亿日元	**31** 亿日元

Stellachemifa（株）
【4109】ステラケミファ株式会社
https://www.stella-chemifa.co.jp/
主要生产半导体高纯度刻蚀剂、洗净剂等。

销售收入	营业利润
372 亿日元	**45** 亿日元

（株）新菱
【未上市】株式会社新菱
https://www.shinryo-gr.com/
主营再生事业企业，包括工业垃圾无害化、晶片再生、半导体配电盘装置部材精密洗净等。

销售收入 〔2021/03 决算报表〕	营业利润
202 亿日元	**13** 亿日元

宇部 EXSYMO（株）
【未上市】宇部エクシモ株式会社
https://ube-exsymo.co.jp
主营树脂制品、合成纤维、复合材料，在光通信电缆用材料方面有较雄厚的技术基础。

销售收入 〔2021/03 决算报表〕	营业利润
123 亿日元	**5** 亿日元

2019 年日本化学工业概要

附加价值（10亿日元）

	运输用机械器具	广义化学工业	食料品	制造业合计
数值	16,579	17,577	10,325	100,235
占比	16.7%	17.5%	10.3%	

> **18** 万亿日元

纵轴：125,000 / 25,000 / 5,000 / 1,000

从业人员（人）

	运输用机械器具	广义化学工业	食料品	制造业合计
数值	1,064,560	950,302	1,136,951	7,717,646
占比	13.8%	12.3%	14.7%	

> **95** 万人

纵轴：7,500,000 / 1,500,000 / 300,000

研究费用（10亿日元）

	运输用机械器具	广义化学工业	食料品	制造业合计
数值	3,179	2,646	1,318	12,371
占比	25.7%	21.4%	10.7%	

> **2.6** 万亿日元

纵轴：12,500 / 2,500 / 500

注：广义化学工业 = 化学工业 + 塑料制品 + 橡胶制品。
资料来源：一般社团法人 日本化学工业协会，https://www.nikkakyo.org/，数据转自经济产业省《工业统计表、产业别统计表》。

侧栏：钢铁工业 / 有色金属 / 化学（基础化学、石油化学）/ 化学（电子材料）/ 化学（精细化学）/ 纤维 / 工业玻璃与陶瓷 / 水泥及耐火材料 / 工业用纸及纸浆 / 工业涂料与油墨

2019 年日本化学工业概要

（10亿日元）

产品出厂产值

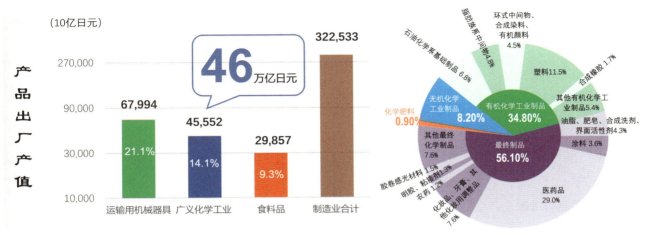

运输用机械器具	广义化学工业	食料品	制造业合计
67,994 (21.1%)	45,552 (14.1%)	29,857 (9.3%)	322,533

46 万亿日元

2019 年日本出厂化学工业产品构成

- 石油化学类基础制品 6.8%
- 脂肪族系中间物、合成染料、有机颜料 4.8%
- 环式中间物、合成染料、有机颜料 4.5%
- 塑料 11.5%
- 合成橡胶 1.7%
- 其他有机化学工业制品 5.4%
- 油脂、肥皂、合成洗剂、界面活性剂 4.3%
- 涂料 3.6%
- 无机化学工业制品 8.20%
- 化学肥料 0.90%
- 有机化学工业制品 34.80%
- 其他最终化学制品 7.6%
- 最终制品 56.10%
- 医药品 29.0%
- 胶卷感光材料 1.5%
- 明胶、粘接剂 1.3%
- 农药 1.2%
- 化妆品、牙膏、其他化妆用调整品 7.6%

工业原材料制造业

2021 年日本无机化合物进口额排名前十的国家 / 地区

单位：亿美元

无机化合物
进口金额
国家/地区占比

中国 43.9%
美国 13.1%
韩国 7.7%

排名	国家/地区	进口金额	占比（%）
1	中国	33.45	43.9
2	美国	9.95	13.1
3	韩国	5.83	7.7
4	中国台湾（推算）	4.04	5.3
5	越南	3.12	4.1
6	德国	2.97	3.9
7	芬兰	1.9	2.5
8	泰国	1.8	2.4
9	智利	1.77	2.3
10	澳大利亚	1.27	1.7
	其他所有国家/地区	10.12	13.3

注：日本进口无机化合物主要为无机化合物、无机酸金属盐、其他无机化合物、放射性物质等。

工业器件与部件制造业

2021 年日本无机化合物出口额排名前十的国家 / 地区

单位：亿美元

无机化合物
出口金额
国家/地区占比

美国 17.9%
印度 15.9%
泰国 11.7%

排名	国家/地区	出口金额	占比（%）
1	美国	16.41	17.9
2	印度	14.09	15.9
3	泰国	10.71	11.7
4	中国	10.7	11.6
5	中国台湾（推算）	8.65	9.4
6	韩国	6.74	7.3
7	印度尼西亚	4.88	5.3
8	波兰	4.42	4.8
9	越南	2.17	2.4
10	马来西亚	1.94	2.1
	其他所有国家/地区	10.62	11.6

注：日本无机化合物出口主要为其他无机化合物、无机化合物、无机酸金属盐、放射性物质等。

工业机械与设备制造业

说明：本节中未注明资料来源的图表均根据日本贸易图鉴网站（https://jtrade.ecodb.net/）的图解整理而成。日本贸易图鉴网站根据联合国商品贸易统计数据库（UN Comtrade）的数据制作图解，因此图表中含日本贸易图鉴网站推算数据。"中国"的进出口金额数据仅计算了中国大陆地区的数据，不含中国港澳台地区，"中国台湾"的数据均为推算数据。

05

化学（精细化学）

上游产业链（部分原材料采购地）

原材料	采购地
原油	卡塔尔
石脑油	沙特阿拉伯、阿联酋、韩国
玉米淀粉	美国、巴西、阿根廷
甘蔗	日本冲绳县、奄美群岛、高知县

下游产业链（部分行业）

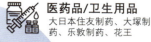

精细化学
主要包括用于辅酶Q10、蔗糖、信息素、环保电缆的合成增稠安定剂、防腐剂、阻燃剂、维他命物质、着色料、光触媒、香料、人工甜味料等产品。

医药品/卫生用品
大日本住友制药、大塚制药、乐敦制药、花王

食品行业
丘比、乐天、味之素、日清食品

饮料行业
森永乳业、朝日饮料、伊藤园

综合商社/专业商社
三菱商社、昭和兴产、丰田通商、长濑产业

侧边栏：钢铁工业　有色金属　化学（基础化学、石油化学）　化学（电子材料）　化学（精细化学）　纤维　工业玻璃与陶瓷　水泥及耐火材料　工业用纸及纸浆　工业涂料与油墨

日本染料进口近况

单位：亿美元

年份	进口金额	同比增减（%）
2021	15.33	▲ 13.0
2020	13.57	▼ -12.3
2019	15.48	▼ -2.3
2018	15.85	▲ 8.6
2017	14.6	▲ 3.4
2016	14.11	▼ -0.4
2015	14.17	▼ -8.3
2014	15.44	▲ 0.3

注：日本染料进口项目中染料＋颜料 57.34%，合成着色料 32.15%，单宁 10.51%。

日本染料出口近况

单位：亿美元

年份	出口金额	同比增减（%）
2021	53.59	▲ 18.0
2020	45.42	▼ -0.1
2019	45.44	▼ -7.1
2018	48.92	▲ 5.8
2017	46.22	▲ 9.7
2016	42.14	▲ 8.8
2015	38.74	▼ -9.5
2014	42.79	▼ -0.9

注：日本染料出口项目中染料＋颜料 89.40%，合成着色料 10.13%，单宁 0.47%。

日本著名化学企业

（株）钟化

【4118】株式会社カネカ

https://www.kaneka.co.jp

主要生产食品原料、医药品原药和中间体、改质材等。

销售收入 **6,915** 亿日元　　营业利润 **435** 亿日元

2011年	4,692
2021年	6,915

单位：亿日元

10年销售额变化 **+47.38%**

（株）艾迪科

【4401】株式会社 ADEKA

https://www.adeka.co.jp

主要生产食品原料、食品添加物、合成树脂添加剂等。

销售收入 **3,630** 亿日元　　营业利润 **349** 亿日元

2011年	1,708
2021年	3,630

单位：亿日元

10年销售额变化 **+112.53%**

日油（株）

【4403】日油株式会社

https://www.nof.co.jp/

主要生产食品原料、医药品原料、界面活性剂等。

销售收入 **1,926** 亿日元　　营业利润 **356** 亿日元

2011年	1,523
2021年	1,926

单位：亿日元

10年销售额变化 **+26.46%**

工业原材料制造业

主要精细化工企业

三洋化成工业（株）

【4471】三洋化成工业株式会社
https://www.sanyo-chemical.co.jp

主要生产界面活性剂、化妆品、医药品原料、添加剂等。

销售收入	营业利润
1,625 亿日元	**118** 亿日元

高砂香料工业（株）

【4914】高砂香料工业株式会社
https://www.takasago.com

主要生产香料等。

销售收入	营业利润
1,624 亿日元	**88** 亿日元

日本曹达（株）

【4041】日本曹达株式会社
https://www.nippon-soda.co.jp

主要生产水处理剂、杀菌消毒剂、光触媒等。

销售收入	营业利润
1,525 亿日元	**119** 亿日元

协和发酵生化（株）

【未上市】協和発酵バイオ株式会社
http://www.kyowahakko-bio.co.jp/

主要生产食品原料、医药品原药和中间体等。

销售收入 （2021/12 决算报表）	营业利润
305 亿日元	**-43** 亿日元

其他精细化工企业

第一工业制药（株）

【4461】第一工业製薬株式会社
https://www.dks-web.co.jp/

主要生产界面活性剂、凝集剂等。

销售收入	营业利润
626 亿日元	**46** 亿日元

Miyoshi 油脂（株）

【4404】ミヨシ油脂株式会社
https://www.miyoshi-yushi.co.jp/

主要生产食品原料、油脂等。

销售收入 （2021/12 决算报表）	营业利润
474 亿日元	**7** 亿日元

太阳化学（株）

【2902】太陽化学株式会社
https://www.taiyokagaku.com/

主要生产食品原料、化妆品原料等。

销售收入	营业利润
399 亿日元	**48** 亿日元

新日本理化（株）

【4406】新日本理化株式会社
https://www.nj-chem.co.jp

主要生产界面活性剂、树脂添加剂等。

销售收入	营业利润
323 亿日元	**12** 亿日元

长谷川香料（株）

【4958】長谷川香料株式会社
https://www.t-hasegawa.co.jp/index.php

主要生产香料、食品原料等。

销售收入 （2021/09 决算报表）	营业利润
557 亿日元	**68** 亿日元

东邦化学工业（株）

【4409】東邦化学工业株式会社
https://toho-chem.co.jp/

主要生产界面活性剂、化妆品原料、医药品原料等。

销售收入	营业利润
498 亿日元	**13** 亿日元

日华化学（株）

【4463】日華化学株式会社
https://www.nicca.co.jp

主要生产界面活性剂、化妆品等。

销售收入 （2021/12 决算报表）	营业利润
484 亿日元	**24** 亿日元

扶桑化学工业（株）

【4368】扶桑化学工業株式会社
https://fusokk.co.jp

主要生产食品原料等。

销售收入	营业利润
557 亿日元	**150** 亿日元

2021 年日本染料进口额排名前十的国家 / 地区

单位：亿美元

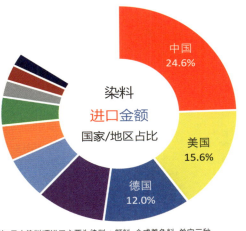

染料
进口金额
国家/地区占比

中国 24.6%
美国 15.6%
德国 12.0%

排名	国家/地区	进口金额	占比（%）
1	中国	3.74	24.6
2	美国	2.39	15.6
3	德国	1.85	12.0
4	中国台湾（推算）	1.46	9.6
5	印度	0.96	6.3
6	韩国	0.82	5.3
7	法国	0.66	4.3
8	英国	0.39	2.5
9	瑞士	0.37	2.4
10	印度尼西亚	0.31	2.0
	其他所有国家/地区	2.34	15.4

注：日本染料项进口主要为染料＋颜料、合成着色料、单宁三种。

说明：本节中未注明资料来源的图表均根据日本贸易图鉴网站（https://jtrade.ecodb.net/）的图解整理而成。日本贸易图鉴网站根据联合国商品贸易统计数据库（UN Comtrade）的数据制作图解，因此图表中含日本贸易图鉴网站推算数据。"中国"的进出口金额数据仅计算了中国大陆地区的数据，不含中国港澳台地区，"中国台湾"的数据均为推算数据。

钢铁工业

有色金属

化学（基础化学、石油化学）

化学（电子材料）

化学（精细化学）

纤维

工业玻璃与陶瓷

水泥及耐火材料

工业用纸及纸浆

工业涂料与油墨

其他精细化工企业

(株)明治食品材料
【未上市】株式会社明治フードマテリア
https://www.meijifm.co.jp
主要生产食品原料等。

销售收入 **735** 亿日元 　 营业利润 **10** 亿日元

上野制药(株)
【未上市】上野製薬株式会社
https://www.ueno-fc.co.jp/
综合化学药品厂商，化妆品用防菌防霉剂、液晶聚合物市场份额较高。

销售收入（2022/05 决算报表） **160** 亿日元 　 营业利润 **3** 亿日元

(株)API
【未上市】株式会社エーピーアイコーポレーション
https://www.api-corp.co.jp
主要生产医药品原料和中间体、酸化防止剂等。

销售收入 **215** 亿日元 　 营业利润 **13** 亿日元

AQUAS(株)
【未上市】アクアス株式会社
https://www.aquas.co.jp
研发制造水处理药剂和水处理装置的综合厂商，药剂生产居行业前列。

销售收入（2021/03 决算报表） **114** 亿日元 　 营业利润 **9** 亿日元

NEChemcet(株)
【未上市】エヌ・イーケムキャット株式会社
https://www.ne-chemcat.co.jp
贵金属化学加工制造商，研发制造化学触媒、汽车触媒及燃料电池触媒。

销售收入（2021/03 决算报表） **869** 亿日元 　 营业利润 **71** 亿日元

大阪燃气化学(株)
【未上市】大阪ガスケミカル株式会社
https://www.ogc.co.jp
产品主要有碳纤维材料、电子光学用材料、活性炭、木材保护涂料等。

销售收入 **340** 亿日元 　 营业利润 **20** 亿日元

关东化学(株)
【未上市】関東化学株式会社
https://www.kanto.co.jp
综合试剂企业，研发制造各种试剂、高纯度药品、机能性药品及临床检查药等。

销售收入 **499** 亿日元 　 营业利润 **44** 亿日元

KISHIDA 化学(株)
【未上市】キシダ化学株式会社
http://www.kishida.co.jp/
以生产研究、试验用试剂为主，研制各种高纯度特殊原料药品及电池材料。

销售收入（2020/09 决算报表） **130** 亿日元 　 营业利润 **3** 亿日元

Clariant 触媒(株)
【未上市】クラリアント触媒株式会社
https://www.clariant.com/ja-JP/Corporate
全球屈指可数的触媒制造商之一，主营各种工业用触媒。

销售收入（2019/12 决算报表） **179** 亿日元 　 营业利润 **24** 亿日元

三荣源 FFI(株)
【未上市】三栄源エフ・エフ・アイ株式会社
https://www.saneigenffi.co.jp
日本大型食品添加剂生产商。

销售收入（2021/03 决算报表） **753** 亿日元 　 营业利润 **N/A** 亿日元

JNC(株)
【未上市】JNC 株式会社
https://www.jnc-corp.co.jp
主要生产纤维、无纺布、肥料、合成树脂、液晶材料、有机 EL 等。

销售收入（2021/03 决算报表） **1,320** 亿日元 　 营业利润 **28** 亿日元

Tamapoly(株)
【未上市】タマポリ株式会社
https://www.tamapoly.co.jp
包装材料生产企业，以加工聚脂薄膜和层压板为主。

销售收入（2021/03 决算报表） **235** 亿日元 　 营业利润 **37** 亿日元

2021 年日本染料出口额排名前十的国家 / 地区

单位：亿美元

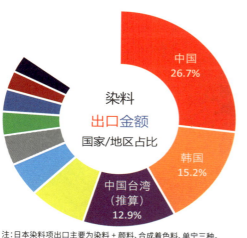

染料
出口金额
国家/地区占比

排名	国家/地区	出口金额	占比（%）
1	中国	14.33	26.7
2	韩国	8.17	15.2
3	中国台湾（推算）	6.9	12.9
4	美国	4.27	8.0
5	泰国	2.72	5.1
6	中国香港地区	2.46	4.6
7	新加坡	1.92	3.6
8	德国	1.8	3.4
9	越南	1.49	2.8
10	菲律宾	1.4	2.6
	其他所有国家/地区	8.15	15.2

注：日本染料项出口主要为染料 + 颜料、合成着色料、单宁三种。

行业信息〔一般社团法人 日本制药工业协会〕东京都中央区日本桥本町 2-3-11 日本桥生命科学大厦 电话 :03-3241-0326　http://www.jpma.or.jp

其他精细化工企业

（株）DNP 精细化工
【未上市】株式会社 DNP ファインケミカル
https://www.dnp.co.jp/group/dnp-finechemicals
主营滤色器用材料、喷墨打印机用墨及其他功能性材料。

销售收入	（2021/03 决算报表）237 亿日元	营业利润 33 亿日元

东丽精细化工（株）
【未上市】東レ·ファインケミカル株式会社
https://www.torayfinechemicals.com
日本唯一的 DMSO（二甲基亚砜）和液态聚硫橡胶制造商。

销售收入 183 亿日元　营业利润 N/A 亿日元

东洋科美（株）
【未上市】トーヨーケム株式会社
https://www.toyo-chem.com/ja/index.html
运用先进的合成和涂加工技术，生产热敏胶/压敏胶、功能膜/胶带、各种涂料产品、贴附型医药品及天然材料。

销售收入 （2021/12 决算报表）456 亿日元　营业利润 11 亿日元

富山药品工业（株）
【未上市】富山薬品工業株式会社
https://www.tomypure.co.jp
高纯度化学药品试剂生产商。除精细化工外，还涉足电容器药品及锂离子电池用电解液领域。

销售收入 （2021/11 决算报表）60 亿日元　净利润 4 亿日元

日挥触媒化成（株）
【未上市】日揮触媒化成株式会社
http://www.jgccc.com/
拥有先进纳米基础技术，主营石油精炼用触媒、化学触媒、电子信息材料等。

销售收入 350 亿日元　营业利润 57 亿日元

日本 Paint Industrial Coating（株）
【未上市】日本ペイント·インダストリアルコーティングス株式会社
https://nipponpaint-industrial.com
工业用涂料及其相关产品生产企业。

销售收入 （2021/12 决算报表）513 亿日元　营业利润 43 亿日元

日本 Paint Automotive Coatings（株）
【未上市】日本ペイント·オートモーティブコーティングス株式会社
https://www.nipponpaint-automotive.com
汽车用涂料专业生产商。

销售收入 （2021/12 决算报表）462 亿日元　营业利润 -1 亿日元

HYMO（株）
【未上市】ハイモ株式会社
http://www.hymo.co.jp/jp/
水处理药剂厂商，主营水处理用高分子凝聚剂及其他高分子药剂。

销售收入 （2021/03 决算报表）111 亿日元　营业利润 4 亿日元

林纯药工业（株）
【未上市】林純薬工業株式会社
https://www.hpc-j.co.jp
以生产试剂化成品为主，如液晶半导体用功能性药液、试验研究用试剂等。

销售收入 （2020/12 决算报表）125 亿日元　净利润 0 亿日元

富士胶片（株）
【未上市】富士フイルム株式会社
https://www.fujifilm.com/jp
除相机外，还从事疫苗、医药品及医疗机器、功能材料的开发制造。

销售收入 （2021/03 决算报表）4,479 亿日元　营业利润 210 亿日元

二村化学（株）
【未上市】フタムラ化学株式会社
https://www.futamura.co.jp
包装薄膜材料综合制造商。生产日本一流的聚丙烯薄膜和活性炭。玻璃纸生产世界第一。

销售收入 （2021/03 决算报表）689 亿日元　营业利润 33 亿日元

（株）武藏野化学研究所
【未上市】株式会社武蔵野化学研究所
https://www.musashino.com
合成乳酸领域先驱，食品、医药品、化妆品用乳酸、丙氨酸、丙酮酸等添加物一流生产企业。

销售收入 （2021/03 决算报表）73 亿日元　营业利润 4 亿日元

3M 日本（株）
【未上市】スリーエムジャパン株式会社
https://www.3mcompany.jp
美国 3M 公司日本法人，胶带、薄膜生产技术领先。此外还生产化学工业制品、电子电气制品、反射材料、磨料等。

销售收入 （2021/12 决算报表）2,334 亿日元　营业利润 40 亿日元

日本广义化学工业就业人数
单位：人

	每5年间				最近3年间		
	2000年	2005年	2010年	2015年	2017年	2018年	2019年
化学工业	365,953	342,481	344,968	348,895	366,260	374,699	381,259
塑料制品	433,177	436,897	420,179	411,676	435,564	450,072	451,650
橡胶制品	131,532	124,613	117,176	114,775	115,472	119,643	117,393
合计	930,662	903,991	882,323	875,346	917,296	944,414	950,302

日本广义化学工业产品出厂产值
单位：10 亿日元

	每5年间				最近3年间		
	2000年	2005年	2010年	2015年	2017年	2018年	2019年
化学工业	23,762	25,027	26,212	28,622	28,724	29,788	29,253
塑料制品	10,486	10,906	10,903	11,767	12,443	12,986	12,963
橡胶制品	3,107	3,099	3,029	3,499	3,168	3,333	3,336
合计	37,356	39,032	40,144	43,889	44,335	46,106	45,552

资料来源：一般社团法人日本化学工业协会，https://www.nikkakyo.org/，数据转自经济产业省《工业统计表、产业别统计表》。

说明：本节中未注明资料来源的图表均根据日本贸易图鉴网站（https://jtrade.ecodb.net/）的图解整理而成。日本贸易图鉴网站根据联合国商品贸易统计数据库（UN Comtrade）的数据制作图解，因此图表中含日本贸易图鉴网站推算数据。"中国"的进出口金额数据仅计算了中国大陆地区的数据，不含中国港澳台地区，"中国台湾"的数据均为推算数据。

06

纤

维

钢铁工业

有色金属

化学（基础化学、石油化学）

化学（电子材料）

化学（精细化学）

纤维

工业玻璃与陶瓷

水泥及耐火材料

工业用纸及纸浆

工业涂料与油墨

上游产业链（部分原材料采购地）

原材料	采购地
原油	卡塔尔
石脑油	沙特阿拉伯、阿联酋、韩国
棉花	美国、巴西、印度
羊毛	澳大利亚、新西兰、中国台湾

下游产业链（部分行业）

纤维
主要包括制造防寒服、纸尿裤、汽车、飞机的棉花、麻、绢、人造丝、聚酯纤维、碳素纤维、尼龙纤维、羊毛等。

服装行业
优衣库、婴儿本铺等

汽车部件
丰田纺机、三菱汽车工程等

建材/土木材料
日东电工、YKKAP、积水化学等

综合商社/专业商社
伊藤忠商事、东丽国际、NI帝人商事等

日本纤维进口近况

单位:亿美元

年份	进口金额	同比增减（%）
2021	5.15	↑ 10.8
2020	4.64	↓ -26.5
2019	6.32	↓ -7.4
2018	6.83	↑ 11.8
2017	6.11	↑ 8.6
2016	5.63	↓ -3.6
2015	5.84	↓ -8.4
2014	6.37	↓ -4.0

注:2021年日本纤维进口项目中合成纤维33.09%、棉花21.44%、磨耗纤维制品17.75%、羊毛12.73%、其他人工纤维8.09%、其他植物性纤维3.52%、真丝3.34%。

日本纤维出口近况

单位:亿美元

年份	出口金额	同比增减（%）
2021	8.57	↑ 4.4
2020	8.21	↓ -11.5
2019	9.27	↑ 0.1
2018	9.26	↑ 2.6
2017	9.03	↓ -12.8
2016	10.35	↓ -34.3
2015	15.75	↓ -6.3
2014	16.82	↑ 1.1

注:2021年日本染料出口项目中合成纤维82.66%、磨耗纤维制品10.07%、其他人工纤维6.35%。

著名纤维制品企业

旭化成（株）

【3407】旭化成株式会社

主要生产氨纶弹性纤维、高纯度纤维素产品等。

https://www.nof.co.jp/

销售收入	营业利润
24,613 亿日元	**2,026** 亿日元

2011年 15,732
2021年 24,613
单位:亿日元

10年销售额变化
+56.45%

东丽（株）

【3402】東レ株式会社

主要生产化学纤维、薄膜、树脂等，是全球最大碳纤维复合材料供应商。

https://www.toray.co.jp/

销售收入	营业利润
22,285 亿日元	**1,005** 亿日元

2011年 15,886
2021年 22,285
单位:亿日元

10年销售额变化
+40.28%

帝人（株）

【3401】帝人株式会社

主要生产高性能对位系芳纶和间位系芳纶纤维，全球主要碳纤维复合材料生产商。

https://www.teijin.co.jp/

销售收入	营业利润
9,260 亿日元	**442** 亿日元

2011年 8,543
2021年 9,260
单位:亿日元

10年销售额变化
+8.39%

工业原材料制造业

| 主要化学纤维企业 | 天然纤维企业 | 其他纤维生产企业 |

(株)可乐丽
【3405】株式会社クラレ
https://www.kuraray.co.jp
主要生产 PVA 纤维、人工皮革、聚芳酯纤维、无纺布等。

销售收入（2021/12决算报表）**6,293**亿日元　营业利润 **722**亿日元

仓敷纺织(株)
【3106】倉敷紡績株式会社
https://www.kurabo.co.jp
主要生产改良天然纤维、抗菌纤维、碳纤维、玻璃纤维等。

销售收入 **1,322**亿日元　营业利润 **75**亿日元

日本毛织(株)
【3201】日本毛織株式会社(ニッケ)
https://www.nikke.co.jp
主要生产羊毛制品、制服、毛毡、无纺布等。

销售收入（2021/11决算报表）**1,066**亿日元　营业利润 **99**亿日元

东洋纺(株)
【3101】東洋紡株式会社
https://www.toyobo.co.jp/
主要生产聚乙烯纤维、丙烯酸纤维、PBO纤维、无纺布等。

销售收入 **3,757**亿日元　营业利润 **284**亿日元

日清纺控股(株)
【3105】日清紡ホールディングス株式会社
https://www.nisshinbo.co.jp/
拥有世界一流天然纤维制造技术。

销售收入（2021/12决算报表）**5,106**亿日元　营业利润 **217**亿日元

世联(株)
【3569】セーレン株式会社
https://www.seiren.com/
主要生产无纺布、导电性纤维、人工皮革、过滤器素材等。

销售收入 **1,097**亿日元　营业利润 **109**亿日元

尤尼吉可(株)
【3103】ユニチカ株式会社
https://www.dynic.co.jp/
主要生产衣料芯地、人工皮革、无纺布、塑料布等。

销售收入 **389**亿日元　营业利润 **14**亿日元

日东纺织(株)
【3110】日東紡績株式会社
https://www.nittobo.co.jp/
主要生产聚酯纤维、尼龙纤维、聚氨酯纤维、玻璃纤维等。

销售收入 **840**亿日元　营业利润 **72**亿日元

日本 Vilene(株)
【未上市】日本バイリーン株式会社
http://www.vilene.co.jp/
医疗卫生材料、工业材料、水处理材料、汽车内饰材料无纺布生产企业。

销售收入（2021/12决算报表）**269**亿日元　营业利润 **14**亿日元

Dynic(株)
【3551】ダイニック株式会社
https://www.unitika.co.jp/
主要生产聚酯纤维、尼龙纤维、维尼纶、芳族聚酰胺纤维等。

销售收入 **1,147**亿日元　营业利润 **60**亿日元

小松美特料(株)
【3580】小松マテーレ株式会社
https://www.komatsumatere.co.jp/
主要生产改良天然纤维、聚芳酯纤维、聚酯纤维、吸热保温纤维等。

销售收入 **314**亿日元　营业利润 **15**亿日元

🌿 1990 ～ 2018 年日本纤维工业概况

	1990年	2000年	2010年	2017年	2018年
企业数量（个）	129,944	80,278	44,447	31,754	30,100
从业人员（千人）	1,245	662	353	291	284
产品出厂产值（亿日元）	129,081	68,364	39,296	39,610	39,743
其中：化学纤维制造			4,014	3,219	3,569
碳素纤维制造			922	1,405	816
纺织	8,945	2,630	870	667	693
织物	17,830	7,384	3,545	3,596	3,368
外衣/衬衫	28,029	19,287	7,774	6,990	7,038
内衣类	2,523	3,274	1,229	1,275	1,223
附加价值（亿日元）	56,401	31,676	15,311	14,708	14,705

资料来源：公益財団法人矢野恒太記念会『日本国勢図会2021/22』P245、経済産業省『工業統計調査』により作成。

06

纤

维

钢铁工业

有色金属

化学（基础化学、石油化学）

化学（电子材料）

化学（精细化学）

纤维

工业玻璃与陶瓷

水泥及耐火材料

工业用纸及纸浆

工业涂料与油墨

其他纤维生产企业

Dynic（株）　●●●
【3551】ダイニック株式会社
https://www.dynic.co.jp/

主要生产人工皮革、无纺布、面料等。

| 销售收入 | **389** 亿日元 | 营业利润 | **14** 亿日元 |

（株）三景　●●●
【未上市】株式会社三景
https://www.sankeicoltd.co.jp

主要生产衬里、面料、拉链等。

| 销售收入〔2020/03 决算报表〕 | **426** 亿日元 | 净利润 | **7** 亿日元 |

▤ 1980 ～ 2020 年日本纤维生产量

单位:千吨

	1980年	1990年	2000年	2010年	2019年	2020年
天然纤维丝	665	543	194	55	39	27
其中：棉线	504	426	159	45	31	21
毛线	119	105	34	9	7	6
绢丝	18	8	1			
化学纤维丝	1,411	1,289	895	506	413	333
其中：再生/半合成纤维丝	230	187	80	31	25	17
合成纤维丝	1,180	1,103	815	475	387	316
合计	2,076	1,832	1,089	561	452	360

资料来源:公益财团法人矢野恒太记念会『日本国势图会2021/22』P246、经济产业省『生产动态统计』により作成。

▤ 日本纤维机械、皮革机械进口近况

单位:亿美元

年份	进口金额	同比增减（%）
2021	9.17	↑ 23.7
2020	7.41	↓ -0.4
2019	7.44	↓ -9.4
2018	8.21	↑ 0.8
2017	8.15	↑ 10.2
2016	7.39	↑ 6.9
2015	6.92	↓ -13.5
2014	8	↓ -3.8

▤ 日本纤维机械、皮革机械出口近况

单位:亿美元

年份	出口金额	同比增减（%）
2021	25.32	↑ 31.5
2020	19.25	↓ -22.2
2019	24.74	↓ -15.4
2018	29.25	↑ 4.9
2017	27.88	↑ 11.5
2016	25	↑ 9.7
2015	22.79	↓ -22.3
2014	29.33	↓ -6.0

▤ 2021 年日本纤维机械、皮革机械进口额排名前十的国家 / 地区

单位:亿美元

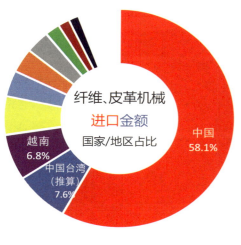

纤维、皮革机械
进口金额
国家/地区占比

中国 58.1%

越南 6.8%

中国台湾（推算）7.6%

排名	国家/地区	进口金额	占比（%）
1	中国	5.33	58.1
2	中国台湾（推算）	0.7	7.6
3	越南	0.63	6.8
4	法国	0.53	5.7
5	瑞士	0.35	3.9
6	德国	0.32	3.6
7	泰国	0.31	3.3
8	印度	0.2	2.1
9	韩国	0.15	1.6
10	意大利	0.13	1.5
	其他所有国家/地区	0.54	5.8

2021 年日本纤维进口额排名前十的国家／地区

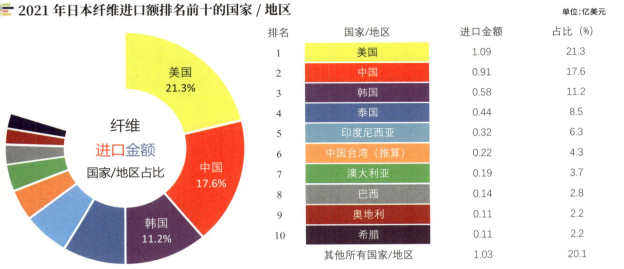

纤维
进口金额
国家/地区占比

单位：亿美元

排名	国家/地区	进口金额	占比（%）
1	美国	1.09	21.3
2	中国	0.91	17.6
3	韩国	0.58	11.2
4	泰国	0.44	8.5
5	印度尼西亚	0.32	6.3
6	中国台湾（推算）	0.22	4.3
7	澳大利亚	0.19	3.7
8	巴西	0.14	2.8
9	奥地利	0.11	2.2
10	希腊	0.11	2.2
	其他所有国家/地区	1.03	20.1

注：日本纤维项进口主要为合成纤维、棉花、磨耗纤维制品、羊毛、其他人工纤维、其他植物性纤维、真丝等。

2021 年日本纤维出口额排名前十的国家／地区

纤维
出口金额
国家/地区占比

单位：亿美元

排名	国家/地区	出口金额	占比（%）
1	中国	2.05	24.0
2	美国	1.24	14.5
3	印度尼西亚	0.57	6.7
4	尼日利亚	0.5	5.9
5	马来西亚	0.41	4.7
6	塞内加尔	0.33	3.9
7	孟加拉国	0.28	3.3
8	德国	0.25	2.9
9	英国	0.22	2.6
10	泰国	0.2	2.3
	其他所有国家/地区	2.50	29.2

注：日本纤维项出口主要为合成纤维、磨耗纤维制品、其他人工纤维。

2021 年日本纤维机械、皮革机械出口额排名前十的国家／地区

纤维、皮革机械
出口金额
国家/地区占比

单位：亿美元

排名	国家/地区	出口金额	占比（%）
1	中国	11.04	43.6
2	印度	2.27	9.0
3	巴基斯坦	1.74	6.9
4	美国	1.42	5.6
5	土耳其	1.08	4.3
6	孟加拉国	0.85	3.3
7	越南	0.82	3.3
8	中国台湾（推算）	0.66	2.6
9	新加坡	0.62	2.4
10	中国香港	0.62	2.4
	其他所有国家/地区	4.21	16.6

说明：本节中未注明资料来源的图表均根据日本贸易图鉴网站(https://jtrade.ecodb.net/)的图解整理而成。日本贸易图鉴网站根据联合国商品贸易统计数据库(UN Comtrade)的数据制作图解，因此图表中含日本贸易图鉴网站推算数据。"中国"的进出口金额数据仅计算了中国大陆地区的数据，不含中国港澳台地区，"中国台湾"的数据均为推算数据。

工业原材料制造业

工业器件与部件制造业

工业机械与通用制造业

07

工业玻璃与陶瓷

钢铁工业

有色金属

化学（基础化学、石油化学）

化学（电子材料）

化学（精细化学）

纤维

工业玻璃与陶瓷

水泥及耐火材料

工业用纸及纸浆

工业涂料与油墨

上游产业链（部分原材料采购地）

原材料	采购地
石灰石	中国、美国
硅砂矿	澳大利亚、日本岛根县
氧化铝	委内瑞拉、莫桑比克、澳大利亚
锆矿石	南非、澳大利亚

下游产业链（部分行业）

汽车行业
丰田汽车、马自达、大发工业等

住宅/建设
积水房屋、大成建设等

家电/电子部品
夏普、索尼、松下、东芝等

综合商社/专业商社
伊藤忠商事、东丽国际、NI帝人商事等

工业玻璃与陶瓷
主要包括制造隔热玻璃、天文望远镜、太阳能电池板、等离子显示器的民用玻璃、工业玻璃、光学玻璃、特殊玻璃、陶瓷基板、玻璃纤维、可塑型精细陶瓷、功能型精细陶瓷、石墨粉等产品。

📊 日本玻璃进口近况
单位：亿美元

年份	进口金额	同比增减（%）
2021	14.25	⬆ 8.7
2020	13.11	⬇ -4.2
2019	13.68	⬇ -8.0
2018	14.88	⬆ 5.8
2017	14.06	⬇ -4.5
2016	14.72	⬇ -3.4
2015	15.23	⬇ -10.4
2014	17	⬆ 3.1

📊 日本玻璃出口近况
单位：亿美元

年份	出口金额	同比增减（%）
2021	20.29	⬆ 6.8
2020	19	⬇ -6.7
2019	20.37	⬇ -2.9
2018	20.97	⬆ 1.4
2017	20.68	⬇ -3.3
2016	21.39	⬆ 3.7
2015	20.63	⬇ -25.3
2014	27.6	⬇ -20.6

著名玻璃和陶瓷企业

AGC（株）
【5201】AGC 株式会社

主要生产平板玻璃、汽车玻璃、液晶玻璃基板等。

https://www.hoya.co.jp/

销售收入 **16,973** 亿日元　　营业利润 **2,061** 亿日元

2011年 11,899
2021年 16,973
单位：亿日元

10 年销售额变化 **+42.64%**

保谷（株）
【7741】HOYA 株式会社

生产光学透镜、光学玻璃材料、眼镜片、光掩模等。

https://www.hoya.co.jp/

销售收入 **6,614** 亿日元　　税前利润 **2,107** 亿日元

2011年 3,606
2021年 6,614
单位：亿日元

10 年销售额变化 **+83.42%**

日本板硝子（株）
【5202】日本板硝子株式会社

主要生产平板玻璃、汽车玻璃、显示器玻璃等。

https://www.nsg.co.jp/

销售收入 **6,005** 亿日元　　营业利润 **200** 亿日元

2011年 5,522
2021年 6,005
单位：亿日元

10 年销售额变化 **+8.75%**

工业原材料制造业

玻璃生产企业	光学玻璃 / 玻璃纤维生产企业	陶瓷 / 精密陶瓷生产企业

日本电气硝子 (株) ●●●
【5214】日本電気硝子株式会社
https://www.neg.co.jp/

生产显示器玻璃、电子部件用玻璃、建筑用玻璃、耐热玻璃等。

销售收入 (2021/12 决算报表) **2,920** 亿日元　营业利润 **327** 亿日元

日东纺织 (株) ●●●
【3110】日東紡績株式会社
https://www.nittobo.co.jp/

日本最大玻璃纤维生产商，无机材料高温熔融转化纤维技术强。

销售收入 **840** 亿日元　营业利润 **72** 亿日元

京瓷 (株) ●●●
【6971】京セラ株式会社
https://www.kyocera.co.jp/

生产各种精密陶瓷部件等。

销售收入 **18,389** 亿日元　营业利润 **1,489** 亿日元

中央硝子 (株) ●●●
【4044】セントラル硝子株式会社
https://www.cgco.co.jp/

生产建筑用玻璃、汽车玻璃、液晶用玻璃、玻璃纤维等。

销售收入 **2,061** 亿日元　营业利润 **72** 亿日元

(株) OHARA ●●●
【5218】株式会社オハラ
https://www.ohara-inc.co.jp/

主要生产光学玻璃、特殊玻璃等。

销售收入 (2021/10 决算报表) **235** 亿日元　营业利润 **13** 亿日元

日本碍子 (株) ●●●
【5333】日本碍子株式会社
https://www.ngk.co.jp/

生产汽车尾气用陶瓷部件以及电气机器用陶瓷。

销售收入 **5,104** 亿日元　营业利润 **835** 亿日元

石塚硝子 (株) ●●●
【5204】石塚硝子株式会社
https://www.ishizuka.co.jp/

主要生产玻璃瓶、玻璃器皿，可口可乐包装瓶供应商之一。

销售收入 **693** 亿日元　营业利润 **26** 亿日元

日本特殊陶业 (株) ●●●
【5334】日本特殊陶業株式会社
https://www.ngkntk.co.jp/

陶瓷产品有电热塞、半导体组件、汽车火花塞及传感器等。

销售收入 **4,917** 亿日元　营业利润 **755** 亿日元

东海炭素 (株) ●●●
【5301】東海カーボン株式会社
https://www.tokaicarbon.co.jp

主要生产精密碳素、炭黑、摩擦材、石墨电极等。

销售收入 (2021/12 决算报表) **2,588** 亿日元　营业利润 **246** 亿日元

日本山村硝子 (株) ●●●
【5210】日本山村硝子株式会社
https://www.yamamura.co.jp/

日本最大玻璃瓶制造企业。

销售收入 **642** 亿日元　营业利润 **4** 亿日元

(株) MARUWA ●●●
【5344】株式会社 MARUWA
https://www.maruwa-g.com/

电子元件陶瓷生产商，节能、通信领域陶瓷基板世界领先。

销售收入 **543** 亿日元　营业利润 **182** 亿日元

(株) FUJIMI INCORPORATED ●●●
【5384】株式会社フジミインコーポレーテッド
https://www.fujimiinc.co.jp/

主要生产硅晶圆研磨剂、氧化铝研磨剂等。

销售收入 **517** 亿日元　营业利润 **120** 亿日元

1990 ～ 2020 年日本精密陶瓷销售额

单位:亿日元

	1990年	2000年	2010年	2015年	2019年	2020年
功能材料	2,450	4,847	4,019	4,489	4,725	4,723
其中：封装材	1,014	1,816	1,285	1,299	1,316	1,462
基板（高绝缘性电子线路板用）	154	234	165	162	198	182
压电素子（压电陶瓷）	663	1,570	1,106	1,541	1,430	1,444
瓦斯传感器陶瓷材料	141	658	1,220	1,251	1,439	1,206
人体手术用陶瓷材料				61	58	70
触媒担体（含陶瓷过滤器）	172	233	482	537	552	444
构造材	816	1,236	1,068	1,364	1,793	1,844
其中：耐热材	227	299	201	269	336	328
工具材	253	263	232	340	375	291
耐磨耗、耐腐蚀材	290	524	426	475	610	598
合计	3,438	6,315	5,570	6,390	7,070	7,011

资料来源:公益财团法人矢野恒太记念会『日本国勢図会 2021/ 22』P252、经济产业省『生产动態统计』により作成。

07 工业玻璃与陶瓷

钢铁工业

有色金属

化学（基础化学、石油化学）

化学（电子材料）

化学（精细化学）

纤维

工业玻璃与陶瓷

水泥及耐火材料

工业用纸及纸浆

工业涂料与油墨

玻璃生产企业

东洋玻璃（株）
【未上市】東洋ガラス株式会社
https://www.toyo-glass.co.jp
主要生产一般瓶、超轻量瓶、可重复使用玻璃瓶等。

销售收入	营业利润
289亿日元	**7**亿日元

HARIO（株）
【未上市】HARIO 株式会社
https://www.hario.com
生产精密模压非镜面透镜光学玻璃、超低膨胀微晶玻璃等。

销售收入（2021/09 决算报表）	营业利润
99亿日元	**N/A**亿日元

AvanStrate（株）
【未上市】アヴァンストレート株式会社
http://www.avanstrate.com/
日本板硝子和 HOYA 合资企业，主要生产液晶玻璃基板。

销售收入	营业利润
70亿日元	**-32**亿日元

陶瓷 / 精密陶瓷生产企业

（株）Noritake
【5331】株式会社ノリタケカンパニーリミテド
https://www.noritake.co.jp/
全球最大精细陶瓷和砂轮制造商之一。

销售收入	营业利润
1,276亿日元	**93**亿日元

（株）NTK CERATEC
【未上市】株式会社 NTK セラテック
http://www.ceratech.co.jp/
生产真空拉链、精细陶瓷制品、金属基陶瓷复合材料等。

销售收入	营业利润
288亿日元	**77**亿日元

（株）住田光学玻璃
【未上市】株式会社住田光学ガラス
http://www.sumita-opt.co.jp/
光学玻璃、纤维光学和光学系统制造商，生产非球面、特殊镜头和小直径镜头组件。

销售收入（2021/02 决算报表）	净利润
26亿日元	**2**亿日元

东洋炭素（株）
【5310】東洋炭素株式会社
https://www.toyotanso.co.jp/
主要产品有陶瓷、特殊碳素制品、石墨等。

销售收入（2021/12 决算报表）	营业利润
377亿日元	**56**亿日元

SEC 炭素（株）
【5304】SEC カーボン株式会社
https://www.sec-carbon.com
生产阴极炭块、石墨电极、特殊碳素制品等。

销售收入	营业利润
229亿日元	**32**亿日元

CoorsTek KK（株）
【未上市】クアーズテック株式会社
http://www.coorstek.co.jp/
生产高纯度石墨制品、各种陶瓷、光掩模基板、半导体基板等。

销售收入（2020/12 决算报表）	营业利润
N/A亿日元	**4**亿日元

日本玻璃制品进口近况
单位:亿美元

年份	进口金额	同比增减（%）
2021	7.17	↑ 15.0
2020	6.23	↑ 0.7
2019	6.19	↓ -0.7
2018	6.24	↑ 14.3
2017	5.46	↑ 5.0
2016	5.2	↑ 1.5
2015	5.12	↓ -6.4
2014	5.47	↓ -3.5

日本玻璃制品出口近况
单位:亿美元

年份	出口金额	同比增减（%）
2021	8.2	↑ 15.1
2020	7.12	↓ -16.3
2019	8.51	↓ -3.1
2018	8.78	↑ 22.0
2017	7.2	↑ 9.7
2016	6.56	↑ 21.3
2015	5.41	↓ -4.5
2014	5.67	↓ -46.0

日本陶瓷进口近况
单位:亿美元

年份	进口金额	同比增减（%）
2021	2.21	↑ 15.3
2020	1.92	↓ -15.8
2019	2.28	↓ -4.6
2018	2.39	↓ -5.6
2017	2.53	↓ -5.1
2016	2.67	↓ -2.8
2015	2.74	↓ -11.9
2014	3.11	↓ -11.3

日本陶瓷出口近况
单位:亿美元

年份	出口金额	同比增减（%）
2021	1.85	↑ 31.4
2020	1.41	↑ 26.4
2019	1.11	↓ -3.5
2018	1.15	↑ 12.8
2017	1.02	↓ -6.1
2016	1.09	↑ 6.3
2015	1.02	↑ 23.6
2014	0.83	↑ 17.0

行业信息　一般社团法人 日本精细陶瓷协会　东京都港区芝公园一丁目 2-6 地标芝公园 2F　电话:03-3431-8271　https://www.jfca-net.or.jp/

工业原材料制造业

2021 年日本玻璃进口额排名前十的国家 / 地区

单位:亿美元

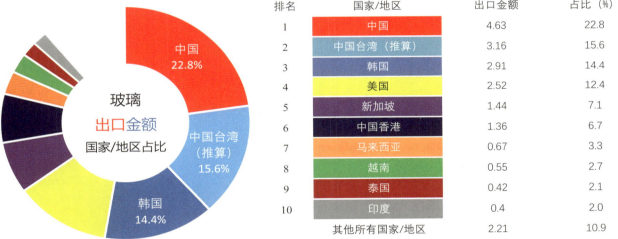

玻璃
进口金额
国家/地区占比

中国 31.0%
美国 21.1%
新加坡 8.7%

排名	国家/地区	进口金额	占比（%）
1	中国	4.42	31.0
2	美国	3.31	21.1
3	新加坡	1.24	8.7
4	韩国	1.23	8.6
5	中国台湾（推算）	1.07	7.5
6	马来西亚	0.78	5.5
7	越南	0.73	5.1
8	德国	0.64	4.5
9	泰国	0.29	2.0
10	印度尼西亚	0.19	1.3
	其他所有国家/地区	0.66	4.6

2021 年日本玻璃出口额排名前十的国家 / 地区

单位:亿美元

玻璃
出口金额
国家/地区占比

中国 22.8%
中国台湾（推算）15.6%
韩国 14.4%

排名	国家/地区	出口金额	占比（%）
1	中国	4.63	22.8
2	中国台湾（推算）	3.16	15.6
3	韩国	2.91	14.4
4	美国	2.52	12.4
5	新加坡	1.44	7.1
6	中国香港	1.36	6.7
7	马来西亚	0.67	3.3
8	越南	0.55	2.7
9	泰国	0.42	2.1
10	印度	0.4	2.0
	其他所有国家/地区	2.21	10.9

2021 年日本玻璃制品进口额排名前十的国家 / 地区

单位:亿美元

玻璃制品
进口金额
国家/地区占比

中国 57.5%
美国 5.7%
法国 6.8%

排名	国家/地区	进口金额	占比（%）
1	中国	4.12	57.5
2	法国	0.49	6.8
3	美国	0.41	5.7
4	韩国	0.41	5.7
5	德国	0.35	4.9
6	泰国	0.34	4.7
7	中国台湾（推算）	0.28	3.9
8	印度尼西亚	0.1	1.4
9	奥地利	0.09	1.3
10	马来西亚	0.08	1.1
	其他所有国家/地区	0.50	7.0

说明:本节中未注明资料来源的图表均根据日本贸易图鉴网站(https://jtrade.ecodb.net/)的图解整理而成。日本贸易图鉴网站根据联合国商品贸易统计数据库(UN Comtrade)的数据制作图解,因此图表中含日本贸易图鉴网站推算数据。"中国"的进出口金额数据仅计算了中国大陆地区的数据,不含中国港澳台地区,"中国台湾"的数据均为推算数据。

07

工业玻璃与陶瓷

钢铁工业

有色金属

化学（基础化学、石油化学）

化学（电子材料）

化学（精细化学）

纤维

工业玻璃与陶瓷

水泥及耐火材料

工业用纸及纸浆

工业涂料与油墨

2021 年日本玻璃制品出口额排名前十的国家 / 地区

单位：亿美元

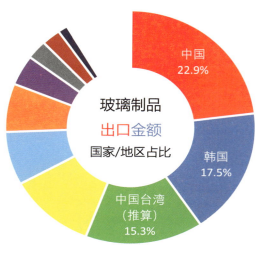

玻璃制品
出口金额
国家/地区占比

排名	国家/地区	出口金额	占比（%）
1	中国	1.88	22.9
2	韩国	1.44	17.5
3	中国台湾（推算）	1.25	15.3
4	美国	0.92	11.2
5	德国	0.61	7.4
6	泰国	0.55	6.7
7	新加坡	0.34	4.1
8	中国香港	0.21	2.6
9	越南	0.2	2.4
10	马来西亚	0.1	1.3
	其他所有国家/地区	0.70	8.6

2021 年日本陶瓷进口额排名前十的国家 / 地区

单位：亿美元

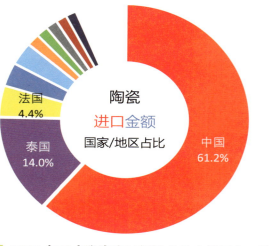

陶瓷
进口金额
国家/地区占比

排名	国家/地区	进口金额	占比（%）
1	中国	1.35	61.2
2	泰国	0.31	14.0
3	法国	0.1	4.4
4	印度尼西亚	0.07	3.3
5	德国	0.07	3.2
6	西班牙	0.04	1.7
7	匈牙利	0.03	1.5
8	斯里兰卡	0.03	1.5
9	意大利	0.03	1.4
10	英国	0.03	1.4
	其他所有国家/地区	0.14	6.4

2021 年日本陶瓷出口额排名前十的国家 / 地区

单位：亿美元

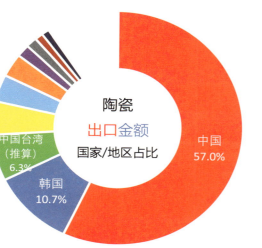

陶瓷
出口金额
国家/地区占比

排名	国家/地区	出口金额	占比（%）
1	中国	1.05	57.0
2	韩国	0.2	10.7
3	中国台湾（推算）	0.12	6.3
4	美国	0.08	4.6
5	德国	0.07	3.7
6	泰国	0.06	3.2
7	新加坡	0.03	1.7
8	中国香港	0.03	1.4
9	越南	0.02	1.0
10	马来西亚	0.02	1.0
	其他所有国家/地区	0.17	9.4

一般社团法人 日本玻璃制品工业会 东京都新宿区百人町 3-21-16 日本玻璃工业中心 3F 电话:03-5937-5861 http://www.glassman.or.jp/

1980 ～ 2020 年日本玻璃及玻璃制品生产概况

	1980年	1990年	2000年	2010年	2019年	2020年
板玻璃（千换算箱）	40,450	37,417	25,965	22,954	25,370	19,762
安全玻璃（千米²）	39,767	55,648	45,230	45,776	45,864	37,989
其中：夹膜玻璃	5,295	15,314	12,123	15,140	17,560	14,924
其中：汽车、铁路车辆用				12,636	14,997	12,556
强化玻璃	34,472	40,334	33,107	30,636	28,304	23,064
多层玻璃（千米²）	733	2,113	8,968	14,124	15,006	13,519
玻璃纤维制品（千吨）	286	608	674	493	392	348
其中：玻璃短纤维制品	115	205	223	203	204	189
玻璃长纤维制品	171	403	451	290	188	159
玻璃制品（千吨）						
其中：玻璃基础制品	377	766	878	53	16	15
无碱性玻璃基板（千米²）			12,277	43,388	28,141	28,374
玻璃制容器类	2,157	2,610	1,819	1,337	1,075	961
厨房、餐桌用品	192	142	92	53	28	19

注：1 个换算箱以厚 2mm、面积 9.29 ㎡（100 平方英尺）为基准单位，重约 45 公斤；安全玻璃和强化玻璃与厚度无关。
资料来源：公益财团法人矢野恒太記念会『日本国勢図会2021/ 22』P249、経済産業省『生産動態統計』により作成。

1980 ～ 2020 年日本其他主要窑炉制品生产概况

单位：千吨

	1980年	1990年	2000年	2010年	2019年	2020年
耐火砖	1,722	933	546	379	339	280
不定型耐火物	918	860	806	724	684	583
碳素制品（炼钢电炉使用的黑铅电极等）	706	271	239	264	194	130
其中：碳素纤维		5	8	13	19	18
搪瓷铁器制品	182	132	64	37	38	38

注：从 2007 年开始日本碳素纤维从产业分类统计上并入纤维工业。
资料来源：公益财团法人矢野恒太記念会『日本国勢図会2021/ 22』P252、経済産業省『生産動態統計』により作成。

1980 ～ 2020 年日本陶瓷生产概况

单位：千吨

	1980年	1990年	2000年	2010年	2019年	2020年
瓷砖	983	1,310	54,049	21,100	17,879	14,669
卫生陶瓷（便器、洗面器）	139	189	7,877	4,739	4,427	4,123
电气用品（绝缘瓷瓶）	159	111	73	46	37	35
厨房、餐桌用品	524	414	198	71	46	47
玩具、摆设物	90	54	17	5	1	1

注：瓷砖从 2000 年以后统计单位改为面积（千米²）；卫生陶瓷从 2000 年以后统计单位改为个数（千个）。
资料来源：公益财团法人矢野恒太記念会『日本国勢図会2021/ 22』P252、経済産業省『生産動態統計』により作成。

東京都新宿区百人町 3-21-16 日本ガラス工業センター 3F
TEL:03-5937-5861　http://www.glassman.or.jp/
一 般 社 团 法 人
日本硝子製品工業会

工业原材料制造业

工业器件与部件制造业

工业机械与设备制造业

08 水泥及耐火材料

上游产业链（部分原材料采购地）

原材料	采购地
石灰石	中国、美国、日本
硅砂矿	澳大利亚、日本岛根县
氧化铝	委内瑞拉、莫桑比克、澳大利亚
锆矿石	南非、澳大利亚

下游产业链（部分行业）

 建材/土木资材
大同建材、吉田建材、东京综合资材等

 造船/重机
三井造船、IHI、川崎重工、三菱重工等

 钢铁/有色金属
日本制铁、JFE钢铁、神户制钢、住商轻金属工业等

综合商社/专业商社
三菱商事、伊藤忠能源、住商水泥等

水泥及耐火材料
主要包括用于建造桥梁、大楼基础、建筑物立柱、混凝土制品的硅酸盐水泥、高铝水泥、高炉水泥、粉煤灰水泥、再生水泥、耐火砖、砂浆、混合剂等产品。

侧栏：钢铁工业 / 有色金属 / 化学（基础化学、石油化学）/ 化学（电子材料）/ 化学（精细化学）/ 纤维 / 工业玻璃与陶瓷 / 水泥及耐火材料 / 工业用纸及纸浆 / 工业涂料与油墨

日本水泥/石灰进口近况（单位:亿美元）

年份	进口金额	同比增减（%）
2021	5.49	↑ 5.0
2020	5.23	↓ -19.8
2019	6.52	↑ 1.7
2018	6.41	↓ -0.9
2017	6.47	↓ -5.2
2016	6.83	↓ -10.3
2015	7.61	↓ -19.3
2014	9.43	↓ -8.9

日本水泥/石灰出口近况（单位:亿美元）

年份	出口金额	同比增减（%）
2021	4.42	↑ 7.4
2020	4.11	↑ 2.6
2019	4.01	↑ 4.4
2018	3.84	↓ -4.7
2017	4.03	↓ -9.2
2016	4.44	↑ 3.5
2015	4.28	↑ 7.6
2014	3.98	↑ 9.6

日本三大水泥制造商

太平洋水泥（株）
【5233】太平洋セメント株式会社
生产硅酸盐水泥、高炉水泥、粉煤灰水泥、生态水泥等。
https://www.taiheiyo-cement.co.jp/
销售收入 7,082 亿日元　营业利润 467 亿日元
2011年 7,278　2021年 7,082（单位：亿日元）　10年销售额变化 -2.69%

住友大阪水泥（株）
【5232】住友大阪セメント株式会社
生产早强水泥、硅酸盐水泥、高炉水泥、粉煤灰水泥等。
https://www.soc.co.jp/
销售收入 1,842 亿日元　营业利润 68 亿日元
2011年 2,170　2021年 1,842（单位：亿日元）　10年销售额变化 -15.12%

宇部三菱水泥（株）
【未上市】UBE三菱セメント株式会社
生产高性能水泥、固化材、高炉水泥、硅酸盐水泥、粉煤灰水泥等。
https://www.mu-cc.com/
销售收入（2021/03 决算报表）1,132 亿日元　营业利润 3 亿日元
三菱材料/水泥 宇部兴产/建材 2011年 1,588 / 2,091　2021年 1,132（单位：亿日元）　10年销售额变化 -69.23%

主要水泥生产企业	耐火材料生产企业	原材料生产企业

(株)德山
【4043】株式会社トクヤマ
https://www.tokuyama.co.jp
生产硅酸盐水泥、混凝土浆料、固化材、高炉水泥、粉煤灰水泥等。

销售收入 **2,938** 亿日元　营业利润 **245** 亿日元

黑崎播磨(株)
【5352】黒崎播磨株式会社
https://www.krosaki.co.jp/
耐火材料业务在日本占重要地位，此外还生产陶瓷等。

销售收入 **1,337** 亿日元　营业利润 **75** 亿日元

宇部材料(株)
【未上市】宇部マテリアルズ株式会社
https://www.ubematerials.co.jp/
生产磷酸钙、碳酸钙、融渣、酸化镁、生石灰、清石灰等。

销售收入 **429** 亿日元　营业利润 **17** 亿日元

麻生水泥(株)
【未上市】麻生セメント株式会社
https://www.aso-cement.jp
生产硅酸盐水泥、高炉水泥、防尘水泥、固化材、粉煤灰水泥等。

销售收入（2021/12决算报表） **146** 亿日元　营业利润 **-4** 亿日元

日吉华(株)
【7943】ニチハ株式会社
https://www.nichiha.co.jp/
日本最大窑业外壁材料制造商，产品包括内壁材料和耐火砖等。

销售收入 **1,286** 亿日元　营业利润 **125** 亿日元

金生机能材料(株)
【未上市】キンセイマテック株式会社
https://www.kinseimatec.co.jp/
生产板状氧化铝粉末、硅酸锆、水酸化镁等。

销售收入（2021/03决算报表） **169** 亿日元　净利润 **4** 亿日元

ISOLITE 工业(株)
【未上市】イソライト工业株式会社
https://www.isolite.co.jp/
日本重要陶瓷纤维制造商，核心产品为耐火隔热砖和陶瓷纤维。

销售收入 **125** 亿日元　营业利润 **20** 亿日元

品川冶金材料(株)
【5351】品川リフラクトリーズ株式会社
https://www.shinagawa.co.jp/
生产耐火砖、不定性耐火材料及建造高炉等。

销售收入 **1,107** 亿日元　营业利润 **101** 亿日元

(株)DC
【未上市】株式会社デイ・シイ
http://www.dccorp.jp/
生产硅酸盐水泥、高炉水泥、高强度水泥、混合材、固化材等。

销售收入 **187** 亿日元　营业利润 **1** 亿日元

日铁高炉水泥(株)
【未上市】日鉄高炉セメント株式会社
http://www.kourocement.co.jp/
日本制铁旗下企业，专门生产高炉水泥和固化剂、砂浆。

销售收入（2021/03决算报表） **115** 亿日元　营业利润 **3** 亿日元

(株)东京窑业
【5363】株式会社東京窯業
http://www.tyk.co.jp/
耐火材料商，主要生产耐火砖及精细陶瓷制品等。

销售收入 **259** 亿日元　营业利润 **30** 亿日元

奥多摩工业(株)
【未上市】奥多摩工业株式会社
http://www.okutama.co.jp/
主要生产石灰石、生石灰、水酸钙、固化材等。

销售收入 **129** 亿日元　营业利润 **0** 亿日元

1980～2020年日本水泥生产概况
单位:千吨

	1980年	1990年	2000年	2010年	2019年	2020年
水泥	87957.00	84445.00	81097.00	51526.00	53462.00	50905.00
其中：硅酸盐水泥（波兰特水泥）	79701.00	69615.00	62549.00	38775.00	40614.00	38484.00
石灰融渣水泥	89169.00	75288.00	75499.00	47842.00	49442.00	48628.00

资料来源:公益财团法人矢野恒太記念会『日本国勢図会2021/22』P250、経済産業省『生産動態統計』により作成。

1990～2020年日本主要水泥制品生产概况
单位:千吨

	1990年	2000年	2010年	2019年	2020年
离心式钢筋混凝土制品	11,730	6,019	3,131	1,836	1,990
堤坝用混凝土块	6,014	3,278	1,275	615	516
道路用混凝土制品	9,185	8,062	3,778	2,277	2,254
泡沫混凝土制品（千米²）	4,394	2,789	1,433	1,538	1,338

注:离心式钢筋混凝土制品主要用于桩和管,泡沫混凝土主要用于建筑物外墙等。
资料来源:公益财团法人矢野恒太記念会『日本国勢図会2021/22』P251、経済産業省『生産動態統計』により作成。

工业原材料制造业

工业器件与部件制造业

工业机械与设备制造业

08

水泥及耐火材料

钢铁工业

有色金属

化学（基础化学、石油化学）

化学（电子材料）

化学（精细化学）

纤维

工业玻璃与陶瓷

水泥及耐火材料

工业用纸及纸浆

工业涂料与油墨

主要水泥生产企业	耐火材料生产企业	原材料生产企业

日铁水泥（株） ●●●
【未上市】日鉄セメント株式会社
https://cement.nipponsteel.com/
日本制铁和住友大阪水泥合资企业，主要生产高炉水泥等。

销售收入	**98** 亿日元	营业利润	**-9** 亿日元

（株）YOTAI ●●●
【5357】株式会社ヨータイ
https://www.yotai.co.jp/
钢铁行业耐火材料制造商，同时生产新型陶瓷等。

销售收入	**259** 亿日元	营业利润	**40** 亿日元

美浓窑业（株） ●●●
【5356】美濃窯業株式会社
http://www.mino-ceramic.co.jp/
主要生产耐火材料、工业窑炉及配套产品等。

销售收入	**124** 亿日元	营业利润	**8** 亿日元

昭和 KDE（株） ●●●
【未上市】昭和 KDE 株式会社
https://www.showa-hp.co.jp
主要生产耐火砖、混合材等。

销售收入	**92** 亿日元	营业利润	**6** 亿日元

敦贺水泥（株） ●●●
【未上市】敦賀セメント株式会社
https://tsuruga-cement.co.jp/
主要生产水泥、固化材、碳酸钙、硅石粉等。

销售收入	（2021/03 决算报表）**58** 亿日元	营业利润	**5** 亿日元

▤ 1990 ～ 2020 年日本精密陶瓷销售额
单位：亿日元

	1990年	2000年	2010年	2015年	2019年	2020年
功能材料	2,450	4,847	4,019	4,489	4,725	4,723
其中：封装材	1,014	1,816	1,285	1,299	1,316	1,462
基板（高绝缘性电子线路板用）	154	234	165	162	198	182
压电素子（压电陶瓷）	663	1,570	1,106	1,541	1,430	1,444
瓦斯传感器陶瓷材料	141	658	1,220	1,251	1,439	1,206
人体手术用陶瓷材料				61	58	70
触媒担体（含陶瓷过滤器）	172	233	482	537	552	444
构造材	816	1,236	1,068	1,364	1,793	1,844
其中：耐热材	227	299	201	269	336	328
工具材	253	263	232	340	375	291
耐磨耗、耐腐蚀材	290	524	426	475	610	598
合计	3,438	6,315	5,570	6,390	7,070	7,011

资料来源：公益财团法人矢野恒太记念会『日本国势図会 2021/ 22』P252、经济产业省『生产动态统计』により作成。

▤ 1965 ～ 2020 年度日本水泥进出口变化
单位：千吨

出口　1994年度：14,995千吨
进口　1989年度：3,651千吨
水泥系固化材　2018年度：8,454千吨

11,113
7,688
20

2021 年日本水泥／石灰进口额排名前十的国家／地区

单位：亿美元

排名	国家/地区	进口金额	占比（%）
1	中国	4.49	81.7
2	韩国	0.21	3.8
3	美国	0.15	2.7
4	意大利	0.12	2.2
5	越南	0.09	1.7
6	法国	0.08	1.4
7	印度	0.07	1.3
8	巴西	0.05	0.8
9	葡萄牙	0.04	0.8
10	泰国	0.04	0.7
	其他所有国家/地区	0.16	3.0

水泥/石灰 进口金额 国家/地区占比

中国 81.7%　美国 2.7%　韩国 3.8%

2021 年日本水泥／石灰出口额排名前十的国家／地区

单位：亿美元

排名	国家/地区	出口金额	占比（%）
1	新加坡	0.81	18.4
2	中国	0.68	15.4
3	澳大利亚	0.68	15.3
4	中国香港	0.5	11.4
5	新西兰	0.32	7.2
6	美国	0.28	6.3
7	韩国	0.25	5.6
8	中国台湾（推算）	0.2	4.5
9	菲律宾	0.17	3.8
10	智利	0.13	3.0
	其他所有国家/地区	0.40	9.1

水泥/石灰 出口金额 国家/地区占比

新加坡 18.4%　中国 15.4%　澳大利亚 15.3%

1965 ～ 2020 年度日本水泥生产和内需变化示意图

生产

内需

1996年度：86,286千吨
1996年度：99,267千吨
2010年度：56,050千吨
2013年度：62,392千吨
56,053
1967年度：41,550千吨
2010年度：41,614千吨
2013年度：47,705千吨
38,670
会计年度
（千吨）

工业原材料制造业

说明：本节中未注明资料来源的图表均根据日本贸易图鉴网站（https://jtrade.ecodb.net/）的图解整理而成。日本贸易图鉴网站根据联合国商品贸易统计数据库（UN Comtrade）的数据制作图解，因此图表中含日本贸易图鉴网站推算数据。"中国"的进出口金额数据仅计算了中国大陆地区的数据，不含中国港澳台地区，"中国台湾"的数据均为推算数据。

09

工业用纸及纸浆

钢铁工业

有色金属

化学（基础化学、石油化学）

化学（电子材料）

化学（精细化学）

纤维

工业玻璃与陶瓷

水泥及耐火材料

工业用纸及纸浆

工业涂料与油墨

上游产业链（部分原材料采购地）

原材料	采购地
纸板箱 / 废报纸回收品	日本东京 23 区、横滨市、名古屋市等
针叶树纸浆材	美国、澳大利亚、新西兰、日本
阔叶树纸浆材	美国、南非、澳大利亚

下游产业链（部分行业）

工业用纸及纸浆
主要包括用于生产书箱、胶布、纸尿裤、纸板箱的涂装纸、感热纸、牛皮纸浆、牛皮纸、瓦楞原纸、新闻纸、阻燃纸、卫生用纸等产品。

报纸业界
读卖新闻、每日新闻、日刊工业新闻等

印刷行业
大日本印刷、凸版印刷等

包装/捆包材
东海纸器、三菱商事包装、东海加工纸等

综合商社/专业商社
日本纸浆商事、福山商事、伊藤忠纸浆、三菱商事等

日本纸浆 / 纸进口近况
单位:亿美元

年份	进口金额	同比增减（%）
2021	29.7	↑ 3.2
2020	28.79	↓ -12.4
2019	32.88	↑ 10.6
2018	29.72	↓ -2.0
2017	30.32	↓ -3.9
2016	31.57	↓ -0.4
2015	31.7	↓ -10.4
2014	35.39	↓ -3.2

日本纸浆 / 纸出口近况
单位:亿美元

年份	出口金额	同比增减（%）
2021	37.24	↑ 9.3
2020	34.09	↓ -12.0
2019	38.76	↓ -12.8
2018	44.44	↑ 5.1
2017	42.27	↑ 10.8
2016	38.15	↑ 2.6
2015	37.17	↑ 10.2
2014	33.75	↑ 9.2

日本三大造纸企业

王子控股（株）
【3861】王子ホールディングス株式会社

https://www.ojiholdings.co.jp/

日本最大综合性造纸企业，产品包括生活、工业、印刷、业务用纸。

销售收入 **14,701** 亿日元　　营业利润 **1,201** 亿日元

2011年 12,129
2021年 14,701
单位：亿日元

10 年销售额变化 **+21.21%**

（株）日本制纸
【3863】株式会社日本製紙

https://www.nipponpapergroup.com/

日本第二大造纸企业，主要生产新闻纸、出版及业务用纸。

销售收入 **10,450** 亿日元　　营业利润 **120** 亿日元

2011年 10,424
2021年 10,450
单位：亿日元

10 年销售额变化 **+0.25%**

Rengo（株）
【3941】レンゴー株式会社

https://www.rengo.co.jp/

日本最大纸板制造商，造纸业规模在日本排名第三。

销售收入 **7,469** 亿日元　　营业利润 **332** 亿日元

2011年 4,926
2021年 7,469
单位：亿日元

10 年销售额变化 **+51.62%**

主要造纸大企业	其他造纸及纸制品生产企业	

大王制纸（株）
【3880】大王製紙株式会社
https://www.daio-paper.co.jp/
日本大型造纸生产商，也是日本家庭生活用纸领军企业。
销售收入 **6,123** 亿日元　营业利润 **375** 亿日元

旭洋（株）
【未上市】旭洋株式会社
https://www.kyokuyo-pp.co.jp
生产印刷／出版用纸、新闻／包装／卫生用纸，以及瓦楞纸、纸浆等。
销售收入 **1,616** 亿日元　营业利润 **26** 亿日元

中越纸浆工业（株）
【3877】中越パルプ工業株式会社
http://www.chuetsu-pulp.co.jp/
主要生产新闻纸、印刷／包装／特种纸及造纸用纸浆等。
销售收入 **901** 亿日元　营业利润 **23** 亿日元

北越（株）
【3865】北越コーポレーション株式会社
http://www.hokuetsucorp.com/
日本第五大造纸企业，专注于印刷用纸、业务用纸及白纸板制造。
销售收入 **2,616** 亿日元　营业利润 **204** 亿日元

特种东海制纸（株）
【3708】特種東海製紙株式会社
https://www.tt-paper.co.jp/
主要生产特种高级印刷用纸、画材用纸、功能用纸等。
销售收入 **807** 亿日元　营业利润 **42** 亿日元

The Pack（株）
【3950】ザ・パック株式会社
https://www.thepack.co.jp/
日本纸袋业界排名第一，主要面向百货公司和专营店等开展业务。
销售收入（2021/12决算报表） **801** 亿日元　营业利润 **41** 亿日元

琳得科（株）
【7966】リンテック株式会社
https://www.lintec.co.jp/
主要生产特殊纸、彩色绘图纸、工业用功能纸、标签、离型纸／离型膜等。
销售收入 **2,568** 亿日元　营业利润 **215** 亿日元

森纸业集团
【未上市】森紙業グループ
http://www.morishigyo-gr.co.jp/
主要生产瓦楞纸、包装纸、纸器等。
销售收入 **743** 亿日元　营业利润 **11** 亿日元

Dynapac（株）
【3947】ダイナパック株式会社
https://www.dynapac-gr.co.jp/
主要生产瓦楞纸板、印刷纸容器、软包装材料及纸质缓冲材料等。
销售收入（2021/12决算报表） **563** 亿日元　营业利润 **12** 亿日元

（株）TOMOKU
【3946】株式会社トーモク
https://www.tomoku.co.jp/
专业生产瓦楞纸板、纸容器的企业。
销售收入 **2,060** 亿日元　营业利润 **83** 亿日元

丸住制纸（株）
【未上市】丸住製紙株式会社
https://www.marusumi.co.jp/
主要生产印刷／出版用纸，以及业务／包装用纸等。
销售收入（2021/11决算报表） **521** 亿日元　营业利润 **2** 亿日元

日本东罐包装（株）
【未上市】日本トーカンパッケージ株式会社
https://www.tokan.co.jp/ntp
主要生产纸板箱、纸器、纸管、板纸等。
销售收入 **428** 亿日元　营业利润 **6** 亿日元

1980～2020年日本纸、板纸和回收纸的需求供给情况
单位：亿美元

		1980年	1990年	2000年	2010年	2020年
纸、板纸	生产量	17656	28095	31721	27422	23085
	进口量	493	1035	1470	1791	1018
	出口量	656	904	1432	1461	1879
	国内消费	17493	28226	31758	27752	22223
废纸回收	入库量（含废纸纸浆）	8282	14634	18238	17385	15726
	进口量	224	634	278	44	30
	出口量	20	22	372	4374	3188
废纸回收量		8078	14021	18332	21715	18883
废纸回收率（%）		46	50	58	78	85

注：废纸回收量 = 废纸入库量 - 废纸进口量 + 废纸出口量。
资料来源：公益财团法人矢野恒太记念会『日本国势图会 2021/22』第 255 页、古纸再生促进センター『古纸需给统计』により作成。

09 工业用纸及纸浆

钢铁工业

有色金属

化学（基础化学、石油化学）

化学（电子材料）

化学（精细化学）

纤维

工业玻璃与陶瓷

水泥及耐火材料

工业用纸及纸浆

工业涂料与油墨

主要造纸大企业

三菱制纸（株）
【3864】三菱製紙株式会社
https://www.mpm.co.jp/
主要生产印刷用纸和业务用热敏纸及树脂涂布纸等。

销售收入 **1,819** 亿日元　　营业利润 **-3** 亿日元

超级包装（株）
【3945】スーパーパック株式会社
https://www.superbag.co.jp/
面向日本百货公司、专营店的大型纸袋制造商。

销售收入 **251** 亿日元　　营业利润 **-5** 亿日元

大石产业（株）
【3943】大石産業株式会社
http://www.osk.co.jp/
日本最大纸浆模具制造商，综合包装生产企业。

销售收入 **197** 亿日元　　营业利润 **12** 亿日元

古林纸工（株）
【3944】古林紙工株式会社
http://www.furubayashi-shiko.co.jp/
日本大型综合印刷纸质容器包装材料制造商。

销售收入（2021/12决算报表）**161** 亿日元　　营业利润 **1** 亿日元

其他造纸及纸制品生产企业

朝日印刷（株）
【3951】朝日印刷株式会社
https://www.asahi-pp.co.jp/
主要制造医药品、化妆品包装材料等。

销售收入 **388** 亿日元　　营业利润 **22** 亿日元

昭和包装（株）
【3954】昭和パックス株式会社
http://www.showa-paxxs.co.jp/
日本牛皮纸生产龙头企业，主营包装容器和包装材料等。

销售收入 **215** 亿日元　　营业利润 **14** 亿日元

日本制纸 PAPYLIA（株）
【未上市】日本製紙パピリア株式会社
https://papylia.com
主要生产印刷、出版用纸，以及特殊纸等。

销售收入 **196** 亿日元　　营业利润 **0** 亿日元

阿波制纸（株）
【3896】阿波製紙株式会社
https://www.awapaper.co.jp/
主要生产各类工业用功能纸盒、无纺布等。

销售收入 **150** 亿日元　　营业利润 **2** 亿日元

兴亚工业（株）
【未上市】興亜工業株式会社
http://www.koa-kogyo.co.jp/
主要生产瓦楞纸、加工原纸等。

销售收入 **276** 亿日元　　营业利润 **34** 亿日元

井村信封（株）
【3955】イムラ封筒株式会社
https://www.imura.co.jp/
日本国内最大信封制造商，市场占有率超过20%。

销售收入（2022/01决算报表）**202** 亿日元　　营业利润 **11** 亿日元

日本高度纸工业（株）
【3891】ニッポン高度紙工業株式会社
https://www.kodoshi.co.jp/
日本最大电容器绝缘纸生产企业。

销售收入 **180** 亿日元　　营业利润 **40** 亿日元

中央纸器工业（株）
【3952】中央紙器工業株式会社
http://www.mcpack.co.jp/
瓦楞纸板生产商，生产汽车零部件/家电包装波纹纸及缓冲材料。

销售收入 **110** 亿日元　　营业利润 **7** 亿日元

2021年日本纸浆/纸进口额排名前十的国家/地区

单位:亿美元

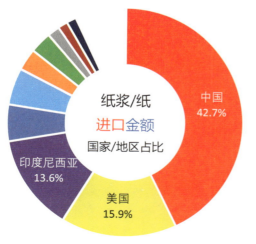

纸浆/纸 进口金额 国家/地区占比

中国 42.7%
印度尼西亚 13.6%
美国 15.9%

排名	国家/地区	进口金额	占比（%）
1	中国	12.69	42.7
2	美国	4.73	15.9
3	印度尼西亚	4.04	13.6
4	韩国	1.54	5.2
5	芬兰	1.53	5.2
6	德国	0.9	3.0
7	越南	0.89	3.0
8	中国台湾（推算）	0.5	1.7
9	马来西亚	0.41	1.4
10	泰国	0.4	1.4
	其他所有国家/地区	2.08	7.0

工业原材料制造业

其他造纸及纸制品生产企业

HAVIX（株）　●●●
【3895】ハビックス株式会社
https://www.havix.co.jp/
主要生产烹饪用纸、卫生原纸及无纺布（纸尿裤面料及口罩）。

销售收入	营业利润
108亿日元	**-1**亿日元

（株）冈山制纸　●●●
【3892】株式会社岡山製紙
https://okayamaseishi.co.jp/
主要生产瓦楞纸、加工原纸等。

销售收入（2022/05决算报表）	营业利润
100亿日元	**6**亿日元

1990～2020年日本纸和板纸生产情况

单位：千吨

	种类	1990年	2000年	2010年	2020年
纸	报纸印刷卷筒纸	3,479	3,419	3,349	2,061
	印刷用纸	7,690	10,004	8,069	4,751
	业务用纸	1,528	1,737	1,478	1,127
	其中：PPC用纸（打印/复印）	434	816	831	672
	包装用纸	1,185	1,049	904	759
	卫生用纸（含餐巾纸）	1,366	1,735	1,792	1,833
	小计（含其他用纸）	16,429	19,037	16,387	11,212
板纸	瓦楞原纸	8,275	9,676	8,647	9,701
	纸器用板纸	2,242	2,097	1,673	1,378
	小计（含其他类型板纸）	11,657	12,791	10,977	11,657
	纸、板纸 合计	**28,086**	**31,828**	**27,363**	**22,869**
（参考）纸箱（百万米²）		12,342	13,459	13,062	12,357
（参考）纸尿裤（百万枚）		…	…	…	21,022
其中：成人用纸尿裤（百万枚）		…	…	…	8,659

资料来源：公益财团法人矢野恒太记念会『日本国勢図会 2021/22』第254页、经済産業省『生産動態統計』により作成。

2021年日本纸浆/纸出口额排名前十的国家/地区

单位：亿美元

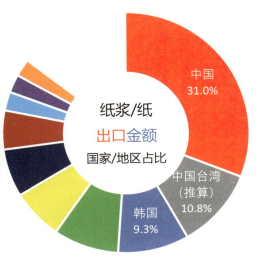

纸浆/纸
出口金额
国家/地区占比

中国 31.0%
中国台湾（推算） 10.8%
韩国 9.3%

排名	国家/地区	出口金额	占比（%）
1	中国	11.55	31.0
2	中国台湾（推算）	4.01	10.8
3	韩国	3.47	9.3
4	越南	3.19	8.6
5	美国	2.54	6.8
6	泰国	2.39	6.4
7	马来西亚	1.95	5.3
8	菲律宾	0.93	2.5
9	印度尼西亚	0.9	2.4
10	中国香港	0.87	2.3
	其他所有国家/地区	5.43	14.6

说明：本节中未注明资料来源的图表均根据日本贸易图鉴网站（https://jtrade.ecodb.net/）的图解整理而成。日本贸易图鉴网站根据联合国商品贸易统计数据库（UN Comtrade）的数据制作图解，因此图表中含日本贸易图鉴网站推算数据。"中国"的进出口金额数据仅计算了中国大陆地区的数据，不含中国港澳台地区，"中国台湾"的数据均为推算数据。

10 工业涂料与油墨

钢铁工业

有色金属

化学（基础化学、石油化学）

化学（电子材料）

化学（精细化学）

纤维

工业玻璃与陶瓷

水泥及耐火材料

工业用纸及纸浆

工业涂料与油墨

上游产业链（部分原材料采购地）

原材料	采购地
原油	卡塔尔
石脑油	沙特阿拉伯、阿联酋、韩国
大豆油	美国、巴西、阿根廷
铅	美国、秘鲁、澳大利亚

下游产业链（部分行业）

工业涂料与油墨
主要包括用于凹版印刷、喷墨打印、汽车喷涂、建筑涂料的胶印油墨、大豆油油墨、颜料、紫外线硬化性油墨、光触媒涂料、硅涂料、氟涂料等产品。

汽车/车用部件
丰田汽车、电装、日产汽车、铃木等

造船/重机
金治造船、通用造船、住友重机械海洋工程等

住宅/建材
积水房屋、大和房屋、住友林业HOMETECH等

报纸/印刷
读卖新闻东京本社、产经新闻印刷、凸版印刷等

2019 年日本各类工业油墨出货量及占比

单位:吨

工业油墨总出货量
357,021 吨

工业油墨类型	出货量	占比（%）
平版油墨	99,214	27.79
树脂凸版油墨	22,210	6.22
金属印刷油墨	12,633	3.54
照相凹版印刷油墨	150,303	42.10
新闻报纸油墨	30,921	8.66
其他油墨	41,740	11.69

资料来源:印刷油墨工业联合会, https://www.ink-jpima.org/。

日本三大涂料、油墨生产企业

日本涂料控股（株）
【4612】日本ペイントホールディングス株式会社

日本最大涂料生产商，主要生产建筑/汽车/防腐蚀/道路等涂料，以及其他工业涂料和家庭用涂料。

销售收入 （2021/12 决算报表） **9,982** 亿日元　营业利润 **876** 亿日元

2011年 2,222
2021年 9,982
单位：亿日元

10 年销售额变化 **+349.23%**

https://www.nipponpaint-holdings.com/

DIC（株）
【4631】DIC 株式会社

全球最大油墨化学企业，生产报纸/喷墨/胶印/凹版印刷/柔性印刷油墨，以及有机颜料等。

销售收入 **8,553** 亿日元　营业利润 **428** 亿日元

2011年 7,342
2021年 8,553
单位：亿日元

10 年销售额变化 **+16.49%**

https://www.dic-global.com/ja/index.html

关西涂料（株）
【4613】関西ペイント株式会社

亚洲最大车用油漆供应商，其他产品包括工业涂料、建筑涂料、家庭涂料等。

销售收入 **4,191** 亿日元　营业利润 **300** 亿日元

2011年 2,565
2021年 4,191
单位：亿日元

10 年销售额变化 **+63.39%**

https://www.kansai.co.jp/

行业信息　一般社团法人 日本塗料工业会　东京都涉谷区惠比寿 3-12-8 东京涂料会馆 1F　电话: 03-3443-2011 传真: 03-3443-3599　https://www.toryo.or.jp/

工业原材料制造业

| 涂料生产企业 | | 油墨生产企业 |

SK 化研（株）

【4628】エスケー化研株式会社
https://www.sk-kaken.co.jp/

日本最大建筑涂料生产商，水性涂料、外立面涂料技术出色，产品包括耐火涂料、断热涂料等。

销售收入 **882** 亿日元　营业利润 **104** 亿日元

中国涂料（株）

【4617】中国塗料株式会社
http://www.cmp.co.jp/index.html

日本第三大综合性涂料生产商，船舶涂料市场份额世界排名第二，产品还包括工业涂料、集装箱涂料等。

销售收入 **842** 亿日元　营业利润 **6** 亿日元

东洋油墨 SC 控股（株）

【4634】東洋インキ SC ホールディングス株式会社
https://schd.toyoinkgroup.com/

主要生产胶印／柔性印刷／凹版印刷油墨、液晶面板用颜料等。

销售收入 （2021/12 决算报表）**2,879** 亿日元　营业利润 **130** 亿日元

大日本涂料（株）

【4611】大日本塗料株式会社
https://www.dnt.co.jp/

日本工业防腐蚀、建材涂料最大生产企业。

销售收入 **669** 亿日元　营业利润 **31** 亿日元

日本特殊涂料（株）

【4619】日本特殊塗料株式会社
https://www.nttoryo.co.jp/

日本车用防噪声、遮热涂料主要生产商，产品包括下水道防腐蚀、风电风车、水池、航空器等涂料。

销售收入 **547** 亿日元　营业利润 **14** 亿日元

坂田油墨（株）

【4633】サカタインクス株式会社
http://www.inx.co.jp/

日本第三大油墨生产商，主要生产胶印／柔性印刷／凹版印刷油墨。

销售收入 （2021/12 决算报表）**1,814** 亿日元　营业利润 **74** 亿日元

大伸化学（株）

【4629】大伸化学株式会社
http://www.daishin-chemical.co.jp/

主要生产涂料溶剂、印刷喷墨溶剂、剥离剂等。

销售收入 **313** 亿日元　营业利润 **10** 亿日元

日本 Pigment（株）

【4119】日本ピグメント株式会社
https://www.pigment.co.jp/

主营无机／有机颜料、染料、UV 油墨、墙纸用油墨等。

销售收入 **275** 亿日元　营业利润 **12** 亿日元

大日精化工业（株）

【4116】大日精化工業株式会社
http://www.daicolor.co.jp/

主要生产有机、无机、加工颜料，以及各种工业油墨。

销售收入 **1,219** 亿日元　营业利润 **74** 亿日元

Rock 涂料（株）

【4621】ロックペイント株式会社
https://www.rockpaint.co.jp/

日本最大车用修补油漆生产企业，产品包括建筑、家庭、工业等涂料。

销售收入 **256** 亿日元　营业利润 **16** 亿日元

神东涂料（株）

【4615】神東塗料株式会社
https://www.shintopaint.co.jp/

日本最大水性涂料生产商，产品包括建筑、防腐蚀、道路、遮热、工业等涂料。

销售收入 **191** 亿日元　营业利润 **-4** 亿日元

（株）T&KTOKA

【4636】株式会社 T&KTOKA
https://www.tk-toka.co.jp/

日本最大液晶面板 UV 油墨生产商，产品包括胶印／柔性印刷／凹版印刷油墨。

销售收入 **444** 亿日元　营业利润 **2** 亿日元

🔶 2021 年日本涂料进口情况

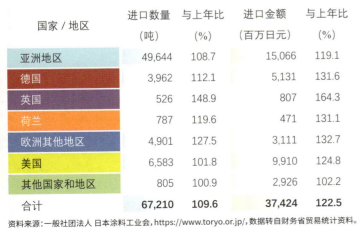

国家／地区	进口数量（吨）	与上年比（%）	进口金额（百万日元）	与上年比（%）
亚洲地区	49,644	108.7	15,066	119.1
德国	3,962	112.1	5,131	131.6
英国	526	148.9	807	164.3
荷兰	787	119.6	471	131.1
欧洲其他地区	4,901	127.5	3,111	132.7
美国	6,583	101.8	9,910	124.8
其他国家和地区	805	100.9	2,926	102.2
合计	67,210	109.6	37,424	122.5

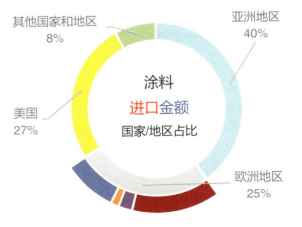

涂料 进口金额 国家/地区占比

其他国家和地区 8%
亚洲地区 40%
美国 27%
欧洲地区 25%

资料来源：一般社团法人 日本涂料工业会，https://www.toryo.or.jp/，数据转自财务省贸易统计资料。

10 工业涂料与油墨

| 涂料生产企业 | | 油墨生产企业 |

NATOCO（株）
【4627】ナトコ株式会社
http://www.natoco.co.jp/

主要生产金属用涂料，产品包括手机树脂涂料、建筑涂料等。

销售收入 （2021/10 决算报表） **190** 亿日元　营业利润 **20** 亿日元

（株）旭涂料
【4623】株式会社アサヒペン
https://www.asahipen.jp/

日本最大家用涂料生产企业，拥有国内30% 市场份额。

销售收入 **141** 亿日元　营业利润 **8** 亿日元

东京油墨（株）
【4635】東京インキ株式会社
https://www.tokyoink.co.jp/

生产胶印、凹版印刷、喷墨打印油墨以及液晶 UV 油墨等。

销售收入 **414** 亿日元　营业利润 **6** 亿日元

ATOMIX（株）
【4625】アトミクス株式会社
https://www.atomix.co.jp/

日本国内道路标识涂料市场份额最大，产品包括防水、屋面、地面涂料等。

销售收入 **110** 亿日元　营业利润 **4** 亿日元

（株）东亚涂料
【未上市】株式会社トウペ
http://www.tohpe.info/

主营建筑、工业、防腐蚀、皮革、道路等涂料。

销售收入 （2020/03 决算报表） **105** 亿日元　净利润 **2** 亿日元

📊 2021 年日本涂料出口情况

国家 / 地区	出口数量 （吨）	与上年比 （%）	出口金额 （百万日元）	与上年比 （%）
亚洲小计	129,289	111.9	211,208	111.9
其中：中国	47,996	104.1	73,142	112.2
韩国	21,918	115.6	46,748	115
中国台湾（推算）	20,090	110.9	41,842	109.2
泰国	11,385	128.1	13,689	130.8
马来西亚	5,412	108.8	3,227	111.1
欧洲（不含俄罗斯）	4,575	96.1	9,276	110
俄罗斯	697	114.2	508	113.8
美国	6,145	115.5	15,018	108.6
中南美	3,564	110.3	3,156	130.7
非洲	1,330	147.3	957	148.4
其他地区（略）	…	…	…	…
合计	**145,928**	**110.3**	**240,655**	**111.9**

资料来源：日本涂料工业会网站（数据转自经济产业省统计资料）。

涂料 出口金额 国家/地区占比

欧洲（不含俄罗斯）3.86%　俄罗斯 0.21%　美国 6.25%　中南美洲 1.31%　非洲 0.40%　亚洲地区 87.96%

📊 2010～2019 年日本油墨生产与需求变化

	2010年	2011年	2012年	2013年	2014年	2015年	2016年	2017年	2018年	2019年
生产量（吨）	390,003	373,389	366,016	363,880	356,555	348,087	346,988	341,964	333,465	317,573
出货量（吨）	443,819	433,089	424,938	425,668	414,952	405,377	390,837	383,910	374,864	357,021
出货产值（百万日元）	308,148	298,090	297,535	299,514	299,729	295,610	289,077	291,684	286,219	276,583

资料来源：印刷油墨工业联合会，https://www.ink-jpima.org/。

钢铁工业
有色金属
化学（基础化学、石油化学）
化学（电子材料）
化学（精细化学）
纤维
工业玻璃与陶瓷
水泥及耐火材料
工业用纸及纸浆
工业涂料与油墨

2018 ～ 2019 年日本涂料生产与销售情况

单位:吨,百万日元

		2018年			2019年		
		生产	销售		生产	销售	
		数量	数量	金额	数量	数量	金额
清漆		17,269	10,583	6,247	16,611	8,599	5,160
电气绝缘涂料		23,535	23,061	17,041	20,962	20,921	16,250
合成涂料树脂	溶剂系	567,256	590,799	345,033	567,588	567,727	336,861
	水系	425,349	435,998	142,401	436,670	433,122	144,523
	无溶剂	95,390	109,375	40,327	97,500	108,400	40,175
	小计	1,087,995	1,136,172	527,761	1,101,758	1,109,249	521,559
其他涂料		72,870	114,200	59,718	73,180	107,998	56,993
稀释剂		448,545	496,405	87,308	433,563	465,323	82,349
合计		1,650,214	1,780,421	698,075	1,646,074	1,712,090	682,311

资料来源:日本涂料工业会网站(数据转自经济产业省统计资料)。

2020 ～ 2021 年日本涂料生产与销售情况

单位:吨,百万日元

		2020年			2021年		
		生产	销售		生产	销售	
		数量	数量	金额	数量	数量	金额
清漆		14,900	7,763	4,712	16,396	8,532	5,025
电气绝缘涂料		20,578	20,408	16,346	24,606	24,635	20,142
合成涂料树脂	溶剂系	503,177	515,561	303,694	511,691	522,162	315,614
	水系	389,913	391,626	131,149	402,857	405,272	136,477
	无溶剂	91,170	103,981	38,344	95,166	107,406	41,123
	小计	984,260	1,011,168	473,187	1,009,714	1,034,840	493,214
其他涂料		66,736	96,397	53,037	65,982	99,654	55,143
稀释剂		399,851	429,106	74,696	411,415	439,942	79,856
合计		1,486,415	1,564,842	621,977	1,528,113	1,607,603	653,380

资料来源:一般社团法人 日本涂料工业会,https://www.toryo.or.jp/,数据转自经济产业省统计资料。

2018 ～ 2022 年（1 ～ 5 月）日本涂料生产与出货情况

年份	生产数量		出货数量		出货金额	
	(吨)	与上年比 (%)	(吨)	与上年比 (%)	(百万日元)	与上年比 (%)
2018	1,650,214	▼ 98.5	1,780,420	▼ 99.9	698,074 ▲	102.1
2019	1,646,074	▼ 99.7	1,712,090	▼ 96.2	679,520 ▼	97.3
2020	1,486,415	▼ 90.3	1,564,842	▼ 91.4	621,977 ▼	91.5
2021	1,518,849	▲ 102.8	1,607,617	▲ 102.7	651,455 ▲	104.7
2022（1～5月）	604,289	▼ 39.5	638,136	▼ 39.7	275,912 ▼	42.4

资料来源:一般社团法人 日本涂料工业会, https://www.toryo.or.jp/,数据转自经济产业省统计资料。

11 汽车部件（车体、内装、电装）

汽车部件（车体、内装、电装）

汽车部件（引擎、驱动、控制）

电子部件 (Active components)

电子部件 (Passive components)

电子部件 (Parts components)

包装资材与容器

电线与电缆

产业机械部品

工业轴承

...

著名汽车部件生产企业

上游产业链（部分原材料及产品）

瑞萨电子　万宝至马达
电子部件

纤维业界　东丽

钢铁/有色金属

化学业界

汽车部件（车体、内装、电装）
主要包括用于制造车体、汽车内装、室内配线、车用空调的车体金属框、缓冲结构件、雨刷、LED后车灯、汽车线束、安全气囊、后视镜、内饰、驾驶面板、车门、蓄电池、空调产品。

下游产业链（部分行业）

汽车/车用部件
丰田汽车、斯巴鲁、铃木、大发工业等

建设机械/重机
神钢建机、卡特彼勒日本等

运输机器/农业机械
洋马建机、大仓运输机、JR等

专业商社
丰田通商、住电商事、长濑产业等

2017～2021年度日本主要62家汽车部件生产企业经营状况

单位：亿日元

	2017年度	2018年度	2019年度	2020年度	2021年度
销售额	249,874	255,524	242,473	219,440	242,944
当期纯利润	11,277	8,068	2,809	4,467	8,027
总资产	232,859	237,681	234,509	254,705	268,579
净资产	131,515	133,238	127,143	137,542	151,941
设备投资额	15,833	19,034	18,300	13,690	13,627
折旧	12,262	12,961	13,810	13,817	14,080
短期借款	13,420	12,505	13,186	13,053	14,924
长期借款	20,576	24,707	26,800	54,173	51,726

注：根据日本汽车部件工业会上市公司且汽车部品销售额超过50%的62家企业财务资料整理。
资料来源：一般社团法人 日本自动车部品工业会 https://www.japia.or.jp/『2021年度通期の自動車部品工業の経営動向』。

（株）电装

【6902】株式会社デンソー

产品包括动力控制系统、行车控制系统、进气/燃料/点火/排气系统、发动机、空调、导航系统等。

https://www.denso.com/jp/ja/

销售收入 **55,155** 亿日元　　营业利润 **3,411** 亿日元

2011年 31,546　2021年 55,155　单位：亿日元

10年销售额变化 **+74.84%**

（株）丰田自动织机

【6201】株式会社豊田自動織機

主要生产车体、压缩机、转换器、电力控制模组、逆变器、充电系统及引擎等。

https://www.toyota-shokki.co.jp

销售收入 **27,051** 亿日元　　营业利润 **1,590** 亿日元

2011年 15,433　2021年 27,051　单位：亿日元

10年销售额变化 **+75.28%**

矢崎总业（株）

【未上市】矢崎総業株式会社

全球最大车用线束生产商，产品还包括连接器、逆变器、计程仪、行车记录仪等。

https://www.yazaki-group.com/

销售收入 **7,349** 亿日元 (2021/06 决算报表)　　营业利润 **41** 亿日元

2011年 12,320　2021年 7,349　单位：亿日元

10年销售额变化 **-40.35%**

| 主要生产企业 | | 其他生产企业 |

住友电气工业(株)

【5802】住友電気工業株式会社
https://sei.co.jp

汽车线束世界巨头，产品包括传感器电缆、传感器、轮胎用帘线等。

销售收入 **33,678** 亿日元　营业利润 **1,221** 亿日元

松下(株)

【6752】パナソニック株式会社
https://www.panasonic.com/jp/home.html

汽车领域产品为车载机器和车用电池等。

销售收入 **73,887** 亿日元　营业利润 **3,575** 亿日元

阿尔卑斯阿尔派(株)

【6770】アルプスアルパイン株式会社
https://www.alpsalpine.com/j/

主要生产车载信息设备等。

销售收入 **8,028** 亿日元　营业利润 **352** 亿日元

丰田纺织(株)

【3116】豊田紡績株式会社
https://www.toyota-boshoku.com/jp/

产品包括过滤器、座椅、安全带、气囊、仪表盘、引擎进气系统部件、传感器等。

销售收入 **14,214** 亿日元　营业利润 **602** 亿日元

(株)小丝制作所

【7276】株式会社小糸製作所
https://www.koito.co.jp

全球最大车用照明生产企业，产品包括车用大灯、标识灯、前叉灯等。

销售收入 **7,607** 亿日元　营业利润 **534** 亿日元

住友电装(株)

【未上市】住友電装株式会社
https://www.sws.co.jp

主要生产汽车线束、防水连接器等。

销售收入 **6,741** 亿日元　营业利润 **58** 亿日元

丰田合成(株)

【7282】豊田合成株式会社
https://www.toyoda-gosei.co.jp/

产品包括仪表盘、车轮毂、灯模组、车门部件、气囊、方向盘、进气/燃料/排气系部件等。

销售收入 **8,302** 亿日元　营业利润 **341** 亿日元

双叶产业(株)

【7241】フタバ産業株式会社
https://www.futabasangyo.com/

日本最大车用消声器生产企业，产品还包括排气/燃料系部件、车体骨架部件、内外装部件、悬架部件等。

销售收入 **5,721** 亿日元　营业利润 **61** 亿日元

(株)东海理化电机制作所

【6995】株式会社東海理化電機製作所
http://www.tokai-rika.co.jp/

日本汽车开关、电子锁、安全带生产大企业，产品还包括变速杆、连接器、动力控制系统等。

销售收入 **4,873** 亿日元　营业利润 **92** 亿日元

马瑞利(株)

【未上市】マレリ株式会社
https://www.marelli.com/jp

产品包括空调、热交换器、压缩机、仪表盘、计程仪、电容器、散热器、排气控制装置等。

销售收入（2020/12 决算报表）**2,148** 亿日元　营业利润 **-161** 亿日元

住友理工(株)

【5191】住友理工株式会社
https://www.sumitomoriko.co.jp/

主要生产汽车防震/防噪声橡胶、车用软管、头枕、扶手等。

销售收入 **4,459** 亿日元　营业利润 **11** 亿日元

斯坦雷电气(株)

【6923】スタンレー電気株式会社
https://www.stanley.co.jp/

日本三大车用照明器件生产商之一，产品包括前车灯、前叉灯、行车记录仪、侧转向灯等。

销售收入 **3,825** 亿日元　营业利润 **277** 亿日元

■ 2021 年日本汽车部件进出口额排名前十的国家 / 地区

单位:亿美元

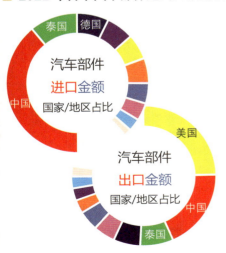

汽车部件
进口金额
国家/地区占比

汽车部件
出口金额
国家/地区占比

排名	进口			出口		
	国家/地区	金额	占比（%）	国家/地区	金额	占比（%）
1	中国	29.46	39.2	美国	81.87	24.8
2	泰国	8.19	10.9	中国	61.69	18.7
3	德国	5.47	7.3	泰国	24.59	7.5
4	越南	4.69	6.2	比利时	19.78	6.0
5	美国	4.41	5.9	墨西哥	16.31	4.9
6	韩国	4.33	5.8	印度尼西亚	14.99	4.5
7	印度尼西亚	3.51	4.7	加拿大	10.08	3.1
8	墨西哥	3.09	4.1	巴西	9.52	2.9
9	中国台湾（推算）	2.18	2.9	俄罗斯	9.12	2.8
10	印度	1.28	1.7	荷兰	7.95	2.4
	其他所有国家/地区	8.63	11.5	其他所有国家/地区	74.24	22.5

右侧栏（竖排）：工业原材料制造业　工业器件与部件制造业

11 汽车部件（车体、内装、电装）

其他生产企业

泰恩斯技术（株） ●●●
【7313】テイ・エス・テック株式会社
https://www.tstech.co.jp/
车用座椅生产商，产品还包括车门饰板、车顶装饰板等。
销售收入 **3,499** 亿日元　营业利润 **230** 亿日元

（株）三叶电机 ●●●
【7280】株式会社ミツバ
https://www.mitsuba.co.jp/
主要生产雨刷系统、车身侧镜、车灯、动力控制系统等。
销售收入 **2,864** 亿日元　营业利润 **71** 亿日元

优尼冲压（株） ●●●
【5949】ユニプレス株式会社
https://www.unipres.co.jp/
全球最大汽车冲压件制造商之一，产品包括车身骨架、变速箱部件等。
销售收入 **2,544** 亿日元　营业利润 **-76** 亿日元

（株）艾帕克汽车配件 ●●●
【5970】株式会社ジーテクト
https://www.g-tekt.jp/
本田旗下汽车骨架冲压零部件制造商。
销售收入 **2,365** 亿日元　营业利润 **109** 亿日元

日精仪器（株） ●●●
【7287】日本精機株式会社
https://www.nippon-seiki.co.jp/
日本最大汽车平视显示器生产企业，产品包括汽车仪表等。
销售收入 **2,236** 亿日元　营业利润 **-43** 亿日元

（株）海德世 ●●●
【7279】株式会社ハイレックスコーポレーション
http://www.hi-lex.co.jp/
世界最大行车控制电缆生产企业。
销售收入 （2021/10 决算报表） **2,177** 亿日元　营业利润 **6** 亿日元

日产车体（株） ●●●
【7222】日産車体株式会社
https://www.nissan-shatai.co.jp/
日产旗下房车、商用车部件生产商。
销售收入 **2,153** 亿日元　营业利润 **-36** 亿日元

（株）泰极爱思 ●●●
【7239】株式会社タチエス
http://www.tachi-s.co.jp/
日本汽车座椅生产商，本田、日产为国内客户，海外与美国合作。
销售收入 **2,064** 亿日元　营业利润 **-42** 亿日元

（株）爱机汽车配件 ●●●
【5989】株式会社エイチワン
https://www.h1-co.jp/
本田旗下汽车骨架生产商。
销售收入 **1,705** 亿日元　营业利润 **-41** 亿日元

八千代工业（株） ●●●
【7298】八千代工業株式会社
https://www.yachiyo-ind.co.jp/
本田旗下燃油箱、天窗、冲压零件生产商。
销售收入 **1,642** 亿日元　营业利润 **105** 亿日元

河西工业（株） ●●●
【7256】河西工業株式会社
https://www.kasai.co.jp/
汽车内饰配件制造商，产品主要为天花板和车门灯。
销售收入 **1,474** 亿日元　营业利润 **-122** 亿日元

（株）村上开明堂 ●●●
【7292】株式会社村上開明堂
https://www.murakami-kaimeido.co.jp/
主要生产后视镜等。
销售收入 **735** 亿日元　营业利润 **48** 亿日元

2020 年日本汽车部件生产企业出货情况

日本主要324家汽车部件生产企业调查	出货金额（百万日元）	占比（%）		与上一年度比（%）
引擎部件	2,289,741	13.5	▼	94.2
电装件、电子部件（引擎关联）	2,249,468	13.3	▲	100.1
电装件、电子部件（车体关联）	2,710,970	16	▼	86
驱动、传导及操纵装置部件	3,550,720	21	▼	83.6
悬架、制动装置部件	752,177	4.4	▼	96.8
车体部件	3,924,441	23.2	▼	85.2
用品	363,630	2.1	▼	88.1
信息处理关联部件	630,330	3.7	▼	81.5
电动车两用部件（HV、FCV、EV）	453,966	2.7	▲	426.3
合计	16,925,443	100	▼	90.3

注：日本汽车部件工业会有 423 家企业会员，其中正式会员 370 家，本调查根据正式会员中 324 家有效回答整理而成，有效回答率为 87.6%。调查年度为 2020 年度（2020 年 4 月～2021 年 3 月）。
资料来源：一般社团法人 日本自动车部品工业会により『自動車部品出荷動向調査結果』https://www.japia.or.jp/。

2020 年日本汽车部件出货情况

日本主要324家汽车部件生产企业调查

			出货金额 （百万日元）	占比 （%）		与上一年度比 （%）
四轮车用部件	面向汽车工厂	组装部件 国内	9,641,770	57	▼	88.3
		组装部件 海外	1,915,773	11.3	▲	131
		补修部件 国内	207,576	1.2	▼	75.3
		补修部件 海外	90,378	0.5	▲	163.7
	面向专业车体企业		765,269	4.5	▲	168.6
	面向部件销售企业		124,290	0.7	▼	99.2
	面向部件工厂	国内	2,225,113	13.1	▼	81.2
		海外	1,264,984	7.5	▼	87.7
	直接面向市场	国内	282,141	1.7	▲	124.5
		海外	181,371	1.1	▼	24
	小计		16,698,665	98.7	▼	90.5
两轮车用部件	组装部件	国内	116,574	0.7	▼	79.5
		海外	89,301	0.5	▼	75.1
	补修部件	国内	6,982	0	▲	102.2
		海外	13,921	0.1	▼	87.7
	小计		226,778	1.3	▼	78.7
合计			16,925,443	100	▼	90.3

2020 年日本汽车部件出货情况（按企业资本金规模）

资本金规模	参调企业 （个）	出货金额 （百万日元）	占比 （%）		与上年比 （%）
超过100亿日元	51	10,642,068	62.9	▼	99.1
50～100亿日元以下	30	2,199,258	13	▼	81.8
20～50亿日元以下	40	1,159,065	6.8	▼	54
10～20亿日元以下	18	409,839	2.4	▲	111.4
5～10亿日元以下	12	388,172	2.3	▼	91.9
3～5亿日元以下	46	1,332,019	7.9	▼	91.7
1～3亿日元以下	14	154,624	0.9	▼	65.1
1亿日元以下	113	640,398	3.8	▼	92.7
合计	324	16,925,443	100	▼	90.3

注：日本汽车部件工业会有 423 家企业会员，其中正式会员 370 家。本调查根据正式会员中 324 家有效回答整理而成，有效回答率为 87.6%。调查年度为 2020 年度（2020年 4 月～ 2021 年 3 月）。
资料来源：
一般社团法人 日本自动车部品工业会により『自动车部品出荷动向调查结果』https://www.japia.or.jp/。

2020 年日本汽车部件出货情况（按部件出货规模）

部件出货规模	参调企业 （个）	出货金额 （百万日元）	占比 （%）		与上年比 （%）
超过2000亿日元	17	9,360,019	55.3	▼	90.6
1000～2000亿日元以下	17	2,394,375	14.1	▼	82.9
500～1000亿日元以下	26	1,860,052	11	▼	80.7
300～500亿日元以下	33	1,276,241	7.5	▼	96.4
100～300亿日元以下	86	1,588,833	9.4	▲	106.9
100亿日元以下	145	445,923	2.6	▲	106.3
合计	324	16,925,443	100	▼	90.3

2020 年日本汽车部件出货情况（按从业人员规模）

从业人员规模	参调企业 （个）	出货金额 （百万日元）	占比 （%）		与上年比 （%）
超过2000人	33	11,302,078	66.8	▼	92.2
1001～2000人	36	2,460,572	14.5	▼	82.5
501～1000人	56	1,724,295	10.2	▼	92.7
301～500人	48	775,154	4.6	▼	79.1
101～300人	73	561,275	3.3	▼	99.7
100人以下	78	102,069	0.6	▲	100.8
合计	324	16,925,443	100	▼	90.3

说明：本节中未注明资料来源的图表均根据日本贸易图鉴网站（https://jtrade.ecodb.net/）的图解整理而成。日本贸易图鉴网站根据联合国商品贸易统计数据库（UN Comtrade）的数据制作图解，因此图表中含日本贸易图鉴网站推算数据。"中国"的进出口金额数据仅计算了中国大陆地区的数据，不含中国港澳台地区，"中国台湾"的数据均为推算数据。

工业原材料制造业

工业器件与部件制造业

工业机械与设备制造业

12

汽车部件（引擎、驱动、控制）

汽车部件（车体、内装、电装）

汽车部件（引擎、驱动、控制）

电子部件 (Active components)

电子部件 (Passive components)

电子部件 (Parts components)

包装资材与容器

电线与电缆

产业机械部品

工业轴承

...

上游产业链（部分原材料及产品）

钢铁业界
有色金属
产业部品
化学/纤维

汽车部件（引擎、驱动、控制）
主要包括用于制造驱动系统、热交换系统、悬架系统、转向系统的变速器、差速齿轮、散热器、刹车系统、SR马达、引擎、动力转向装置、离合器等产品。

下游产业链（部分行业）

汽车行业
丰田、铃木、三菱汽车、日产汽车等

重机/建设机械
川崎重工、久保田、卡特彼勒日本等

电机行业
大金工业、夏普、松下等

专业商社
丰田通商、三工商事等

日本传动装置、离合器等进口近况
单位：亿美元

年份	进口金额	同比增减（%）
2021	19.25	▲ 21.6
2020	15.83	▼ -18.8
2019	19.48	▼ -4.4
2018	20.39	▲ 10.0
2017	18.53	▲ 0.3
2016	18.47	▼ -0.5
2015	18.57	▼ -4.1
2014	19.37	▲ 12.8

注：含曲柄、齿轮等。

日本传动装置、离合器等出口近况
单位：亿美元

年份	出口金额	同比增减（%）
2021	57.25	▲ 27.8
2020	44.79	▼ -16.0
2019	53.32	▼ -9.6
2018	58.95	▲ 4.0
2017	56.68	▲ 7.9
2016	52.52	▲ 4.4
2015	50.33	▼ -12.4
2014	57.44	▼ -5.8

注：含曲柄、齿轮等。

著名汽车部件生产企业

（株）爱信
【7259】株式会社アイシン

https://www.aisin.com/jp/

丰田旗下变速器、无级变速器、发动机、盘式／鼓式制动器、悬架、导航系统等大型汽配件企业。

销售收入 **39,174** 亿日元　　营业利润 **1,820** 亿日元

2011年 23,041
2021年 39,174
单位：亿日元

10 年销售额变化
+70.02%

（株）捷太格特
【6473】株式会社ジェイテクト

https://www.jtekt.co.jp

主要汽车生产动力系统的转向装置、变速杆，以及车轮毂等。

销售收入 **14,284** 亿日元　　营业利润 **364** 亿日元

2011年 10,526
2021年 14,284
单位：亿日元

10 年销售额变化
+35.70%

日本精工（株）
【6471】日本精工株式会社

https://www.nsk.com/jp/

日本最大轴承企业，产品包括动力转向装置、变速器、无级变速器、轴承、引擎部件等。

销售收入 **8,651** 亿日元　　营业利润 **294** 亿日元

2011年 7,331
2021年 8,651
单位：亿日元

10 年销售额变化
+18.01%

主要生产企业　｜　其他生产企业

日立安斯泰莫(株)
【未上市】日立 Astemo 株式会社
https://www.hitachiastemo.com/jp/
主要生产引擎部件、变速器控制机器、动力控制系统、减震器、动力转向装置、传动轴、齿轮、气弹簧、制动器、防侧滑装置、离合器油压等。

销售收入 **15,977** 亿日元　营业利润 **587** 亿日元

恩梯恩(株)
【6472】NTN 株式会社
https://www.ntn.co.jp
轮毂轴承生产规模全球最大、等速万向节生产规模全球第二，产品包括变速杆及引擎部件等。

销售收入 **6,420** 亿日元　营业利润 **68** 亿日元

日本发条(株)
【5991】日本発條株式会社
https://www.nhkspg.co.jp/
全球汽车悬架弹簧生产企业，产品还包括汽车座椅等。

销售收入 **5,869** 亿日元　营业利润 **213** 亿日元

加特可(株)
【未上市】ジヤトコ株式会社
https://www.jatco.co.jp/
日产旗下企业，主要生产汽车变速器、无极变速器（CVT）等。

销售收入 **3,029** 亿日元　营业利润 **151** 亿日元

恩福油封(株)
【7240】NOK 株式会社
https://www.nok.co.jp/
汽车部件制造大型企业，汽车油封 70% 供应日系车，海外市场份额很高。

销售收入 **6,825** 亿日元　营业利润 **313** 亿日元

(株)爱德克斯
【未上市】株式会社アドヴィックス
http://www.advics.co.jp/jp/
主要生产盘式制动器、鼓式制动器等。

销售收入 **3,907** 亿日元　营业利润 **-5** 亿日元

(株)DENSOTEN
【未上市】株式会社デンソーテン
https://www.denso-ten.com/jp
行车记录仪／汽车导航／发动机控制装置／ECU 等汽车电子机器制造商。

销售收入 **3,484** 亿日元　营业利润 **79** 亿日元

(株)爱思帝
【7278】株式会社エクセディ
https://www.exedy.com/ja/
主要生产手动离合器和液力变矩器等。

销售收入 **2,610** 亿日元　营业利润 **183** 亿日元

日本特殊陶业(株)
【5334】日本特殊陶業株式会社
https://www.ngkntk.co.jp/
汽车火花塞、排气系统传感器生产规模世界第一。

销售收入 **4,917** 亿日元　营业利润 **755** 亿日元

凯迩必(株)
【7242】KYB 株式会社
https://www.kyb.co.jp/
汽车减震器世界排名第二，产品包括悬架、转向装置等。

销售收入 **3,883** 亿日元　营业利润 **300** 亿日元

爱信高丘(株)
【未上市】アイシン高丘株式会社
http://www.at-takaoka.co.jp/
世界级综合铸件生产商，生产汽车零部件，如刹车盘和发动机系统。

销售收入 **3,431** 亿日元　营业利润 **158** 亿日元

武藏精密工业(株)
【7220】武蔵精密工業株式会社
http://www.musashi.co.jp/
本田旗下凸轮轴、各种齿轮、变速器齿轮等车用部件生产企业。

销售收入 **2,418** 亿日元　营业利润 **84** 亿日元

2021 年日本传动装置、离合器等进出口额排名前十的国家 / 地区

单位：亿美元

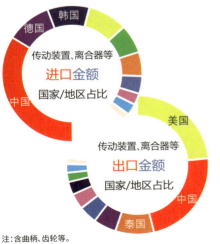

进口金额 国家/地区占比

出口金额 国家/地区占比

注：含曲柄、齿轮等。

排名	进口 国家/地区	金额	占比(%)	出口 国家/地区	金额	占比(%)
1	中国	6.54	34.0	美国	13.49	23.6
2	德国	2.02	10.5	中国	13.07	22.8
3	韩国	1.85	9.6	泰国	5.02	8.8
4	美国	1.76	9.2	德国	3	5.2
5	中国台湾（推算）	1.31	6.8	印度尼西亚	2.39	4.2
6	泰国	1.1	5.7	墨西哥	2.08	3.6
7	加拿大	0.8	4.1	韩国	1.76	3.1
8	墨西哥	0.52	2.7	中国台湾（推算）	1.24	2.2
9	越南	0.51	2.7	印度	1.13	2.0
10	印度尼西亚	0.32	1.7	荷兰	0.8	1.4
	其他所有国家/地区	2.50	13.0	其他所有国家/地区	13.26	23.2

说明：本节中未注明资料来源的图表均根据日本贸易图鉴网站(https://jtrade.ecodb.net/)的图解整理而成。日本贸易图鉴网站根据联合国商品贸易统计数据库 (UN Comtrade) 的数据制作图解，因此图表中含日本贸易图鉴网站推算数据。"中国"的进出口金额数据仅计算了中国大陆地区的数据，不含中国港澳台地区，"中国台湾"的数据均为推算数据。

工业原材料制造业

工业器件与部件制造业

工业机械与设备制造业

12

汽车部件(引擎、驱动、控制)

汽车部件(车体、内装、电装)

汽车部件(引擎、驱动、控制)

电子部件
(Active components)

电子部件
(Passive components)

电子部件
(Parts components)

包装资材与容器

电线与电缆

产业机械部品

工业轴承

...

其他生产企业

(株)椿本链条 ●●●
【6371】株式会社椿本チエイン
https://www.tsubakimoto.jp/
汽车发动机链条生产规模全球最大，产品包括链轮等车用部件。
销售收入 **2,158** 亿日元　营业利润 **178** 亿日元

(株)优达佳汽配 ●●●
【7229】株式会社ユタカ技研
https://www.yutakagiken.co.jp/
本田旗下排气系统、盘式制动器、变矩器等汽车部件制造商。
销售收入 **2,133** 亿日元　营业利润 **88** 亿日元

爱三工业(株) ●●●
【7283】愛三工業株式会社
https://www.aisan-ind.co.jp/
丰田旗下电控燃油喷射装置和进排气系统生产商。
销售收入 **1,937** 亿日元　营业利润 **98** 亿日元

(株)伟福科技 ●●●
【7212】株式会社エフテック
https://www.ftech.co.jp/
主要生产悬架、副车架、踏板、头枕、扶手等。
销售收入 **1,918** 亿日元　营业利润 **11** 亿日元

(株)F.C.C ●●●
【7296】株式会社エフ・シー・シー
https://www.fcc-net.co.jp/
主要产品为汽车离合器等。
销售收入 **1,709** 亿日元　营业利润 **100** 亿日元

普莱斯工业(株) ●●●
【7246】プレス工業株式会社
https://www.presskogyo.co.jp/
日本国内最大卡车车架、车轴生产企业。
销售收入 **1,600** 亿日元　营业利润 **124** 亿日元

曙光制动器(株) ●●●
【7238】曙ブレーキ工業株式会社
https://www.akebono-brake.com/
主要生产盘式制动器、鼓式制动器、刹车片、制动衬片、传感器等。
销售收入 **1,354** 亿日元　营业利润 **42** 亿日元

三电控股(株) ●●●
【6444】サンデンホールディングス株式会社
https://www.sanden.co.jp/index.html
全球汽车空调压缩机生产排名第二，供给对象以欧洲车为主。
销售收入 〔2021/03-12 变元算期〕 **1,195** 亿日元　营业利润 **-125** 亿日元

中央发条(株) ●●●
【5992】中央発條株式会社
https://www.chkk.co.jp/
日本汽车弹簧(底盘弹簧、精密弹簧)主要制造商。
销售收入 **821** 亿日元　营业利润 **18** 亿日元

(株)青山制作所 ●●●
【未上市】株式会社青山製作所
https://www.asj-fasteners.co.jp
螺丝钉、螺母等汽车用紧固件生产龙头企业，并以丰田汽车为主要供应对象。
销售收入 〔2020/12 决算报表〕 **794** 亿日元　税前利润 **10** 亿日元

爱知机械工业(株) ●●●
【未上市】愛知機械工業株式会社
http://www.aichikikai.co.jp/
日产汽车动力系统制造商，主要生产引擎和手动变速箱。
销售收入 **601** 亿日元　税前利润 **23** 亿日元

🔲 1980 ～ 2020 年日本汽车生产及销售情况

单位:千辆

生产与销售		1980年	1990年	2000年	2010年	2019年	2020年
汽车总生产量		11,043	13,487	10,141	9,629	9,684	8,068
【乘用车】	排气量	7,038	9,948	8,359	8,310	8,329	6,960
其中：普通乘用车	2000cc以上	403	1,751	3,376	4,846	5,317	4,193
小型乘用车	660-2000cc	6,439	7,361	3,700	2,159	1,538	1,410
轻型乘用车	660cc以下	196	836	1,283	1,305	1,473	1,358
【卡车】	排气量	3,913	3,499	1,727	1,209	1,233	1,038
其中：普通卡车	2000cc以上	885	1,250	649	521	506	405
小型卡车	660-2000cc	2,113	1,263	483	239	293	254
轻型卡车	660cc以下	915	986	594	450	434	378
【巴士】		92	40	55	109	123	70
出口汽车数量		5,967	5,831	4,455	4,841	4,818	3,741
国内汽车销售数量		5,016	7,777	5,963	4,956	5,195	4,599
进口车销售数量		45	224	275	225	348	318
二手车销售数量（参考）			7,110	8,214	6,539	6,988	6,867

资料来源：公益財団法人矢野恒太記念会『日本国勢図会202122』日本自動車工業会、日本自動車販売協会連合会、全国軽自動車協会連合会、日本自動車輸入組合の各ウェブサイトにより作成、P207。

其他生产企业

(株)EnvisionAESCJapan
【未上市】株式会社エンビジョン AESC ジャパン
https://www.envision-aesc.com/jp/aboutus.html
专注于开发制造汽车用锂离子二次电池。

| 销售收入 | (2021/03 决算报表) 371 亿日元 | 营业利润 | -122 亿日元 |

ART 金属工业(株)
【未上市】アート金属工業株式会社
http://www.art-piston.co.jp/
生产汽车零部件,包括内燃机的活塞和活塞销。

| 销售收入 | 275 亿日元 | 营业利润 | 1 亿日元 |

仓敷化工(株)
【未上市】倉敷化工株式会社
https://www.kuraka.co.jp/
汽车防震橡胶部件的专业制造商,也生产工业防震设备和地震隔离用叠层橡胶。

| 销售收入 | (2021/03 决算报表) 246 亿日元 | 营业利润 | 5 亿日元 |

藤田螺子工业(株)
【未上市】藤田螺子工業株式会社
https://fjtrashi.co.jp
以汽车关联企业(事业占比超 70%)为主要对象,制造销售精密螺丝等紧固件类省力产品。

| 销售收入 | (2020/06 决算报表) 236 亿日元 | 营业利润 | -1 亿日元 |

丸五橡胶工业(株)
【未上市】丸五ゴム工業株式会社
http://www.marugo-rubber.co.jp
工业橡胶产品制造商,主要生产汽车部件,如防震橡胶和软管。

| 销售收入 | (2020/12 决算报表) 219 亿日元 | 税前利润 | 1 亿日元 |

兴国 INTECH(株)
【未上市】興国インテック株式会社
https://www.kokoku-intech.com
基于研发的精密橡胶部件制造商,主要面向汽车部件,也用于 IT 设备、OA 设备等。

| 销售收入 | (2021/09 决算报表) 214 亿日元 | 营业利润 | N/A 亿日元 |

日清纺精密机器(株)
【未上市】日清紡メカトロニクス株式会社
http://www.nisshinbo-mechatronics.co.jp/
主营合成树脂产品、汽车精密部件和各种专用机械,以亚洲为中心在全球范围内扩展业务。

| 销售收入 | (2021/12 决算报表) 94 亿日元 | 营业利润 | -4 亿日元 |

佐桥工业(株)
【未上市】佐橋工業株式会社
https://www.sahashi-kogyo.co.jp/
汽车防震橡胶产品制造商,主要接受住友理工的委托加工。

| 销售收入 | (2021/03 决算报表) 83 亿日元 | 营业利润 | -1 亿日元 |

村田发条(株)
【未上市】村田発條株式会社
https://murata-spring.jp
发条专业制造企业,面向汽车领域的销售额占总销售额的 90%。

| 销售收入 | (2020/12 决算报表) 74 亿日元 | 营业利润 | -2 亿日元 |

(株)东和制作所
【未上市】株式会社東和製作所
https://towa-gifu.co.jp/
特装车用油缸生产日本第一,还从事镀层处理和(汽车等的)解体检修事业。

| 销售收入 | (2021/03 决算报表) 35 亿日元 | 营业利润 | 0 亿日元 |

光工业(株)
【未上市】光工業株式会社
https://www.hikari-kogyo.com/
冲压件的开发提案型企业,汽车关联冲压件事业占比约为 90%。

| 销售收入 | (2021/05 决算报表) 23 亿日元 | 营业利润 | -1 亿日元 |

2019 ～ 2020 年全球主要国家和地区汽车销售量

单位:千辆

		全球	北美	欧洲	南美	东盟	中国	日本	印度
2019年	小型・乘用车	86,325	20,558	19,579	3,774	3,222	25,116	5,040	3,775
	大型	2,576	309	478	161	176	639	194	42
	合计	88,900	20,867	20,057	3,936	3,398	25,754	5,234	3,817
2020年	小型・乘用车	73,519	17,273	15,248	2,756	2,280	24,379	4,429	2,805
	大型	2,493	217	406	140	143	889	166	16
	合计	76,012	17,489	15,654	2,896	2,424	25,268	4,595	2,821
	与前年比(%)	86%	84%	78%	74%	71%	98%	88%	74%

资料来源:一般社団法人 日本自動車部品工業会 国際委員会『2020年度海外事業概況調査』。

12

汽车部件（引擎、驱动、控制）

汽车部件（车体、内装、电装）

汽车部件（引擎、驱动、控制）

电子部件 (Active components)

电子部件 (Passive components)

电子部件 (Parts components)

包装资材与容器

电线与电缆

产业机械部品

工业轴承

...

其他生产企业

（株）科特拉
【未上市】株式会社キャタラー
https://www.cataler.co.jp/

生产用于下一代汽车的先进产品，包括最新的废气净化催化剂。

销售收入 **4,366** 亿日元　营业利润 **73** 亿日元

小岛冲压工业（株）
【未上市】小島プレス工業株式会社
https://www.kojima-tns.co.jp/

汽车内外饰件制造商，包括冲压、树脂和电子元件。

销售收入 （2020/12 决算报表）**1,745** 亿日元　营业利润 **N/A** 亿日元

白木工业（株）
【未上市】シロキ工業株式会社
https://www.shiroki.co.jp/

生产汽车座椅调节器和车窗调节器等零部件。

销售收入 **1,520** 亿日元　营业利润 **36** 亿日元

爱信轻金属（株）
【未上市】アイシン軽金属株式会社
http://www.aisin-ak.com/

日本领先铝材制造商，生产铝制汽车部件，许多零部件在国内拥有最大市场份额。

销售收入 **702** 亿日元　营业利润 **33** 亿日元

（株）FTS
【未上市】株式会社 FTS
http://www.fts-com.co.jp/

生产以油箱为主的发动机和车身部件，也加工和销售钢板。

销售收入 **699** 亿日元　营业利润 **20** 亿日元

中央精机（株）
【未上市】中央精機株式会社
https://www.chuoseiki.co.jp/

汽车轮毂制造商，生产产品 80% 以上提供给丰田。

销售收入 **658** 亿日元　营业利润 **-19** 亿日元

（株）欧德克斯
【未上市】株式会社オティックス
https://www.otics.co.jp/

汽车精密功能部件制造商，主要生产发动机部件和传动系统部件，如变速箱。

销售收入 （2022/01 决算报表）**630** 亿日元　营业利润 **N/A** 亿日元

（株）音户
【未上市】株式会社オンド
http://www.ondo.co.jp/

生产汽车零部件、冲压模具和专用机械。主要产品是汽车部件的动力总成单元。

销售收入 （2021/05 决算报表）**536** 亿日元　营业利润 **60** 亿日元

三惠技研工业（株）
【未上市】三惠技研工業株式会社
https://www.sankei-gk.co.jp/

开发和制造汽车消声器和车身零件。

销售收入 **425** 亿日元　营业利润 **-9** 亿日元

（株）D-ACT
【未上市】株式会社ディーアクト
https://www.d-act.co.jp/

生产汽车车身部件、油箱、螺旋桨轴等。

销售收入 **399** 亿日元　营业利润 **2** 亿日元

茂工业（株）
【未上市】しげる工業株式会社
https://www.sgrc.co.jp/

汽车配件厂，生产汽车内外饰件以及医疗器械、树脂加工产品。

销售收入 （2021/03 决算报表）**376** 亿日元　营业利润 **0** 亿日元

（株）千代田制作所
【未上市】株式会社千代田製作所
https://chiyoda-mc.co.jp/

独立汽车零部件制造商，生产树脂产品和发动机线束。

销售收入 （2021/03 决算报表）**241** 亿日元　营业利润 **1** 亿日元

日本汽车进口近况

单位：亿美元

年份	进口金额	同比增减（%）
2021	115.91	▲ 14.1
2020	101.55	▼ -16.3
2019	121.35	▼ -0.4
2018	121.83	▲ 9.7
2017	111.07	▲ 7.5
2016	103.28	▲ 15.0
2015	89.85	▼ -13.6
2014	104.03	▼ -1.9

日本汽车出口近况

单位：亿美元

年份	出口金额	同比增减（%）
2021	855.46	▲ 5.7
2020	809.62	▼ -17.4
2019	980.13	▼ -1.1
2018	991.32	▲ 6.2
2017	933.73	▲ 1.6
2016	919	▲ 6.8
2015	860.47	▼ -2.8
2014	885.43	▼ -3.4

行业信息 〔公益社团法人 全日本卡车协会〕 东京都新宿区四谷三丁目 2 番地 5　电话：03-3354-1009　https://jta.or.jp/

其他生产企业

太平洋精工(株)
【未上市】太平洋精工株式会社
https://www.pecj.co.jp/

主要从事汽车保险丝的生产，国内和国际市场占有率均第一。

销售收入 **230** 亿日元　净利润 **46** 亿日元

第一工业(株)
【未上市】第一工業株式会社
https://www.daiichikogyo.co.jp/

生产两轮/四轮车辆零部件、精密螺栓/螺母以及书桌、椅子等学校和办公家具。

销售收入 (2021/03 决算报表) **215** 亿日元　税前利润 **11** 亿日元

(株)阿兹米特
【未上市】株式会社アツミテック
https://www.atsumitec.co.jp/

主要产品为两轮车和四轮车的传动部件。

销售收入 **198** 亿日元　净利润 **8** 亿日元

朝日电装(株)
【未上市】朝日電装株式会社
https://www.ad-asahidenso.co.jp/

摩托车、四轮车、船舶、建筑、农业和工业机械的各种开关、锁具和电气元件的专业制造商。

销售收入 (2021/12 决算报表) **185** 亿日元　营业利润 **N/A** 亿日元

(株)爱汽科技
【未上市】株式会社アイキテック
https://www.aikitec.co.jp/

主要从事四轮车和两轮车变速器的齿轮加工业务。

销售收入 (2021/03 决算报表) **165** 亿日元　营业利润 **3** 亿日元

大冈技研(株)
【未上市】大岡技研株式会社
https://o-oka.jp/

汽车用精密锻造齿轮产品制造商，其 MT 组件拥有全球领先市场份额。

销售收入 (2020/12 决算报表) **162** 亿日元　营业利润 **N/A** 亿日元

SAMTECH(株)
【未上市】サムテック株式会社
http://www.samtech.co.jp/

汽车零部件和锻件制造商，包括轮毂单元和汽车齿轮。

销售收入 (2020/11 决算报表) **157** 亿日元　营业利润 **2** 亿日元

KEEPER(株)
【未上市】キーパー株式会社
https://keeper.co.jp/

密封产品的综合部件制造商，如油封、靴子、垫圈和工业橡胶等。

销售收入 **125** 亿日元　营业利润 **-2** 亿日元

旭铁工(株)
【未上市】旭鉄工株式会社
http://www.asahi-tekko.co.jp/

发动机、变速箱和悬挂系统的汽车部件制造商。

销售收入 (2020/09 决算报表) **122** 亿日元　税前利润 **-3** 亿日元

(株)协荣制作所
【未上市】株式会社協栄製作所
https://kyoei-seisaku.co.jp/

摩托车和四轮车零部件制造商，主要是压制和焊接产品，如摩托车后摇臂等，在铝焊接方面实力较强。

销售收入 **98** 亿日元　营业利润 **N/A** 亿日元

NDC(株)
【未上市】エヌデーシー株式会社
http://ndc-bearing.co.jp/

日本第三大汽车发动机平面轴承生产商。

销售收入 **69** 亿日元　营业利润 **-2** 亿日元

石川密封垫板(株)
【未上市】石川ガスケット株式会社
https://www.i-gas.co.jp/

专门从事发动机垫片生产的独立制造商。

销售收入 (2021/03 决算报表) **54** 亿日元　营业利润 **0** 亿日元

2021 年日本汽车进出口额排名前十的国家/地区

单位: 亿美元

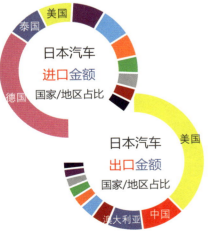

日本汽车 进口金额 国家/地区占比

日本汽车 出口金额 国家/地区占比

排名	进口 国家/地区	金额	占比(%)	出口 国家/地区	金额	占比(%)
1	德国	40.35	34.8	美国	325.84	38.1
2	泰国	9.42	8.1	中国	85.92	10.0
3	美国	9.4	8.1	澳大利亚	70.9	8.3
4	英国	9.02	7.8	加拿大	33.41	3.9
5	意大利	8.33	7.2	俄罗斯	28.64	3.4
6	奥地利	6.55	5.7	沙特	22.55	2.6
7	西班牙	4.74	4.1	阿联酋	22.06	2.6
8	墨西哥	4.37	3.8	中国台湾（推算）	19.56	2.3
9	匈牙利	3.77	3.3	英国	18.62	2.2
10	瑞典	3.4	2.9	新西兰	15.01	1.8
	其他所有国家/地区	16.58	14.3	其他所有国家/地区	212.84	24.9

说明:本节中未注明资料来源的图表均根据日本贸易图鉴网站(https://jtrade.ecodb.net/)的图解整理而成。日本贸易图鉴网站根据联合国商品贸易统计数据库(UN Comtrade)的数据制作图解,因此图表中含日本贸易图鉴网站推算数据。"中国"的进出口金额数据仅计算了中国大陆地区的数据,不含中国港澳台地区,"中国台湾"的数据均为推算数据。

12

汽车部件（引擎、驱动、控制）

汽车部件（车体、内装、电装）

汽车部件（引擎、驱动、控制）

电子部件
(Active components)

电子部件
(Passive components)

电子部件
(Parts components)

包装资材与容器

电线与电缆

产业机械部品

工业轴承

...

其他生产企业

丸安工业（株）

【未上市】マルヤス工業株式会社
http://www.maruyasu.co.jp/

汽车零部件制造商，生产发动机外围功能部件、制动部件和燃油管。

销售收入	（2021/03 决算报表）	营业利润	
831 亿日元		**20** 亿日元	

（株）山田制作所

【未上市】株式会社山田製作所
https://www.yamada-s.co.jp/

本田旗下的汽车零部件制造商，生产两轮／四轮汽车的油泵、水泵、转向部件和传动部件。

销售收入		营业利润	
720 亿日元		**17** 亿日元	

东京滤器（株）

【未上市】東京濾器株式会社
https://www.roki.co.jp/

主要生产环境相关汽车零部件，如废气净化器和废气再循环冷却器等。

销售收入	（2021/03 决算报表）	营业利润	
596 亿日元		**1** 亿日元	

浜名湖电装（株）

【未上市】浜名湖電装株式会社
https://www.hamanakodenso.co.jp/

汽车零件生产商，蒸发清洗控制阀世界顶级。

销售收入	（2021/03 决算报表）	营业利润	
543 亿日元		**26** 亿日元	

丰精密工业（株）

【未上市】豊精密工業株式会社
https://www.yutaka.co.jp/

高精度齿轮加工及加工设备的专业制造。

销售收入	（2021/03 决算报表）	营业利润	
486 亿日元		**1** 亿日元	

（株）HIROTEC

【未上市】株式会社ヒロテック
https://www.hirotec.co.jp/

生产汽车车身部件，如车门和汽车消声器。

销售收入	（2012/12 决算报表）	营业利润	
461 亿日元		**N/A** 亿日元	

雅马哈发动机电子（株）

【未上市】ヤマハモーターエレクトロニクス株式会社
https://www.yamaha-motor-elec.co.jp/

雅马哈发动机的全资公司，主要产品有摩托车、雪地车等的电气元件以及用于电动助力自行车的控制器和电动汽车的驱动马达等。

销售收入	（2021/12 决算报表）	营业利润	
338 亿日元		**17** 亿日元	

YAMAHA MOTOR POWERED PRODUCTS（株）

【未上市】ヤマハモーターパワープロダクツ株式会社
https://www.ympc.co.jp/

生产动力产品，如发电机、通用发动机、扫雪机，以及高尔夫球车。

销售收入	（2021/12 决算报表）	净利润	
325 亿日元		**18** 亿日元	

（株）DB 精工

【未上市】株式会社デービー精工
http://www.dbseiko.co.jp/

生产汽车电气基础元件，如启动开关和交流发电机整流器。

销售收入	（2021/03 决算报表）	营业利润	
314 亿日元		**2** 亿日元	

（株）本田制锁

【未上市】株式会社ホンダロック
https://hondalock.co.jp/

两轮／四轮车辆功能部件制造商。

销售收入		营业利润	
256 亿日元		**1** 亿日元	

（株）布施螺子

【未上市】株式会社フセラシ
https://www.fuserashi.com/

汽车精密镦锻部件制造商，世界顶级汽车零部件精密螺母制造商。

销售收入	（2020/09 决算报表）	营业利润	
248 亿日元		**-2** 亿日元	

UNIPRES 九州（株）

【未上市】ユニプレス九州株式会社
http://www.upk.co.jp/

UNIPRES 的全资子公司，生产汽车冲压件、模具和夹具。

销售收入	（2021/03 决算报表）	营业利润	
243 亿日元		**0** 亿日元	

日本货车、特殊汽车进口近况

单位：亿美元

年份	进口金额	同比增减（%）
2021	7.78	▲ 18.8
2020	6.55	▼ -0.2
2019	6.56	▲ 1.7
2018	6.45	▲ 38.2
2017	4.67	▲ 13.1
2016	4.13	▲ 7.9
2015	3.82	▼ -28.3
2014	5.33	▲ 12.6

日本货车、特殊汽车出口近况

单位：亿美元

年份	出口金额	同比增减（%）
2021	101.34	▲ 51.8
2020	66.74	▼ -22.5
2019	86.08	▼ -8.1
2018	93.63	▲ 3.3
2017	90.59	▬ 0.0
2016	90.57	▼ -8.2
2015	98.72	▼ -7.6
2014	106.87	▲ 2.9

其他生产企业

南条装备工业（株）
【未上市】南条装備工業株式会社
https://www.nanjo.co.jp/

汽车门内饰件制造商，在低压注塑成型的同时在进行表皮贴合方面实力较强。

销售收入 （2020/12 决算报表）	营业利润
236 亿日元	**N/A** 亿日元

本田金属技术（株）
【未上市】本田金属技術株式会社
http://www.hondakinzoku.co.jp/

生产铝制品，主要是发动机部件和悬挂部件。

销售收入	营业利润
191 亿日元	**13** 亿日元

（株）日进制作所
【未上市】株式会社日進製作所
https://www.nissin-mfg.co.jp/

汽车发动机零件和精密部件制造商。

销售收入 （2021/03 决算报表）	营业利润
170 亿日元	**-11** 亿日元

（株）TGK
【未上市】株式会社テージーケー
http://www.tgk-jp.com/

控制设备制造商，主要产品是汽车空调系统的控制部件和各种住房设备的精密控制部件。

销售收入 （2021/10 决算报表）	净利润
168 亿日元	**N/A** 亿日元

（株）Bellsonica
【未上市】株式会社ベルソニカ
https://bellsonica.co.jp/

业务涉及汽车部件从设计到冲压、焊接、喷漆、组装的一体化流程。

销售收入 （2021/03 决算报表）	营业利润
153 亿日元	**1** 亿日元

东洋离合器（株）
【未上市】東洋クラッチ株式会社
https://www.toyoclutch.com/

生产一般工业和汽车空调用电磁离合器、制动器和增压器等。

销售收入 （2021/03 决算报表）	营业利润
149 亿日元	**1** 亿日元

日产工机（株）
【未上市】日産工機株式会社
https://www.nissan-kohki.jp/

主要产品是汽车和叉车等工业机械的发动机。

销售收入	营业利润
145 亿日元	**12** 亿日元

（株）HORIKIRI
【未上市】株式会社ホリキリ
http://horikiri.co.jp/

商用车悬架装置的专业制造商，主要生产片状弹簧。

销售收入 （2021/03 决算报表）	营业利润
71 亿日元	**5** 亿日元

Yamaha Motor Engineering（株）
【未上市】ヤマハモーターエンジニアリング株式会社
https://www.yec.co.jp/

雅马哈发动机全资子公司，生产各类运输设备、船舶发动机、工业设备和生产设施。

销售收入 （2021/12 决算报表）	净利润
69 亿日元	**3** 亿日元

日本制动器工业（株）
【未上市】日本ブレーキ工業株式会社
https://www.japan-brake.co.jp/

两轮/四轮车辆摩擦材料和制动系统制造商。

销售收入 （2020/12 决算报表）	净利润
39 亿日元	**-17** 亿日元

东洋产业（株）
【未上市】東洋産業株式会社
未上市

环辊磨锻造配件的专业制造商，重型卡车和客车用伞形齿轮材料日本国内市场份额第一。

销售收入 （2021/03 决算报表）	营业利润
30 亿日元	**0** 亿日元

丸高（株）
【未上市】丸高株式会社
http://www.marutakacorp.co.jp/

主要生产汽车座椅、座椅套、安全带以及汽车内部组件等。

销售收入 （2021/06 决算报表）	净利润
N/A 亿日元	**7** 亿日元

工业器件与部件制造业

2021 年日本货车、特殊汽车进出口额排名前十的国家/地区

单位：亿美元

货车、特殊汽车 进口金额 国家/地区占比

货车、特殊汽车 出口金额 国家/地区占比

	进口			出口		
排名	国家/地区	金额	占比 (%)	国家/地区	金额	占比 (%)
1	泰国	2.38	30.6	澳大利亚	17.53	17.3
2	印度尼西亚	2.32	29.8	美国	7.26	7.2
3	德国	1.51	19.4	中国台湾（推算）	5.31	5.2
4	美国	0.47	6.1	阿联酋	5.18	5.1
5	瑞典	0.27	3.4	沙特	4.58	4.5
6	奥地利	0.24	3.2	菲律宾	4.19	4.1
7	英国	0.15	1.9	俄罗斯	3.88	3.8
8	加拿大	0.1	1.3	越南	3.21	3.2
9	韩国	0.08	1.0	新西兰	3.05	3.0
10	土耳其	0.05	0.6	南非	2.8	2.8
	其他所有国家/地区	0.22	2.8	其他所有国家/地区	44.33	43.8

说明：本节中未注明资料来源的图表均根据日本贸易图鉴网站（https://jtrade.ecodb.net/）的图解整理而成。日本贸易图鉴网站根据联合国商品贸易统计数据库（UN Comtrade）的数据制作图解，因此图表中含日本贸易图鉴网站推算数据。"中国"的进出口金额数据仅计算了中国大陆地区的数据，不含中国港澳台地区，"中国台湾"的数据均为推算数据。

12

汽车部件（引擎、驱动、控制）

汽车部件（车体、内装、电装）

汽车部件（引擎、驱动、控制）

电子部件
(Active components)

电子部件
(Passive components)

电子部件
(Parts components)

包装资材与容器

电线与电缆

产业机械部品

工业轴承

...

其他生产企业

林天连布（株）
●●●
【未上市】林テレンプ株式会社
http://www.hayatele.co.jp/

汽车内饰件综合制造商，地毯业务业界领先。

销售收入（2021/12 决算报表）	营业利润
1,817 亿日元	**N/A** 亿日元

（株）电装电子
●●●
【未上市】株式会社デンソーエレクトロニクス
https://www.denso-electronics.com/index.php

汽车继电器和车载音响设备、电子控制器专业制造商。

销售收入	营业利润
689 亿日元	**60** 亿日元

丰生制动器工业（株）
●●●
【未上市】豊生ブレーキ工業株式会社
https://www.hosei.co.jp/

汽车零部件制造商，鼓式制动器产量世界第一。

销售收入	营业利润
478 亿日元	**0** 亿日元

丰臣机工（株）
●●●
【未上市】豊臣機工株式会社
http://www.toyotomi-kiko.co.jp/

主要为丰田公司提供 SUV 和其他汽车车身部件的冲压、焊接和喷涂业务。

销售收入（2021/04 决算报表）	营业利润
412 亿日元	**-1** 亿日元

津田工业（株）
●●●
【未上市】津田工業株式会社
http://www.tsuda-inc.co.jp/

丰田系零件制造商，生产发动机和动力系统、底盘、车身、汽车空调系统等部件。

销售收入	营业利润
397 亿日元	**-5** 亿日元

（株）东洋座席
●●●
【未上市】株式会社東洋シート
https://toyoseat.jp/

主要为马自达生产汽车座椅、敞篷车顶和机械部件等。

销售收入	营业利润
373 亿日元	**N/A** 亿日元

东海兴业（株）
●●●
【未上市】東海興業株式会社
http://www.tokaikogyo.co.jp/

汽车座椅、橡胶／树脂部件制造商。

销售收入（2021/03 决算报表）	营业利润
360 亿日元	**1** 亿日元

（株）Dynax
●●●
【未上市】株式会社ダイナックス
https://www.dynax-j.com/ja/

传动系统部件制造商，包括汽车／工业机械用离合器和制动器擦片等。

销售收入	营业利润
360 亿日元	**25** 亿日元

TRIX（株）
●●●
【未上市】トリックス株式会社
http://www.trix-net.co.jp/

本田的主要零部件制造商，小批量生产各种发动机、变速箱等的小型金属板制造零件。

销售收入	税前利润
325 亿日元	**7** 亿日元

（株）Trantechs
●●●
【未上市】株式会社トランテックス
https://www.trantechs.co.jp/

生产各种卡车车体和客车部件，车体架装业务行业排名第二。

销售收入	营业利润
309 亿日元	**-5** 亿日元

（株）HOWA
●●●
【未上市】株式会社 HOWA
http://www.howatextile.com/

汽车内饰部件的独立制造商，主要产品有顶棚、门饰和后备箱／行李箱饰板等。

销售收入	营业利润
237 亿日元	**-29** 亿日元

（株）电装宫崎
●●●
【未上市】株式会社デンソー宮崎
https://www.denso-miyazaki.co.jp/

生产汽车用各类电机，包括电动车窗、电动座椅和大灯用电机等。

销售收入（2021/03 决算报表）	营业利润
222 亿日元	**7** 亿日元

日本摩托车、自行车进口近况
单位：亿美元

年份	进口金额	同比增减（%）
2021	24.29	▲ 23.4
2020	19.68	▲ 4.3
2019	18.88	▼ -3.5
2018	19.55	▲ 4.0
2017	18.81	▲ 2.2
2016	18.4	▼ -7.0
2015	19.78	▼ -11.4
2014	22.33	▼ -1.6

日本摩托车、自行车出口近况
单位：亿美元

年份	出口金额	同比增减（%）
2021	51.35	▲ 35.4
2020	37.92	▼ -9.9
2019	42.09	▼ -10.3
2018	46.92	▲ 5.4
2017	44.51	▲ 9.6
2016	40.59	▬ 0.0
2015	40.57	▼ -12.9
2014	46.58	▲ 5.1

行业信息 公益社团法人 全日本卡车协会] 东京都新宿区四谷三丁目 2 番地 5 电话 :03-3354-1009 https://jta.or.jp/

其他生产企业

(株) G.S.Electech
【未上市】株式会社ジーエスエレテック
http://www.gs-electech.co.jp/
生产电气元件，主要是汽车线束。

销售收入 (2021/03 决算报表) **222** 亿日元　　营业利润 **-2** 亿日元

神星工业(株)
【未上市】神星工業株式会社
https://www.shinsei21.co.jp/
生产各种电气元件，如四轮／两轮车辆用起动机和交流发电机。

销售收入 (2021/03 决算报表) **201** 亿日元　　营业利润 **0** 亿日元

浜松热处理工业(株)
【未上市】浜松熱処理工業株式会社
https://www.heat-hamanetu.co.jp/
大型汽车金属零件热处理加工厂。

销售收入 **176** 亿日元　　净利润 **7** 亿日元

日清纺制动器(株)
【未上市】日清紡ブレーキ株式会社
https://www.nisshinbo-brake.co.jp/
生产汽车用盘式刹车片和刹车衬片，刹车片摩擦材料世界领先。

销售收入 (2021/12 决算报表) **166** 亿日元　　营业利润 **13** 亿日元

昼田工业(株)
【未上市】ヒルタ工業株式会社
http://www.hiruta-kogyo.co.jp/
生产汽车零部件，如发动机、变速箱和悬挂装置等。

销售收入 (2020/12 决算报表) **163** 亿日元　　营业利润 **N/A** 亿日元

(株) 都筑制作所
【未上市】株式会社都築製作所
https://www.tsuzuki-mfg.co.jp/
主要产品有四轮／两轮车零件、建筑机械零件和液压设备等。

销售收入 (2021/03 决算报表) **136** 亿日元　　营业利润 **0** 亿日元

日本密封垫片(株)
【未上市】日本ガスケット株式会社
http://www.npgkt.co.jp/
日本著名内燃机密封垫片生产商。

销售收入 (2021/03 决算报表) **106** 亿日元　　营业利润 **2** 亿日元

寿屋 FRONTE (株)
【未上市】寿屋フロンテ株式会社
http://www.kf-k.co.jp/
汽车内饰件制造商，主要产品包括地毯、仪表盘、坐垫和座椅面料等。

销售收入 **103** 亿日元　　营业利润 **N/A** 亿日元

(株) 拓彼亚
【未上市】株式会社トピア
https://www.u-topia.co.jp/
专门从事金属加工样板的制造，主要客户是汽车和电气设备部件制造商。

销售收入 (2021/03 决算报表) **85** 亿日元　　税前利润 **3** 亿日元

三和 Packing 工业(株)
【未上市】三和パッキング工業株式会社
http://www.sanwa-packing.co.jp/
生产汽车／飞机／工业机械用垫圈、隔热材料、冲压件和网状产品等。

销售收入 (2021/03 决算报表) **73** 亿日元　　营业利润 **5** 亿日元

新日工业(株)
【未上市】新日工業株式会社
http://www.shinnichi-kg.co.jp/
四轮／两轮汽车零部件制造商，生产四轮汽车变速器、控制系统／电机零部件以及两轮汽车用齿轮、链轮等。

销售收入 (2021/03 决算报表) **67** 亿日元　　营业利润 **-6** 亿日元

日发精密工业(株)
【未上市】日発精密工業株式会社
https://www.nisseiko.co.jp/
生产制动器等汽车零部件，也是日本国内唯一生产叠板弹簧等精密部件的企业。

销售收入 (2021/03 决算报表) **43** 亿日元　　营业利润 **4** 亿日元

2021 年日本摩托车、自行车进出口额排名前十的国家 / 地区

单位:亿美元

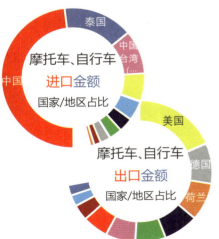

摩托车、自行车 **进口金额** 国家/地区占比

摩托车、自行车 **出口金额** 国家/地区占比

排名	进口 国家/地区	金额	占比(%)	出口 国家/地区	金额	占比(%)
1	中国	11.72	48.2	美国	9.54	18.6
2	泰国	3.84	15.8	德国	4.72	9.2
3	中国台湾（推算）	2.46	10.2	荷兰	4.49	8.8
4	美国	1.58	6.5	法国	4.01	7.8
5	越南	1.11	4.6	意大利	3.48	6.8
6	印度尼西亚	0.78	3.2	中国台湾（推算）	3.41	6.6
7	意大利	0.71	2.9	中国	2.98	5.8
8	德国	0.56	2.3	西班牙	1.84	3.6
9	印度	0.38	1.6	比利时	1.33	2.6
10	马来西亚	0.23	1.0	泰国	1.28	2.5
	其他所有国家/地区	0.91	3.8	其他所有国家/地区	14.28	27.8

说明:本节中未注明资料来源的图表均根据日本贸易图鉴网站(https://jtrade.ecodb.net/)的图解整理而成。日本贸易图鉴网站根据联合国商品贸易统计数据库(UN Comtrade)的数据制作图解，因此图表中含日本贸易图鉴网站推算数据。"中国"的进出口金额数据仅计算了中国大陆地区的数据，不含中国港澳台地区，"中国台湾"的数据均为推算数据。

工业器件与部件制造业

12

汽车部件（引擎、驱动、控制）

汽车部件（车体、内装、电装）

汽车部件（引擎、驱动、控制）

电子部件
(Active components)

电子部件
(Passive components)

电子部件
(Parts components)

包装资材与容器

电线与电缆

产业机械部品

工业轴承

...

其他生产企业

(株)三五
【未上市】株式会社三五
https://sango.jp/
独立系汽车零部件制造商，主要面向丰田集团销售消音器等排气系统部件以及车身部件。

销售收入	营业利润
2,256 亿日元	**23** 亿日元

丰田铁工(株)
【未上市】豊田鉄工株式会社
https://www.tiw.co.jp/
大型汽车冲压件制造商，在超高强度钢板的冲压成型、部件减重和模具制造方面实力较强。

销售收入	营业利润
1,431 亿日元	**122** 亿日元

坂本工业(株)
【未上市】坂本工業株式会社
https://www.sakamotonet.co.jp/
生产油箱、进气和排气系统部件等汽车零部件。

销售收入	净利润
975 亿日元	**24** 亿日元

爱信机工(株)
【未上市】アイシン機工株式会社
https://aisin-kiko.jp/
生产汽车用自动变速器功能部件以及驱动／发动机部件。

销售收入	营业利润
905 亿日元	**72** 亿日元

臼井国际产业(株)
【未上市】臼井国際産業株式会社
http://www.usui.co.jp/
独立系汽车零部件制造商，其用于柴油机的高压燃料喷射管占全球市场份额的50%以上。

销售收入（2021/03 决算报表）	营业利润
742 亿日元	**11** 亿日元

(株)协丰制作所
【未上市】株式会社協豊製作所
http://www.kyoho-ss.co.jp/
丰田汽车全资子公司，生产电动汽车车身部件和单元零件等。

销售收入	营业利润
489 亿日元	**2** 亿日元

爱信化工(株)
【未上市】アイシン化工株式会社
http://www.aisin-chem.co.jp/
面向丰田集团的汽车零部件制造商，生产汽车摩擦材料、树脂部件和汽车密封材料等。

销售收入	营业利润
488 亿日元	**13** 亿日元

京三电机(株)
【未上市】京三電機株式会社
https://www.kyosan-denki.co.jp/
汽车燃料系统相关部件制造商，以燃油过滤零件和柴油机燃料喷射控制部件为主。

销售收入	营业利润
441 亿日元	**60** 亿日元

爱信九州(株)
【未上市】アイシン九州株式会社
https://www.aisin-kyushu.co.jp/
爱信旗下汽车零部件制造商，也生产液晶和半导体制造设备。

销售收入	营业利润
325 亿日元	**2** 亿日元

(株)浅野齿车工作所
【未上市】株式会社浅野歯車工作所
https://www.asanogear.co.jp/
主要生产汽车和建筑机械的车轴，以及发动机和变速箱的单齿轮。

销售收入（2021/09 决算报表）	净利润
316 亿日元	**7** 亿日元

2021 年日本拖车进出口额排名前十的国家／地区

单位：百万美元

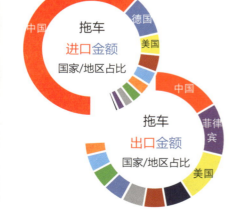

拖车 **进口金额** 国家/地区占比

拖车 **出口金额** 国家/地区占比

		进口			出口		
排名	国家/地区	金额	占比 (%)		国家/地区	金额	占比 (%)
1	中国	310.6	61.4		中国	8.8	16.2
2	德国	49.5	9.8		菲律宾	6.8	12.5
3	美国	26.6	5.3		美国	6.6	12.2
4	匈牙利	21.2	4.2		阿联酋	3.4	6.3
5	韩国	17.6	3.5		沙特阿拉伯	2.9	5.3
6	马来西亚	14.4	2.9		中国台湾（推算）	2.8	5.2
7	荷兰	13.2	2.6		新加坡	2.6	4.9
8	中国台湾（推算）	11	2.2		荷兰	2.4	4.4
9	越南	8.7	1.7		韩国	2.2	4.1
10	意大利	3.7	0.7		马来西亚	1.6	3.0
	其他所有国家/地区	28.92	5.7		其他所有国家/地区	13.97	25.8

其他生产企业

(株)北村制作所
【未上市】株式会社北村製作所
https://www.kitamurass.co.jp/

生产铝制货车和卡车车身、工业清洁设备和特殊车辆等。

销售收入（2020/09 决算报表）143 亿日元　营业利润 3 亿日元

(株)荒川制作所
【未上市】株式会社荒井製作所
https://www.arai-net.com/

生产发动机的油封、气门杆密封件、垫片等零件。

销售收入（2021/03 决算报表）84 亿日元　净利润 -5 亿日元

桐生工业(株)
【未上市】桐生工業株式会社
http://www.kiryu-kougyo.co.jp/

主要业务是为斯巴鲁汽车生产钣金维修部件，以及防腐涂层施工和发动机组装。

销售收入（2021/03 决算报表）70 亿日元　营业利润 -5 亿日元

技研(株)
【未上市】技研株式会社
http://www.gikenkk.co.jp/

汽车功能部件的专业制造商，主要产品是外饰和空气动力部件，如前保险杠、扰流板和下护板等。

销售收入（2020/06 决算报表）62 亿日元　营业利润 0 亿日元

大川精螺工业(株)
【未上市】大川精螺工業株式会社
https://www.okawaseira.co.jp/

独立系汽车零部件制造商，主营的制动软管配件占日本国内 60% 市场份额。

销售收入（2021/12 决算报表）56 亿日元　营业利润 N/A 亿日元

(株)浅野
【未上市】株式会社浅野
https://www.asano-japan.com/

汽车、电气设备和飞机的样品部件制造商。

销售收入（2021/03 决算报表）41 亿日元　营业利润 -4 亿日元

2021 年日本拖拉机车头进出口额排名前十的国家 / 地区

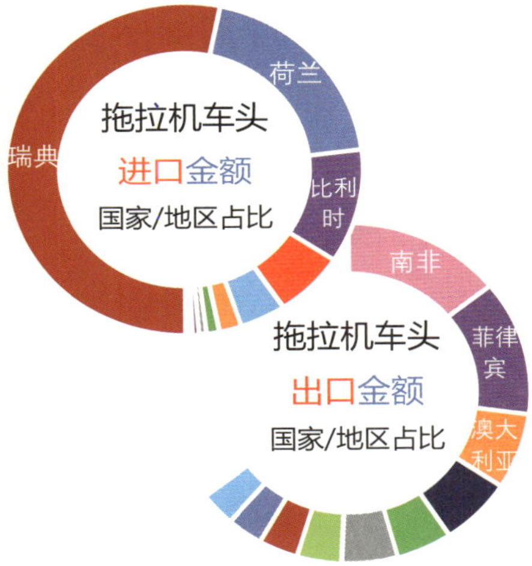

排名	进口（百万美元）国家/地区	金额	占比（%）	出口（亿美元）国家/地区	金额	占比（%）
1	瑞典	44	53.3	南非	2.55	14.3
2	荷兰	16.3	19.8	菲律宾	2.32	12.9
3	比利时	9.3	11.3	澳大利亚	1.28	7.1
4	中国	5.3	6.4	阿联酋	1.16	6.5
5	法国	3.5	4.2	泰国	0.9	5.1
6	西班牙	1.7	2.0	埃及	0.89	5.0
7	德国	0.9	1.2	墨西哥	0.72	4.0
8	意大利	0.6	0.7	巴基斯坦	0.63	3.5
9	美国	0.5	0.6	巴布亚新几内亚	0.59	3.3
10	韩国	0.2	0.2	法国	0.58	3.2
	其他所有国家/地区	0.31	0.4	其他所有国家/地区	6.30	35.2

注：含 10 人以上汽车

2000 ～ 2020 年日本汽车海外生产、国内销售、出口情况

单位：万台

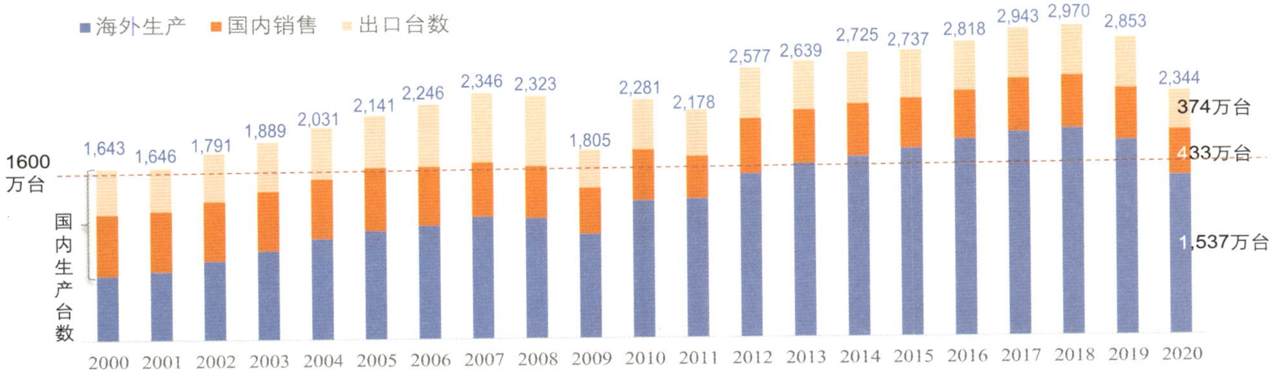

资料来源：一般社団法人 日本自動車部品工業会 国際委員会『2020 年度海外事業概況調査』。

说明：本节中未注明资料来源的图表均根据日本贸易图鉴网站（https://jtrade.ecodb.net/）的图解整理而成。日本贸易图鉴网站根据联合国商品贸易统计数据库（UN Comtrade）的数据制作图解，因此图表中含日本贸易图鉴网站推算数据。"中国"的进出口金额数据仅计算了中国大陆地区的数据，不含中国港澳台地区，"中国台湾"的数据均为推算数据。

13 电子部件（Active components）

汽车部件（车体、内装、电装）

汽车部件（引擎、驱动、控制）

电子部件
[Active components]

电子部件
（Passive components）

电子部件
（Parts components）

包装资材与容器

电线与电缆

产业机械部件

工业轴承

...

著名电子元器件企业

上游产业链（部分原材料及产品）

化学业界
JSR

玻璃/陶瓷
AGC

有色金属

印刷行业
大日本印刷

凸版印刷

电子部品
（Active components）
主要包括用于制造手机、数码相机、LED照明、SSD硬盘的闪存芯片、CPU、DRAM、交流适配器二极管、晶体管、LED、大规模集成电路、液晶面板等产品。

日本电产（株） 夏普（株）

罗姆（株）

下游产业链（部分行业）

汽车行业
丰田、日产汽车、本田等

PC/手机/平板
戴尔、苹果、三星电子、日本电气、富士通等

电机行业
松下、三菱电机、东芝、索尼等

游戏机业
任天堂、索尼电脑娱乐等

日本半导体进口近况
单位：亿美元

年份	进口金额	同比增减（%）
2021	320.16	▲ 28.5
2020	249.19	▼ -0.6
2019	250.65	▼ -6.7
2018	268.78	▲ 2.4
2017	262.51	▲ 13.5
2016	231.3	▼ -6.6
2015	247.61	▼ -8.8
2014	271.43	▲ 8.3

日本半导体出口近况
单位：亿美元

年份	出口金额	同比增减（%）
2021	462.05	▲ 13.7
2020	406.52	▲ 3.8
2019	391.58	▼ -2.0
2018	399.74	▲ 4.7
2017	381.81	▲ 14.9
2016	332.27	▲ 2.7
2015	323.5	▼ -7.2
2014	348.53	▼ -4.3

（株）东芝
【6502】株式会社東芝
https://www.toshiba.co.jp

产品包括闪存、HDD、SSD、晶体管、IC、二极管、传感器等。

销售收入 **33,369** 亿日元　　营业利润 **1,589** 亿日元

2011年 61,002
2021年 33,369
单位：亿日元

10 年销售额变化 **-45.30%**

日本电产（株）
【6594】日本電産株式会社
https://www.nidec.com/jp/

产品包括 HDD 马达、硬盘驱动马达、游戏机马达、手机马达等。

销售收入 **19,181** 亿日元　　营业利润 **1,714** 亿日元

2011年 6,823
2021年 19,181
单位：亿日元

10 年销售额变化 **+181.12%**

罗姆（株）
【6963】ローム株式会社
https://www.rohm.co.jp

产品包括 LSI、IC、晶体管、二极管、光电半导体、电容器、电阻器等。

销售收入 **4,521** 亿日元　　营业利润 **714** 亿日元

2011年 3,046
2021年 4,521
单位：亿日元

10 年销售额变化 **+48.42%**

主要生产企业		其他生产企业	

(株)电装
【6902】株式会社デンソー
https://www.denso.com/jp/ja/

主要产品包括汽车用小型马达、传感器等。

销售收入	营业利润
55,155 亿日元	**3,411** 亿日元

日亚化学工业(株)
【未上市】日亜化学工業株式会社
https://www.nichia.co.jp

主要生产各种发光二极管等产品。

销售收入 (2021/12 决算报表)	营业利润
4,036 亿日元	**761** 亿日元

三垦电气(株)
【6707】サンケン電気株式会社
https://www.sanken-ele.co.jp/

大功率半导体制造商，产品包括车载用二极管、车载晶体管等。

销售收入	营业利润
1,756 亿日元	**137** 亿日元

夏普(株)
【6753】シャープ株式会社
https://jp.sharp/

产品包括相机模组、传感器模组、CMOS/CCD 传感器、光电半导体等。

销售收入	营业利润
24,955 亿日元	**847** 亿日元

万宝至马达(株)
【6592】マブチモーター株式会社
https://www.mabuchi-motor.co.jp/

专注于小型马达的制造，全球市场占有率50%以上。

销售收入	营业利润
1,345 亿日元	**138** 亿日元

日本电产三协(株)
【未上市】日本電産サンキョー株式会社
https://www.nidec.com/jp/nidec-sankyo

主要生产微电机、步进电机等。

销售收入	营业利润
908 亿日元	**25** 亿日元

美蓓亚三美(株)
【6479】ミネベアミツミ株式会社
https://www.minebeamitsumi.com/

产品包括步进电机、DC 马达、传感器、变压器、线圈、电源、连接器、各种 IC 等。

销售收入	营业利润
11,241 亿日元	**921** 亿日元

瑞萨电子(株)
【6723】ルネサスエレクトロニクス株式会社
https://www.renesas.com/jp/ja

产品包括 LSI、CPU、SRAM、晶体管、二极管、光电半导体、高频设备等。

销售收入 (2021/12 决算报表)	营业利润
9,944 亿日元	**1,836** 亿日元

LAPIS 半导体(株)
【未上市】ラピスセミコンダクタ株式会社
https://www.lapis-semi.com/

主要生产各种 LSI、DRAM、IC、传感器等。

销售收入	净利润 (2021/03)
N/A 亿日元	**84** 亿日元

◾ 2021 年日本半导体进出口额排名前十的国家 / 地区

单位:亿美元

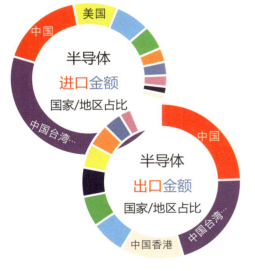

排名	进口 国家/地区	金额	占比 (%)	出口 国家/地区	金额	占比 (%)
1	中国台湾（推算）	149.51	46.7	中国	113.45	24.6
2	中国	55.03	17.2	中国台湾（推算）	96.99	21.0
3	美国	29.39	9.2	中国香港	59.74	12.9
4	韩国	23.19	7.2	韩国	32.94	7.1
5	马来西亚	16.55	5.2	马来西亚	29.63	6.4
6	泰国	9.55	3.0	越南	27.87	6.0
7	新加坡	9.2	2.9	美国	23.01	5.0
8	菲律宾	7.86	2.5	泰国	21.59	4.7
9	德国	5.06	1.6	新加坡	17.07	3.7
10	爱尔兰	4.47	1.4	菲律宾	11.06	2.4
	其他所有国家/地区	10.34	3.2	其他所有国家/地区	28.79	6.2

说明:本节中未注明资料来源的图表均根据日本贸易图鉴网站(https://jtrade.ecodb.net/)的图解整理而成。日本贸易图鉴网站根据联合国商品贸易统计数据库(UN Comtrade)的数据制作图解，因此图表中含日本贸易图鉴网站推算数据。"中国"的进出口金额数据仅计算了中国大陆地区的数据，不含中国港澳台地区，"中国台湾"的数据均为推算数据。

14
电子部件 Passive components

汽车部件（车体、内装、电装）

汽车部件（引擎、驱动、控制）

电子部件（Active components）

电子部件（Passive components）

电子部件（Parts components）

包装资材与容器

电线与电缆

产业机械部品

工业轴承

…

上游产业链（部分原材料及产品）

化学业界
专业商社
陶瓷行业
有色金属

电子部品（passive components）主要包括用于制造数码相机、手机、汽车、变压器的电阻、扼流圈、变压器、陶瓷电容器、锂电池、水晶振动子、热敏电阻等产品。

下游产业链（部分行业）

家电/PC　三洋电机、夏普、三菱电机、东芝等

智能手机　KDDI等

汽车/车用部品　丰田汽车、电装等

医疗/健康机器　岛津制作所、东芝医疗系统、谷田等

著名电子元器件企业

日本办公事务机器部件进口近况

单位：亿美元

年份	进口金额	同比增减（%）
2021	96.18	▲ 6.0
2020	90.75	▼ -11.8
2019	102.94	▲ 0.4
2018	102.55	▼ -6.0
2017	109.05	▲ 141.2
2016	45.2	▲ 0.3
2015	45.09	▼ -10.4
2014	50.33	▼ -6.8

日本办公事务机器部件出口近况

单位：亿美元

年份	出口金额	同比增减（%）
2021	131.09	▲ 13.3
2020	115.73	▼ -9.1
2019	127.37	▼ -12.3
2018	145.24	▼ -9.6
2017	160.59	▲ 67.1
2016	96.08	▼ -7.7
2015	104.13	▼ -11.9
2014	118.19	▼ -7.9

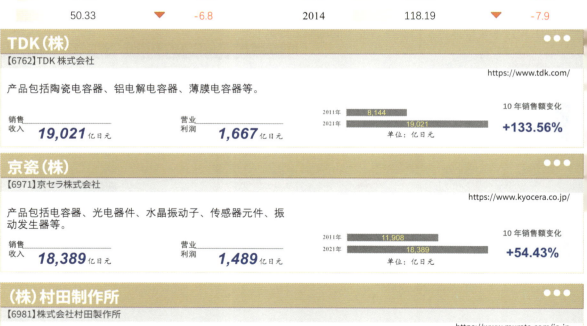

TDK（株）

【6762】TDK 株式会社

https://www.tdk.com/

产品包括陶瓷电容器、铝电解电容器、薄膜电容器等。

销售收入 **19,021** 亿日元　　营业利润 **1,667** 亿日元

2011年 8,144
2021年 19,021
单位：亿日元

10 年销售额变化 **+133.56%**

京瓷（株）

【6971】京セラ株式会社

https://www.kyocera.co.jp/

产品包括电容器、光电器件、水晶振动子、传感器元件、振动发生器等。

销售收入 **18,389** 亿日元　　营业利润 **1,489** 亿日元

2011年 11,908
2021年 18,389
单位：亿日元

10 年销售额变化 **+54.43%**

（株）村田制作所

【6981】株式会社村田制作所

https://www.murata.com/ja-jp

产品包括功率电感器、高分子电容器、电阻器、振动发生器等。

销售收入 **18,125** 亿日元　　营业利润 **4,240** 亿日元

2011年 5,846
2021年 18,125
单位：亿日元

10 年销售额变化 **+210.04%**

行业信息 一般社团法人 KKC 关西电子工业振兴中心　京都府相乐郡精华町光台 3-2-2　电话 :0774-93-4563　https://www.kec.jp/

主要生产企业	其他生产企业

松下(株)

【6752】パナソニック株式会社
https://www.panasonic.com/jp/home.html

产品包括电阻器、电容器、电感器、保险丝、热敏电阻、二次电池、传感器等。

销售收入 **73,887** 亿日元　营业利润 **3,575** 亿日元

精工爱普生(株)

【6724】セイコーエプソン株式会社
https://www.epson.jp/

全球晶振产业龙头企业，在石英晶振领域占主导地位。

销售收入 **11,289** 亿日元　营业利润 **944** 亿日元

胜美达(株)

【6817】スミダコーポレーション株式会社
https://www.sumida.com

产品包括 ABS 线圈、螺旋管线圈、低通滤波线圈、差模扼流圈、共模扼流圈等。

销售收入 **1,049** 亿日元　营业利润 **53** 亿日元

太阳诱电(株)

【6976】太陽誘電株式会社
https://www.yuden.co.jp/jp/

世界最大陶瓷电容器生产商之一，产品包括陶瓷电阻器、蓄电器、电感器、电路板等。

销售收入 **3,496** 亿日元　营业利润 **682** 亿日元

(株)田村制作所

【6768】株式会社タムラ製作所
https://www.tamura-ss.co.jp/jp/index.html

陶瓷电容器产业全球最大，产品包括 SAW 滤波器、EMI 滤波器、冲击传感器、变压器、电流传感器等。

销售收入 **883** 亿日元　营业利润 **15** 亿日元

(株)东北村田制作所

【未上市】株式会社東北村田製作所
https://corporate.murata.com/

主要生产锂电池、锂纽扣电池、氧化银电池、碱性纽扣电池等。

销售收入 **728** 亿日元　营业利润 **25** 亿日元

尼吉康(株)

【6996】ニチコン株式会社
https://www.nichicon.co.jp/

产品包括铝电解电容器、薄膜电容器、锂离子充电电池、家用蓄电系统等。

销售收入 **1,422** 亿日元　营业利润 **64** 亿日元

KOA(株)

【6999】KOA 株式会社
https://www.koaglobal.com

主要生产电阻器、温度传感器等。

销售收入 **649** 亿日元　营业利润 **57** 亿日元

FDK(株)

【6955】FDK 株式会社
https://www.fdk.co.jp

主要生产镍氢电池、锂电池、碱性干电池、蓄电器、功率电感器等。

销售收入 **614** 亿日元　营业利润 **20** 亿日元

日本贵弥功(株)

【6997】日本ケミコン株式会社
https://www.chemi-con.co.jp

日本最大铝电解电容器生产商，产品包括陶瓷电容器、薄膜电容器、陶瓷压敏电阻等。

销售收入 **1,403** 亿日元　营业利润 **88** 亿日元

双叶电子工业(株)

【6986】双葉電子工業株式会社
https://www.futaba.co.jp

主要生产荧光显示管等。

销售收入 **534** 亿日元　营业利润 **-19** 亿日元

日本电波工业(株)

【6779】日本電波工業株式会社
https://www.ndk.com/jp

主要生产晶体谐振器、晶体振荡器、传感器等。

销售收入 **454** 亿日元　营业利润 **51** 亿日元

工业原材料制造业

工业器件与部件制造业

工业机械与设备制造业

2021 年日本办公机器部件进出口额排名前十的国家／地区

单位：亿美元

办公机器部件 进口金额 国家/地区占比

办公机器部件 出口金额 国家/地区占比

排名	进口			出口		
	国家/地区	金额	占比(%)	国家/地区	金额	占比(%)
1	中国	571.72	59.4	中国	33.58	25.6
2	中国台湾（推算）	6.54	6.8	美国	28.99	22.1
3	泰国	6.04	6.3	荷兰	15.33	11.7
4	越南	5.5	5.7	泰国	7.84	6.0
5	美国	5.47	5.7	中国香港	7.68	5.9
6	韩国	4.01	4.2	越南	6.2	4.7
7	菲律宾	2.71	2.8	菲律宾	5.57	4.3
8	马来西亚	2.44	2.5	新加坡	4.59	4.5
9	印度尼西亚	1.28	1.3	德国	3.02	2.3
10	芬兰	0.68	0.7	中国台湾（推算）	2.97	2.3
	其他所有国家/地区	43.28	4.5	其他所有国家/地区	14.02	10.7

注：含电子计算机部件。

说明：本节中未注明资料来源的图表均根据日本贸易图鉴网站(https://jtrade.ecodb.net/)的图解整理而成。日本贸易图鉴网站根据联合国商品贸易统计数据库(UN Comtrade)的数据制作图解，因此图表中含日本贸易图鉴网站推算数据。"中国"的进出口金额数据仅计算了中国大陆地区的数据，不含中国港澳台地区，"中国台湾"的数据均为推算数据。

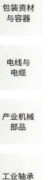

15 电子部件（Parts components）

汽车部件（车体、内装、电装）

汽车部件（引擎、驱动、控制）

电子部件 (Active components)

电子部件 (Passive components)

电子部件 (Parts components)

包装资材与容器

电线与电缆

产业机械部品

工业轴承

...

日本著名电子元器件企业

上游产业链（部分原材料及产品）

石油/基础化学品
电线/电缆
化学电子材料
专业商社

电子部品 (Parts components) 主要包括用于生产主板、POM Cartridge、插座、AV放大器的环氧树脂基板、线路板连接器、DIP基座、D-sub连接器、拨动开关 (toggle switch)、无CCL封装基板、继电器、散热器等产品。

下游产业链（部分行业）

家电/手机 夏普、佳能、Sony Global Manufacturing & Operations、松下等

半导体 英特尔、瑞萨电子、索尼半导体等

车用部品 矢崎总业、小系制作所、日立安思泰莫、电装等

综合商社/专业商社 住友商事、兼松、丰田通商电子等

日本印刷电路板进口近况

单位：亿美元

年份	进口金额		同比增减（%）
2021	74.58	▲	18.9
2020	62.72	▼	-5.8
2019	66.56	▼	-6.1
2018	70.87	▼	-0.5
2017	71.21	▲	7.9
2016	65.99	▲	2.1
2015	64.63	▼	-2.4
2014	66.2	▲	8.5

日本印刷电路板出口近况

单位：亿美元

年份	出口金额		同比增减（%）
2021	190.79	▲	16.9
2020	163.23	▼	-3.9
2019	169.83	▼	-9.8
2018	188.23	▲	1.9
2017	184.73	▲	12.8
2016	163.74	▲	6.5
2015	153.69	▼	-11.5
2014	173.73	▼	-1.9

精工爱普生（株）

【6724】セイコーエプソン株式会社

https://www.epson.jp/

全球晶振产业龙头企业，其中石英晶振占主导地位。

销售收入 **11,289** 亿日元 营业利润 **944** 亿日元

2011年 8,779
2021年 11,289
单位：亿日元

10年销售额变化 **+28.59%**

阿尔卑斯阿尔派（株）

【6770】アルプスアルパイン株式会社

https://www.alpsalpine.com/j/

该领域产品包括传感器、编码器、电位器、连接器、电感器等。

销售收入 **8,028** 亿日元 营业利润 **352** 亿日元

2011年 5,265 / 2,029
2021年 8,028
单位：亿日元

10年销售额变化 **+10.06%**

揖斐电（株）

【4062】イビデン株式会社

https://www.ibiden.co.jp/

产品包括印刷电路板、封装基板、印刷线路板图案设计等。

销售收入 **4,011** 亿日元 营业利润 **708** 亿日元

2011年 3,008
2021年 4,011
单位：亿日元

10年销售额变化 **+33.34%**

主要生产企业	其他生产企业	

京瓷(株)
【6971】京セラ株式会社
https://www.kyocera.co.jp/

产品包括陶瓷电容器、水晶振荡器、水晶振子、陶瓷振子等。

销售收入 **18,389** 亿日元　　营业利润 **1,489** 亿日元

欧姆龙(株)
【6645】オムロン株式会社
https://www.omron.com/jp/ja/

该领域产品包括继电器、开关、连接器等。

销售收入 **7,629** 亿日元　　营业利润 **893** 亿日元

日本特殊陶业(株)
【5334】日本特殊陶業株式会社
https://www.ngkntk.co.jp/

产品包括IC封装、超声波振动子用元件、超声波传感器等。

销售收入 **4,917** 亿日元　　营业利润 **755** 亿日元

新光电气工业(株)
【6967】新光電気工業株式会社
https://www.shinko.co.jp/

主要生产半导体刚性/柔性基板、引线框、标准封装等。

销售收入 **2,719** 亿日元　　营业利润 **713** 亿日元

东芝 Devices&Storege(株)
【未上市】東芝デバイス＆ストレージ株式会社
https://toshiba.semicon-storage.com/jp

离散半导体元器件/系统LSI/DC用HDD及其关联产品的开发制造。

销售收入 **6,919** 亿日元　　营业利润 **391** 亿日元

(株)名幸电子
【6787】株式会社メイコー
https://www.meiko-elec.com

日本大型印刷电路板企业之一，产品包括双面/多层/柔性基板等。

销售收入 **1,512** 亿日元　　营业利润 **132** 亿日元

(株)日立电力解决方案
【未上市】株式会社日立パワーソリューションズ
https://www.hitachi-power-solutions.com

研究开发发电装置、测量检查装置、磁控管、电子零部件用陶瓷、半导体元件制造装置等。

销售收入 (2021/03 决算报表) **1,136** 亿日元　　营业利润 **126** 亿日元

USJC(株)
【未上市】ユナイテッド・セミコンダクター・ジャパン株式会社
https://www.usjpc.com/

日本领先逻辑LSI代工厂，提供超低功耗、非易失性存储器和射频/毫米波技术等。

销售收入 (2021/12 决算报表) **690** 亿日元　　营业利润 **141** 亿日元

星电(株)
【6804】ホシデン株式会社
https://www.hosiden.com/

产品包括连接器、插控开关、电磁阀、麦克风部件等。

销售收入 **2,076** 亿日元　　营业利润 **117** 亿日元

(株)三井高科技
【6966】株式会社三井ハイテック
https://www.mitsui-high-tec.com/

产品包括半导体引线框、IC封装等。

销售收入 **1,394** 亿日元　　营业利润 **149** 亿日元

IDEC(株)
【6652】IDEC 株式会社
https://jp.idec.com/idec-jp/en/JPY

主要生产继电器插座、传感器等。

销售收入 **707** 亿日元　　营业利润 **96** 亿日元

I-PEX(株)
【6640】I-PEX 株式会社
https://www.corp.i-pex.com/ja

主要生产连接器等。

销售收入 (2021/12 决算报表) **668** 亿日元　　营业利润 **68** 亿日元

工业原材料制造业

工业器件与部件制造业

工业机器与设备制造业

2021年日本印刷电路板进出口额排名前十的国家/地区
单位：亿美元

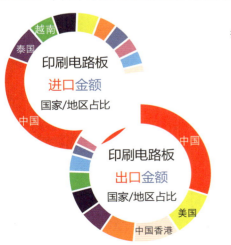

	进口			出口		
排名	国家/地区	金额	占比(%)	国家/地区	金额	占比(%)
1	中国	35.63	47.8	中国	57.67	30.2
2	泰国	6.12	8.2	美国	20.67	10.8
3	越南	4.39	5.9	中国香港	20.19	10.6
4	中国台湾（推算）	4.28	5.7	韩国	14.86	7.8
5	美国	3.96	5.3	泰国	10.99	5.8
6	韩国	3.37	4.3	中国台湾（推算）	10.85	5.7
7	德国	3.04	4.1	越南	9.11	4.8
8	马来西亚	2.59	3.5	菲律宾	7.76	4.1
9	菲律宾	2.54	3.4	德国	4.71	2.5
10	印度尼西亚	1.51	2.0	新加坡	4.31	2.3
	其他所有国家/地区	7.35	9.9	其他所有国家/地区	29.65	15.5

说明：本节中未注明资料来源的图表均根据日本贸易图鉴网站(https://jtrade.ecodb.net/)的图解整理而成。日本贸易图鉴网站根据联合国商品贸易统计数据库(UN Comtrade)的数据制作图解，因此此图表中含日本贸易图鉴网站推算数据。"中国"的进出口金额数据仅计算了中国大陆地区的数据，不含中国港澳台地区，"中国台湾"的数据均为推算数据。

15

电子部件（Parts components）

汽车部件（车体、内装、电装）

汽车部件（引擎、驱动、控制）

电子部件 (Active components)

电子部件 (Passive components)

电子部件 (Parts components)

包装资材与容器

电线与电缆

产业机械部品

工业轴承

主要生产企业

日本航空电子工业（株）
【6807】日本航空電子工業株式会社
https://www.jae.com/
主要生产连接器、加速度仪、陀螺仪等。

销售收入 **2,250** 亿日元　营业利润 **180** 亿日元

广濑电机（株）
【6806】ヒロセ電機株式会社
https://www.hirose.com/
日本大型多极连接器、同轴连接器、微动开关生产企业之一。

销售收入 **1,636** 亿日元　营业利润 **407** 亿日元

日本 CMK（株）
【6958】日本シイエムケイ株式会社
https://www.cmk-corp.com
日本最大印刷电路板企业，产品包括多层配线板、印刷电路配线板等。

销售收入 **814** 亿日元　营业利润 **30** 亿日元

Rubycon（株）
【未上市】ルビコン株式会社
https://www.rubycon.co.jp
世界一流铝电解电容器制造商。

销售收入 (2020/09 决算报表) **425** 亿日元　营业利润 **12** 亿日元

其他生产企业

（株）KYODEN
【6881】株式会社キョウデン
https://www.kyoden.co.jp/
主要生产印刷电路板配线基板等。

销售收入 **573** 亿日元　营业利润 **50** 亿日元

SMK（株）
【6798】SMK 株式会社
https://www.smk.co.jp/
产品包括板对板 / 高频同轴 / 记忆卡连接器、接地端口、遥控器单元、开关等。

销售收入 **482** 亿日元　营业利润 **7** 亿日元

弘前航空电子（株）
【未上市】弘前航空電子株式会社
https://www.jae.com/hirosaki/
日本航空电子工业旗下中坚企业，以制造、销售连接器为主。

销售收入 (2021/03 决算报表) **440** 亿日元　税前利润 **17** 亿日元

富士电机 Power Semiconductor（株）
【未上市】富士電機パワーセミコンダクタ株式会社
https://www.fujielectric.co.jp/fps
面向汽车、产业机器、公共设施、家电等多领域的功率半导体封装企业。

销售收入 **294** 亿日元　营业利润 **12** 亿日元

（株）TOKIN
【未上市】株式会社トーキン
https://www.tokin.com
生产汽车电子、医疗机器、产业机器、数字家电、互联网机器等。

销售收入 (2021/12 决算报表) **495** 亿日元　营业利润 **94** 亿日元

日清纺 MicroDevices（株）
【未上市】日清紡マイクロデバイス株式会社
https://www.nisshinbo-microdevices.co.jp/
主营集成电路、光电子器件等电子元器件产品及微波产品。

销售收入 (2021/12 决算报表) **445** 亿日元　营业利润 **18** 亿日元

意力速电子工业（株）
【6908】イリソ電子工業株式会社
https://www.iriso.co.jp/
企业主要生产车载多极连接器等。

销售收入 **438** 亿日元　营业利润 **45** 亿日元

白井电子工业（株）
【6658】シライ電子工業株式会社
http://www.shiraidenshi.co.jp/
主要生产印刷电路板配线基板等。

销售收入 **293** 亿日元　营业利润 **15** 亿日元

2020 年日本主要电子部件企业销售额排名

单位：亿日元

排名	企业名称	销售额	国内市场占有率 (%)
1	（株）村田制作所	16,301	12.90
2	日本电产（株）	16,180	12.80
3	京瓷（株）	15,268	12.10
4	TDK（株）	14,790	11.70
5	美蓓亚三美（株）	9,884	7.80
6	日东电工（株）	7,613	6.00
7	阿尔卑斯阿尔派（株）	7,180	5.70
8	欧姆龙（株）	6,555	5.20
9	（株）基恩士	5,381	4.30
10	罗姆（株）	3,598	2.90
...	前十以外其它所有企业	23,504	18.60

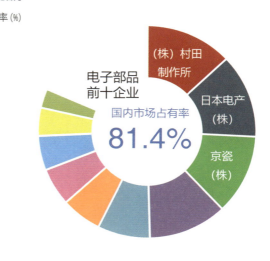

电子部品前十企业 国内市场占有率 **81.4%**

（株）村田制作所　日本电产（株）　京瓷（株）

资料来源：业界动向—电子部件业界，https://gyokai-search.com/3-densi.html。

行业信息 技术研究组合 超尖端电子技术开发机构
东京都中央区新川 1-28-38 东京宝石大厦 1 号馆 8F
电话：03-3552-4811　http://aset.la.coocan.jp/

其他生产企业

NTT Electronics(株)
【未上市】NTT エレクトロニクス株式会社
https://www.ntt-electronics.com

NTT 全资子公司，是日本主要的光通信器件供应商。

销售收入 **291** 亿日元   营业利润 **21** 亿日元

日本电产科宝电子(株)
【未上市】日本電産コパル電子株式会社
https://www.nidec-copal-electronics.com/j/

主要生产半固定电阻器、开关等。

销售收入 **274** 亿日元   营业利润 **46** 亿日元

(株)ORC Manufacturing
【未上市】株式会社オーク製作所
https://www.orc.co.jp

生产电路板、半导体、紫外线放电灯、臭氧发生器、曝光装置等。

销售收入 **246** 亿日元   营业利润 **46** 亿日元

日本蓄电器工业(株)
【未上市】日本蓄電器工業株式会社
http://www.jcc-foil.co.jp/index.html

电极箔专门制造商，电解电容器用箔业界第一。

销售收入 **218** 亿日元   净利润 **9** 亿日元

日本 MEKTRON(株)
【未上市】日本メクトロン株式会社
https://www.mektron.co.jp

以生产柔性印刷电路板为主的电子零部件厂商。

销售收入 **209** 亿日元   营业利润 **-34** 亿日元

可天士(株)
【未上市】コーデンシ株式会社
https://www.kodenshi.co.jp/

生产各种半导体芯片、光设备、光单元的光电子产品供应商。

销售收入 (2021/12 决算报表) **207** 亿日元   营业利润 **38** 亿日元

本多通信工业(株)
【6826】本多通信工業株式会社
https://www.htk-jp.com/

主要生产汽车用连接器、工业连接器等。

销售收入 **184** 亿日元   营业利润 **8** 亿日元

(株)太洋工作所
【未上市】株式会社太洋工作所
http://www.TAIYOMFG.co.jp/

弱电镀层领域重要企业，主营树脂成型品 / 印刷线路板 / 电子部件 / 金属制品的镀层。

销售收入 (2020/12 决算报表) **147** 亿日元   净利润 **10** 亿日元

(株)冈崎制作所
【未上市】株式会社岡崎製作所
https://www.okazaki-mfg.com/

日本最大的工业用温度传感器生产商。

销售收入 (2021/3 决算报表) **130** 亿日元   税前利润 **25** 亿日元

ISAHAYA 电子(株)
【未上市】イサハヤ電子株式会社
https://www.idc-com.co.jp

主营小信号晶体管、二极管、功率半导体、特制电源等。

销售收入 **126** 亿日元   净利润 **3** 亿日元

三星 DIAMOND 工业(株)
【未上市】三星ダイヤモンド工業株式会社
https://www.mitsuboshidiamond.com

FPD、太阳能电池、LED 等电子部件分割 / 加工装置供应商，世界市场占有率约 70%。

销售收入 (2021/03 决算报表) **124** 亿日元   营业利润 **N/A** 亿日元

Watty(株)
【未上市】ワッティー株式会社
https://watty.co.jp/

主要生产用于半导体、FPD 制造设备和其他各种精密设备的加热器单元，以及各种传感器，如液位传感器。

销售收入 (2020/12 决算报表) **122** 亿日元   营业利润 **7** 亿日元

2020 年日本其他主要电子部件企业销售额排名

单位:亿日元

排名	企业名称	销售额	排名	企业名称	销售额
11	揖斐电(株)	3,234	21	日本贵弥功(株)	1,107
12	太阳诱电(株)	3,009	22	胜美达(株)	844
13	星电(株)	2,339	23	日本CMK(株)	699
14	日本航空电子工业(株)	2,097	24	SMK(株)	485
15	新光电气工业(株)	1,880	25	日本电波工业(株)	391
16	三垦电气(株)	1,567	26	意力速电子工业(株)	365
17	广濑电机(株)	1,335	27	(株)大真空	331
18	(株)名幸电子	1,192	28	本多通信工业(株)	149
19	万宝至马达(株)	1,164			
20	尼吉康(株)	1,160			

资料来源：业界动向—电子部件业界，https://gyokai-search.com/3-densi.html。

工业器件与部件制造业

其他生产企业

尼关工业（株）
【未上市】ニッカン工業株式会社
http://www.nikkan-ind.co.jp/
生产柔性印刷电路板用材料、印刷电路板用覆铜板、电气绝缘材料等。

销售收入 （2021/03 决算报表）	营业利润
115 亿日元	**15** 亿日元

东芝北斗电子（株）
【未上市】東芝ホクト電子株式会社
http://www.hokuto.co.jp/
生产制造感热式印刷头、印刷电路板、磁控管等。

销售收入	营业利润
112 亿日元	**-4** 亿日元

日清纺 MicroDevicesAT（株）
【未上市】日清紡マイクロデバイスAT株式会社
http://www.nisshinbo-microdevices-at.co.jp/
日清纺 Micro Devices 旗下 IC 产品开发制造企业。

销售收入 （2021/12 决算报表）	净利润
111 亿日元	**1** 亿日元

OPTEX（株）
【未上市】オプテックス株式会社
https://www.optex.co.jp/
开发制造各种传感器装置。

销售收入 （2020/12 决算报表）	营业利润
104 亿日元	**5** 亿日元

（株）山本制作所
【未上市】株式会社山本製作所
http://www.yamamoto-mfg.jp/
日本大型工业印制电路板制造商，手表表盘业务居日本国内首位。

销售收入 （2021/11 决算报表）	营业利润
95 亿日元	**-5** 亿日元

Miyoshi 电子（株）
【未上市】ミヨシ電子株式会社
https://www.miyoshi.elec.co.jp
生产高周波组件、传感器等半导体制品及各种手持终端产品。

销售收入	营业利润
94 亿日元	**1** 亿日元

尼吉康岩手（株）
【未上市】ニチコン岩手株式会社
https://www.nichicon.co.jp/company/com_network01.html
尼吉康旗下铝电解电容器生产商。

销售收入 （2021/03 决算报表）	营业利润
90 亿日元	**-2** 亿日元

NKK 开关（株）
【6943】ＮＫＫスイッチズ株式会社
https://www.nkkswitches.co.jp
主要生产各种开关等。

销售收入	营业利润
89 亿日元	**8** 亿日元

Panasonic Electric Works 池田电机（株）
【未上市】パナソニックエレクトリックワークス池田電機株式会社
https://panasonic.co.jp/ew/pewi/
生产照明点灯装置、小型通用发电机点火装置、各种电源充电器。

销售收入	净利润
86 亿日元	**-2** 亿日元

进工业（株）
【未上市】進工業株式会社
https://www.susumu.co.jp
以生产金属皮膜电阻器为主，薄膜生产技术领先。

销售收入	营业利润
82 亿日元	**6** 亿日元

日清纺 MicroDevices 福冈（株）
【未上市】日清紡マイクロデバイス福岡株式会社
https://www.nisdf.co.jp
日清纺 Micro Devices 100% 子公司，主营各种半导体制品。

销售收入 （2021/12 决算报表）	净利润
68 亿日元	**1** 亿日元

Micron 电气（株）
【未上市】ミクロン電気株式会社
http://www.micron-e.co.jp/
设计制造大小电阻、特殊加热器和特殊感应器的专业电阻制造商。

销售收入 （2021/03 决算报表）	营业利润
41 亿日元	**1** 亿日元

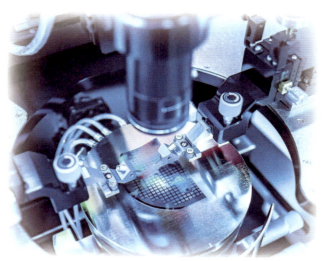

行业信息 一 般 社 团 法 人 信息通信网络产业协会

东京都中央区日本桥兜町 21-7 兜町 yunisquare 6F
电话：03-5962-3450　https://www.ciaj.or.jp/

其他生产企业

（株）TAITSU
【未上市】株式会社タイツウ
http://www.taitsu.co.jp/

塑料薄膜电容器专业制造商，聚对苯二甲酸乙酯薄膜电容器行业先驱。

销售收入	（2021/03 决算报表）**40** 亿日元	营业利润	**N/A** 亿日元

新光电子（株）
【未上市】新光電子株式会社
https://www.vibra.co.jp

光电子器件专门厂商，光学传感器产量居世界前列。

销售收入	**32** 亿日元	营业利润	**N/A** 亿日元

METEK（株）
【未上市】メテック株式会社
https://www.metek.co.jp

主营弱电部件的表面处理镀层，以半导体、电子部件、车载产业机器制造商为主要顾客。

销售收入	（2021/02 决算报表）**26** 亿日元	营业利润	**1** 亿日元

2005 ～ 2019 年日本半导体企业生产额

单位:亿日元

	2005年	2010年	2015年	2019年
日本半导体企业生产总额	53,300	55,430	48,101	45,999
其中：国内生产金额	43,400	39,779	31,929	24,534
国内生产比例（%）	81.4	71.8	66.4	53.3
世界半导体生产总金额	257,300	261,622	405,553	449,414
日本企业比例（%）	20.7	21.2	11.9	10.2

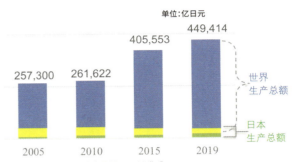

资料来源：公益财团法人矢野恒太纪念会『日本国勢図会 2021/22』第 217 页、电子情报技术产业协会『電子情報産業の世界生産見通し』により作成』。

1990 ～ 2020 年世界半导体市场规模

单位:百万美元

	1990年	2000年	2010年	2015年	2020年
日本	19,563	46,749	46,561	31,102	36,471
北美、南美	14,445	64,071	53,675	68,738	95,366
欧洲	9,599	42,309	38,054	34,258	37,520
亚洲及太平洋地区	6,912	51,264	160,025	201,070	271,032
其中：中国	……	……	……	98,574	151,488
世界合计	50,519	204,394	298,315	335,168	440,389

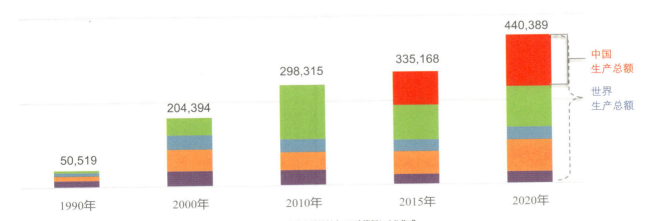

资料来源：公益财团法人矢野恒太纪念会『日本国勢図会 2021/22』第 219 页、世界半導体市場統計（WSTS）资料により作成。

说明:本节中未注明资料来源的图表均根据日本贸易图鉴网站(https://jtrade.ecodb.net/)的图解整理而成。日本贸易图鉴网站根据联合国商品贸易统计数据库(UN Comtrade)的数据制作图解，因此图表中含日本贸易图鉴网站推算数据。"中国"的进出口金额数据仅计算了中国大陆地区的数据，不含中国港澳台地区，"中国台湾"的数据均为推算数据。

16 包装资材与容器

汽车部件（车体、内装、电装）

汽车部件（引擎、驱动、控制）

电子部件 (Active components)

电子部件 (Passive components)

电子部件 (Parts components)

包装资材与容器

电线与电缆

产业机械部品

工业轴承

…

日本大型制罐／包装资材企业

上游产业链（部分原材料及产品）

玻璃业界 AGC
化学业界 东丽
有色金属
专业商社

下游产业链（部分行业）

饮料行业 可口可乐、朝日啤酒、三得利、森永乳业等

食品行业 荏原食品工业、明知制果、山崎面包、乐天等

化妆品/医药品 卫材、花王、Sunstar等

综合商社/专业商社 三井物产、丰田通商、NX商事等

包装资材与容器
主要包括用于制造胶黏机、自动装瓶机、包装缓冲材、专用瓶、包罐的塑料瓶、耐水/耐油食品纸容器、饮料铝罐、耐油/耐酸塑料托盘、聚酯薄膜缓冲材、泡罩包装容器、收缩胶带捆包材等产品。

日本金属容器进口近况　单位：亿美元

年份	进口金额	同比增减（%）
2021	2.32	▲ 2.4
2020	2.26	▲ 0.1
2019	2.26	▲ 1.2
2018	2.23	▲ 20.1
2017	1.86	▼ -4.5
2016	1.95	▼ -23.2
2015	2.53	▼ -8.3
2014	2.76	▲ 30.0

注：金属容器指钢、铁、铝制作的油罐、气罐、铝罐等。

日本金属容器出口近况　单位：亿美元

年份	出口金额	同比增减（%）
2021	1.29	▲ 10.0
2020	1.17	▼ -22.7
2019	1.52	▲ 10.3
2018	1.37	▲ 10.8
2017	1.24	▲ 9.0
2016	1.14	▼ -14.5
2015	1.33	▲ 17.7
2014	1.13	▼ -10.7

注：金属容器指钢、铁、铝制作的油罐、气罐、铝罐等。

东洋制罐集团控股(株)
【5901】東洋製罐グループホールディングス株式会社
https://www.tskg-hd.com
产品主要为罐、塑料瓶、塑料杯、气溶胶罐等。
销售收入 **8,215** 亿日元　营业利润 **341** 亿日元
2011年 7,028　2021年 8,215　单位：亿日元
10年销售额变化 **+16.89%**

(株)FP
【7947】株式会社エフピコ
https://www.fpco.jp/
主要生产塑料托盘、合成树脂托盘、关联包装资材等。
销售收入 **1,957** 亿日元　营业利润 **158** 亿日元
2011年 1,556　2021年 1,957　单位：亿日元
10年销售额变化 **+25.77%**

大和制罐(株)
【未上市】大和製罐株式会社
https://daiwa-can.co.jp/
产品为瓶状金属容器、葡萄酒瓶、饮料/食品罐、气溶胶罐、塑料瓶杯等。
销售收入 **1,330** 亿日元　营业利润 **23** 亿日元
2011年 1,330　2021年 1,330　单位：亿日元
10年销售额变化 **0**

主要制罐（资材＋容器）企业	其他制罐（资材＋容器）企业	

日本 Parkerizing（株）
【4095】日本パーカライジング株式会社
https://www.parker.co.jp/

主要生产收缩膜标签、印刷粘纸标签、各种软包装等。

销售收入 **1,177** 亿日元　营业利润 **133** 亿日元

（株）吉野工业所
【未上市】株式会社吉野工业所
http://www.yoshinokogyosho.co.jp/

从事食品、化妆品、洗涤剂和药品的各种塑料容器成型加工的领先制造商。

销售收入（2021/05 决算报表） **1,942** 亿日元　营业利润 **N/A** 亿日元

藤森工业（株）
【7917】藤森工業株式会社
https://www.zacros.co.jp/

主要生产食品/生活用包装材、医疗/医药用包装材、塑封小袋等。

销售收入 **1,278** 亿日元　营业利润 **103** 亿日元

（株）富士 SEAL 国际
【7864】株式会社フジシールインターナショナル
https://www.fujiseal.com/jp

主要生产收缩膜标签、印刷粘纸标签、软包装等。

销售收入 **1,703** 亿日元　营业利润 **105** 亿日元

大仓工业（株）
【4221】大倉工業株式会社
https://www.okr-ind.co.jp

主要生产覆膜机、收缩膜标签、液体密闭容器等。

销售收入 **884** 亿日元　营业利润 **51** 亿日元

北海制罐集团控股（株）
【5902】ホッカンホールディングス株式会社
https://www.hokkanholdings.co.jp/

产品包括钢制饮料罐、气溶胶罐、各种塑料容器等。

销售收入 **863** 亿日元　营业利润 **13** 亿日元

积水化成品工业（株）
【4228】積水化成品工業株式会社
https://www.sekisuikasei.com/

产品包括覆膜机、收缩膜标签、液体密闭容器等。

销售收入 **1,175** 亿日元　营业利润 **14** 亿日元

信越聚合物（株）
【7970】信越ポリマー株式会社
https://www.shinpoly.co.jp

主要生产聚合物胶带、浆果包装膜、食品/商品用包装材料等。

销售收入 **769** 亿日元　营业利润 **72** 亿日元

三井化学东赛璐（株）
【未上市】三井化学東セロ株式会社
https://www.mc-tohcello.co.jp/

主要生产包装用薄膜、产业用薄膜、各种功能性薄膜等。

销售收入（2021/03 决算报表） **755** 亿日元　营业利润 **106** 亿日元

（株）JSP
【7942】株式会社 JSP
https://www.co-jsp.co.jp

主要生产工业用包装、食品用包装材料等。

销售收入 **1,141** 亿日元　营业利润 **45** 亿日元

石塚硝子（株）
【5204】石塚硝子株式会社
https://www.ishizuka.co.jp/

主要生产玻璃瓶、纸容器、塑料瓶等。

销售收入 **693** 亿日元　营业利润 **26** 亿日元

通用制罐（株）
【未上市】アルテミラ製缶株式会社
https://www.altemiracan.co.jp/

产品包括铝罐、铝制饮料罐、特殊罐等。

销售收入 **660** 亿日元　营业利润 **-11** 亿日元

2021 年日本金属容器进出口额排名前十的国家/地区
单位:亿美元

金属容器 进口金额 国家/地区占比　金属容器 出口金额 国家/地区占比

排名	进口 国家/地区	金额	占比(%)	出口 国家/地区	金额	占比(%)
1	中国	0.9	38.9	美国	0.36	27.8
2	美国	0.26	11.4	韩国	0.27	21.2
3	以色列	0.24	10.2	中国	0.17	13.4
4	韩国	0.22	9.3	中国台湾（推算）	0.16	12.6
5	泰国	0.21	8.9	越南	0.12	9.0
6	中国台湾（推算）	0.13	5.6	泰国	0.05	4.0
7	越南	0.09	4.1	新加坡	0.02	1.8
8	意大利	0.06	2.4	菲律宾	0.01	1.1
9	德国	0.05	2.1	德国	0.01	1.1
10	法国	0.03	1.4	比利时	0.01	1.1
	其他所有国家/地区	0.13	5.6	其他所有国家/地区	0.09	7.0

注：金属容器指钢、铁、铝制作的油罐、气罐、铝罐等。

16

包装资材与容器

汽车部件（车体、内装、电装）

汽车部件（引擎、驱动、控制）

电子部件
(Active components)

电子部件
(Passive components)

电子部件
(Parts components)

包装资材与容器

电线与电缆

产业机械部品

工业轴承

……

主要制罐（资材＋容器）企业	其他制罐（资材＋容器）企业

东罐兴业(株)

【未上市】東罐興業株式会社
https://www.tokan.co.jp/

主要生产纸杯、塑料杯、纸容器、塑料容器等。

销售收入 **534** 亿日元　　营业利润 **14** 亿日元

日本山村硝子(株)

【5210】日本山村硝子株式会社
https://www.yamamura.co.jp/

产品主要为玻璃瓶、耐热 PET 饮料瓶、各种瓶盖等。

销售收入 **642** 亿日元　　营业利润 **4** 亿日元

中央化学(株)

【7895】中央化学株式会社
https://www.chuo-kagaku.co.jp/

主要生产塑料托盘、合成树脂托盘、关联包装资材等。

销售收入 **479** 亿日元　　营业利润 **23** 亿日元

日本 CLOSURES(株)

【未上市】日本クロージャー株式会社
http://www.ncc-caps.co.jp/

主要生产各种食品、药品、卫生用品小型容器的金属或塑料盖子等。

销售收入 **479** 亿日元　　营业利润 **7** 亿日元

(株)SunA 化研

【4234】株式会社サンエー化研
http://www.sun-a-kaken.co.jp/

主要生产轻包装资材、剥离纸、表面保护膜等。

销售收入 **286** 亿日元　　营业利润 **7** 亿日元

(株)细川洋行

【未上市】株式会社細川洋行
https://www.hosokawa-yoko.co.jp/

专门从事各种软包装材料加工的大型企业，生产食品、工业产品、药品等的包装材料。

销售收入（2021/03 决算报表） **276** 亿日元　　营业利润 **20** 亿日元

JFE 容器(株)

【5907】JFE コンテイナー株式会社
https://www.jfecon.jp/

主要生产铁通、高压瓦斯容器等。

销售收入 **274** 亿日元　　营业利润 **22** 亿日元

(株)大协精工

【未上市】株式会社大協精工
http://www.daikyoseiko.jp/

药品和医疗包装的专业制造商，其药用玻璃瓶橡胶塞占日本近 70% 市场份额。

销售收入（2020/10 决算报表） **221** 亿日元　　税前利润 **50** 亿日元

Filnext(株)

【未上市】フィルネクスト株式会社
http://www.filnext.jp/

大型包装材料供应商，其中食品包装占 8 成，此外还生产洗漱用品、医疗和功能材料包装。

销售收入（2020/12 决算报表） **208** 亿日元　　税前利润 **4** 亿日元

(株)共和

【未上市】株式会社共和
http://www.kyowa-ltd.co.jp

橡皮筋、胶布等包装产品制造商，还生产医用胶带、汽车轮胎和各种电线／电气用品。

销售收入 **139** 亿日元　　营业利润 **0** 亿日元

和田不锈钢工业(株)

【未上市】和田ステンレス工業株式会社
http://www.wada-st.co.jp/

主营化学用不锈钢高纯度药品容器、饮料用容器（啤酒桶）。

销售收入（2020/12 决算报表） **23** 亿日元　　营业利润 **3** 亿日元

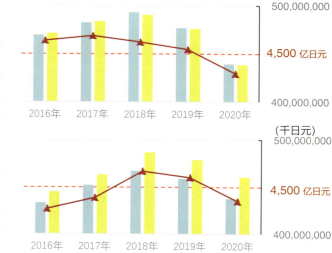

📊 2016 ～ 2020 年日本包装资材与容器生产销售情况

	年份	生产数量（吨）	销售数量（吨）	销售金额（千日元）
日本塑料包装制品	2016	1,171,725	1,174,376	463,847,169
	2017	1,192,429	1,194,459	469,022,521
	2018	1,209,690	1,205,086	462,301,986
	2019	1,183,638	1,182,101	454,500,254
	2020	1,123,372	1,121,921	429,367,110

（千日元）
500,000,000
4,500 亿日元
400,000,000
2016年　2017年　2018年　2019年　2020年

	年份	生产数量（吨）	销售数量（吨）	销售金额（千日元）
日本塑料容器制品	2016	783,460	812,847	427,010,043
	2017	830,754	857,665	438,887,281
	2018	868,001	916,703	466,889,265
	2019	847,670	897,001	460,059,975
	2020	794,640	851,341	435,110,207

（千日元）
500,000,000
4,500 亿日元
400,000,000
2016年　2017年　2018年　2019年　2020年

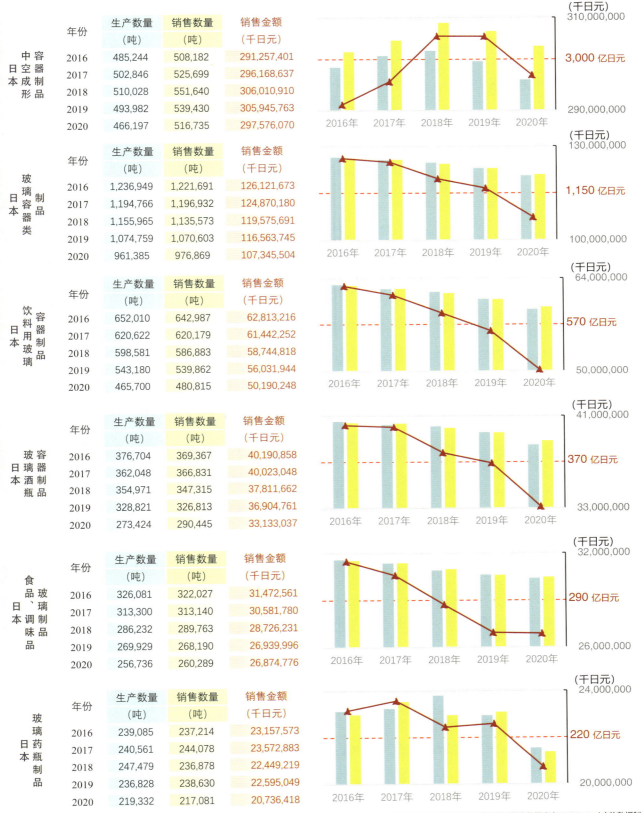

年份	生产数量 (吨)	销售数量 (吨)	销售金额 (千日元)
2016	485,244	508,182	291,257,401
2017	502,846	525,699	296,168,637
2018	510,028	551,640	306,010,910
2019	493,982	539,430	305,945,763
2020	466,197	516,735	297,576,070

中空成形容器制品 日本

年份	生产数量 (吨)	销售数量 (吨)	销售金额 (千日元)
2016	1,236,949	1,221,691	126,121,673
2017	1,194,766	1,196,932	124,870,180
2018	1,155,965	1,135,573	119,575,691
2019	1,074,759	1,070,603	116,563,745
2020	961,385	976,869	107,345,504

玻璃容器类制品 日本

年份	生产数量 (吨)	销售数量 (吨)	销售金额 (千日元)
2016	652,010	642,987	62,813,216
2017	620,622	620,179	61,442,252
2018	598,581	586,883	58,744,818
2019	543,180	539,862	56,031,944
2020	465,700	480,815	50,190,248

饮料用玻璃容器制品 日本

年份	生产数量 (吨)	销售数量 (吨)	销售金额 (千日元)
2016	376,704	369,367	40,190,858
2017	362,048	366,831	40,023,048
2018	354,971	347,315	37,811,662
2019	328,821	326,813	36,904,761
2020	273,424	290,445	33,133,037

玻璃酒瓶容器制品 日本

年份	生产数量 (吨)	销售数量 (吨)	销售金额 (千日元)
2016	326,081	322,027	31,472,561
2017	313,300	313,140	30,581,780
2018	286,232	289,763	28,726,231
2019	269,929	268,190	26,939,996
2020	256,736	260,289	26,874,776

食品、调味品玻璃制品 日本

年份	生产数量 (吨)	销售数量 (吨)	销售金额 (千日元)
2016	239,085	237,214	23,157,573
2017	240,561	244,078	23,572,883
2018	247,479	236,878	22,449,219
2019	236,828	238,630	22,595,049
2020	219,332	217,081	20,736,418

玻璃药瓶制品 日本

工业器件与部件制造业

说明:本节中未注明资料来源的图表均根据日本贸易图鉴网站(https://jtrade.ecodb.net/)的图解整理而成。日本贸易图鉴网站根据联合国商品贸易统计数据库(UN Comtrade)的数据制作图解,因此图表中含日本贸易图鉴网站推算数据。"中国"的进出口金额数据仅计算了中国大陆地区的数据,不含中国港澳台地区,"中国台湾"的数据均为推算数据。

资料来源:经济产业省生产动态统计年报

17

电线与电缆

上游产业链（部分原材料及产品）

专业商社
日铁物产
丰田通商

有色金属
UACJ
日立金属

化学业界
藤仓复合
信昭聚合物
东亚合成

钢铁业界
三菱综合材料

电线与电缆
主要包括用于家用路由器、海底电缆、架空电线、屋内配线的CA电缆、扁平电缆、密封线、光缆、电线、同轴电缆、EM电线/EM电缆等产品。

古河电气工业（株）
住友电气工业（株）

下游产业链（部分行业）

电力行业
东京电力、关西电力、中国电力等

家电行业
松下、夏普、东芝等

广播/电视
卫材、花王、Sunstar等

PC/网络机器
富士通、冲电气、NEC Platforms等

日本绝缘电缆进口近况

单位：亿美元

年份	进口金额	同比增减（%）
2021	85.49	▲ 17.7
2020	72.63	▼ -7.1
2019	78.22	▲ 2.0
2018	76.67	▲ 11.2
2017	68.97	▲ 9.7
2016	62.87	▼ -0.6
2015	63.23	▼ -6.0
2014	67.25	▲ 2.7

日本绝缘电缆出口近况

单位：亿美元

年份	出口金额	同比增减（%）
2021	30.93	▲ 14.7
2020	26.97	▼ -0.7
2019	27.17	▼ -7.4
2018	29.34	▲ 6.5
2017	27.55	▲ 7.4
2016	25.65	▲ 7.4
2015	23.88	▼ -12.0
2014	27.14	▼ -11.1

侧边栏目录

- 汽车部件（车体、内装、电装）
- 汽车部件（引擎、驱动、控制）
- 电子部件 (Active components)
- 电子部件 (Passive components)
- 电子部件 (Parts components)
- 包装资材与容器
- **电线与电缆**
- 产业机械部品
- 工业轴承
- ...

日本三大电线电缆企业

住友电气工业（株）

【5802】住友電気工業株式会社

https://sei.co.jp

主要生产汽车线束、光纤光缆、通信电缆、电线、磁导线等。

销售收入 **33,678** 亿日元　　营业利润 **1,221** 亿日元

2011年 20,593
2021年 33,678
单位：亿日元

10年销售额变化 **+63.54%**

古河电气工业（株）

【5801】古河電気工業株式会社

https://www.furukawa.co.jp

产品包括光缆、金属缆线、光纤熔接机、超导电线等。

销售收入 **9,304** 亿日元　　营业利润 **114** 亿日元

2011年 9,188
2021年 9,304
单位：亿日元

10年销售额变化 **+1.26%**

（株）藤仓

【5803】株式会社フジクラ

https://www.fujikura.co.jp

产品包括光纤熔接机、光纤光缆、通信/电力电缆、产业电线等。

销售收入 **6,703** 亿日元　　营业利润 **382** 亿日元

2011年 5,090
2021年 6,703
单位：亿日元

10年销售额变化 **+31.69%**

主要电线电缆企业

日立金属(株) ●●●
【5486】日立金属株式会社
https://www.hitachi-metals.co.jp

产品包括电力/产业用电线、电子设备用电线、卷线制品等。

销售收入 **9,427** 亿日元　营业利润 **266** 亿日元

昭和电线控股(株) ●●●
【5805】昭和電線ホールディングス株式会社
https://www.swcc.co.jp/

产品包括产业用电线/电缆、电力电缆、光缆、LAN关联电缆等。

销售收入 **1,991** 亿日元　营业利润 **100** 亿日元

三菱电线工业(株) ●●●
【未上市】三菱電線工業株式会社
https://www.mitsubishi-cable.co.jp

主要生产电力电缆、高周波同轴电缆、金属通信电缆、光缆等。

销售收入 **188** 亿日元　营业利润 **14** 亿日元

西日本电线(株) ●●●
【未上市】西日本電線株式会社
http://www.nnd.co.jp/

主要生产多功能电线、电力电缆、控制电缆、信息通信电缆等。

销售收入 **270** 亿日元　营业利润 **7** 亿日元

其他电线电缆企业

住电 HST 电缆(株) ●●●
【未上市】住電 HST ケーブル株式会社
http://www.hst-cable.co.jp/

主要生产绝缘电缆、电力电缆、EN电线电缆等。

销售收入 **797** 亿日元　营业利润 **10** 亿日元

(株)藤仓 DIA 电缆 ●●●
【未上市】株式会社フジクラ・ダイヤケーブル
http://www.fujikura-dia.co.jp/

主要生产电缆、ECO电缆、高阻燃电缆、消防用电缆等。

销售收入 **713** 亿日元　营业利润 **22** 亿日元

东日京三电线(株) ●●●
【未上市】東日京三電線株式会社
http://www.tonichi-kyosan.co.jp/

生产信息通信电缆、光纤电缆、电力电缆等。

销售收入 **330** 亿日元　营业利润 **5** 亿日元

古河电工产业电线(株) ●●●
【未上市】古河電工産業電線株式会社
https://feic.co.jp/

主要生产建筑电线/电缆、电气设备/车辆/船舶等电缆。

销售收入 **239** 亿日元　净利润 **-3** 亿日元

Onamba 欧南芭(株) ●●●
【5816】オーナンバ株式会社
https://www.onamba.co.jp/

主要生产电视机线束、特殊电缆、各种塑料电线等。

销售收入 (2021/12决算报表) **714** 亿日元　营业利润 **22** 亿日元

拓自达电线(株) ●●●
【5809】タツタ電線株式会社
http://www.tatsuta.co.jp/

主要生产设备用电线/电缆、配电/车辆用电线、铁路信号电缆等。

销售收入 **598** 亿日元　营业利润 **28** 亿日元

平河 Hewtech(株) ●●●
【5821】平河ヒューテック株式会社
https://www.hewtech.co.jp/

生产同轴电缆、高精度/高速传送电缆、电视电缆/电线等。

销售收入 **278** 亿日元　营业利润 **19** 亿日元

东京特殊电线(株) ●●●
【5807】東京特殊電線株式会社
https://www.totoku.co.jp/

主要生产磁导线、线圈、电线、光电制品等。

销售收入 **209** 亿日元　营业利润 **32** 亿日元

工业器件与部件制造业

2021 年日本绝缘电缆进出口额排名前十的国家/地区

单位：亿美元

绝缘电缆 进口金额 国家/地区占比

绝缘电缆 出口金额 国家/地区占比

排名	进口 国家/地区	金额	占比 (%)	出口 国家/地区	金额	占比 (%)
1	中国	23.71	27.7	中国	6.49	21.0
2	越南	22.97	26.8	美国	4.76	15.4
3	菲律宾	13.81	16.2	越南	2.75	8.9
4	印度尼西亚	9.33	10.9	菲律宾	1.86	6.0
5	泰国	5.79	6.8	泰国	1.76	5.7
6	韩国	1.86	2.2	印度尼西亚	1.56	5.0
7	美国	1.59	1.9	墨西哥	1.41	4.6
8	柬埔寨	1.28	1.5	中国香港	1.29	4.2
9	中国台湾（推算）	1.16	1.4	中国台湾（推算）	1.16	3.8
10	马来西亚	1.06	1.2	韩国	1.01	3.3
	其他所有国家/地区	3.03	3.6	其他所有国家/地区	6.86	22.2

说明：本节中未注明资料来源的图表均根据日本贸易图鉴网站（https://jtrade.ecodb.net/）的图解整理而成。日本贸易图鉴网站根据联合国商品贸易统计数据库（UN Comtrade）的数据制作图解，因此图表中含日本贸易图鉴网站推算数据。"中国"的进出口金额数据仅计算了中国大陆地区的数据，不含中国港澳台地区，"中国台湾"的数据均为推算数据。

18 产业机械部件

汽车部件（车体、内装、电装）

汽车部件（引擎、驱动、控制）

电子部件（Active components）

电子部件（Passive components）

电子部件（Parts components）

包装资材与容器

电线与电缆

产业机械部件

工业轴承

...

日本著名重工企业

日本马达、发电机进口近况

单位：亿美元

年份	进口金额	同比增减（%）
2021	29.94	▲ 24.9
2020	23.97	▼ -17.2
2019	28.97	▲ 7.9
2018	26.85	▲ 8.5
2017	24.75	▲ 14.7
2016	21.57	▼ -1.3
2015	21.86	▼ -10.4
2014	24.4	▲ 14.5

日本马达、发电机出口近况

单位：亿美元

年份	出口金额	同比增减（%）
2021	61.42	▲ 24.3
2020	49.41	▲ 7.4
2019	46.02	▼ -0.4
2018	46.21	▲ 6.2
2017	43.5	▲ 5.9
2016	41.07	▼ -0.8
2015	41.42	▼ -15.8
2014	49.17	▲ 1.5

三菱重工业（株） ●●●

【7011】三菱重工業株式会社

https://www.mhi.com/jp/

产品包括喷气式发动机、柴油发动机、涡轮增压器等。

销售收入 **38,602** 亿日元　　税前利润 **1,736** 亿日元

	2011年	28,209	10 年销售额变化
	2021年	38,602	**+36.84%**
	单位：亿日元		

川崎重工业（株） ●●●

【7012】川崎重工業株式会社

https://www.khi.co.jp/

产品包括喷气式发动机、燃气轮机、柴油发动机、液压机器等。

销售收入 **15,008** 亿日元　　营业利润 **458** 亿日元

	2011年	13,037	10 年销售额变化
	2021年	15,008	**+15.12%**
	单位：亿日元		

（株）IHI ●●●

【7013】株式会社 IHI

https://www.ihi.co.jp/

产品包括喷气式发动机、燃气轮机、柴油发动机等。

销售收入 **11,729** 亿日元　　营业利润 **814** 亿日元

	2011年	12,218	10 年销售额变化
	2021年	11,729	**-4.00%**
	单位：亿日元		

| 主要重工企业 | 其他重工企业 | |

住友重机械工业(株)
【6302】住友重機械工業株式会社
https://www.shi.co.jp/

产品包括各种涡轮设备、注塑机、变速器、减速机等。

销售收入 **9,439** 亿日元　　营业利润 **656** 亿日元

(株)小松制作所
【6301】株式会社小松製作所
https://home.komatsu/jp/

生产建设／矿山机械铸件、液压部件铸件、密封圈、引擎部件铸件等。

销售收入 **28,023** 亿日元　　营业利润 **3,170** 亿日元

(株)三井 E&SMachinery
【未上市】株式会社三井 E&S マシナリー
https://www.mes.co.jp/machinery

设计制造船舶用柴油机、压缩机、集装箱起重机、雷达探测装置、机器人等各种机械设备。

销售收入 **1,277** 亿日元　　营业利润 **68** 亿日元

THK(株)
【6481】THK 株式会社
https://www.thk.com/?q=jp

主要生产电动传动装置、直线电机、直线导轨、直线轴承等产品。

销售收入 (2021/12 决算报表) **3,181** 亿日元　　营业利润 **302** 亿日元

大发柴油机(株)
【6023】ダイハツディーゼル株式会社
http://www.dhtd.co.jp/

产品包括柴油发动机、燃气轮机、发电系统、铝轮毂等。

销售收入 (2021/03 决算报表) **576** 亿日元　　营业利润 **20** 亿日元

(株)日本华尔卡 VALQUA(株)
【7995】株式会社バルカー
http://www.valqua.co.jp/

主要生产工业铂金、氟树脂部件等。

销售收入 **531** 亿日元　　营业利润 **69** 亿日元

纳博特斯克(株)
【6268】ナブテスコ株式会社
https://www.nabtesco.com/

产品包括减速机、控制阀、各种传动装置等。

销售收入 **2,998** 亿日元　　营业利润 **300** 亿日元

(株)泰珂洛
【未上市】株式会社タンガロイ
https://tungaloy.com/ttj

制造销售粉末冶金制品、超硬工具、陶瓷工业制品。主力产品为金属加工用切削工具。

销售收入 (2021/12 决算报表) **503** 亿日元　　营业利润 **176** 亿日元

(株)佐贺铁工所
【未上市】株式会社佐賀鉄工所
https://www.dextech.co.jp

业界第一的螺丝钉专业制造商，并以汽车、农业机械为主要对象。

销售收入 **435** 亿日元　　净利润 **34** 亿日元

OSG(株)
【6136】オーエスジー株式会社
https://www.osg.co.jp/

主要生产工业钻头、立铣刀、量规、钻头研磨机等。

销售收入 (2021/11 决算报表) **1,261** 亿日元　　营业利润 **161** 亿日元

KYB-YS(株)
【未上市】KYB-YS 株式会社
https://www.kyb-ys.co.jp/

基于研发的液压设备制造商，液压机器销售额占总销售额的 90%。

销售收入 **407** 亿日元　　净利润 **25** 亿日元

(株)摩腾
【未上市】株式会社モルテン
https://www.molten.co.jp/

主营体育用品、汽车零部件、医疗／福利／保健设备以及船舶／工业用品。

销售收入 (2021/09 决算报表) **394** 亿日元　　净利润 **17** 亿日元

2021 年日本马达、发电机进出口额排名前十的国家／地区

单位：亿美元

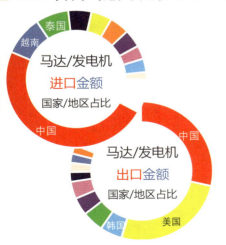

		进口			出口		
排名	国家/地区	金额	占比(%)		国家/地区	金额	占比(%)
1	中国	13.71	48.5		中国	17.56	28.6
2	越南	2.75	9.2		美国	15.97	26.0
3	泰国	2.27	7.6		韩国	3.08	5.0
4	德国	1.59	5.3		泰国	3.01	4.9
5	美国	1.44	4.8		捷克	2.5	4.1
6	荷兰	1.35	4.5		中国台湾（推算）	2.44	4.0
7	菲律宾	1.25	4.2		波兰	1.4	2.3
8	中国台湾（推算）	0.95	3.2		加拿大	1.32	2.1
9	韩国	0.94	3.2		墨西哥	1.31	2.1
10	印度尼西亚	0.54	1.8		德国	1.24	2.0
	其他所有国家/地区	2.21	7.8		其他所有国家/地区	11.58	18.9

说明：本节中未注明资料来源的图表均根据日本贸易图鉴网站(https://jtrade.ecodb.net/)的图解整理而成。日本贸易图鉴网站根据联合国商品贸易统计数据库(UN Comtrade)的数据制作图解，因此图表中含日本贸易图鉴网站推算数据。"中国"的进出口金额数据仅计算了中国大陆地区的数据，不含中国港澳台地区，"中国台湾"的数据均为推算数据。

工业器件与部件制造业

18 产业机械部件

汽车部件（车体、内装、电装）

汽车部件（引擎、驱动、控制）

电子部件 (Active components)

电子部件 (Passive components)

电子部件 (Parts components)

包装资材与容器

电线与电缆

产业机械部件

工业轴承

...

主要重工企业

(株)IHI 原动机
【未上市】株式会社 IHI 原動機
https://www.ihi.co.jp/ips/
产品包括柴油发动机、燃气轮机、发电装置、燃料喷射关联机器等。
销售收入 **839** 亿日元　营业利润 **15** 亿日元

藤仓复合(株)
【5121】藤倉コンポジット株式会社
https://www.fujikuracomposites.jp/
生产汽缸、减压阀、引擎部件、制动部件、电缆材等。
销售收入 **371** 亿日元　营业利润 **41** 亿日元

日本电产 COPAL(株)
【未上市】日本電産コパル株式会社
https://www.nidec.com/jp/nidec-copal/
主要生产各种马达。
销售收入 **299** 亿日元　营业利润 **1** 亿日元

(株)八幡螺丝
【未上市】株式会社八幡ねじ
https://yht.co.jp
螺丝钉、螺母、金属制品等紧固件制造商。拥有从工业用部件到DIY关联部件的约40万品目的商品群。
销售收入（2020/06 决算报表）**224** 亿日元　营业利润 **7** 亿日元

其他重工企业

(株)Sohshin
【未上市】株式会社ソーシン
http://www.sohshin-net.co.jp/
主要生产特殊车辆单元、机械加工制品、钣金加工制品等。
销售收入 **377** 亿日元　营业利润 **6** 亿日元

(株)SHINKO
【未上市】株式会社シンコー
http://www.shinkohir.co.jp/
船舶用泵和蒸汽涡轮机的专业制造商。
销售收入（2020/10 决算报表）**306** 亿日元　营业利润 **17** 亿日元

岩田螺丝(株)
【未上市】イワタボルト株式会社
https://iwatabolt.co.jp
从事螺丝类产品生产销售及进出口，日产能力高达 3000 万根。
销售收入（2020/05 决算报表）**266** 亿日元　营业利润 **9** 亿日元

富士精工(株)
【6142】富士精工株式会社
http://www.c-max.co.jp/
主要生产钻头、刀具、机械装置、治具等。
销售收入（2022/02 决算报表）**201** 亿日元　营业利润 **3** 亿日元

旭钻石工业(株)
【6140】旭ダイヤモンド工業株式会社
https://www.asahidia.co.jp/
主要生产金刚钻、工业钻头、立铣刀、铰刀、耐磨工具等。
销售收入 **371** 亿日元　营业利润 **28** 亿日元

东洋电机制造(株)
【6505】東洋電機製造株式会社
https://www.toyodenki.co.jp/
主要生产铁道车辆用电机、马达、逆变器、发电装置等。
销售收入（2022/05 决算报表）**301** 亿日元　营业利润 **1** 亿日元

(株)兴和工业所
【未上市】株式会社興和工業所
http://www.at-kowa.co.jp/
从事热镀锌、树脂涂层等的金属表面处理、机械加工、冲压金属板加工、再利用栏杆制造等。
销售收入（2021/03 决算报表）**251** 亿日元　营业利润 **3** 亿日元

(株)MOLDINO
【未上市】株式会社 MOLDINO
http://www.moldino.com/
生产特殊钢钻头、超硬合金切削工具、各种机械器具。
销售收入 **191** 亿日元　营业利润 **27** 亿日元

日本非电气马达进口近况
单位:亿美元

年份	进口金额	同比增减（%）
2021	4.89	▼ -0.5
2020	4.91	▼ -28.7
2019	6.89	▼ -16.1
2018	8.22	▲ 25.1
2017	6.57	▲ 5.0
2016	6.25	▲ 23.1
2015	5.08	▲ 6.7
2014	4.76	▲ 3.8

日本非电气马达出口近况
单位:亿美元

年份	出口金额	同比增减（%）
2021	38.21	▼ -5.6
2020	40.46	▼ -19.4
2019	50.22	▼ -3.7
2018	52.15	▲ 11.9
2017	46.61	▲ 1.8
2016	45.78	▲ 8.6
2015	42.15	▲ 8.4
2014	38.87	▼ -14.0

行业信息 一般社団法人 日本产业机械工业会　大阪府大阪市北区西天満二丁目6番8号堂大厦2F　电话:06-6363-2080（代表）　https://www.jsim.or.jp/

其他重工企业

特线工业（株）

【未上市】トクセン工業株式会社
http://www.tokusen.co.jp/

从事轮胎用钢帘线、胎圈钢丝、各种异形丝和钢琴线等的特殊金属线的制造及销售。

| 销售收入 | **189** 亿日元 | 税前利润 | **10** 亿日元 |

（株）金阳社

【未上市】株式会社金陽社
https://www.kinyo-j.co.jp

用于印刷、工业和办公自动化设备的橡胶辊和橡胶毯大型制造商。

| 销售收入 | **184** 亿日元 | 净利润 | **7** 亿日元 |

（株）横森制作所

【未上市】株式会社横森製作所
http://www.yokomori.co.jp/

日本最大的钢筋制楼梯专业制造商，日本国内超高层建筑市场的占有率约80%。

| 销售收入（2020/08 决算报表） | **172** 亿日元 | 营业利润 | **24** 亿日元 |

（株）中北制作所

【6496】株式会社中北製作所
https://www.nakakita-s.co.jp/

产品包括船用发动机、蝶阀、自动调节阀等。

| 销售收入（2022/05 决算报表） | **171** 亿日元 | 营业利润 | **5** 亿日元 |

福井鋲螺（株）

【未上市】福井鋲螺株式会社
https://www.byora.co.jp/

利用独特的冷冲压技术，生产微小特殊形状的螺丝、铆钉。

| 销售收入（2021/12 决算报表） | **148** 亿日元 | 净利润 | **13** 亿日元 |

住友重机械 Gearbox（株）

【未上市】住友重機械ギヤボックス株式会社
https://www.shigearbox.com

主营各种大、小型减速机。

| 销售收入 | **142** 亿日元 | 营业利润 | **3** 亿日元 |

山下橡胶（株）

【未上市】山下ゴム株式会社
https://www.yamashita-rub.co.jp/

汽车橡胶部件制造商，主要生产防震橡胶。

| 销售收入 | **131** 亿日元 | 营业利润 | **-2** 亿日元 |

（株）井口一世

【未上市】株式会社井口一世
http://www.iguchi.ne.jp/

主营精密机器部件的制造、销售，并以多品种小批量生产为主要特色。

| 销售收入（2021/03 决算报表） | **125** 亿日元 | 营业利润 | **7** 亿日元 |

光洋密封科技（株）

【未上市】光洋シーリングテクノ株式会社
http://www.koyo-st.co.jp/

生产树脂功能部件，如工业油封和中心轴承单元等。

| 销售收入（2021/03 决算报表） | **108** 亿日元 | 营业利润 | **-6** 亿日元 |

UNIYTITE（株）

【未上市】ユニタイト株式会社
http://unytite.com/

紧固件的独立系综合制造商，从事汽车用锻造部件和造船、重机、建筑用螺丝部件制造。

| 销售收入（2021/03 决算报表） | **105** 亿日元 | 营业利润 | **9** 亿日元 |

大阪铭板（株）

【未上市】大阪銘板株式会社
http://www.daimei.jp/

塑料注塑模具和塑料成型产品的综合加工厂，主要面向家用电器、照相机、汽车和娱乐产业。

| 销售收入（2021/03 决算报表） | **99** 亿日元 | 税前利润 | **-3** 亿日元 |

（株）Takako

【未上市】株式会社タカコ
https://www.takako-inc.com

从事液压装置、电磁阀的制造销售，汽车零件、精密零件、球形焊接零件的加工销售。全球市场份额65%。

| 销售收入（2021/03 决算报表） | **91** 亿日元 | 营业利润 | **2** 亿日元 |

2021 年日本非电气马达进出口额排名前十的国家／地区

单位：亿美元

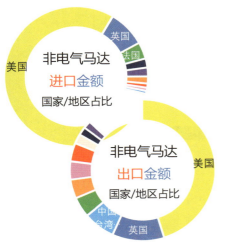

非电气马达
进口金额
国家/地区占比

非电气马达
出口金额
国家/地区占比

排名	进口 国家/地区	金额	占比(%)	出口 国家/地区	金额	占比(%)
1	美国	36.98	75.6	美国	17.33	45.3
2	英国	4.14	8.4	英国	4.41	11.5
3	法国	1.86	3.8	中国台湾（推算）	2.71	7.1
4	意大利	1.01	2.1	韩国	1.76	4.6
5	德国	1	2.0	阿联酋	1.68	4.4
6	加拿大	0.8	1.6	泰国	1.6	4.2
7	中国	0.47	1.0	中国	1.59	4.2
8	以色列	0.35	0.7	中国香港	0.84	2.2
9	墨西哥	0.34	0.7	新加坡	0.72	1.9
10	波兰	0.29	0.6	德国	0.66	1.7
	其他所有国家/地区	1.68	3.4	其他所有国家/地区	4.92	12.9

说明：本节中未注明资料来源的图表均根据日本贸易图鉴网站（https://jtrade.ecodb.net/）的图解整理而成。日本贸易图鉴网站根据联合国商品贸易统计数据库（UN Comtrade）的数据制作图解，因此图表中含日本贸易图鉴网站推算数据。"中国"的进出口金额数据仅计算了中国大陆地区的数据，不含中国港澳台地区，"中国台湾"的数据均为推算数据。

汽车部件（车体、内装、电装）

汽车部件（引擎、驱动、控制）

电子部件
(Active components)

电子部件
(Passive components)

电子部件
(Parts components)

包装资材与容器

电线与电缆

产业机械部件

工业轴承

...

其他重工企业

Parker 加工（株）
【未上市】パーカー加工株式会社
http://www.parker-kako.co.jp/

防锈、润滑、图案设计等金属表面处理加工专门企业。

销售收入 **81** 亿日元　净利润 **17** 亿日元

近江化工（株）
【未上市】近江化工株式会社
https://www.ohmikako.co.jp/

生产从超小型到大型的模具产品，包括精密功能部件，在空调和弱电设备方面实力较强。

销售收入（2020/10 决算报表）**79** 亿日元　营业利润 **2** 亿日元

日本高压电气（株）
【未上市】日本高圧電気株式会社
http://www.nkeco.co.jp/

大型高低压配电器械制造商。

销售收入（2020/02 决算报表）**65** 亿日元　营业利润 **N/A** 亿日元

（株）大阪真空机器制作所
【未上市】株式会社大阪真空機器製作所
https://www.osakavacuum.co.jp/

真空设备制造商，主要产品是涡轮分子泵和真空泵。

销售收入（2021/12 决算报表）**63** 亿日元　净利润 **1** 亿日元

（株）特殊金属 EXCEL
【未上市】株式会社特殊金属エクセル
https://www.tokkin.co.jp

精密金属材料制造商，生产用于电子机器、汽车、精密机器、纤维机器等的精密金属部件。

销售收入（2021/12 决算报表）**62** 亿日元　净利润 **4** 亿日元

（株）深江工作所
【未上市】株式会社深江工作所
https://www.fukae-mfg.com

精密金属模具和冲压加工企业，并以 AV·OA 机器部件、汽车用电装关联部件、家电关联部件为主要对象。

销售收入（2021/01 决算报表）**58** 亿日元　营业利润 **-1** 亿日元

（株）Castem
【未上市】株式会社キャステム
https://www.castem.co.jp/

日本工业设备和零部件制造商，生产失蜡精密铸造零件和陶瓷注射烧结零件。

销售收入（2021/03 决算报表）**55** 亿日元　营业利润 **-2** 亿日元

NEIS（株）
【未上市】ナイス株式会社
https://www.neis-co.com

主营特殊熔接材料销售、特殊熔接施工、真空施工。

销售收入（2021/03 决算报表）**54** 亿日元　营业利润 **3** 亿日元

（株）阪上制作所
【未上市】株式会社阪上製作所
https://www.sakagami-ltd.co.jp/

液压和气动设备密封件的专业制造商。

销售收入（2021/03 决算报表）**51** 亿日元　营业利润 **0** 亿日元

甲南电机（株）
【未上市】甲南電機株式会社
https://www.konan-em.com/

工业厂房的电磁阀和空气压缩机制造商。

销售收入（2020/08 决算报表）**51** 亿日元　营业利润 **2** 亿日元

仓敷激光（株）
【未上市】倉敷レーザー株式会社
https://www.k-lasergroup.com

利用最新的 YAG 激光加工机对不锈钢、铝、铁板等进行精密加工。

销售收入（2020/06 决算报表）**45** 亿日元　营业利润 **6** 亿日元

大垣精工（株）
【未上市】大垣精工株式会社
http://www.ogakiseiko.co.jp/

金属冲压模具、冲压零部件生产商，拥有先进的超精密加工技术。

销售收入（2020/08 决算报表）**40** 亿日元　营业利润 **0** 亿日元

📊 2016～2020 年汽油机生产销售情况

年份	生产			销售			其他
	数量（台）	容量（PS）	金额（百万日元）	数量（台）	容量（PS）	金额（百万日元）	数量（台）
2016	2,290,249	19,125,663	143,895	2,122,111	13,265,278	105,717	14,333
2017	2,311,171	21,919,330	153,268	1,933,925	15,074,601	105,447	4,190
2018	2,445,680	22,271,912	142,979	2,033,309	14,869,576	87,955	3,685
2019	2,565,722	19,068,246	136,852	2,297,668	12,672,611	89,737	2,735
2020	1,886,190	12,908,543	103,752	1,519,348	7,866,035	66,873	1,678

📊 2016～2020 年柴油机生产销售情况

年份	生产			销售			其他
	数量（台）	容量（PS）	金额（百万日元）	数量（台）	容量（PS）	金额（百万日元）	数量（台）
2016	1,241,616	59,674,525	403,415	1,007,518	44,018,073	305,420	467
2017	1,475,030	73,008,022	484,676	1,201,757	52,799,784	365,020	497
2018	1,762,012	86,078,227	574,992	1,447,206	62,585,284	436,510	372
2019	1,631,006	76,677,242	534,916	1,373,077	58,590,947	419,710	544
2020	1,309,523	65,043,155	449,050	1,068,691	49,189,602	343,295	24,258

资料来源：经济产业省生产动态统计，https://www.meti.go.jp/。

行业信息　一般社団法人 日本产业机械工业会　大阪府大阪市北区西天满二丁目 6 番 8 号堂大厦 2F　电话：06-6363-2080（代表）　https://www.jsim.or.jp/

其他重工企业

小原齿轮工业(株) ●●●
【未上市】小原歯車工業株式会社
https://www.khkgears.co.jp

日本顶级标准齿轮制造商，标准齿轮和定制齿轮事业占比分别为 80% 和 20%。

销售收入	《2020/06 决算报表》	营业利润
37 亿日元		**-1** 亿日元

(株)TAKECHI ●●●
【未上市】株式会社タケチ
http://www.takechi.co.jp/

橡胶／树脂制精密功能部件制造商，其冰箱门和摩天大楼窗户用密封垫片约占市场份额的 60%。

销售收入	《2020/07 决算报表》	营业利润
36 亿日元		**0** 亿日元

(株)READ ●●●
【未上市】株式会社リード
http://www.read.co.jp/

主要生产用于加工磁头和半导体的超精密金刚石工具，HDD 磁头加工工具的市场份额居世界首位。

销售收入	《2020/08 决算报表》	税前利润
32 亿日元		**-5** 亿日元

伊斯坦技研(株) ●●●
【未上市】イースタン技研株式会社
https://www.eastern-tech.co.jp

放电加工机用电极材料及其相关设备生产企业。

销售收入	《2021/03 决算报表》	营业利润
29 日元		**1** 亿日元

菊地齿轮(株) ●●●
【未上市】菊地歯車株式会社
https://www.kikuchigear.co.jp/

齿轮领域一流企业，设计制造各种中小型精密齿轮和齿轮装置。

销售收入	《2020/06 决算报表》	营业利润
27 亿日元		**0** 亿日元

山科精器(株) ●●●
【未上市】山科精器株式会社
https://www.yasec.co.jp/

制造和销售为 FA 做出贡献的各种专用机床、船舶和发电厂的热交换器、工业机械和船舶发动机的润滑油以及医疗设备。

销售收入		净利润
25 亿日元		**0** 亿日元

广和(株) ●●●
【未上市】広和株式会社
http://www.kwk.co.jp/

主要生产用于润滑和润滑系统的机油，是日本国内唯一专门从事润滑管理的制造商。

销售收入		营业利润
25 亿日元		**1** 亿日元

(株)纳倍路 ●●●
【未上市】株式会社ナベル
https://www.bellows.co.jp/ja/

波纹管制造商，主要面向光学设备、医疗设备、测量仪器、激光加工机等生产管道等。

销售收入	《2021/09 决算报表》	净利润
25 亿日元		**3** 亿日元

神奈川机器工业(株) ●●●
【未上市】神奈川機器工業株式会社
https://www.kanagawa-kiki.co.jp/

船用和陆用柴油发动机的各类配件制造商，精于流体过滤技术。

销售收入		净利润	（2021/09）
N/A 亿日元		**4** 亿日元	

2016～2020 年日本内燃机产品产量变化及占比

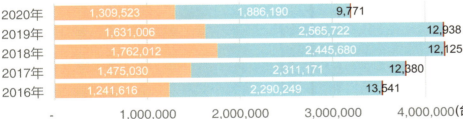

资料来源：经济产业省生产动态统计，https://www.meti.go.jp/。

2016～2020 年日本内燃机产品产值变化及占比

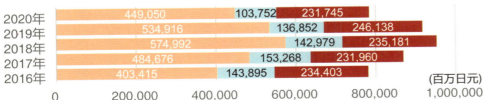

资料来源：经济产业省生产动态统计，https://www.meti.go.jp/。

说明：本节中未注明资料来源的图表均根据日本贸易图鉴网站 (https://jtrade.ecodb.net/) 的图解整理而成。日本贸易图鉴网站根据联合国商品贸易统计数据库 (UN Comtrade) 的数据制作图解，因此图表中含日本贸易图鉴网站推算数据。"中国"的进出口金额数据仅计算了中国大陆地区的数据，不含中国港澳台地区，"中国台湾"的数据均为推算数据。

工业原材料制造业

工业器件与部件制造业

工业机械与设备制造业

日本轴承简介

在 1910 年左右，西方的工业轴承第一次进入日本。第一次世界大战期间，日本与西方的贸易受到了严重影响，于是日本国内要求轴承国产化的呼声渐起。借这个机会，日本各地诞生了许多轴承生产企业，终于在 1916 年制造出第一个国产轴承，随着战争不断扩大，轴承作为军需品主要在日本军工领域得到应用。

二战以后的经济恢复时期，汽车、家电等民生产业不断壮大，日本的轴承工业也渐渐发展起来，到了 20 世纪 60 年代日本轴承走向国际贸易市场，但七八十年代与欧美发生贸易摩擦后，日本又不得不增大海外生产的份额。轴水产业是日本最早将生产链转移至海外的产业之一，最初只是规避与欧美国家的贸易摩擦，但最近以降低生产成本为目的在海外生产，同时将技术研究和产品开发一同搬到海外。

目前，日本企业在国内外年生产轴承总值约为 8 千亿日元，据估算全球轴承年销售金额为 2 万多亿日元，日本企业大约生产了其中的 1/3。因此日本轴承工业会与美国轴承工业会、欧洲轴承产业联盟始终保持密切关系，不断交换各自的产业情报。

日本目前的轴承工业正在向产品单元化、多元化方向整合，譬如汽车和家电产品的轴承将与其周边的部件进行一体化设计和制造，形成一个小型、轻量、可组装的具有独立功能的组件。此外，日本轴承工业应用轴承技术，在滚珠丝杠、直线导轨、等速万向节、电动动力转向装置、无级变速器等方面进行产品多元化开发。

日本工业轴承进口近况　　单位:亿美元

年份	进口金额	同比增减（%）
2021	7.56	▲ 22.4
2020	6.18	▼ -18.2
2019	7.56	▼ -5.1
2018	7.96	▲ 14.7
2017	6.94	▲ 10.8
2016	6.26	▼ -4.8
2015	6.58	▼ -1.7
2014	6.69	▲ 3.4

日本工业轴承出口近况　　单位:亿美元

年份	出口金额	同比增减（%）
2021	45.68	▲ 32.1
2020	34.58	▼ -18.9
2019	42.62	▼ -5.7
2018	45.17	▲ 5.2
2017	42.93	▲ 10.5
2016	38.84	▼ -2.3
2015	39.74	▼ -11.3
2014	44.8	▲ 2.7

（株）捷太格特
【6473】株式会社ジェイテクト
生产汽车、炼钢设备、风力发电设备、工业机床、航空器、铁路车辆的轴承。
https://www.jtekt.co.jp/
销售收入 **14,284** 亿日元　营业利润 **364** 亿日元

日本精工（株）
【6471】日本精工株式会社
生产钢珠轴承、矿山/建机用轴承、滚动轴承、机床精密轴承等。
https://www.nsk.com/jp/
销售收入 **8,651** 亿日元　营业利润 **294** 亿日元

恩梯恩（株）
【6472】NTN 株式会社
生产滚动轴承、滑动轴承、OA 机器/工作机床/航空航天机器用轴承等。
https://www.ntn.co.jp/
销售收入 **6,420** 亿日元　营业利润 **68** 亿日元

企业介绍

美蓓亚三美(株)
【6479】ミネベアミツミ株式会社
https://www.minebeamitsumi.com/
生产小型钢珠轴承、航空器材用轴承等。

销售收入	营业利润
11,241 亿日元	**921** 亿日元

(株)不二越
【6474】株式会社不二越
https://www.nachi-fujikoshi.co.jp
生产钢珠轴承、滚动轴承、轴承单元等。

销售收入 (2021/11 决算报表)	营业利润
2,291 亿日元	**147** 亿日元

OILES 工业(株)
【6282】オイレス工業株式会社
http://www.oiles.co.jp/
生产无油润滑轴承等。

销售收入	营业利润
598 亿日元	**58** 亿日元

(株)天辻钢球制作所
【未上市】株式会社天辻鋼球製作所
https://www.aksball.co.jp
主营滚动轴承用钢球及陶瓷器等非金属球。

销售收入	营业利润
236 亿日元	**13** 亿日元

日本 Bearing(株)
【未上市】日本ベアリング株式会社
https://www.nipponbearing.com
轴承专业生产厂商,直线运动用轴承生产领域先驱。产品包括滚动导轨、滚珠花键、滑动衬套等。

销售收入 (2021/03 决算报表)	净利润
77 亿日元	**2** 亿日元

清水精工(株)
【未上市】シミズ精工株式会社
https://shimizuseiko.securesite.jp
金属冲压加工企业,主力产品为轴承保持器。其他产品有汽车冲压部件、合成树脂轴承、铆钉插入机等。

销售收入 (2020/12 决算报表)	营业利润
46 亿日元	**-2** 亿日元

TNK Sanwa Precision(株)
【未上市】三和ニードル・ベアリング株式会社
http://www.tnksanwa.co.jp/
在世界精密微型轴的市场占有率领先,拥有综合的研磨、压制、切割和热处理系统。

销售收入 (2021/03 决算报表)	营业利润
41 亿日元	**3** 亿日元

(株)TOK
【未上市】株式会社 TOK
https://www.tok-inc.com
主营树脂轴承、单向轴承、减震器等产品。

销售收入 (2020/09 决算报表)	营业利润
35 亿日元	**0** 亿日元

2021 年日本工业轴承进出口额排名前十的国家 / 地区

单位:亿美元

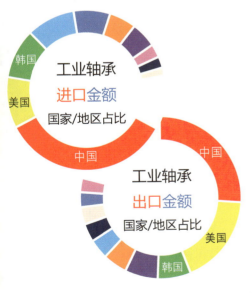

排名	进口 国家/地区	金额	占比 (%)	出口 国家/地区	金额	占比 (%)
1	中国	2.61	34.5	中国	11.95	26.2
2	美国	0.78	10.3	美国	8.2	18.0
3	韩国	0.75	10.0	韩国	3.06	6.7
4	越南	0.75	9.9	泰国	3.01	6.6
5	印度尼西亚	0.56	7.5	德国	2.21	4.8
6	德国	0.41	5.5	荷兰	1.82	4.0
7	泰国	0.39	5.2	中国台湾（推算）	1.63	3.6
8	法国	0.2	2.6	新加坡	1.58	3.5
9	中国台湾（推算）	0.17	2.2	印度尼西亚	1.36	3.0
10	印度	0.13	1.7	法国	1.29	2.8
	其他所有国家/地区	0.81	10.8	其他所有国家/地区	9.56	20.9

说明:本节中未注明资料来源的图表均根据日本贸易图鉴网站(https://jtrade.ecodb.net/)的图解整理而成。日本贸易图鉴网站根据联合国商品贸易统计数据库(UN Comtrade)的数据制作图解,因此图表中含日本贸易图鉴网站推算数据。"中国"的进出口金额数据仅计算了中国大陆地区的数据,不含中国港澳台地区,"中国台湾"的数据均为推算数据。

東京都港区芝公園 3-5-8 機械振興会館 3 階　一 般 社 団 法 人
TEL: 03-3433-0926　https://www.jbia.or.jp/index.html　日本ベアリング工業会

19 工业轴承

■ 1950 ～ 2020 年日本轴承生产金额变化

资料来源：一般社团法人 日本轴承工业会，https://www.jbia.or.jp/index.html（数据来自经济产业省机械统计）。

■ 1950 ～ 2020 年日本轴承出口金额（按地域分）

资料来源：一般社团法人 日本轴承工业会，https://www.jbia.or.jp/index.html（数据来自财务省贸易统计）。

■ 2017 ～ 2021 年日本制造业＋非制造业＋轴承订单实绩

单位：百万日元

| 年份 | 国内需求 | | | | | | 海外需求订单 | 国内＋海外需求总订单 |
| | 民间需求 | | | 政府订单 | 国内代理店 | 国内需求合计 | | |
	制造业	非制造业	小计					
2017	379,834	5,398	385,232	120	33,799	419,151	246,931	666,082
2018	393,539	5,110	398,649	106	36,495	435,250	256,452	691,702
2019	365,632	5,410	371,042	146	34,691	405,879	234,064	639,943
2020	341,180	5,432	346,612	102	28,034	374,748	197,555	572,303
2021	476,107	4,556	480,663	172	30,648	511,483	266,320	777,803

资料来源：一般社团法人 日本轴承工业会，https://www.jbia.or.jp/index.html（数据来自内阁府机械订单统计）。

行业信息 一般社团法人 日本轴承工业会 东京都港区芝公园 3-5-8 机械振兴会馆 3 楼
电话：03-3433-0926　https://www.jbia.or.jp/index.html

1950 ～ 2020 年日本轴承进口金额变化（按地域分）

资料来源：一般社团法人 日本轴承工业会，https://www.jbia.or.jp/index.html（数据来自财务省贸易统计）。

2015 ～ 2021 年日本轴承生产、销售实绩

年份	生产			销售	
	生产金额（百万日元）	生产重量（吨）	生产个数（千个）	销售金额（百万日元）	销售个数（千个）
2015	697,492	683,425	2,805,056	724,144	2,771,022
2016	643,833	627,589	2,731,080	675,661	2,726,893
2017	717,756	597,103	2,921,086	742,627	2,951,305
2018	751,022	585,991	3,012,013	772,782	3,043,947
2019	709,446	559,131	2,737,548	735,925	2,788,354
2020	590,434	449,935	2,286,912	629,203	2,368,552
2021	714,339	540,709	2,841,283	798,958	2,938,387

资料来源：一般社团法人 日本轴承工业，https://www.jbia.or.jp/index.html（数据来自经济产业省机械统计）。

2017 ～ 2021 年日本制造业轴承订单实绩

单位：百万日元

日本制造业主要行业轴承订单金额

年份	纸浆/造纸	钢铁行业	通用机械	电气机械	汽车及附属品	造船行业	其他运输机械	其他制造业	制造业合计
2017	592	7,545	84,916	15,550	256,556	783	5,451	6,114	379,834
2018	212	9,222	90,633	14,861	263,122	852	5,804	6,372	393,539
2019	173	9,301	78,783	11,967	250,562	871	6,015	5,841	365,632
2020	138	6,564	94,123	11,560	214,818	732	5,120	5,094	341,180
2021	156	6,585	198,411	14,890	240,800	878	4,429	7,511	476,107

资料来源：一般社团法人 日本轴承工业会，https://www.jbia.or.jp/index.html（数据来自内阁府机械订单统计）。

说明：本节中未注明资料来源的图表均根据日本贸易图鉴网站（https://jtrade.ecodb.net/）的图解整理而成。日本贸易图鉴网站根据联合国商品贸易统计数据库（UN Comtrade）的数据制作图解，因此图表中含日本贸易图鉴网站推算数据。"中国"的进出口金额数据仅计算了中国大陆地区的数据，不含中国港澳台地区，"中国台湾"的数据均为推算数据。

東京都港区芝公園 3-5-8 機械振興会館 3 階　一 般 社 团 法 人
TEL：03-3433-0926　https://www.jbia.or.jp/index.html　日本ベアリング工業会

日本的工业弹簧产业

工业弹簧产业最大的客户是汽车工业，由于日本是全世界最大的汽车生产国之一，因此工业弹簧产业在日本非常发达。弹簧根据不同机械设备实现大规模量产，但特殊弹簧仍需要手工制作。日本弹簧产业大多数是中小企业，从业人员在 300 人以下的企业约占全部弹簧生产企业的 98.1%（2019 年数据），其中 3 人以下的小作坊弹簧生产企业有 366 家（2018 年统计）。目前，日本弹簧生产企业面临的主要问题是小企业经营者高龄化和后继无人，据统计目前日本弹簧生产企业的就业人员约为 2 万人，到 2025 年 45 岁以上的劳动者将超过 60%。

日本弹簧产业主要通过不断开发新材料和改进技术、提高产品的附加价值实现发展，近年来日本工业弹簧的技术特点主要是借助新材料使弹簧高强度化，以及借助技术开发实现最优化设计使弹簧轻量化等。目前，新材料、新技术支撑的高附加价值日本工业弹簧是全世界最好的工业弹簧之一，2020 年日本生产了 35 万吨工业弹簧，价值近 2,800 亿日元，在金融危机之前的 2007 年日本生产了超过 56 万吨工业弹簧，产值达 3,750 亿日元。

日本螺丝／螺帽、螺栓、钉子进口近况
单位:亿美元

年份	进口金额		同比增减（%）
2021	10.63	▲	14.6
2020	9.28	▼	-17.7
2019	11.28	▲	1.1
2018	11.16	▲	8.8
2017	10.25	▲	8.2
2016	9.48	▼	-4.2
2015	9.89	▼	-10.1
2014	11	▼	-2.1

日本螺丝／螺帽、螺栓、钉子出口近况
单位:亿美元

年份	出口金额		同比增减（%）
2021	29.8	▲	22.9
2020	24.26	▼	-13.8
2019	28.15	▼	-7.2
2018	30.33	▲	4.1
2017	29.13	▲	7.2
2016	27.18	▲	8.2
2015	25.12	▼	-12.8
2014	28.82	▼	-6.9

2021 年日本螺丝／螺帽、螺栓、钉子进出口额排名前十的国家／地区
单位:亿美元

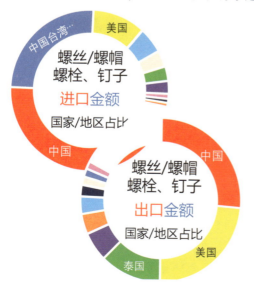

排名	进口 国家/地区	金额	占比（%）	出口 国家/地区	金额	占比（%）
1	中国	4.51	42.4	中国	7.83	26.3
2	中国台湾（推算）	2.67	25.2	美国	7.05	23.7
3	美国	1.16	10.9	泰国	3.71	12.4
4	韩国	0.55	5.2	印度尼西亚	1.73	5.8
5	越南	0.36	3.4	墨西哥	1.19	4.0
6	泰国	0.31	2.9	印度	1.03	3.5
7	德国	0.27	2.6	巴西	0.66	2.2
8	英国	0.11	1.0	越南	0.49	1.6
9	瑞士	0.09	0.8	中国台湾（推算）	0.48	1.6
10	马来西亚	0.09	0.8	马来西亚	0.45	1.5
	其他所有国家/地区	0.52	4.9	其他所有国家/地区	5.19	17.4

行业信息　一般社团法人
日本弹簧工业会　东京都千代田区神田美仓町 12 番地 MH-KIYA 大楼 3F
电话: 03-3251-5234　传真: 03-3251-5258　https://www.spring.or.jp/

企业介绍

(株)利富高
【7988】株式会社ニフコ
https://www.nifco.com/

工业用紧固件、阻尼器、带扣、弹簧锁、离合器、铰链等。

销售收入	营业利润
2,837 亿日元	**305** 亿日元

东碧工业(株)
【7231】トピー工業株式会社
https://www.topy.co.jp/ja/index.html

生产螺帽、螺丝、回形针、塑料弹簧、垫圈等。

销售收入	营业利润
2,711 亿日元	**-17** 亿日元

日东精工(株)
【5957】日東精工株式会社
https://www.nittoseiko.co.jp/

生产螺丝、自攻螺丝、螺丝拧紧机等。

销售收入 (2021/12 决算报表)	营业利润
405 亿日元	**32** 亿日元

(株)Advanex
【5998】株式会社アドバネクス
https://www.advanex.co.jp/

生产推力／拉力弹簧、扭转弹簧、锥形弹簧、弹簧片等。

销售收入	营业利润
217 亿日元	**1** 亿日元

(株)托普拉
【未上市】株式会社トープラ
https://www.topura.co.jp

生产螺栓、螺丝、自攻螺丝、小螺丝等。

销售收入	营业利润
187 亿日元	**0** 亿日元

(株)Ochiai
【未上市】株式会社オチアイ
http://www.ochiai-if.co.jp/

挡圈、弹簧销、垫圈、压缩弹簧、各种线形弹簧、螺母等。

销售收入 (2021/04 决算报表)	营业利润
80 亿日元	**7** 亿日元

2016~2020 年日本弹簧工业产能及销售情况

年份	生产 数量 (吨)	生产 金额 (百万日元)	销售 数量 (吨)	销售 金额 (百万日元)
2016	412,308	301,549	437,956	322,544
2017	427,998	316,764	455,643	338,509
2018	433,612	338,622	461,199	362,804
2019	425,204	321,888	452,847	345,651
2020	350,484	279,329	378,437	302,522
2021	/	/	/	/

资料来源：一般社团法人 日本弹簧工业会, https://www.spring.or.jp/ (财务省贸易统计资料)；
经济产业省生产动态统计年报, https://www.meti.go.jp/。

2016~2021 年日本金属制品弹簧进出口情况

进口 数量 (吨)	进口 金额 (百万日元)	出口 数量 (吨)	出口 金额 (百万日元)
32,171	45,085	36,842	13,039
34,667	49,970	37,572	14,266
37,354	52,306	34,501	14,633
34,803	49,034	34,941	14,598
27,762	40,376	29,684	11,724
34,835	51,148	36,335	14,788

资料来源：一般社团法人 日本弹簧工业会, https://www.spring.or.jp/ (财务省贸易统计资料)；
经济产业省生产动态统计年报, https://www.meti.go.jp/。

说明：本节中未注明资料来源的图表均根据日本贸易图鉴网站 (https://jtrade.ecodb.net/) 的图解整理而成。日本贸易图鉴网站根据联合国商品贸易统计数据库 (UN Comtrade) 的数据制作图解，因此图表中含日本贸易图鉴网站推算数据。"中国"的进出口金额数据仅计算了中国大陆地区的数据，不含中国港澳台地区，"中国台湾"的数据均为推算数据。

工业原料制造业

工业器件与部件制造业

工业设备与设施制造业

20 工业紧固件及弹簧

电子部件
(Active components)

电子部件
(Passive components)

电子部件
(Parts components)

包装资材
与容器

电线与
电缆

产业机械
部件

工业轴承

工业紧固
件及弹簧

工业用阀门及
管配件接头

2016～2020 年日本弹簧工业产能及销售情况

年份	生产		销售	
	数量（kg）	金额（千日元）	数量（kg）	金额（千日元）
2016	412,308,485	301,548,793	437,955,510	322,543,822
2017	427,998,253	316,764,254	455,643,177	338,509,458
2018	433,611,524	338,622,480	461,198,961	362,803,999
2019	425,203,674	321,888,039	452,846,911	345,650,517
2020	350,484,347	279,328,741	378,437,154	302,522,021

其中：钢板弹簧

年份	生产		销售	
	数量（kg）	金额（千日元）	数量（kg）	金额（千日元）
2016	78,588,403	24,964,077	98,021,012	29,058,559
2017	78,734,793	25,878,074	99,645,267	30,051,793
2018	74,592,653	24,639,277	94,506,210	28,895,917
2019	71,336,851	24,394,411	91,550,562	28,680,852
2020	53,839,790	19,541,550	73,719,929	23,088,592

其中：螺形弹簧

年份	生产		销售	
	数量（kg）	金额（千日元）	数量（kg）	金额（千日元）
2016	81,365,215	20,322,935	80,918,678	20,354,964
2017	86,822,200	21,702,160	86,425,884	21,781,665
2018	88,953,353	23,123,862	88,140,474	23,151,989
2019	89,842,486	23,962,046	89,365,573	24,052,514
2020	71,175,045	18,517,409	70,896,401	18,611,426

其中：扭杆弹簧

年份	生产		销售	
	数量（kg）	金额（千日元）	数量（kg）	金额（千日元）
2016	62,241,456	22,702,431	62,180,814	25,428,711
2017	64,563,586	22,667,615	64,407,810	26,751,207
2018	64,432,739	23,371,629	64,509,245	27,148,512
2019	64,307,587	24,548,368	64,433,143	28,342,118
2020	53,479,728	20,951,204	53,509,413	24,014,589

其中：车用金属丝弹簧

年份	生产		销售	
	数量（kg）	金额（千日元）	数量（kg）	金额（千日元）
2016	57,722,247	58,341,246	59,250,186	62,283,855
2017	59,750,877	61,650,003	61,329,464	65,836,630
2018	64,989,278	67,388,428	66,378,050	71,637,548
2019	62,934,794	63,084,055	64,518,731	67,473,356
2020	53,288,064	53,029,634	54,805,885	57,678,311

其中：其他金属丝弹簧

年份	生产		销售	
	数量（kg）	金额（千日元）	数量（kg）	金额（千日元）
2016	34,973,482	42,235,461	36,720,900	46,171,782
2017	36,239,406	44,756,268	38,647,266	48,622,011
2018	35,122,547	45,026,945	38,051,313	49,623,404
2019	32,602,447	42,062,978	35,274,729	46,753,857
2020	29,026,115	38,210,500	31,729,085	42,808,754

其中：板簧

年份	生产		销售	
	数量（kg）	金额（千日元）	数量（kg）	金额（千日元）
2016	87,393,785	128,487,707	90,865,471	134,571,590
2017	91,479,982	135,432,056	94,854,672	140,609,809
2018	95,128,880	150,314,599	99,257,373	157,490,008
2019	94,361,833	139,352,430	98,028,249	145,762,457
2020	82,097,230	125,586,880	86,234,175	132,697,894

其中：弹簧垫圈

年份	生产		销售	
	数量（kg）	金额（千日元）	数量（kg）	金额（千日元）
2016	10,023,897	4,494,936	9,998,449	4,674,361
2017	10,407,409	4,678,078	10,332,814	4,856,343
2018	10,392,074	4,757,740	10,356,296	4,856,621
2019	9,817,676	4,483,751	9,675,924	4,585,363
2020	7,578,375	3,491,564	7,542,266	3,622,455

资料来源：经济产业省生产动态统计年报，https://www.meti.go.jp/。

2016～2020 年日本弹簧工业产品产量变化及占比

行业信息　一般社团法人　日本弹簧工业会　东京都千代田区神田美仓町 12 番地 MH-KIYA 大楼 3F　电话：03-3251-5234　传真：03-3251-5258　https://www.spring.or.jp/

2016～2020年日本弹簧工业产品销量变化及占比

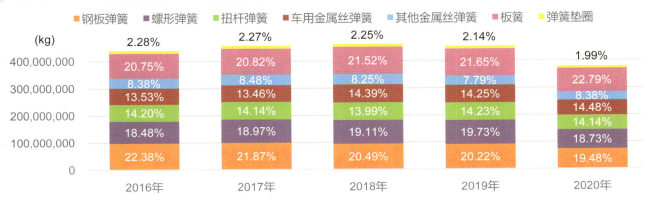

2016～2020年日本弹簧工业产品产值变化及占比

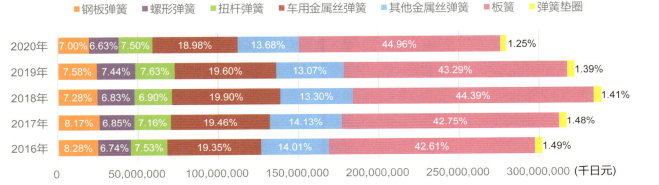

2016～2020年日本弹簧工业产品销售额变化及占比

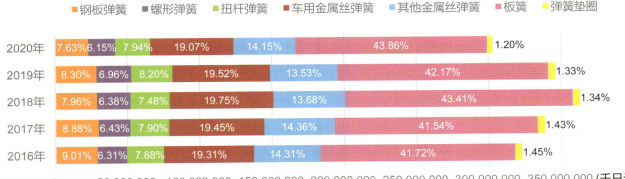

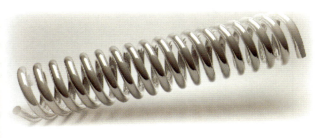

说明:本节中未注明资料来源的图表均根据日本贸易图鉴网站(https://jtrade.ecodb.net/)的图解整理而成。日本贸易图鉴网站根据联合国商品贸易统计数据库(UN Comtrade)的数据制作图解,因此图表中含日本贸易图鉴网站推算数据。"中国"的进出口金额数据仅计算了中国大陆地区的数据,不含中国港澳台地区,"中国台湾"的数据均为推算数据。

東京都千代田区神田美倉町 12 番地 MH-KIYA ビル 3 階
TEL: 03-3251-5234　FAX: 03-3251-5258　https://www.spring.or.jp/
一 般 社 団 法 人
JSMA 日本ばね工業会

...

电子部件
(Active components)

电子部件
(Passive components)

电子部件
(Parts components)

包装资材
与容器

电线与
电缆

产业机械
部件

工业轴承

工业紧固
件及弹簧

工业用阀门及
管配件接头

日本的工业阀门产业

　　2019 年日本的阀门生产企业大约有 400 家，年产值达 5,265 亿日元，大部分为小规模的机械加工专业工厂，拥有自有品牌的生产企业约 150 家，2020 年度日本阀门生产额为 4,613 亿日元。全球阀门市场规模为 5 万亿日元，工业阀门用途非常广泛，不仅种类繁多，而且不同用途阀门的材质、大小、压力、精密程度、制造工艺不同。

　　日本的工业阀门除传统产品外，伴随半导体、医疗机器等尖端复杂设备的需要，已经在产值、附加价值、先进性等方面领先于世界。譬如拥有超精密流体控制技术的世界领跑者（株）FUJIKIN，除了生产不允许超微细灰尘通过的超精密阀门外，还生产可用于控制火箭极低温燃料的阀门，该技术还可生产氢燃料加氢站超高压液氢用阀门，以及氢能源汽车燃料电池安全提供液氢的阀门等。创业 100 年的（株）TVE 曾是日本船用阀门生产企业，后来以生产发电成套设备为主，还生产工业用阀门及安全栓。该公司的产品可耐超高压、高温、极低温等极端环境，可在无外部动力的情况下保证容器安全运转。1931 年创业的石田阀门工业（株）可为石油精制、石油化学、火力发电等产业成套设备提供耐高温高压、耐久性极强的铸钢制阀门，其中高性能、高耐久的品牌 CRAFT 畅销全球。

▤ 日本减压阀、阀门等进口近况		单位：亿美元
年份	进口金额	同比增减（%）
2021	24.79	▲ 8.0
2020	22.95	▼ -7.6
2019	24.85	▼ -1.7
2018	25.29	▲ 7.1
2017	23.62	▲ 6.3
2016	22.22	▲ 3.2
2015	21.53	▼ -6.0
2014	22.89	▲ 10.7

▤ 日本减压阀、阀门等出口近况		单位：亿美元
年份	出口金额	同比增减（%）
2021	54.09	▲ 18.5
2020	45.65	▼ -1.9
2019	46.52	▼ -6.5
2018	49.77	▲ 7.0
2017	46.49	▲ 11.4
2016	41.74	▲ 9.8
2015	38.01	▼ -12.7
2014	43.55	▼ -3.5

日本主要阀门生产企业

SANEI（株）　●●●
【6230】SANEI 株式会社

https://www.sanei.ltd

主要生产与水关联的水栓、阀门、配管等的日本大企业，产品应用领域主要为住宅设备。

销售收入 **230** 亿日元　　营业利润 **15** 亿日元

（株）TVE　●●●
【6466】株式会社 TVE

https://www.toavalve.co.jp/com/

主要生产高品质、高性能、耐高温高压的工业阀门，主要用于电力与石油化学成套设备。

销售收入 (2021/09 决算报表) **105** 亿日元　　营业利润 (2021/09 决算报表) **7** 亿日元

（株）OKM　●●●
【6229】株式会社オーケーエム

https://www.okm-net.jp/

以中国、马来西亚海外基地为轴心，生产和销售拥有自动流体控制技术的工业阀门。

销售收入 **85** 亿日元　　营业利润 **7** 亿日元

行业信息 一般社团法人 日本阀门工业会 〗 东京都港区芝公园 3-5-8 机械振兴会馆 510
电话：03-3434-1811　https://j-valve.or.jp/

企业介绍		其他企业

因幡电机产业(株)
【9934】因幡電機産業株式会社
https://www.inaba.co.jp/
主要生产钢管接头等。

销售收入	营业利润
2,890 亿日元	**162** 亿日元

伊格尔工业(株)
【6486】イーグル工業株式会社
https://www.ekkeagle.com/jp/
主要生产机械密封件、特殊阀门等。

销售收入	营业利润
1,408 亿日元	**75** 亿日元

(株)KITZ
【6498】株式会社キッツ
https://www.kitz.co.jp/
主要生产工业阀门、接头等。

销售收入 (2021/12 决算报表)	营业利润
1,357 亿日元	**90** 亿日元

旭有机材(株)
【4216】旭有機材株式会社
https://www.asahi-yukizai.co.jp/
主要生产塑料阀门等。

销售收入	营业利润
647 亿日元	**65** 亿日元

日东工器(株)
【6151】日東工器株式会社
https://www.nitto-kohki.co.jp/
产品包括内置流开流闭调节阀的接头、线形驱动泵等。

销售收入	营业利润
252 亿日元	**33** 亿日元

IHARA Science(株)
【5999】イハラサイエンス株式会社
https://www.ihara-sc.co.jp
主要生产管道接头、阀门、软管等。

销售收入	营业利润
206 亿日元	**43** 亿日元

(株)FUJIKIN
【未上市】株式会社フジキン
https://www.fujikin.co.jp/
拥有半导体装置、医疗设备、火箭发动机等超精密流体控制技术阀门生产技术。

金子产业(株)
【未上市】金子産業株式会社
https://kaneko.co.jp/
日本最主要电磁阀生产企业之一，拥有世界各国的防爆认证，目前正在开发氢能源安全阀等。

石田阀门工业(株)
【未上市】石田バルブ工業株式会社
http://www.ishida-valve.co.jp/
主要面向石油化学、石油精制、火力发电成套设备，提供耐高温高压、耐久性强的铸钢阀门。

和平阀门工业(株)
【未上市】平和バルブ工業株式会社
https://www.heiwa-valve.co.jp/
生产可根据油罐温度、流体压力、腐蚀性、黏性制造排出量 100% 的精密阀门。

WASINO(株)
【未上市】ワシノ機器株式会社
https://www.wasinokiki.co.jp/
生产高压瓦斯等设备用高性能滤网、观察窗，以及可降低运行成本、维护成本的安全阀门。

(株)VENN
【未上市】株式会社ベン
https://www.venn.co.jp/
建筑物、房屋、工厂等设施用阀门的专业制造商，生产各种流体阀门和配件。

销售收入	净利润
78 亿日元	**7** 亿日元

2021 年日本减压阀、阀门等进出口额排名前十的国家 / 地区

单位：亿美元

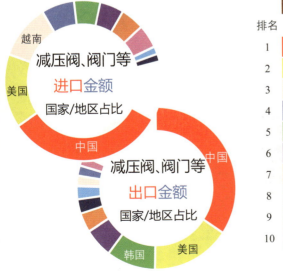

排名	进口 国家/地区	金额	占比 (%)	出口 国家/地区	金额	占比 (%)
1	中国	8.07	32.6	中国	18.63	34.5
2	美国	3.69	14.9	美国	8.66	16.0
3	越南	2.74	11.0	韩国	5.36	9.9
4	德国	1.67	6.8	泰国	3.15	5.8
5	韩国	1.34	5.4	中国台湾 (推算)	2.11	3.9
6	泰国	1.22	4.9	新加坡	1.55	2.9
7	中国台湾 (推算)	1.19	4.8	印度	1.4	2.6
8	瑞士	1.17	4.7	越南	1.11	2.1
9	意大利	0.39	1.6	德国	1.09	2.0
10	英国	0.38	1.5	墨西哥	1.07	2.0
	其他所有国家/地区	2.94	11.9	其他所有国家/地区	9.94	18.4

说明：本节中未注明资料来源的图表均根据日本贸易图鉴网站(https://jtrade.ecodb.net/)的图解整理而成。日本贸易图鉴网站根据联合国商品贸易统计数据库(UN Comtrade)的数据制作图解，因此图表中含日本贸易图鉴网站推算数据。"中国"的进出口金额数据仅计算了中国大陆地区的数据，不含中国港澳台地区，"中国台湾"的数据均为推算数据。

工业器件与部件制造业

21

工业用阀门及管配件接头

...

电子部件
(Active components)

电子部件
(Passive components)

电子部件
(Parts components)

包装资材
与容器

电线与
电缆

产业机械
部件

工业轴承

工业紧固
件与弹簧

工业用阀门及
管配件接头

2016～2020年日本阀门和龙头开关产业生产情况

年份	数量（个）	重量（kg）	金额（千日元）
2016	105,599,799	149,433,424	429,146,042
2017	110,932,345	152,668,615	466,163,135
2018	113,257,353	155,308,312	479,120,929
2019	105,141,055	153,061,366	447,922,640
2020	100,098,829	143,004,203	459,595,195

资料来源:经济产业省生产动态统计年报, https://www.meti.go.jp/。

2016～2020年自动调整阀门产品生产情况

年份	数量（个）	重量（kg）	金额（千日元）
2016	25,664,716	69,266,733	175,633,675
2017	29,855,948	69,488,353	203,152,306
2018	30,701,051	67,703,460	205,751,996
2019	26,674,866	68,004,616	189,967,699
2020	29,524,081	65,305,429	207,629,464

2016～2020年日本管配件接头生产情况

年份	数量（个）	重量（kg）	金额（千日元）
2016	268,714	96,126,705	96,111,437
2017	275,515	98,301,492	100,246,373
2018	279,200	98,499,146	101,944,951
2019	260,329	96,497,522	100,536,731
2020	227,056	90,359,316	100,210,218

2016～2020年高温高压阀产品生产情况

年份	数量（个）	重量（kg）	金额（千日元）
2016	15,224	1,732,344	6,355,069
2017	12,183	1,277,646	6,271,563
2018	12,307	1,196,113	6,372,213
2019	12,359	1,042,173	5,179,324
2020	11,850	951,885	5,372,361

注:压力6.5MP以上、温度350℃以上产品,不包括自动调整阀门。

2016～2020年日本管配件接头生产情况

年份	数量（个）	重量（kg）	金额（千日元）
2016	33,579,409	51,881,000	137,479,440
2017	36,648,967	54,652,780	147,576,828
2018	38,013,016	58,113,450	154,726,983
2019	35,271,267	56,194,071	145,046,644
2020	30,134,562	49,701,726	145,380,089

2020年日本阀门生产比例（按品种分）

给排水栓类 22.2%
不锈钢阀门 24.5%
铸锻钢阀门 2.9%
铸铁阀门 12.2%
青/黄铜阀门 5.8%
高温高压阀 0.9%
自动调整阀门 31.5%

461,346
（百万日元）

日本阀门国内销售比例（按客户行业分）

建筑设备用 56.5%
天然气用 2.3%
其他用途 8.0%
石油化学/石油精炼用 2.4%
制铁/造纸/纤维用 3.0%
机械金属用 3.6%
船舶用 3.6%
电力用 4.1%
一般化学用 4.3%
上下水道用 12.2%

372,570
（百万日元）

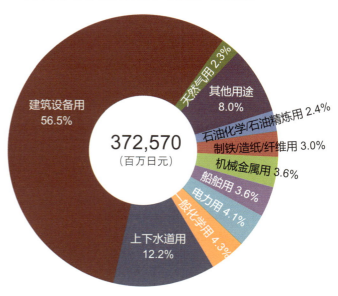

资料来源:一般社团法人 日本阀门工业会, https://j-valve.or.jp/;《阀门工业概况调查报告书》(数据自经济产业省生产动态统计)。

行业信息 一般社团法人
日本阀门工业会
东京都港区芝公园3-5-8 机械振兴会馆510
电话:03-3434-1811 https://j-valve.or.jp/

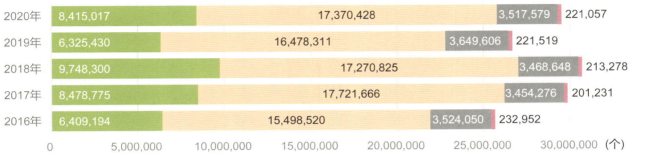

2016～2020 年日本一般阀门和龙头开关产品产量变化及占比

■ 不锈钢制产品　■ 青铜、黄铜制产品　■ 铸铁制产品　■ 铸钢、锻钢制产品

年份	不锈钢制产品	青铜、黄铜制产品	铸铁制产品	铸钢、锻钢制产品
2020年	8,415,017	17,370,428	3,517,579	221,057
2019年	6,325,430	16,478,311	3,649,606	221,519
2018年	9,748,300	17,270,825	3,468,648	213,278
2017年	8,478,775	17,721,666	3,454,276	201,231
2016年	6,409,194	15,498,520	3,524,050	232,952

0　5,000,000　10,000,000　15,000,000　20,000,000　25,000,000　30,000,000 (个)

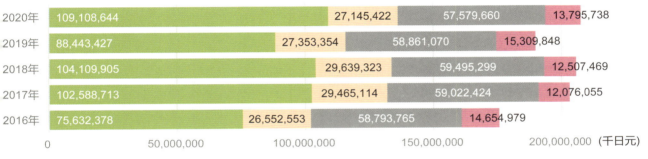

2016～2020 年日本一般阀门和龙头开关产品产值变化及占比

年份	不锈钢制产品	青铜、黄铜制产品	铸铁制产品	铸钢、锻钢制产品
2020年	109,108,644	27,145,422	57,579,660	13,795,738
2019年	88,443,427	27,353,354	58,861,070	15,309,848
2018年	104,109,905	29,639,323	59,495,299	12,507,469
2017年	102,588,713	29,465,114	59,022,424	12,076,055
2016年	75,632,378	26,552,553	58,793,765	14,654,979

0　50,000,000　100,000,000　150,000,000　200,000,000 (千日元)

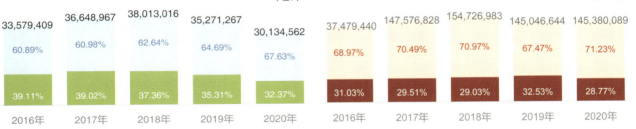

2016～2020 年日本自动调整阀门产品产量变化及占比

单位:个

年份	他力式产品	自力式产品
2016年	33,579,409 (60.89%)	39.11%
2017年	36,648,967 (60.98%)	39.02%
2018年	38,013,016 (62.64%)	37.36%
2019年	35,271,267 (64.69%)	35.31%
2020年	30,134,562 (67.63%)	32.37%

■ 自力式产品　　他力式产品

2016～2020 年日本自动调整阀门产品产值变化及占比

单位:千日元

年份	他力式产品	自力式产品
2016年	37,479,440 (68.97%)	31.03%
2017年	147,576,828 (70.49%)	29.51%
2018年	154,726,983 (70.97%)	29.03%
2019年	145,046,644 (67.47%)	32.53%
2020年	145,380,089 (71.23%)	28.77%

■ 自力式产品　　他力式产品

工业器件与部件制造业

说明:本节中未注明资料来源的图表均根据日本贸易图鉴网站(https://jtrade.ecodb.net/) 的图解整理而成。日本贸易图鉴网站根据联合国商品贸易统计数据库(UN Comtrade) 的数据制作图解,因此图表中含日本贸易图鉴网站推算数据。"中国"的进出口金额数据仅计算了中国大陆地区的数据,不含中国港澳台地区,"中国台湾"的数据均为推算数据。

㉒ 医疗机器与器具

日本大型医疗器械生产商

医疗机器与器具

网络与通信设备

FA 控制及计测设备

分析仪器与试验设备

OA 机器与业务终端

工作机床

机器人及注塑成型机

半导体制造装置

建筑机械及重型设备

...

上游产业链（部分）

下游产业链（部分）

应用电子工业 Restor Costec

医疗设备制造

化学业界
东津纺织
三菱化学控股
村上化学
三工电子

分析实验仪器
村田机械

电子部件
电产
横滨半导体

医疗机器与器具
主要包括MRI设备、心电图仪、人工呼吸机、内窥镜、数码X线摄像设备、心脏起搏器、婴儿保育箱、中空丝型透析器、超声波诊断仪、CT扫描设备、血液透析仪、心脏除颤器等产品。

医疗机关
医疗法人等

大学/研究机构
东京都红十字血液中心等

销售商
奥林巴斯医学科学销售等

医疗设备批发商
竹山医科器械、山下医科器械、协和医科器械等

日本医疗器具进口近况
单位：亿美元

年份	进口金额	同比增减（%）
2021	67.54	▲ 6.3
2020	63.52	▼ -4.8
2019	66.74	▲ 6.5
2018	62.68	▲ 9.8
2017	57.07	▲ 4.5
2016	54.63	▲ 6.4
2015	51.32	▼ -6.2
2014	54.69	▼ -2.4

日本医疗器具出口近况
单位：亿美元

年份	出口金额	同比增减（%）
2021	34.50	▲ 7.6
2020	32.06	▼ -5.6
2019	33.97	▲ 1.5
2018	33.47	▲ 9.3
2017	30.63	▲ 7.2
2016	28.57	▲ 7.6
2015	26.55	▼ -1.3
2014	26.91	▼ -1.4

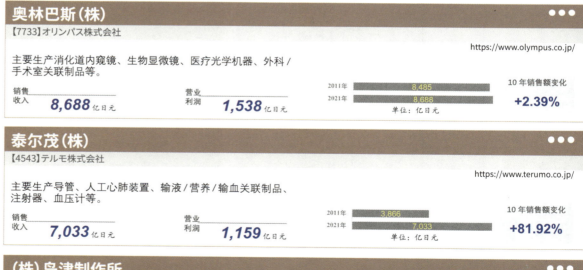

奥林巴斯（株） ●●●
【7733】オリンパス株式会社
https://www.olympus.co.jp/

主要生产消化道内窥镜、生物显微镜、医疗光学机器、外科/手术室关联制品等。

销售收入 **8,688** 亿日元　　营业利润 **1,538** 亿日元

2011年 8,485
2021年 8,688
单位：亿日元

10 年销售额变化
+2.39%

泰尔茂（株） ●●●
【4543】テルモ株式会社
https://www.terumo.co.jp/

主要生产导管、人工心肺装置、输液/营养/输血关联制品、注射器、血压计等。

销售收入 **7,033** 亿日元　　营业利润 **1,159** 亿日元

2011年 3,866
2021年 7,033
单位：亿日元

10 年销售额变化
+81.92%

（株）岛津制作所 ●●●
【7701】株式会社島津製作所
https://www.shimadzu.co.jp/

主要生产血管摄影系统、X线TV系统、PET-CT系统、近红外光摄影系统等。

销售收入 **4,281** 亿日元　　营业利润 **638** 亿日元

2011年 2,662
2021年 4,281
单位：亿日元

10 年销售额变化
+60.82%

行业信息 一般社团法人
日本医疗机器产业联合会　东京都新宿区下宫比町 3-2 饭田桥 Square 大厦 8 楼 B
电话：03-5225-6234　https://www.jfmda.gr.jp/

诊断设备及仪器生产企业	治疗设备及材料生产企业	齿科设备及材料生产企业

(株)日立制作所
【6501】株式会社日立製作所
https://www.hitachi.co.jp

产品包括 X 线摄影装置、CT 系统、MRI 系统、超声波诊断装置等。

销售收入 **102,646** 亿日元　营业利润 **7,382** 亿日元

东丽(株)
【3402】東レ株式会社
https://www.toray.co.jp/

产品包括多用途透析装置、血液滤过器、血液净化器、可植入体内导管等。

销售收入 **22,285** 亿日元　营业利润 **1,005** 亿日元

(株)GC
【未上市】株式会社ジーシー
https://www.gcdental.co.jp/

世界屈指可数的齿科材料及关联器具企业，产品包括齿科用机械等。

销售收入（2021/09 合并报表）**1,256** 亿日元　营业利润 **192** 亿日元

富士胶片控股(株)
【4901】富士フイルムホールディングス株式会社
https://holdings.fujifilm.com

产品包括 X 线图像诊断装置、消化道内窥镜、医院 IT 系统等。

销售收入 **25,257** 亿日元　营业利润 **2,297** 亿日元

(株)钟化
【4118】株式会社カネカ
https://www.kaneka.co.jp/

产品包括血管治疗用导管、血液净化设备、再生细胞医疗 / 基因检测诊断设备等。

销售收入 **6,915** 亿日元　营业利润 **435** 亿日元

(株)森田
【未上市】株式会社モリタ
https://japan.morita.com

拥有日本齿科材料、大型器械及关联设备的齿科医疗综合性企业。

销售收入（2021/03 决算报表）**955** 亿日元　营业利润 **22** 亿日元

柯尼卡美能达(株)
【4902】コニカミノルタ株式会社
https://www.konicaminolta.com/jp-ja

产品包括 X 线摄像装置、超声波诊断装置、医疗信息系统等。

销售收入 **9,114** 亿日元　营业利润 **-223** 亿日元

尼普洛(株)
【8086】ニプロ株式会社
https://www.nipro.co.jp/

主要生产注射器、输液 / 营养关联制品、检查 / 诊断药物、导管、透析关联制品等。

销售收入 **4,947** 亿日元　营业利润 **238** 亿日元

(株)松风
【7979】株式会社松風
https://www.shofu.co.jp/

主要生产齿科材料（人工齿、齿科磨料）、齿科器具等。

销售收入 **281** 亿日元　营业利润 **32** 亿日元

爱沃特(株)
【4088】エア・ウォーター株式会社
https://www.awi.co.jp

供应医用气体，生产 8K 手术录像显微镜、高压氧治疗装置、人工呼吸器等。

销售收入 **8,886** 亿日元　营业利润 **651** 亿日元

日机装(株)
【6376】日機装株式会社
https://www.nikkiso.co.jp/

生产人工肾脏、透析装置、透析用剂、人工胰腺、腹膜透析关联产品等。

销售收入（2021/12 决算报表）**1,677** 亿日元　营业利润 **31** 亿日元

朝日 INTECC(株)
【7747】朝日インテック株式会社
http://www.asahi-intecc.co.jp/

生产末梢血管 / 腹部血管 / 脑血管的治疗导管，PTCA 导管领域产品表现出色。

销售收入（2022/06 决算报表）**777** 亿日元　营业利润 **152** 亿日元

2021 年日本医疗器具进出口额排名前十的国家 / 地区

单位：亿美元

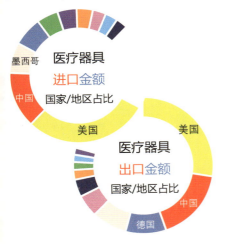

医疗器具 进口金额 国家/地区占比

医疗器具 出口金额 国家/地区占比

排名	进口			出口		
	国家/地区	金额	占比(%)	国家/地区	金额	占比(%)
1	美国	19.79	29.3	美国	9.57	27.8
2	中国	9.08	13.4	中国	5.93	17.2
3	墨西哥	5	7.4	德国	3.24	9.4
4	德国	4.71	7.0	比利时	2.84	8.2
5	爱尔兰	3.41	5.0	韩国	1.82	5.3
6	哥斯达黎加	3.02	4.5	越南	1.4	4.1
7	泰国	2.55	3.8	荷兰	0.81	2.3
8	韩国	2.15	3.2	中国台湾（推算）	0.64	1.9
9	马来西亚	1.97	2.9	马来西亚	0.6	1.7
10	越南	1.82	2.7	澳大利亚	0.55	1.6
	其他所有国家/地区	14.03	20.8	其他所有国家/地区	7.10	20.6

工业原材料制造业

工业机械与设备制造业

22

医疗机器与器具

医疗机器与
器具

网络与
通信设备

FA 控制及计
测设备

分析仪器与
试验设备

OA 机器与
业务终端

工作机床

机器人及注
塑成型机

半导体制
造装置

建筑机械及
重型设备

...

诊断设备及仪器生产企业

欧姆龙(株)
【6645】オムロン株式会社
https://www.omron.com/jp/ja/
主要生产血压计、脂肪 / 肌肉 / 骨骼计测器、体温计、计步器、雾化器等。

销售收入	营业利润
7,629 亿日元	**893** 亿日元

希森美康(株)
【6869】シスメックス株式会社
https://www.sysmex.co.jp/
主要生产血液分析装置、血液凝固测定装置、尿液检查装置、动物医院用机器等。

销售收入	营业利润
3,637 亿日元	**674** 亿日元

佳能医疗系统(株)
【未上市】キヤノンメディカルシステムズ株式会社
https://jp.medical.canon/
主要生产 X 线诊断装置、医疗机构 IT 系统、CT、MRI 等机器设备。

销售收入 (2021/12 决算报表)	营业利润
3,219 亿日元	**202** 亿日元

日本光电工业(株)
【6849】日本光電工業株式会社
https://www.nihonkohden.co.jp/
主要生产脑电波、心电图、心肺功能检查机器，呼吸检查机器等。

销售收入	营业利润
2,051 亿日元	**310** 亿日元

治疗设备及材料生产企业

(株)JMS
【7702】株式会社ジェイ・エム・エス(JMS)
https://www.jms.cc/
主要生产输血 / 输液 / 营养关联制品、注射器、手术用制品、透析关联制品等。

销售收入	营业利润
581 亿日元	**9** 亿日元

八乐梦床业(株)
【未上市】パラマウントベッド株式会社
https://www.paramount.co.jp/
主要生产 ICU 病房专用床、医疗床、护理床、担架等。

销售收入	营业利润
551 亿日元	**68** 亿日元

SB 川澄(株)
【未上市】SBカワスミ株式会社
https://www.sb-kawasumi.jp/
产品包括人工肾 / 透析关联制品、人工心肺装置、血液净化关联制品等。

销售收入	营业利润
250 亿日元	**3** 亿日元

MEDIKIT(株)
【7749】メディキット株式会社
https://www.medikit.co.jp/
主要生产透析、血管造影、输液用血管导管、透析留置针等。

销售收入	营业利润
201 亿日元	**44** 亿日元

眼耳鼻科设备生产企业

(株)拓普康
【7732】株式会社トプコン
https://www.topcon.co.jp/
主要生产眼科诊断机器、检查机器、治疗机器的光学机器企业。

销售收入	营业利润
1,764 亿日元	**159** 亿日元

日本电子(株)
【6951】日本電子株式会社
https://www.jeol.co.jp/
产品包括氨基酸分析仪器、生化学自动分析仪、医用诊断装置等。

销售收入	营业利润
1,384 亿日元	**141** 亿日元

(株)尼德克
【未上市】株式会社ニデック
https://www.nidek.co.jp/
眼科仪器的制造商，致力于融合电子和光学技术开发人工视网膜。

销售收入	营业利润
420 亿日元	**29** 亿日元

理音(株)
【6823】リオン株式会社
https://www.rion.co.jp/
主要产品为助听器、耳鼻科医用检查机器、环境噪音测定器、微粒子计测器等。

销售收入	营业利润
226 亿日元	**31** 亿日元

日本医疗用诊断装置 / 放射线装置进口近况
单位:亿美元

年份	进口金额	同比增减（%)
2021	27.90	▲ 17.4
2020	23.76	▼ -13.2
2019	27.38	▲ 14.5
2018	23.92	▲ 0.1
2017	23.90	▼ -3.7
2016	24.82	▲ 7.2
2015	23.15	▼ -13.4
2014	26.73	▲ 3.2

日本医疗用诊断装置 / 放射线装置出口近况
单位:亿美元

年份	出口金额	同比增减（%)
2021	44.51	▲ 9.9
2020	40.48	▲ 1.1
2019	40.06	▼ -0.1
2018	40.09	▲ 6.4
2017	37.67	▲ 4.7
2016	35.98	▲ 1.5
2015	35.44	▼ -3.9
2014	36.88	▲ 5.6

行业信息 一般社团法人 日本医疗机器产业联合会 东京都新宿区下宫比町 3-2 饭田桥 Square 大厦 8 楼 B
电话: 03-5225-6234　https://www.jfmda.gr.jp/

诊断设备及仪器生产企业

福田电子（株）
【6960】フクダ電子株式会社
https://www.fukuda.co.jp/

主要生产心电图、生命监视仪、心脏导管检查装置、起搏器、动脉硬化检查装置等。

销售收入	营业利润
1,320 亿日元	**227** 亿日元

（株）Techno Medica
【6678】株式会社テクノメディカ
http://www.technomedica.co.jp/

产品包括采血管装置 / 检体检查 / 红血球沉降速度测定等装置。

销售收入	营业利润
97 亿日元	**18** 亿日元

大研医器（株）
【7775】大研医器株式会社
https://www.daiken-iki.co.jp/

产品为真空吸引器等防治感染和麻醉关联机器（注入器、电动泵）等。

销售收入	营业利润
85 亿日元	**11** 亿日元

治疗设备及材料生产企业

（株）MDM
【7600】株式会社日本エム・ディ・エム
https://www.jmdm.co.jp/

主要生产骨接合材料、人工关节（骨关节 / 膝关节）、人工骨、脊椎固定器等。

销售收入	营业利润
191 亿日元	**26** 亿日元

Mani（株）
【7730】マニー株式会社
http://www.mani.co.jp/

主要生产外科手术刀 / 缝合器具、白内障手术刀、齿科根管治疗 / 缝合设备等。

销售收入 (2021/08 决算报表)	营业利润
171 亿日元	**53** 亿日元

Atom 医疗（株）
【未上市】アトムメディカル株式会社
http://www.atomed.co.jp/

主要生产妇科检查机器、新生儿 / 早产儿育婴器、妇产科用机器。

销售收入	营业利润
N/A 亿日元	**N/A** 亿日元

眼耳鼻科设备生产企业

精密系统科学（株）
【7707】プレシジョン・システム・サイエンス株式会社
http://www.pss.co.jp

产品包括基因 / 蛋白质检查理化学装置、关联试剂、消耗品等。

销售收入 (2022/06 决算报表)	营业利润
74 亿日元	**1** 亿日元

（株）Metran
【未上市】株式会社メトラン
https://www.metran.co.jp/

主要生产婴儿人工呼吸器，以及医疗显示设备、麻醉设备等。

销售收入	营业利润
N/A 亿日元	**N/A** 亿日元

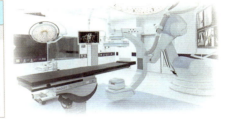

2021 年日本医疗用诊断装置 / 放射线装置进口额排名前十的国家 / 地区

单位：亿美元

医疗用诊断装置
放射线装置
进口金额
国家/地区占比
美国 28.2%
中国 26.0%
德国 12.6%

排名	国家/地区	进口金额	占比（%）
1	美国	7.86	28.2
2	中国	7.25	26.0
3	德国	3.5	12.6
4	荷兰	1.51	5.4
5	墨西哥	1.36	4.9
6	韩国	0.83	3.0
7	爱尔兰	0.73	2.6
8	中国台湾（推算）	0.68	2.4
9	法国	0.55	2.0
10	马来西亚	0.44	1.6
	其他所有国家/地区	3.18	11.4

工业原材料制造业

工业器件与部件制造业

工业机械与设备制造业

22

医疗机器与器具

医疗机器与器具

网络与通信设备

FA 控制及计测设备

分析仪器与试验设备

OA 机器与业务终端

工作机床

机器人及注塑成型机

半导体制造装置

建筑机械及重型设备

…

其他生产企业

宝贝蒙（株）
【未上市】タカラベルモント株式会社
https://www.takarabelmont.co.jp/
主要生产美发和美容设备，也生产化妆品、牙科/医疗设备。

销售收入 **619** 亿日元　　营业利润 **24** 亿日元

（株）Livedo
【未上市】株式会社リブドゥコーポレーション
http://www.livedo.jp/
主要生产成人尿布，此外也生产医用无纺布产品和手术包产品。

销售收入 **492** 亿日元　　营业利润 **8** 亿日元

（株）隆祥
【未上市】株式会社レグザム
https://www.rexxam.co.jp
以家电/业务用电子控制器、医疗仪器为主要产品。

销售收入 （2020/12 决算报表） **487** 亿日元　　净利润 **23** 亿日元

和田精密齿研（株）
【未上市】和田精密歯研株式会社
http://www.labowada.co.jp/
假牙等牙科实验室产品制造商。

销售收入 （2021/03 决算报表） **130** 亿日元　　营业利润 **3** 亿日元

（株）成田牙科
【未上市】株式会社成田デンタル
http://www.narita-d.co.jp/
销售牙科实验室产品，如假牙、种植体等，行业排名第二。

销售收入 （2021/02 决算报表） **119** 亿日元　　营业利润 **4** 亿日元

（株）吉田制作所
【未上市】株式会社吉田製作所
https://www.yoshida-net.co.jp/
日本历史最悠久的牙科设备制造商，积极开发核磁共振等医疗设备。

销售收入 （2021/03 决算报表） **94** 亿日元　　净利润 **0** 亿日元

（株）Aglis
【未上市】株式会社アグリス
http://www.aglis.co.jp/
以农业材料创业，现主营医疗相关产品业务，并强化透析护理设备的生产系统。

销售收入 （2021/03 决算报表） **92** 亿日元　　营业利润 **2** 亿日元

长田电机工业（株）
【未上市】長田電機工業株式会社
https://osada-group.jp/
医疗设备制造商，主要从事牙科设备的开发、制造和销售，还生产医科、兽医科医疗设备。

销售收入 （2021/07 决算报表） **60** 亿日元　　净利润 **7** 亿日元

（株）东海医疗产品
【未上市】株式会社東海メディカルプロダクツ
http://www.tokaimedpro.co.jp/
医疗设备方面的研发型公司，生产 IABP 球囊导管、治疗性 PTCA 和 PTA 球囊导管、微型导管。

销售收入 （2021/03 决算报表） **49** 亿日元　　营业利润 **N/A** 亿日元

Acoma 医科工业（株）
【未上市】アコマ医科工業株式会社
https://www.acoma.com/
日本麻醉机、呼吸机生产企业。

销售收入 （2021/03 决算报表） **49** 亿日元　　营业利润 **15** 亿日元

山八齿材工业（株）
【未上市】山八歯材工業株式会社
https://www.yamahachi-dental.co.jp/
牙科材料制造商，硬质树脂牙等人工牙的国内市场份额为 25%~30%，同海外 80 多个国家和地区有贸易往来。

销售收入 （2020/08 决算报表） **30** 亿日元　　营业利润 **5** 亿日元

瑞翁医疗（株）
【未上市】ゼオンメディカル株式会社
https://www.zeonmedical.co.jp/
医疗设备制造商，主要产品包括心脏和内窥镜手术用导管。

销售收入 **N/A** 亿日元　　净利润 **-9** 亿日元

2021 年日本医疗用诊断装置/放射线装置出口额排名前十的国家/地区

单位：亿美元

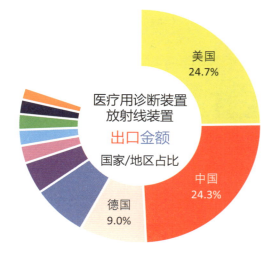

医疗用诊断装置放射线装置 **出口金额** 国家/地区占比

排名	国家/地区	出口金额	占比（%）
1	美国	11	24.7
2	中国	10.83	24.3
3	德国	3.98	9.0
4	荷兰	3.27	7.4
5	韩国	1.95	4.4
6	中国台湾（推算）	1.08	2.4
7	俄罗斯	0.98	2.2
8	印度	0.97	2.2
9	澳大利亚	0.89	2.0
10	英国	0.73	1.6
	其他所有国家/地区	8.83	19.8

行业信息　一般社团法人 日本医疗机器产业联合会　东京都新宿区下宫比町 3-2 饭田桥 Square 大厦 8 楼 B　电话：03-5225-6234　https://www.jfmda.gr.jp/

2015 年主要治疗设备领域日本企业与外资企业全球市场份额

人工关节

欧洲系 15.0%
14,320 亿日元
美国系 85.0%
外资系 100.0%

支架

日本系 1.2%
欧洲系 1.3%
6,530 亿日元
美国系 97.5%
外资系 98.8%

放射治疗装置
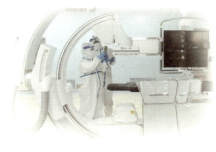

日本系 1.0%
欧洲系 24.4%
5,100 亿日元
美国系 74.6%
外资系 99.0%

人工肾脏装置

日本系 34.8%
2,400 亿日元
外资系 65.2%
欧洲系 65.2%

腹膜透析装置

美国系 32.9%
2,120 亿日元
欧洲系 67.1%
外资系 100.0%

心律管理装置

欧洲系 11.0%
2,040 亿日元
美国系 89.0%
外资系 100.0%

资料来源:经济产业省资料『我が国医療機器産業の現状』(平成 29 年 3 月)。

2015 年主要医疗诊断设备领域日本企业与外资企业全球市场份额

超声波诊断仪
美国系 32.0%
日本系 33.1%
5,200 亿日元
欧洲系 34.9%
外资系 66.9%

MRI
美国系 24.6%
日本系 23.5%
5,070 亿日元
欧洲系 51.9%
外资系 76.5%

CT
美国系 22.1%
日本系 30.9%
4,528 亿日元
欧洲系 47.0%
外资系 69.1%

PET/PET-CT
日本系 3.2%
美国系 36.5%
1,550 亿日元
欧洲系 60.3%
外资系 96.8%

内视镜
外资系 0.9%
美国系 0.9%
1,209 亿日元
日本系 99.1%

资料来源:经济产业省资料『我が国医療機器産業の現状』(平成 29 年 3 月)。

2019 年日本主要医疗仪器进口金额和占比

单位:百万日元

排名	医疗仪器名称	进口金额	占比（%）	主要进口地区（前5位）				
	总金额	2,722,990	100					
1	医用嘴管及体液诱导管	411,380	15.1	美国	爱尔兰	中国	哥斯达黎加	马来西亚
2	整形用品	379,010	13.9	美国	瑞士	中国	德国	爱尔兰
3	内藏功能代用器	377,316	13.9	美国	爱尔兰	瑞士	德国	韩国
4	视力矫正镜片	307,963	11.3	爱尔兰	波多黎各	中国台湾	美国	新加坡
5	理学诊疗用器具	183,257	6.7	美国	中国	墨西哥	德国	韩国
6	内藏功能检查器具	106,146	3.9	美国	中国	德国	荷兰	墨西哥
7	X射线装置及X射线管	85,238	3.1	美国	德国	荷兰	中国	法国
8	医药品注入器	73,877	2.7	泰国	马来西亚	中国	美国	墨西哥
9	医疗窥视镜	73,537	2.7	美国	德国	越南	哥斯达黎加	墨西哥
10	整形用机械器具	70,989	2.6	美国	瑞士	墨西哥	德国	法国
	其他设备	654,278	24					

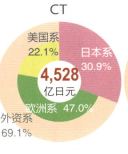

22 医疗机器与器具

2019 年日本主要医疗仪器出口金额和占比

单位：百万日元

排名	医疗仪器名称	出口金额	占比（%）	主要出口地区（前5位）				
	总金额	971,261	100					
1	医疗窥视镜	176,715	18.2	中国	荷兰	新加坡	美国	阿联酋
2	血液检查用器具	135,790	14.0	德国	韩国	中国	美国	荷兰
3	X射线装置及X射线管	104,487	10.8	美国	中国	荷兰	德国	巴西
4	内藏功能代用器	98,192	10.1	比利时	中国	美国	德国	中国台湾
5	医用嘴管及体液诱导管	64,477	6.6	美国	比利时	中国	巴西	韩国
6	理学诊疗用器具	58,778	6.1	中国	荷兰	德国	美国	比利时
7	X线胶片	53,973	5.6	中国	印度	中国香港	荷兰	越南
8	内藏功能检查用器具	43,065	4.4	美国	荷兰	中国	美大洋洲领地	德国
9	眼科检查器具	33,117	3.4	美国	中国	荷兰	巴西	印度
10	医药品注入器	33,060	3.4	美国	比利时	荷兰	泰国	新加坡
	其他设备	169,607	17.5					

全球销售额最高的医疗设备制造企业

单位：百万美元

医疗设备主要由欧美企业垄断，日本企业全球竞争力不足。

排名	企业名称	国家	会计年度	销售额	EBITDA（蓝字为营业利润）	备注
1	美敦力（Medtronic Plc）	爱尔兰	04/2017	29,710	9,452	
2	强生（Johnson & Johnson）	美国	12/2016	25,119	5,578	医疗器械
3	通用电气（GE）	美国	12/2017	18,291	3,161	医疗保健
4	费森尤斯医疗保健（Fresenius Medical Care）	德国	12/2016	17,911	3,409	
5	西门子（Siemens）	德国	09/2016	14,988	2,582	现名Healthineers
6	卡地纳健康集团（Cardinal Health）	美国	06/2017	13,524	572	医疗事业
7	丹纳赫（Danaher）	美国	12/2016	13,189	2,024	生命科学、诊断、牙科
8	皇家菲利普（Royal Philips）	荷兰	12/2016	11,418	765	诊断治疗及相关设备
9	史赛克（Stryker）	美国	12/2016	11,325	3,114	
10	百特国际（Baxter intl）	美国	12/2016	10,163	1,901	
11	BD公司（Becton Dickinson）	美国	09/2016	8,654	2,052	医疗事业
12	波士顿科学（Boston Scientific）	美国	12/2016	8,386	2,051	
13	雅培公司（Abbott Laboratories）	美国	12/2016	7,709	2,231	诊断、血管
14	捷迈邦美（Zimmer Biomet Holdings）	美国	12/2016	7,684	2,389	
15	贝朗医疗（B. Braun Holding AG）	德国	12/2015	7,098	934	
16	3M	美国	12/2016	5,527	1,754	医疗保健
17	奥林巴斯（Olympus）	日本	03/2017	5,313	1,066	医疗事业
18	泰尔茂（Terumo）	日本	03/2017	4,748	1,126	
19	施乐辉（Smith & Nephew）	英国	12/2016	4,669	1,320	
20	登士柏西诺德（Dentsply Sirona）	美国	12/2016	3,745	745	
21	华润巴德（CR Bard）	美国	12/2016	3,714	1,171	
22	富士胶片控股（FUJI FILM）	日本	03/2017	3,546	n.a.	医疗护理事业
23	洁定（Getinge B）	瑞典	12/2016	3,475	697	
24	瓦里安医疗系统（Varian Medical Systems）	美国	09/2016	3,219	661	
25	豪洛捷（Hologic）	美国	09/2016	2,833	1,025	

资料来源：经济产业省(商务／服务)医疗、福祉机器产业室《我国医疗机器产业现状》，2017 年 12 月(表格由日本瑞穗银行调查部制作)。

行业信息 一 般 社 团 法 人 日本医疗机器产业联合会 东京都新宿区下宫比町 3-2 饭田桥 Square 大厦 8 楼 B　电话：03-5225-6234　https://www.jfmda.gr.jp/

2020 年日本医药品和医疗仪器生产和进出口规模

单位:亿日元

2020年	医药品市场规模	医疗仪器市场规模
国内生产金额	93,054	24,263
进口金额	28,534	26,373
出口金额	5,125	9,909

资料来源:厚生劳动省医药工业生产动态统计。

总计 **60,545** 亿日元
总计 **126,713** 亿日元

医疗仪器市场规模	40.1%	43.6%	16.4%
医药品市场规模	73.4%	22.5%	4.0%

- 50,000 100,000 150,000 (亿日元)

2015 ～ 2019 年日本医疗仪器产值变化

单位:百万日元
(指数:2010 年 =100)

年份	生产金额	指数	月平均生产金额
2015	1,945,599	▲ 113.5	162,133
2016	1,914,551	▲ 111.7	159,546
2017	1,990,373	▲ 116.2	165,864
2018	1,948,961	▲ 113.7	162,413
2019	2,522,093	▲ 147.2	210,174

2015 ～ 2019 年日本医疗仪器进口金额变化

单位:百万日元
(指数:2015 年 =100)

年份	进口金额	指数
2015	1,424,871	100
2016	1,556,390	▲ 109.2
2017	1,649,627	▲ 115.8
2018	1,620,422	▲ 113.7
2019	2,722,990	▲ 191.1

2015 ～ 2019 年日本医疗仪器出口金额变化

单位:百万日元
(指数:2015 年 =100)

年份	出口金额	指数
2015	622,584	100
2016	583,963	▼ 93.8
2017	618,986	▼ 99.4
2018	667,631	▲ 107.2
2019	971,261	▲ 156

医疗设备国际市场动向示意图（2010 ～ 2020 年）

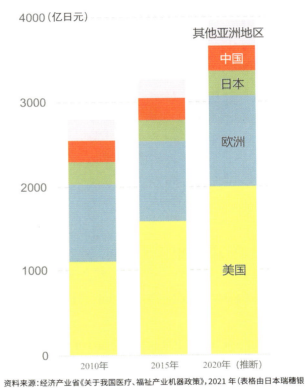

资料来源:经济产业省《关于我国医疗、福祉产业机器政策》,2021 年 (表格由日本瑞穗银行调查部制作)。

2013 ～ 2018 年日本医疗机器设备进出口变化

日本常年医疗机器设备外贸逆差。

资料来源:经济产业省《关于我国医疗、福祉产业机器政策》,2021 年 (数据来自厚生劳动省药事工业生产动态统计)。

说明:本节中未注明资料来源的图表均根据日本贸易图鉴网站(https://jtrade.ecodb.net/) 的图解整理而成。日本贸易图鉴网站根据联合国商品贸易统计数据库 (UN Comtrade) 的数据制作图解,因此图表中含日本贸易图鉴网站推算数据。"中国"的进出口金额数据仅计算了中国大陆地区的数据,不含中国港澳台地区,"中国台湾"的数据均为推算数据。

网络与通信设备

23

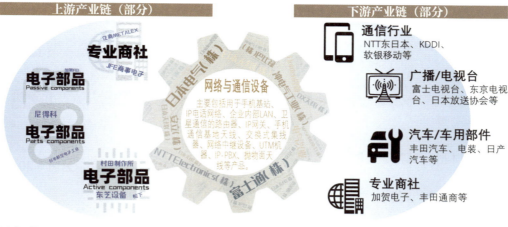

上游产业链（部分）

专业商社
JFE商事电子

电子部品
Passive components

尼得科

电子部品
Parts components

村田制作所

电子部品
Active components
东芝设备 松下

网络与通信设备
主要包括用于手机基站、IP电话网络、企业内部LAN、卫星通信的路由器、IP网关、手机通信基地天线、交换式集线器、网络中继设备、UTM机器、IP-PBX、抛物曲天线等产品。

下游产业链（部分）

通信行业
NTT东日本、KDDI、软银移动等

广播/电视台
富士电视台、东京电视台、日本放送协会等

汽车/车用部件
丰田汽车、电装、日产汽车等

专业商社
加贺电子、丰田通商等

日本通信设备进口近况

单位：亿美元

年份	进口金额	同比增减（%）
2021	307.36	▲ 13.1
2020	271.79	▲ 2.1
2019	266.3	▼ -4.1
2018	277.72	▲ 4.7
2017	265.15	▼ -11.1
2016	298.16	▲ 3.1
2015	289.24	▼ -10.7
2014	323.76	▼ -1.7

日本通信设备出口近况

单位：亿美元

年份	出口金额	同比增减（%）
2021	25.05	▲ 6.9
2020	23.43	▼ -17.4
2019	28.37	▼ -8.8
2018	31.1	▼ -1.2
2017	31.49	▼ -64.1
2016	87.66	▼ -4.7
2015	91.94	▼ -1.1
2014	92.99	▼ -4.6

日本三大网络通讯设备企业

富士通（株）

【6702】富士通株式会社

产品包括各类通信和网络设备。

https://www.fujitsu.com/jp/

销售收入 **35,868** 亿日元

营业利润 **2,192** 亿日元

2011年 44,675
2021年 35,868
单位：亿日元

10年销售额变化
-19.71%

日本电气（株）

【6701】日本電気株式会社

产品包括各类通信和网络设备。

https://jpn.nec.com/

销售收入 **30,140** 亿日元

营业利润 **1,325** 亿日元

2011年 30,368
2021年 30,140
单位：亿日元

10年销售额变化
-0.75%

（株）NTT DATA

【未上市】株式会社 NTT データ

日本最大的信息服务企业，数据通信和系统集成商。

https://www.nttdata.com/jp/ja/

销售收入 **25,519** 亿日元

营业利润 **2,125** 亿日元

2011年 12,511
2021年 25,519
单位：亿日元

10年销售额变化
+103.97%

医疗机器与器具

网络与通信设备

FA 控制及计测设备

分析仪器与试验设备

OA 机器与业务终端

工作机床

机器人及注塑成型机

半导体制造装置

建筑机械及重型设备

...

行业信息 一般社团法人 情报通信网络产业协会] 东京都中央区日本桥兜町 21-7 兜町新四方 6F 电话：03-5962-3450 传真：03-5962-3455 https://www.ciaj.or.jp/

主要生产企业

冲电气工业（株）
【6703】冲電気工業株式会社
https://www.oki.com/jp/
产品包括各类通信和网络设备。

销售收入	营业利润
3,520 亿日元	**58** 亿日元

日本无线（株）
【未上市】日本無線株式会社
http://www.jrc.co.jp/
主营船舶用无线通信设备／导航设备、各种防灾系统、气象雷达等。

销售收入（2021/03 决算报表）	营业利润
1,406 亿日元	**73** 亿日元

SAXA 控股（株）
【6675】サクサホールディングス株式会社
https://www.saxa.co.jp/
主要生产内部电话设备、网络产品等通信机器。

销售收入	营业利润
307 亿日元	**1** 亿日元

Uniden 控股（株）
【6815】ユニデンホールディングス株式会社
http://www.uniden.co.jp/
主要生产无绳电话、无线通信机器等。

销售收入	营业利润
128 亿日元	**12** 亿日元

其他生产企业

Panasonic Connect Co. Ltd.
【未上市】パナソニック コネクト株式会社
https://connect.panasonic.com/jp-ja/
制造、销售通信器械电子器械、医疗保健卫生器械等。

销售收入（2021/03 决算报表）	营业利润
2,815 亿日元	**145** 亿日元

（株）巴比禄
【未上市】株式会社バッファロー
https://www.buffalo.jp/company/
主要生产无线／有线 LAN、电视信号接收关联机器等。

销售收入	营业利润
647 亿日元	**20** 亿日元

MASPRO 电工（株）
【未上市】マスプロ電工株式会社
https://www.maspro.co.jp/
主要生产天线、电视信号接收关联机器等。

销售收入	营业利润
163 亿日元	**4** 亿日元

日本天线（株）
【6930】日本アンテナ株式会社
https://www.nippon-antenna.co.jp/ja/index.html
主要生产天线、电缆、接收信号关联机器等。

销售收入	营业利润
126 亿日元	**-13** 亿日元

安立（株）
【6754】アンリツ株式会社
https://www.anritsu.com/ja-JP
主要生产电子计测器等。

销售收入	营业利润
1,053 亿日元	**165** 亿日元

电气兴业（株）
【6706】電気興業株式会社
https://www.denkikogyo.co.jp/
主要生产基地台天线、传输用天线、防灾无线设备、铁塔等。

销售收入	营业利润
339 亿日元	**0** 亿日元

DX 天线（株）
【未上市】DX アンテナ株式会社
http://www.dxantenna.co.jp/
主要生产天线、电视信号接收用机器等。

销售收入	营业利润
137 亿日元	**15** 亿日元

（株）确善能
【未上市】株式会社コシナ
http://www.cosina.co.jp/
公司业务从镜片玻璃熔化到组装的一体化，主营液晶投影仪装置。

销售收入（2022/01 决算报表）	营业利润
82 亿日元	**N/A** 亿日元

2021 年日本通信设备进口额排名前十的国家／地区

单位：亿美元

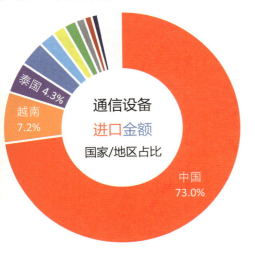

排名	国家/地区	进口金额	占比（%）
1	中国	224.38	73.0
2	越南	22.01	7.2
3	泰国	13.3	4.3
4	马来西亚	11.03	3.6
5	中国台湾（推算）	6.8	2.2
6	美国	5.4	1.8
7	墨西哥	5.23	1.7
8	菲律宾	3.81	1.2
9	韩国	3.05	1.0
10	印度	2.72	0.9
	其他所有国家/地区	9.65	3.1

通信设备 进口金额 国家/地区占比

中国 73.0%
越南 7.2%
泰国 4.3%

工业机械与设备制造业

医疗机器与
器具

**网络与
通信设备**

FA 控制及计
测设备

分析仪器与
试验设备

OA 机器与
业务终端

工作机床

机器人及注
塑成型机

半导体制
造装置

建筑机械及
重型设备

...

其他生产企业

日本制御机器(株)
【未上市】日本制禦機器株式会社
https://www.jsk.jp/
开发制造各种通信控制器／计量控制器／
机械控制器。

销售收入 (2021/03 决算报表)	营业利润
49 亿日元	**1** 亿日元

东芝 ELECTRONICSYSTEMS (株)
【未上市】東芝エレクトロニックシステムズ株式会社
https://www.toshiba.co.jp/tecs
设计制造无线应用设备／电波应用设备／
通信设备及其关联设备。

销售收入 (2021/03 决算报表)	营业利润
42 亿日元	**2** 亿日元

2021 年日本通信设备出口额排名前十的国家／地区

单位：亿美元

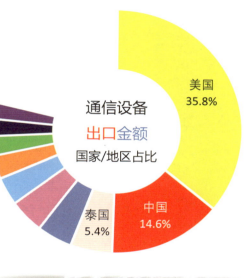

通信设备
出口金额
国家/地区占比

美国 35.8%
中国 14.6%
泰国 5.4%

排名	国家/地区	出口金额	占比（%）
1	美国	8.96	35.8
2	中国	3.66	14.6
3	泰国	1.35	5.4
4	中国香港	1.14	4.6
5	德国	1.12	4.5
6	韩国	0.93	3.7
7	瑞典	0.76	3.0
8	俄罗斯	0.66	2.6
9	荷兰	0.57	2.3
10	比利时	0.56	2.3
	其他所有国家/地区	5.32	21.3

2020 ~ 2021 年日本通信机器生产情况

	2020年		2021年			
	金额(百万日元)	数量 (台)	金额(百万日元)	数量 (台)	金额同比± (%)	数量同比± (%)
通信机器	512,825		502,539		▼ -2.0	
其中：终端设备	215,378		196,735		▼ -8.7	
其中：有线终端设备	42,829		37,105		▼ -13.4	
（其中：电话机）	1,865	154,829	1,656	132,906	▼ -11.2	▼ -14.2
（其中：其他电话设备）	40,964		35,449		▼ -13.5	
其中：移动终端设备	172,549	8,303,613	159,630	8,976,775	▼ -7.5	▲ 8.1
（其中：手机）	104,144	6,039,057	104,164	6,441,601	▬ 0	▲ 8.4
（其中：其他终端）	50,361	2,074,690	38,150	2,356,134	▼ -24.2	▲ 13.6
（其中：海上、航空移动通信装置）	18,044	189,866	17,316	179,040	▼ -4.0	▼ -5.7

行业信息 [一般社团法人 情报通信网络产业协会] 东京都中央区日本桥兜町 21-7 兜町新四方 6F
电话：03-5962-3450　传真：03-5962-3455 https://www.ciaj.or.jp/

▤ 2020～2026年日本国内通信设施基本建设关联设备需求预测

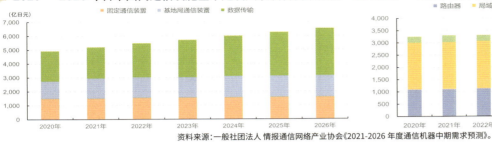

▤ 2020～2026年日本国内互联网关联设备需求预测

资料来源:一般社团法人 情报通信网络产业协会《2021-2026 年度通信机器中期需求预测》。

▤ 日本通信机器市场实绩值与预测值

资料来源:一般社团法人 情报通信网络产业协会《2021-2026 年度通信机器中期需求预测》。

▤ 2026 年日本通信市场预测

单位:亿日元

	2026年预测	比2020年增加额	增长率 (%)
移动通信终端	23,839	5,332	28.8
基地局通信装置	4,583	2,325	103.0
固定通信装置	1,657	354	27.2
LAN Switch	2,024	117	6.1
数据传送装置	1,743	89	5.4
路由器	1,158	55	5.0
光纤接入机器	237	3	1.4
局用交换机	2	2	589.7

资料来源:一般社团法人 情报通信网络产业协会《2021-2026 年度通信机器中期需求预测》。
注:日本 2026 年预测国内通信市场需求 40,362 亿日元,比 2020 年增加 22.3%,其中国内需求 36,961 亿日元,出口 3,400 亿日元。

▤ 2020～2021 年日本通信机器生产情况

	2020年		2021年			
	金额(百万日元)	数量(台)	金额(百万日元)	数量(台)	金额同比±(%)	数量同比±(%)
通信机器	282,390		320,708		▲ 13.6	
其中:电话机和终端设备	18,794	969	20,830	967	▲ 10.8	▼ -0.2
其中:手机	15,372	813	16,859	730	▲ 9.7	▼ -10.3
NW关联机器	106,910	45,856	122,202	38,067	▲ 14.3	▼ -17
其中:基地局	1,068	13	19,100	53	▲ 1689.1	▲ 309.9
其中:数据通信机器	103,225	45,614	100,228	37,494	▼ -2.9	▼ -17.8
其中:其他NW关联机器	2,618	229	2,875	520	▲ 9.8	▲ 127.4
通信机器部品	156,686		177,675		▲ 13.4	

资料来源:一般社团法人 情报通信网络产业协会 https://www.ciaj.or.jp/。

说明:本节中未注明资料来源的图表均根据日本贸易图鉴网站(https://jtrade.ecodb.net/) 的图解整理而成。日本贸易图鉴网站根据联合国商品贸易统计数据库(UN Comtrade) 的数据制作图解,因此图表中含日本贸易图鉴网站推算数据。"中国"的进出口金额数据仅计算了中国大陆地区的数据,不含中国港澳台地区,"中国台湾"的数据均为推算数据。

工业机械与设备制造业

24

FA 控制及计测设备

医疗机器与器具

网络与通信设备

FA 控制及计测设备

分析仪器与试验设备

OA 机器与业务终端

工作机床

机器人及注塑成型机

半导体制造装置

建筑机械及重型设备

...

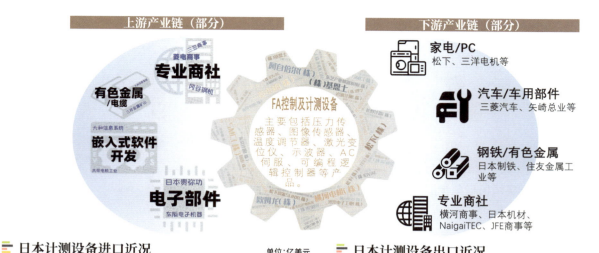

上游产业链（部分）　　　　　下游产业链（部分）

专业商社　　菱电商事　　刚自伯尔（株）（株）基恩士

有色金属/电缆

嵌入式软件开发　大和信息系统

电子部件　日本费弥功　东阪电子机器

FA控制及计测设备
主要包括压力传感器、图像传感器、温度调节器、激光变位仪、示波器、AC伺服、可编程逻辑控制器等产品。

家电/PC
松下、三洋电机等

汽车/车用部件
三菱汽车、矢崎总业等

钢铁/有色金属
日本制铁、住友金属工业等

专业商社
横河商事、日本机材、NaigaiTEC、JFE商事等

日本计测设备进口近况　　　　　　　单位：亿美元

年份	进口金额	同比增减（%）
2021	96.91	▲ 11.3
2020	87.05	▼ -10.6
2019	97.41	▼ -1.2
2018	98.62	▲ 12.8
2017	87.42	▲ 7.9
2016	81.02	▲ 0.3
2015	80.77	▼ -1.2
2014	81.78	▲ 8.0

日本计测设备出口近况　　　　　　　单位：亿美元

年份	出口金额	同比增减（%）
2021	231.54	▲ 20.0
2020	192.98	▼ -2.1
2019	197.06	▼ -3.6
2018	204.42	▲ 11.8
2017	182.78	▲ 11.9
2016	163.31	▲ 6.1
2015	153.9	▼ -9.7
2014	170.38	▲ 0.2

著名电机企业

三菱电机（株）　　　●●●
【6503】三菱電機株式会社

https://mitsubishielectric.co.jp

主要生产 FA 控制机器、计测机器等。

| 销售收入 **44,767** 亿日元 | 营业利润 **2,520** 亿日元 | 2011年 36,394　2021年 44,767　单位：亿日元 | 10 年销售额变化 **+23.01%** |

（株）基恩士　　　●●●
【6861】株式会社キーエンス

https://www.keyence.co.jp

主要生产传感器、可程控制器、变位计、电子计测器等。

| 销售收入 **7,551** 亿日元 | 营业利润 **4,180** 亿日元 | 2011年 1,993　2021年 7,551　单位：亿日元 | 10 年销售额变化 **+278.88%** |

横河电机（株）　　　●●●
【6841】横河電機株式会社

https://www.yokogawa.co.jp

主要生产 FA 控制机器、计测机器等。

| 销售收入 **3,899** 亿日元 | 营业利润 **306** 亿日元 | 2011年 3,346　2021年 3,899　单位：亿日元 | 10 年销售额变化 **+16.53%** |

行业信息 一 般 社 团 法 人 日本精密测定机器工业会 ｜ 东京都港区西新桥 3-14-2 柾木大厦 3F 电话：03-3434-9557　https://www.jpmia.gr.jp/

主要生产企业

松下 (株)
【6752】パナソニック株式会社
https://www.panasonic.com/jp/home.html
主要生产 FA 用传感器、三次元计测器等。

销售收入 **73,887** 亿日元　营业利润 **3,575** 亿日元

欧姆龙 (株)
【6645】オムロン株式会社
https://www.omron.com/jp/ja/
主要生产各种 FA 控制机器、计测机器等。

销售收入 **7,629** 亿日元　营业利润 **893** 亿日元

SMC (株)
【6273】SMC 株式会社
https://www.smcworld.com/
主要生产各种 FA 空压控制设备等。

销售收入 **7,273** 亿日元　营业利润 **2,278** 亿日元

阿自倍尔 (株)
【6845】アズビル株式会社
https://www.azbil.com/jp/
主要生产 FA 系统机器、电磁流量计、压力传感器、控制阀等。

销售收入 **2,565** 亿日元　营业利润 **282** 亿日元

其他生产企业

(株) 日立产机系统
【未上市】株式会社日立産機システム
https://www.hitachi-ies.co.jp/
产品包括控制器、各种计测机器等。

销售收入 **1,712** 亿日元　营业利润 **161** 亿日元

东芝工业机器系统 (株)
【未上市】東芝産業機器システム株式会社
https://www.toshiba-tips.co.jp
主要生产可编程控制器、FA 计测机器等。

销售收入 (2021/03 决算报表) **763** 亿日元　营业利润 **34** 亿日元

长野计器 (株)
【7715】長野計器株式会社
http://www.naganokeiki.co.jp/
全球最大机械式压力计、压力传感器、高性能压力计生产企业。

销售收入 **549** 亿日元　营业利润 **35** 亿日元

东京计器 (株)
【7721】東京計器株式会社
https://www.tokyokeiki.jp/
主要生产航空计器、船舶港湾计器、油式空压机器等。

销售收入 **415** 亿日元　营业利润 **16** 亿日元

(株) 石田
【未上市】株式会社イシダ
https://www.ishida.co.jp
称重、包装和检测设备的领先制造商，在海外 100 多个国家开展业务。

销售收入 (2021/03 决算报表) **962** 亿日元　营业利润 **115** 亿日元

(株) 三丰
【未上市】株式会社ミツトヨ
https://www.mitutoyo.co.jp/
世界顶级高精度 3D 测量设备生产商。

销售收入 **718** 亿日元　营业利润 **4** 亿日元

爱知钟表电机 (株)
【7723】愛知時計電機株式会社
https://www.aichitokei.co.jp/
主要生产瓦斯/自来水管道计量表、压力传感器、微小流量传感器等。

销售收入 **464** 亿日元　营业利润 **32** 亿日元

理研计器 (株)
【7734】理研計器株式会社
https://www.rikenkeiki.co.jp/
日本固定式/便携式工业瓦斯报警器、计测器最大生产企业。

销售收入 **373** 亿日元　营业利润 **84** 亿日元

2021 年日本计测设备进出口额排名前十的国家 / 地区

单位：亿美元

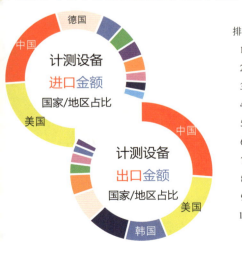

排名	进口 国家/地区	金额	占比 (%)	出口 国家/地区	金额	占比 (%)
1	美国	23.22	24.0	中国	60.91	26.3
2	中国	20.98	21.7	美国	41.43	17.9
3	德国	10.47	10.8	韩国	22.27	9.6
4	马来西亚	4.99	5.2	中国台湾（推算）	20.95	9.1
5	新加坡	4.01	4.1	德国	15.62	6.8
6	英国	3.78	3.9	泰国	11.42	4.9
7	泰国	3.57	3.7	新加坡	5.97	2.6
8	瑞士	2.5	2.6	荷兰	5.77	2.5
9	中国台湾(推算)	2.18	2.3	马来西亚	4.22	1.8
10	法国	2.03	2.1	印度	3.92	1.7
	其他所有国家/地区	19.16	19.8	其他所有国家/地区	39.03	16.9

工业原材料制造业

工业装备与部件制造业

工业机械与设备制造业

②④ FA 控制及计测设备

医疗机器与器具

网络与通信设备

FA 控制及计测设备

分析仪器与试验设备

OA 机器与业务终端

工作机床

机器人及注塑成型机

半导体制造装置

建筑机械及重型设备

...

主要生产企业

富士电机机器控制(株)

【未上市】富士電機機器制御株式会社
https://www.fujielectric.co.jp/fcs/

主要生产各类 FA 控制设备。

销售收入 **529** 亿日元　营业利润 **51** 亿日元

协立电机(株)

【6874】協立電機株式会社
http://www.kdwan.co.jp/

主要生产产业用 PC、机械加工／焊接／淬火控制装置等。

销售收入 （2022/06 决算报表）**283** 亿日元　营业利润 **15** 亿日元

(株)CHINO

【6850】株式会社チノー
https://www.chino.co.jp/

主要生产温度传感器、温度计测／调节机器等。

销售收入 **219** 亿日元　营业利润 **15** 亿日元

光洋电子工业(株)

【未上市】光洋電子工業株式会社
https://www.koyoele.co.jp

主要生产可编程控制器、FA 用传感器、FA 计测机器等。

销售收入 **131** 亿日元　营业利润 **2** 亿日元

其他生产企业

松下设备 SUNX(株)

【未上市】パナソニックデバイスSUNX株式会社
https://panasonic.co.jp/id/pidsx

主要生产传感器、可编程控制器、激光标记器、画像处理机等。

销售收入 **348** 亿日元　营业利润 **-1** 亿日元

SeikoInstruments(株)

【未上市】セイコーインスツル株式会社
http://www.sii.co.jp

生产电子元件、信息系统设备、测量和分析仪器等产品。

销售收入 （2021/03 决算报表）**264** 亿日元　净利润 **42** 亿日元

大和制衡(株)

【未上市】大和製衡株式会社
http://www.yamato-scale.co.jp

称重系统的综合制造商，生产工业称重和普通称重设备，主要产品有组合称、卡车称。

销售收入 **207** 亿日元　营业利润 **24** 亿日元

应用电机(株)

【未上市】応用電機株式会社
https://www.oyoe.co.jp

生产半导体等各种电子部件检查装置（如计量器械、控制装置）。

销售收入 （2020/06 决算报表）**116** 亿日元　营业利润 **12** 亿日元

(株)理学

【未上市】株式会社リガク
http://www.rigaku.co.jp/

科学仪器制造商，在 X 射线分析/测量/检测设备方面国内领先，还生产用于制药、电子元件等的研究开发和质量控制设备。

销售收入 （2021/03 决算报表）**339** 亿日元　营业利润 **52** 亿日元

岩通计测(株)

【6704】岩崎通信機株式会社
https://www.denkikogyo.co.jp/

主要生产示波器、激光变位计等。

销售收入 **231** 亿日元　营业利润 **5** 亿日元

(株)康泰克

【未上市】株式会社コンテック
https://www.contec.com/

主要生产产业用 PC、检查计测机器、控制关联机器等。

销售收入 **205** 亿日元　营业利润 **14** 亿日元

(株)OVAL

【7727】株式会社オーバル
https://www.oval.co.jp/

主要生产流量计、电子计测机器等。

销售收入 **111** 亿日元　营业利润 **2** 亿日元

日本计量表、转速表等进口近况

单位:亿美元

年份	进口金额	同比增减（%）
2021	5.48	▲ 3.0
2020	5.32	▼ -11.1
2019	5.98	▲ 3.5
2018	5.78	▲ 7.8
2017	5.36	▲ 30.0
2016	4.13	▲ 12.4
2015	3.67	▼ -9.5
2014	4.06	▲ 3.1

注:含电表、转速表、计步器等产品。

日本计量表、转速表等出口近况

单位:亿美元

年份	出口金额	同比增减（%）
2021	4.45	▲ 14.0
2020	3.9	▼ -30.7
2019	5.63	▼ -15.7
2018	6.68	▲ 1.9
2017	6.55	▲ 3.2
2016	6.35	▲ 52.0
2015	4.18	▼ -4.0
2014	4.35	▼ -9.1

注:含电表、转速表、计步器等产品。

行业信息 一般社团法人 日本光学测定机工业会　东京都港区芝公园 3-5-8 机械振兴会馆　电话：03-3435-8083　http://www.j-oma.jp/

其他生产企业

(株)TLV ●●●
【未上市】株式会社テイエルブイ
https://www.tlv.com/ja

从事计测控制机器、蒸汽动力系统制造销售咨询，以及管线设计施工。

销售收入 (2021/06 决算报表)	净利润
103 亿日元	**-3** 亿日元

发纮电机(株) ●●●
【未上市】発紘電機株式会社
https://hakko-elec.co.jp/

主要生产可编程显示器等。

销售收入 (2021/03 决算报表)	净利润
102 亿日元	**7** 亿日元

竹中工程(株) ●●●
【未上市】竹中エンジニアリング株式会社
https://www.takex-eng.co.jp

以生产各种安保探测器为主，红外线探测器生产日本第一。

销售收入 (2020/12 决算报表)	营业利润
100 亿日元	**23** 亿日元

(株)M-SYSTEM 技研 ●●●
【未上市】株式会社エム・システム技研
https://www.m-system.co.jp/

以生产 FA 用接口设备为主，号称全球最大仪表用信号变换器出口商。

销售收入 (2021/09 决算报表)	营业利润
90 亿日元	**N/A** 亿日元

(株)尼利可 ●●●
【6863】株式会社ニレコ
https://www.nireco.jp

主要生产网络控制装置等。

销售收入 (2021/09 决算报表)	营业利润
81 亿日元	**5** 亿日元

京瓷 SOC(株) ●●●
【未上市】京セラ SOC 株式会社
https://www.ksoc.co.jp

生产光学元件、激光发振器、光学测量仪器以及特定光学设备。

销售收入	净利润
68 亿日元	**10** 亿日元

京都电子工业(株) ●●●
【未上市】京都電子工業株式会社
https://www.kem.kyoto/

高精度测量微量化学物质分析仪的专业制造商，主要产品是研究／环境用分析仪和热测量仪器。

销售收入 (2021/12 决算报表)	税前利润
64 亿日元	**8** 亿日元

(株)西方体育 ●●●
【未上市】株式会社ニシ・スポーツ
http://www.nishi.com/

田径器材的专业制造商，以 NISHI 品牌的测量仪器闻名。

销售收入 (2021/12 决算报表)	净利润
46 亿日元	**4** 亿日元

SUGA 试验机(株) ●●●
【未上市】スガ試験機株式会社
http://www.sugatest.co.jp/

测试设备制造商，主要生产用于预测与确定产品和材料使用寿命的耐候光加速腐蚀测试器及色度计。

销售收入 (2021/03 决算报表)	净利润
45 亿日元	**0** 亿日元

(株)东京测器研究所 ●●●
【未上市】株式会社東京測器研究所
https://www.tml.jp

应变仪／测量仪器行业第二，并提供各种实验和结构的测量咨询服务。

销售收入 (2021/03 决算报表)	营业利润
44 亿日元	**2** 亿日元

(株)小坂研究所 ●●●
【未上市】株式会社小坂研究所
https://www.kosakalab.co.jp/

主要生产精密机器、流体和自动化设备，包括形状测量仪、螺杆泵、半导体制造相关设备和自动包装机。

销售收入 (2021/03 决算报表)	营业利润
41 亿日元	**1** 亿日元

(株)东洋精机制作所 ●●●
【未上市】株式会社東洋精機製作所
https://www.toyoseiki.co.jp/

塑料、橡胶、纸张、纺织品、油漆和油墨等的材料评估设备制造商，其中高分子材料测试设备居业界首位。

销售收入	净利润
38 亿日元	**3** 亿日元

工业原材料制造业 工业器件与部件制造业 工业机械与设备制造业

2021 年日本计量表、转速表等进出口额排名前十的国家／地区
单位：亿美元

排名	进口 国家/地区	金额	占比(%)	出口 国家/地区	金额	占比(%)
1	中国	2.71	49.5	美国	1.13	25.4
2	泰国	0.74	13.6	中国	0.55	12.4
3	越南	0.46	8.5	德国	0.45	10.1
4	马来西亚	0.33	5.9	英国	0.3	6.7
5	中国台湾（推算）	0.29	5.3	中国台湾（推算）	0.25	5.6
6	印度	0.16	2.9	墨西哥	0.23	5.1
7	美国	0.14	2.6	泰国	0.22	4.9
8	菲律宾	0.11	2.0	印度尼西亚	0.19	4.3
9	德国	0.09	1.7	孟加拉国	0.14	3.2
10	韩国	0.07	1.3	中国香港	0.14	3.2
	其他所有国家/地区	0.36	6.6	其他所有国家/地区	0.85	19.1

注：含电表、转速表、计步器等产品

说明：本节中未注明资料来源的图表均根据日本贸易图鉴网站（https://jtrade.ecodb.net/）的图解整理而成。日本贸易图鉴网站根据联合国商品贸易统计数据库（UN Comtrade）的数据制作图解，因此图表中含日本贸易图鉴网站推算数据。"中国"的进出口金额数据仅计算了中国大陆地区的数据，不含中国港澳台地区，"中国台湾"的数据均为推算数据。

25

分析仪器与试验设备

医疗机器与器具

网络与通信设备

FA控制及计测设备

分析仪器与试验设备

OA机器与业务终端

工作机床

机器人及注塑成型机

半导体制造装置

建筑机械及重型设备

……

日本著名计测器生产企业

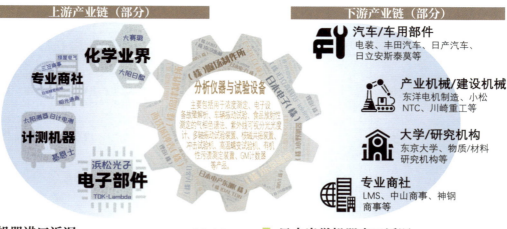

日本光学机器进口近况　　单位：亿美元

年份	进口金额	同比增减（%）
2021	14.35	▲ 16.6
2020	12.31	▼ -19.0
2019	15.2	▼ -3.4
2018	15.73	▲ 8.5
2017	14.5	▲ 2.5
2016	14.15	▼ -29.0
2015	14.58	▼ -6.4
2014	15.58	▼ -11.8

注：含望远镜、显微镜、液晶设备。

日本光学机器出口近况　　单位：亿美元

年份	出口金额	同比增减（%）
2021	43.93	▲ 3.9
2020	42.26	▼ -3.7
2019	43.9	▼ -18.4
2018	53.81	▼ -18.2
2017	65.81	▲ 18.9
2016	55.33	▼ -16.9
2015	66.55	▼ -18.9
2014	82.01	▲ 10.4

注：含望远镜、显微镜、液晶设备。

主要生产企业	其他生产企业

（株）岛津制作所 ●●●
【7701】株式会社島津製作所
https://www.shimadzu.co.jp/
主要生产气相色谱仪、质量分析计、光谱仪等。
销售收入 **4,281** 亿日元　　营业利润 **638** 亿日元

（株）V-Technology ●●●
【7717】株式会社ブイ・テクノロジー
https://www.vtec.co.jp/
主要生产液晶/OLED 面板用制造/检查/测定/观察/修正装置。
销售收入 **514** 亿日元　　营业利润 **54** 亿日元

GL 科学（株）●●●
【7705】ジーエルサイエンス株式会社
https://www.gls.co.jp/
主要生产气相色谱仪等。
销售收入 **331** 亿日元　　营业利润 **48** 亿日元

日本电子（株）●●●
【6951】日本電子株式会社
https://www.jeol.co.jp/
主要生产显微镜、荧光 X 线分析装置、核磁共振设备等。
销售收入 **1,384** 亿日元　　营业利润 **141** 亿日元

大和科学（株）●●●
【未上市】ヤマト科学株式会社
https://www.yamato-net.co.jp/
主要生产科学仪器、研究和实验室设备、分析和测量仪器以及试验检测设备。
销售收入 (2021/09 决算报表) **312** 亿日元　　净利润 **7** 亿日元

理音（株）●●●
【6823】リオン株式会社
https://www.rion.co.jp/
主要生产噪音计、振动计等。
销售收入 **226** 亿日元　　营业利润 **31** 亿日元

（株）日立高科技 Fielding ●●●
【未上市】株式会社日立ハイテクフィールディング
https://www.hitachi-hightech.com/hfd/
产品为电子显微镜、各种分析装置等。
销售收入 **659** 亿日元　　营业利润 **54** 亿日元

东亚 DKK（株）●●●
【6848】東亜ディーケーケー株式会社
https://www.toadkk.co.jp/
主要生产大气测定系统、水质计、水质计测机器等。
销售收入 **164** 亿日元　　营业利润 **19** 亿日元

中菱工程（株）●●●
【未上市】中菱エンジニアリング株式会社
http://www.churyo.co.jp/
主要生产汽车计测装置、各种试验用装置等。
销售收入 (2021/03 决算报表) **161** 亿日元　　税前利润 **1** 亿日元

（株）A&D ●●●
【7745】株式会社エー・アンド・ディ
https://www.aandd.co.jp/
产品为工业计测/电子计测/实验计测机器、试验机、计量/检查设备等。
销售收入 **517** 亿日元　　营业利润 **54** 亿日元

（株）共和电业 ●●●
【6853】株式会社共和電業
https://www.kyowa-ei.com/jpn
主要生产汽车试验装置、应变量表及各种实验装置等。
销售收入 (2021/12 决算报表) **145** 亿日元　　营业利润 **8** 亿日元

（株）DALTON ●●●
【未上市】株式会社ダルトン
https://www.dalton.co.jp
主要生产瓦斯排气处理装置等。
销售收入 (2021/09 决算报表) **134** 亿日元　　营业利润 **1** 亿日元

工业原材料制造业

工业器件与部件制造业

工业机械与设备制造业

📊 2021 年日本光学机器进口额排名前十的国家 / 地区
单位：亿美元

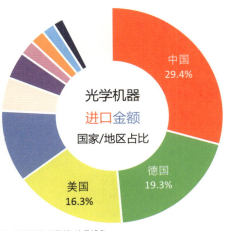

光学机器 进口金额 国家/地区占比
中国 29.4%　德国 19.3%　美国 16.3%

排名	国家/地区	进口金额	占比（%）
1	中国	4.22	29.4
2	德国	2.77	19.3
3	美国	2.34	16.3
4	泰国	1.56	10.8
5	中国台湾（推算）	0.72	5.1
6	英国	0.58	4.0
7	捷克	0.32	2.2
8	荷兰	0.31	2.1
9	新加坡	0.27	1.9
10	马来西亚	0.22	1.5
	其他所有国家/地区	1.04	7.3

注：含望远镜、显微镜、液晶设备。

25 分析仪器与试验设备

医疗机器与器具

网络与通信设备

FA 控制及计测设备

分析仪器与试验设备

OA 机器与业务终端

工作机床

机器人及注塑成型机

半导体制造装置

建筑机械及重型设备

···

| 主要生产企业 | 其他生产企业 |

ESPEC(株)
【6859】エスペック株式会社
https://www.espec.co.jp/
主要生产环境试验机、计测系统等。

销售收入 **418** 亿日元　营业利润 **19** 亿日元

IMV(株)
【7760】IMV 株式会社
https://www.imv.co.jp/
主要生产振动试验装置、振动计、地震计等。

销售收入（2021/09 决算报表）**115** 亿日元　营业利润 **10** 亿日元

(株)OVAL
【7727】株式会社オーバル
https://www.oval.co.jp/
主要生产可应对各种粘稠度液体的工业流体计测器等。

销售收入 **111** 亿日元　营业利润 **2** 亿日元

日本电产东测(株)
【未上市】日本電産トーソク株式会社
https://www.nidec.com/jp/nidec-tosok/
主要生产各种计测、检查装置等。

销售收入 **320** 亿日元　营业利润 **4** 亿日元

国际计测器(株)
【7722】国際計測器株式会社
http://www.kokusaikk.co.jp/
日本最大离心力偏差平衡机（轮胎/车轴/矫正/修正/评价）生产企业。

销售收入 **111** 亿日元　营业利润 **4** 亿日元

(株)小野测器
【6858】株式会社小野測器
https://www.onosokki.co.jp/
主要生产各种电子计测器等。

销售收入 **98** 亿日元　营业利润 **-9** 亿日元

(株)东京衡机
【7719】株式会社東京衡機
https://www.tksnet.co.jp/
主要生产材料试验机、动力试验机等。

销售收入 **74** 亿日元　营业利润 **2** 亿日元

(株)JEOL RESONANCE
【未上市】株式会社 JEOL RESONANCE
https://www.jeol.co.jp/
主要生产核磁共振装置、电子自旋共振装置等。

销售收入 **70** 亿日元　营业利润 **0** 亿日元

日本分光(株)
【未上市】日本分光株式会社
http://www.jasco.co.jp
从事光学分析仪器的研发型公司，其圆二色性分散仪和超临界拉曼测量装置占全球 90% 的市场份额。

销售收入（2020/07 决算报表）**56** 亿日元　营业利润 **-3** 亿日元

东洋系统(株)
【未上市】東洋システム株式会社
http://www.toyo-system.co.jp/
二次电池试验装置日本第一，其他主力产品有充放电评价装置、电池试制设备、安全性评价装置等。

销售收入（2021/10 决算报表）**51** 亿日元　营业利润 **N/A** 亿日元

日本加野麦克斯(株)
【未上市】日本カノマックス株式会社
https://www.kanomax.co.jp/
老牌精密电气测量仪器制造商，主要生产风速仪、超细粒子计数器、流体测量仪和风洞设备等。

销售收入（2020/06 决算报表）**27** 亿日元　营业利润 **1** 亿日元

2021 年日本光学机器出口额排名前十的国家 / 地区

单位:亿美元

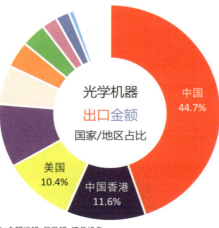

光学机器
出口金额
国家/地区占比

中国 44.7%
美国 10.4%
中国香港 11.6%

排名	国家/地区	出口金额	占比（%）
1	中国	19.65	44.7
2	中国香港	5.11	11.6
3	美国	4.57	10.4
4	韩国	4.18	9.5
5	中国台湾（推算）	2.55	5.8
6	荷兰	1.72	3.9
7	德国	1.58	3.6
8	菲律宾	0.99	2.3
9	泰国	0.88	2.0
10	新加坡	0.36	0.8
	其他所有国家/地区	2.33	5.3

注:含望远镜、显微镜、液晶设备。

行业信息[一 般 社 团 法 人 JAIMA 日本分析机器工业会] 东京都千代田区神田锦町 2-5-16 名古路大楼新馆 6F
电话: 03-3292-0642　传真: 03-3292-7157　https://www.jaima.or.jp/

2020 年日本分析装置、分析仪器生产与出口的产品占比情况

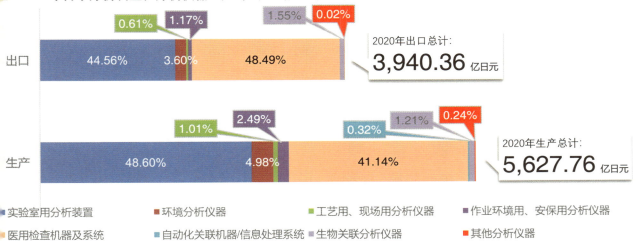

2020年出口总计:
3,940.36 亿日元

2020年生产总计:
5,627.76 亿日元

■ 实验室用分析装置　　■ 环境分析仪器　　■ 工艺用、现场用分析仪器　　■ 作业环境用、安保用分析仪器
■ 医用检查机器及系统　　■ 自动化关联机器/信息处理系统　　■ 生物关联分析仪器　　■ 其他分析仪器

2020 年日本分析装置、分析仪器生产与出口近况

单位:千日元

仪器设备种类		生产		出口	
		金额	与上年比(%)	金额	与上年比(%)
实验室用分析装置	电气化学分析装置	2,316,394 ▼	94.9	411,660 ▼	89.7
	光分析装置	21,011,319 ▼	95.9	8,111,405 ▼	98.1
	电磁气分析装置	190,112,964 ▲	102.0	137,149,909 ▲	106.2
	分离分析装置	48,991,791 ▼	99.5	26,346,227 ▲	103.2
	分解/蒸馏/浓缩/提取装置	567,171 ▼	78.4	95,187 ▼	81.1
	热分析/热测定装置	3,251,740 ▼	88.5	733,582 ▼	90.3
	专用测定装置	5,261,448 ▼	88.3	2,270,363 ▼	92.4
	其他（含部品、附属品）	2,015,066 ▼	88.6	457,294 ▼	82.5
	小计	273,527,893 ▲	100.3	175,575,627 ▲	104.9
环境分析仪器	大气污染分析装置	21,644,836 ▼	67.0	11,419,360 ▼	63.6
	水质污浊分析装置	4,540,822 ▲	101.2	2,105,965 ▲	116.6
	其他（含部品、附属品）	1,832,028 ▲	106.9	673,670 ▲	113.6
	小计	28,017,686 ▼	72.7	14,198,995 ▼	69.7
工艺用、现场用分析仪器		5,708,725 ▲	100.8	2,420,855 ▲	150.7
作业环境用、安保用分析仪器		14,024,790 ▲	100.5	4,593,835 ▼	99.0
医用检查机器及系统	生化学、免疫血清检查装置	118,744,837 ▼	83.2	100,141,833 ▼	79.0
	血液检查装置（含血球计数、凝固等）	73,304,536 ▲	109.9	63,078,587 ▲	109.9
	一般检查装置（尿、便潜血等）	23,216,778 ▼	98.9	15,518,130 ▲	103.2
	其他医用检查装置	16,255,341 ▼	89.8	12,331,244 ▼	89.5
	小计	231,521,492 ▼	92.2	191,069,794 ▼	89.7
自动化关联机器/信息处理系统		1,807,947 ▲	153.9	12,370 ▼	67.4
生物关联分析仪器		6,836,335 ▼	89.3	6,089,870 ▼	80.8
食品关联分析仪器		-		-	
其他分析仪器		1,331,182 ▼	99.9	73,493 ▼	83.6
合计		562,776,050 ▼	95.1	394,034,839 ▼	95.0

说明:本节中未注明资料来源的图表均根据日本贸易图鉴网站(https://jtrade.ecodb.net/)的图解整理而成。日本贸易图鉴网站根据联合国商品贸易统计数据库(UN Comtrade)的数据制作图解,因此图表中含日本贸易图鉴网站推算数据。"中国"的进出口金额数据仅计算了中国大陆地区的数据,不含中国港澳台地区,"中国台湾"的数据均为推算数据。

工业原材料制造业

工业器件与部件制造业

工业机械与设备制造业

26

OA 机器与业务终端

医疗机器与器具

网络与通信设备

FA 控制及计测设备

分析仪器与试验设备

OA 机器与业务终端

工作机床

机器人及注塑成型机

半导体制造装置

建筑机械及重型设备

...

上游产业链（部分）

模具/组装

专业商社

机械部件

电子部件

下游产业链（部分）

零售行业
永旺、Seven & I 控股等

印刷行业
大日本印刷、凸版印刷、凸版FORMS等

销售公司
佳能市场营销等

销售代理店
UCHIDA ESCO、东芝情报机器等

OA机器与业务终端
主要包括用于物流仓库、企业内LAN、POS系统、出勤管理系统的复印机、触摸屏终端、碎纸机、指纹/静脉识别管理系统、一维码读写设备、IC卡读写设备、POS收银机、投影仪等产品。

日本电子计算机进口近况

单位：亿美元

年份	进口金额	同比增减（%）
2021	205.71	▼ -4.3
2020	214.86	▲ 11.5
2019	192.72	▲ 10.2
2018	174.88	▲ 4.3
2017	167.71	▲ 20.8
2016	138.8	▼ -1.6
2015	141.06	▼ -19.9
2014	176.06	▲ 1.7

日本电子计算机出口近况

单位：亿美元

年份	出口金额	同比增减（%）
2021	25.89	▲ 4.2
2020	24.82	▼ -13.2
2019	28.61	▼ -1.1
2018	28.94	▼ -1.7
2017	29.42	▲ 40.2
2016	20.99	▲ 0.7
2015	20.85	▼ -10.6
2014	23.33	▼ -10.0

著名OA机器生产商

佳能（株）

【7751】キヤノン株式会社

产品为多功能一体机，及喷墨打印机、激光打印机等。

https://canon.jp/

销售收入（2021/12 决算报表）**35,133** 亿日元　　营业利润 **2,819** 亿日元

2011年 34,797
2021年 35,133
单位：亿日元

10 年销售额变化 **+0.97%**

富士胶片控股（株）

【4901】富士フイルムホールディングス株式会社

产品为多功能一体机、激光打印机等。

https://holdings.fujifilm.com

销售收入 **25,257** 亿日元　　营业利润 **2,297** 亿日元

2011年 21,809
2021年 25,257
单位：亿日元

10 年销售额变化 **+15.81%**

（株）理光

【7752】株式会社リコー

主要产品为通用测定机器等。

https://www.ricoh.co.jp/

销售收入 **17,585** 亿日元　　营业利润 **400** 亿日元

2011年 19,034
2021年 17,585
单位：亿日元

10 年销售额变化 **-7.61%**

主要生产企业　　其他生产企业

精工爱普生(株)
【6724】セイコーエプソン株式会社
https://www.epson.jp/
日本最大喷墨打印机生产企业，产品有商用打印机、复印机等。
销售收入 **11,289** 亿日元　营业利润 **944** 亿日元

东芝 TEC(株)
【6588】東芝テック株式会社
https://www.toshibatec.co.jp/
主要产品为 POS 机、二维码读写设备，以及多功能一体机等。
销售收入 **4,453** 亿日元　营业利润 **115** 亿日元

冲电气工业(株)
【6703】沖電気工業株式会社
https://www.oki.com/jp/
产品为复印／打印／传真多功能一体机、打印机等。
销售收入 **3,520** 亿日元　营业利润 **58** 亿日元

柯尼卡美能达(株)
【4902】コニカミノルタ株式会社
https://www.konicaminolta.com/jp-ja
产品为多功能一体机，其他产品有复印／打印／传真设备等。
销售收入 **9,114** 亿日元　营业利润 **-223** 亿日元

NEC Platforms(株)
【未上市】NEC プラットフォームズ株式会社
http://www.necplatforms.co.jp/
主要为通信网络设备、POS 机、手持业务终端、银行卡终端设备等。
销售收入 **3,175** 亿日元　营业利润 **N/A** 亿日元

卡西欧(株)
【6952】カシオ計算機株式会社
https://casio.jp/
主要生产 POS 机系统、手持终端、投影仪、打印机等。
销售收入 **2,523** 亿日元　营业利润 **220** 亿日元

兄弟工业(株)
【6448】ブラザー工業株式会社
https://www.brother.co.jp
产品为小型多功能一体机、喷墨打印机、各种扫描／打印／传真设备等。
销售收入 **7,109** 亿日元　营业利润 **855** 亿日元

(株)SATO 控股
【6287】サトーホールディングス株式会社
https://www.sato.co.jp/
主要生产各种业务用打印设备和手持终端设备等。
销售收入 **1,247** 亿日元　营业利润 **64** 亿日元

安满能(株)
【6436】アマノ株式会社
https://www.amano.co.jp/
主要生产考勤设备、行车记录仪等。
销售收入 **1,184** 亿日元　营业利润 **128** 亿日元

(株)PFU
【未上市】株式会社 PFU
https://www.pfu.fujitsu.com
富士通全资子公司，业务用扫描机世界第一。
销售收入 **1,086** 亿日元　营业利润 **6** 亿日元

佳能电子(株)
【7739】キヤノン電子株式会社
https://www.canon-elec.co.jp
产品主要有用于各领域的便携式手持终端设备等。
销售收入（2021/12 决算报表）**826** 亿日元　营业利润 **63** 亿日元

富士通 ISOTEC(株)
【未上市】富士通アイソテック株式会社
https://www.fujitsu.com/jp/group/fit/
主要生产各种业务领域的打印设备等。
销售收入（2021/03 决算报表）**727** 亿日元　营业利润 **N/A** 亿日元

2021 年日本电子计算机进口额排名前十的国家／地区
单位:亿美元

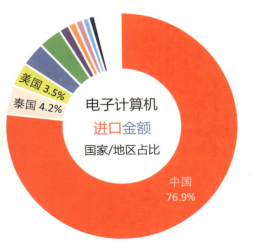

电子计算机 进口金额 国家/地区占比

排名	国家/地区	进口金额	占比（%）
1	中国	158.14	76.9
2	泰国	8.57	4.2
3	美国	7.11	3.5
4	中国台湾（推算）	7.05	3.4
5	新加坡	6.67	3.2
6	菲律宾	2.86	1.4
7	墨西哥	2.18	1.1
8	韩国	2.14	1.0
9	马来西亚	1.84	0.9
10	越南	1.79	0.9
	其他所有国家/地区	7.36	3.6

工业机械与设备制造业

26 OA 机器与业务终端

医疗机器与器具

网络与通信设备

FA 控制及计测设备

分析仪器与试验设备

OA 机器与业务终端

工作机床

机器人及注塑成型机

半导体制造装置

建筑机械及重型设备

...

其他生产企业

理想科学工业（株）
【6413】理想科学工业株式会社
https://www.riso.co.jp/
核心业务为商用高速喷墨印刷机、数码复印机等印刷设备。

销售收入	营业利润
693 亿日元	**41** 亿日元

日立 Channel Solutions（株）
【未上市】日立チャネルソリューションズ株式会社
https://www.hitachi-ch.co.jp/
主要生产平板终端、数据收集器、考勤监测系统等。

销售收入	营业利润
556 亿日元	**1** 亿日元

佳能 Finetech Nisca（株）
【未上市】キヤノンファインテックニスカ株式会社
http://ftn.canon/ja/
主要生产多功能一体机、标签打印机与各种 Card 打印机。

销售收入（2021/12 决算报表）	营业利润
362 亿日元	**5** 亿日元

京瓷 Document Solution（株）
【未上市】京セラドキュメントソリューションズジャパン株式会社
http://www.kyoceradocumentsolutions.co.jp/company/japan/index.html
产品为打印／复印／传真多功能一体机、复印机等。

销售收入	营业利润
327 亿日元	**10** 亿日元

（株）日立 KE 系统
【未上市】株式会社日立ケーイーシステムズ
https://www.hke.jp
主要生产触摸屏终端设备等。

销售收入	净利润
89 亿日元	**3** 亿日元

林 FELT（株）
【未上市】林フェルト株式会社
http://www.hfelt.co.jp
生产领域涵盖办公设备、汽车内外装零部件、光学仪器、显示器 /EV 相关部件等。

销售收入（2021/12 决算报表）	净利润
51 亿日元	**1** 亿日元

SystemGear（株）
【未上市】システムギア株式会社
https://www.systemgear.com
生产条形码磁卡读取装置、AI 热感照相机等 IT 器械。

销售收入（2021/03 决算报表）	营业利润
49 亿日元	**0** 亿日元

2021 年日本电子计算机出口额排名前十的国家／地区

单位：亿美元

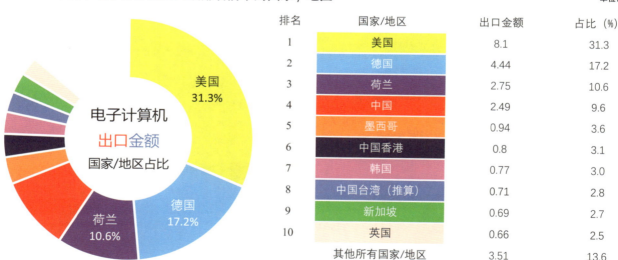

电子计算机 出口金额 国家/地区占比

美国 31.3%
德国 17.2%
荷兰 10.6%

排名	国家/地区	出口金额	占比（%）
1	美国	8.1	31.3
2	德国	4.44	17.2
3	荷兰	2.75	10.6
4	中国	2.49	9.6
5	墨西哥	0.94	3.6
6	中国香港	0.8	3.1
7	韩国	0.77	3.0
8	中国台湾（推算）	0.71	2.8
9	新加坡	0.69	2.7
10	英国	0.66	2.5
	其他所有国家/地区	3.51	13.6

行业信息 一般社团法人 商业机械信息系统产业协会　东京都港区三田 3-4-10 リーラヒジ リザ カ 7F　电话：03-6809-5010　https://www.jbmia.or.jp/

工业原材料制造业

日本事务 / 业务机器进口近况　　　　　单位:亿美元

年份	进口金额	同比增减（%）
2021	4.34	▼ -6.6
2020	4.65	▼ -11.9
2019	5.28	▲ 1.6
2018	5.19	▲ 0.9
2017	5.15	▼ -79.1
2016	24.69	▼ -8.2
2015	26.91	▼ -11.1
2014	30.27	▼ -3.6

日本事务 / 业务机器出口近况　　　　　单位:亿美元

年份	出口金额	同比增减（%）
2021	1.99	▲ 21.6
2020	1.64	▲ 13.7
2019	1.44	▼ -17.5
2018	1.73	▼ -22.7
2017	2.23	▼ -83.1
2016	13.24	▲ 5.7
2015	12.52	▼ -5.1
2014	13.19	▼ -10.4

2021 年日本事务 / 业务机器进口额排名前十的国家 / 地区　　　单位:亿美元

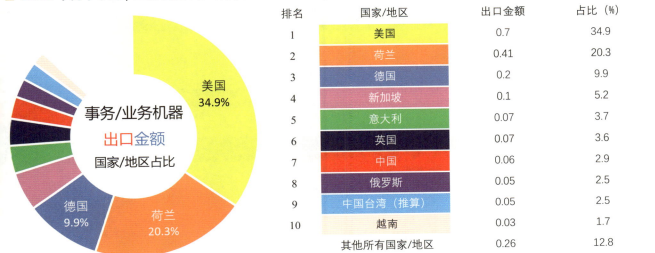

事务/业务机器 进口金额 国家/地区占比

中国 64.0%
泰国 9.4%
中国台湾 4.7%

排名	国家/地区	进口金额	占比（%）
1	中国	2.78	64.0
2	泰国	0.41	9.4
3	中国台湾（推算）	0.2	4.7
4	菲律宾	0.19	4.4
5	韩国	0.16	3.7
6	马来西亚	0.16	3.7
7	德国	0.07	1.7
8	印度尼西亚	0.07	1.6
9	越南	0.06	1.5
10	匈牙利	0.06	1.5
	其他所有国家/地区	0.17	3.8

工业器件与部件制造业

2021 年日本事务 / 业务机器出口额排名前十的国家 / 地区　　　单位:亿美元

事务/业务机器 出口金额 国家/地区占比

美国 34.9%
荷兰 20.3%
德国 9.9%

排名	国家/地区	出口金额	占比（%）
1	美国	0.7	34.9
2	荷兰	0.41	20.3
3	德国	0.2	9.9
4	新加坡	0.1	5.2
5	意大利	0.07	3.7
6	英国	0.07	3.6
7	中国	0.06	2.9
8	俄罗斯	0.05	2.5
9	中国台湾（推算）	0.05	2.5
10	越南	0.03	1.7
	其他所有国家/地区	0.26	12.8

工业机械与设备制造业

说明:本节中未注明资料来源的图表均根据日本贸易图鉴网站(https://jtrade.ecodb.net/)的图解整理而成。日本贸易图鉴网站根据联合国商品贸易统计数据库(UN Comtrade)的数据制作图解,因此图表中含日本贸易图鉴网站推算数据。"中国"的进出口金额数据仅计算了中国大陆地区的数据,不含中国港澳台地区,"中国台湾"的数据均为推算数据。

27

工 作 机 床

医疗机器与
器具

网络与
通信设备

FA控制及计
测设备

分析仪器与
试验设备

OA机器与
业务终端

工作机床

机器人及注
塑成型机

半导体制
造装置

建筑机械及
重型设备

...

日本著名机床生产企业

📊 日本工作机床进口近况
单位：亿美元

年份	进口金额	同比增减（%）
2021	5.45	▲ 6.7
2020	5.1	▼ -34.1
2019	7.74	▼ -4.5
2018	8.1	▲ 27.4
2017	6.36	▼ -11.7
2016	7.2	▼ -4.9
2015	7.57	▲ 2.5
2014	7.38	▲ 14.3

📊 日本工业机床出口近况
单位：亿美元

年份	出口金额	同比增减（%）
2021	64.6	▲ 30.8
2020	49.39	▼ -26.4
2019	67.11	▼ -15.7
2018	79.57	▲ 13.9
2017	69.84	▲ 13.8
2016	61.38	▼ -20.3
2015	77.03	▼ -15.2
2014	90.83	▲ 15.6

行业信息 一般社团法人 日本工作机械工业会 东京都港区芝公园3-5-8 机械振兴会馆 电话：03-3434-3961 https://www.jmtba.or.jp/

主要生产企业	小型工作机床制造企业	一般机械（含模夹具）领域工业机床制造企业

(株)迪思科

【6146】株式会社ディスコ
https://www.disco.co.jp/jp/

主要制造半导体生产工艺和精密加工所需的切断、研削、研磨装置。

销售收入	营业利润
2,537 亿日元	**915** 亿日元

(株)不二越

【6474】株式会社不二越
https://www.nachi-fujikoshi.co.jp/

产品有滚轧机、研磨／车削工业机床等。

销售收入（2021/11 决算报表）	营业利润
2,291 亿日元	**147** 亿日元

山崎马扎克(株)

【未上市】ヤマザキマザック株式会社
https://www.mazak.jp/

主要制造复合加工机床、CNC 机床、立／卧式等机床加工中心。

销售收入	营业利润
N/A 亿日元	**N/A** 亿日元

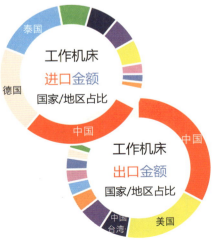

兄弟工业(株)

【6448】ブラザー工業株式会社
https://www.brother.co.jp

产品主要为小型数控工业机床等。

销售收入	营业利润
7,109 亿日元	**855** 亿日元

(株)津上

【6101】株式会社ツガミ
https://www.tsugami.co.jp

日本国内主要小型 CNC 车床生产商，其他产品包括滚扎机等。

销售收入	营业利润
931 亿日元	**188** 亿日元

星精密(株)

【7718】スター精密株式会社
https://www.star-m.jp/

主要生产小型 CNC 车床等。

销售收入（2021/12 决算报表）	营业利润
643 亿日元	**74** 亿日元

西铁城精机(株)

【未上市】シチズンマシナリー株式会社
https://cmj.citizen.co.jp/

日本国内主要小型 CNC 车床生产商，其他产品包括滚扎机等。

销售收入	营业利润
523 亿日元	**59** 亿日元

日本电产工作机械(株)

【未上市】日本電産マシンツール株式会社
https://www.nidec.com/jp/nidec-machinetool/

产品主要有齿轮加工机、横式镗床／铣床、门式五面加工机等。

销售收入	净利润
266 亿日元	**0** 亿日元

中村留精密工业(株)

【未上市】中村留精密工業株式会社
https://www.nakamura-tome.co.jp

产品主要为旋回 B 轴转塔式数控机床、ATC 型复合加工机床等。

销售收入	营业利润
200 亿日元	**N/A** 亿日元

黑田精工(株)

【7726】黒田精工株式会社
https://www.kuroda-precision.co.jp/

机床产品为精密成型／平面磨床及平面磨床周边设备等。

销售收入	营业利润
180 亿日元	**13** 亿日元

安田工业(株)

【未上市】安田工業株式会社
http://www.yasda.co.jp/index.htm

产品主要为生产精密模具／夹具的数控机床、五轴机床、微型机床加工中心等。

销售收入（2020/03 决算报表）	净利润
172 亿日元	**11** 亿日元

2021 年日本工作机床进出口额排名前十的国家／地区

单位：亿美元

工作机床 进口金额 国家/地区占比
工作机床 出口金额 国家/地区占比

排名	进口 国家/地区	金额	占比(%)	出口 国家/地区	金额	占比(%)
1	中国	1.53	28.0	中国	21.38	33.1
2	德国	1.1	20.2	美国	12.71	19.7
3	泰国	0.87	15.9	中国台湾（推算）	4.02	6.2
4	瑞士	0.4	7.4	韩国	3.63	5.6
5	中国台湾（推算）	0.35	6.5	印度	2.58	4.0
6	韩国	0.32	5.8	泰国	2.03	3.1
7	美国	0.31	5.6	德国	2	3.1
8	新加坡	0.14	2.5	意大利	1.76	2.7
9	意大利	0.1	1.9	墨西哥	1.44	2.2
10	奥地利	0.08	1.6	越南	1.25	1.9
	其他所有国家/地区	0.25	4.6	其他所有国家/地区	11.79	18.3

工业材料制造业

工业机械与设备制造业

27 工作机床

医疗机器与器具 / 网络与通信设备 / FA 控制及计测设备 / 分析仪器与试验设备 / OA 机器与业务终端 / 工作机床 / 机器人及注塑成型机 / 半导体制造装置 / 建筑机械及重型设备 / ...

放电加工领域工作机床制造企业

(株)沙迪克
【6143】株式会社ソディック
https://www.sodick.co.jp
世界最大电火花线切割机床生产企业之一，其他产品包括射出成型机等。

销售收入（2021/12 决算报表）**751** 亿日元　营业利润 **68** 亿日元

西部电机(株)
【6144】西部電機株式会社
https://www.seibudenki.co.jp
主要生产超精密、高精度电火花线切割机床、高精密小型 NC 车床等。

销售收入 **263** 亿日元　营业利润 **27** 亿日元

钣金锻压机械领域工作机床制造企业

(株)天田
【6113】株式会社アマダ
https://www.amada.co.jp
日本国内最大钣金加工机床生产企业，世界大型综合金属加工机械企业之一。

销售收入 **3,126** 亿日元　营业利润 **385** 亿日元

会田工程技术(株)
【6118】アイダエンジニアリング株式会社
https://www.aida.co.jp
日本国内最大冲压机床生产企业，产品有 EV 马达芯高速精密冲压机床。

销售收入 **624** 亿日元　营业利润 **25** 亿日元

(株)和井田制作所
【6158】株式会社和井田製作所
https://www.waida.co.jp
日本国内最大切削工具用和模具用特殊磨床生产企业。

销售收入 **64** 亿日元　营业利润 **9** 亿日元

一般机械（含模夹具）领域工作机床制造企业

(株)松浦机械制作所
【未上市】株式会社松浦機械製作所
https://www.matsuura.co.jp/japan
立式线性电动机床 / 加工中心、五轴书库立式加工中心等。

销售收入（2021/12 决算报表）**130** 亿日元　净利润 **5** 亿日元

(株)欧安睦制作所
【未上市】株式会社オーエム製作所
https://www.omltd.co.jp/
主要生产中大型高刚性、高精度立式车床。

销售收入 **64** 亿日元　营业利润 **2** 亿日元

新日本工机(株)
【未上市】新日本工機株式会社
https://www.snkc.co.jp
产品包括五轴、五面门式 / 立式 / 卧式加工中心，以及大型车床、复合加工机床、专用机床等。

销售收入 **N/A** 亿日元　营业利润 **N/A** 亿日元

日本工作机床部件进口近况
单位：亿美元

年份	进口金额	同比增减（%）
2021	2.3	▲ 23.8
2020	1.85	▼ -37.8
2019	2.98	▲ 3.8
2018	2.87	▼ -1.2
2017	2.91	▼ -56.2
2016	6.63	▼ -14.8
2015	7.78	▲ 1.7
2014	7.65	▲ 28.5

日本工作机床部件出口近况
单位：亿美元

年份	出口金额	同比增减（%）
2021	7.12	▲ 15.8
2020	6.15	▼ -20.9
2019	7.77	▼ -18.0
2018	9.48	▲ 21.8
2017	7.78	▼ -42.5
2016	13.55	▼ -6.9
2015	14.55	▼ -8.7
2014	15.93	▲ 7.0

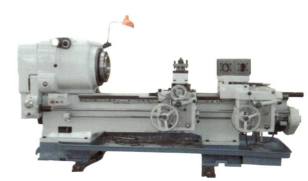

行业信息 一般社团法人 日本锻压机械工业会　东京都港区芝公园 3-5-8 机械振兴会馆　电话：03-3432-4579　https://j-fma.or.jp/

汽车领域工作机床制造企业

村田机械(株)
【未上市】村田機械株式会社
https://www.muratec.jp

平行二轴型数控机床 / 数控中心、正面型数控机床、对向二轴加工中心。

销售收入	营业利润
3,043 亿日元	503 亿日元

(株)FUJI
【6134】株式会社 FUJI
https://www.fuji.co.jp

主要生产卧式数控机床、正面数控 / 数控单能机床、复合加工机床及加工中心。

销售收入	营业利润
1,481 亿日元	284 亿日元

小松 NTC(株)
【未上市】コマツ NTC 株式会社
https://ntc.komatsu/jp/

机床产品主要包括专业工业机床、磨床、加工中心、曲轴铣床等。

销售收入	营业利润
286 亿日元	12 亿日元

远州(株)
【6218】エンシュウ株式会社
https://www.enshu.co.jp/

产品主要为面向汽车行业的立式 / 卧式加工中心和专用机床等。

销售收入	营业利润
239 亿日元	7 亿日元

(株)不二越
【6474】株式会社不二越
https://www.nachi-fujikoshi.co.jp

该领域产品有滚轧机、研磨 / 车削工业机床等。

销售收入 (2021/11 决算报表)	营业利润
2,291 亿日元	147 亿日元

(株)冈本工作机械制作所
【6125】株式会社岡本工作機械製作所
https://www.okamoto.co.jp

产品主要为精密平面 / 精密旋转 / 精密门式 / 圆筒平面等磨床。

销售收入	营业利润
375 亿日元	40 亿日元

(株)龙泽铁工所
【6121】株式会社滝澤鉄工所
https://www.takisawa.co.jp

主要产品为数控机床、复合加工机床等。

销售收入	营业利润
264 亿日元	6 亿日元

丰和工业(株)
【6203】豊和工業株式会社
https://www.howa.co.jp

产品主要为各种加工中心和工业机床等。

销售收入	营业利润
196 亿日元	9 亿日元

其他机床制造企业

东洋机械金属(株)
【6210】東洋機械金属株式会社
https://www.toyo-mm.co.jp/

主要生产各种研磨、车削机床等。

销售收入	营业利润
332 亿日元	17 亿日元

光洋机械工业(株)
【未上市】光洋機械工業株式会社
https://www.koyo-machine.co.jp

主要生产无心磨床和平面磨床等。

销售收入	营业利润
325 亿日元	13 亿日元

东洋先进机床(株)
【未上市】トーヨーエイテック株式会社
https://www.toyo-at.co.jp/

主要生产工业机床，其中内圆磨床国内生产规模最大。

销售收入	营业利润
207 亿日元	10 亿日元

OKK(株)
【6205】OKK 株式会社
https://www.okk.co.jp/

主要生产立式 / 卧式 / 加工中心、研磨加工中心、五轴控制加工中心等。

销售收入	营业利润
137 亿日元	-11 亿日元

2021 年日本工作机床部件进出口额排名前十的国家 / 地区

单位：亿美元

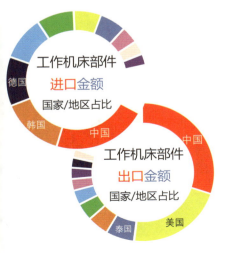

工作机床部件 进口金额 国家/地区占比

工作机床部件 出口金额 国家/地区占比

	进口			出口		
排名	国家/地区	金额	占比 (%)	国家/地区	金额	占比 (%)
1	中国	0.5	21.7	中国	2.15	30.2
2	韩国	0.33	14.4	美国	1.56	21.9
3	德国	0.26	11.5	泰国	0.46	6.5
4	中国台湾（推算）	0.24	10.4	韩国	0.35	4.9
5	瑞典	0.2	8.5	印度	0.29	4.0
6	美国	0.15	6.3	中国台湾（推算）	0.24	3.4
7	泰国	0.14	6.1	墨西哥	0.2	2.8
8	瑞士	0.09	4.0	印度尼西亚	0.19	2.6
9	越南	0.07	3.2	德国	0.17	2.3
10	新加坡	0.06	2.6	越南	0.14	2.0
	其他所有国家/地区	0.26	11.4	其他所有国家/地区	1.37	19.3

東京都港区芝公園 3-5-8 機械振興会館　一 般 社 団 法 人
TEL：03-3432-4579　https://j-fma.or.jp/　日 本 鍛 圧 機 械 工 業 会

工业原材料制造业

工业器件与部件制造业

工业机械与设备制造业

27 工作机床

医疗机器与器具

网络与通信设备

FA 控制及计测设备

分析仪器与试验设备

OA 机器与业务终端

工作机床

机器人及注塑成型机

半导体制造装置

建筑机械及重型设备

...

汽车领域工作机床制造企业

三井精机工业(株)
【未上市】三井精機工業株式会社
http://www.mitsuiseiki.co.jp/
主营精密工作机械加工中心产业机械、螺纹磨床。

销售收入 **177** 亿日元　　营业利润 **1** 亿日元

(株)CNK
【未上市】株式会社 CNK
http://cnk.co.jp/
主要生产各种机床加工中心等。

销售收入（2021/03 决算报表） **132** 亿日元　　营业利润 **1** 亿日元

(株)樱井制作所
【7255】株式会社桜井製作所
https://www.sakurai-net.co.jp
面向汽车制造领域的中型、专用机床生产企业。

销售收入 **48** 亿日元　　营业利润 **2** 亿日元

高松机械工业(株)
【6155】高松機械工業株式会社
https://www.takamaz.co.jp
日本中小型数控机床中坚企业。

销售收入 **167** 亿日元　　营业利润 **10** 亿日元

(株)太阳工机
【6164】株式会社太陽工機
https://www.taiyokoki.com
主要产品为数控立式 / 卧式磨床、数控内面 / 圆筒平面磨床等。

销售收入（2021/12 决算报表） **66** 亿日元　　营业利润 **6** 亿日元

MICRON 精密(株)
【6159】ミクロン精密株式会社
https://www.micron-grinder.co.jp
日本国内最大无心磨床和内面磨床制造企业。

销售收入（2021/08 决算报表） **40** 亿日元　　营业利润 **2** 亿日元

其他机床制造企业

(株)松浦机械制作所
【未上市】株式会社松浦機械製作所
https://www.matsuura.co.jp/japan
世界机床加工中心设计、制造一流企业，产品有超高速、高精度立式线性电动机床 / 加工中心、五轴数控立式加工中心等。

销售收入（2021/12 决算报表） **130** 亿日元　　净利润 **5** 亿日元

(株)喜基亚精机制作所
【未上市】株式会社シギヤ精機製作所
https://www.koyo-machine.co.jp
各种加工机床专业制造商，以外圆磨床为主力产品。

销售收入（2021/03 决算报表） **61** 亿日元　　营业利润 **6** 亿日元

(株)丰幸
【未上市】株式会社豊幸
http://www.houko.co.jp/
机械装置制造企业，外圆磨床销售额占总销售额的 90%。

销售收入（2021/03 决算报表） **46** 亿日元　　营业利润 **1** 亿日元

日本工作机床附加加工进口近况

单位：亿美元

年份	进口金额	同比增减（%）
2021	1.16	▼ -10.7
2020	1.3	▼ -36.4
2019	2.05	▲ 10.8
2018	1.85	▲ 20.4
2017	1.54	▼ -9.8
2016	1.7	▲ 3.9
2015	1.63	▲ 12.3
2014	1.46	▼ -4.1

注：附加加工指 3D 打印加工、电镀加工、焊接加工工作机械。

日本工作机床附加加工出口近况

单位：亿美元

年份	出口金额	同比增减（%）
2021	8.86	▼ -1.5
2020	8.99	▼ -25.1
2019	12.01	▼ -1.9
2018	12.24	▲ 3.5
2017	11.83	▼ -2.2
2016	12.1	▼ -3.4
2015	12.53	▼ -23.9
2014	16.45	▼ -4.7

注：附加加工指 3D 打印加工、电镀加工、焊接加工工作机械。

行业信息 一般社团法人 日本金属锻压工业协会　东京都港区芝公园 3-5-8 机械振兴会馆 301　电话：03-3433-3730　http://www.nikkin.or.jp/

2021 年日本工作机床附加加工进出口额排名前十的国家／地区

单位：亿美元

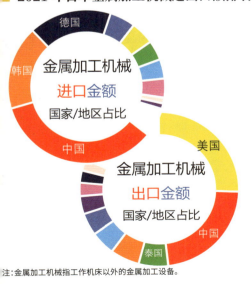

工作机床附加加工
进口金额
国家/地区占比

工作机床附加加工
出口金额
国家/地区占比

排名	进口			出口		
	国家/地区	金额	占比 (%)	国家/地区	金额	占比 (%)
1	中国	0.29	25.2	中国	2.7	30.5
2	德国	0.25	21.4	美国	2.05	23.1
3	中国台湾（推算）	0.11	9.4	韩国	0.64	7.2
4	韩国	0.1	8.8	泰国	0.42	4.8
5	意大利	0.1	8.3	印度	0.37	4.2
6	美国	0.09	8.3	中国台湾（推算）	0.35	4.0
7	奥地利	0.05	4.4	越南	0.3	3.6
8	法国	0.04	3.5	墨西哥	0.22	2.6
9	瑞典	0.03	2.9	德国	0.2	2.3
10	泰国	0.02	1.6	加拿大	0.18	2.1
	其他所有国家/地区	0.07	6.4	其他所有国家/地区	1.39	15.7

注：附加加工指 3D 打印加工、电镀加工、焊接加工工作机械。

日本金属加工机械进口近况

单位：亿美元

年份	进口金额	同比增减（%）
2021	3.25	▼ -6.0
2020	3.45	▼ -25.7
2019	4.65	▲ 0.8
2018	4.61	▲ 15.3
2017	4.00	▲ 4.2
2016	3.84	▲ 6.3
2015	3.61	▼ -4.4
2014	3.78	▲ 17.9

注：金属加工机械指工作机床以外的金属加工设备。

日本金属加工机械出口近况

单位：亿美元

年份	出口金额	同比增减（%）
2021	17.00	▼ -7.6
2020	18.39	▼ -7.6
2019	19.89	▼ -3.7
2018	20.66	▲ 15.1
2017	17.95	▼ -0.2
2016	17.98	▲ 4.5
2015	17.20	▼ -11.0
2014	19.33	▼ -11.0

注：金属加工机械指工作机床以外的金属加工设备。

2021 年日本金属加工机械进出口额排名前十的国家／地区

单位：亿美元

金属加工机械
进口金额
国家/地区占比

金属加工机械
出口金额
国家/地区占比

排名	进口			出口		
	国家/地区	金额	占比 (%)	国家/地区	金额	占比 (%)
1	中国	1.13	34.7	美国	4.35	25.6
2	韩国	0.57	17.5	中国	3.86	22.7
3	德国	0.55	17.1	泰国	1.02	6.0
4	中国台湾（推算）	0.17	5.3	韩国	1.01	5.9
5	美国	0.16	4.8	印度	0.86	5.0
6	泰国	0.13	4.1	中国台湾（推算）	0.8	4.7
7	瑞士	0.13	4.1	墨西哥	0.64	3.8
8	越南	0.13	4.0	越南	0.48	2.8
9	奥地利	0.04	1.2	印度尼西亚	0.43	2.5
10	法国	0.04	1.1	英国	0.39	2.3
	其他所有国家/地区	0.20	6.1	其他所有国家/地区	3.17	18.6

注：金属加工机械指工作机床以外的金属加工设备。

工业机械与设备制造业

说明：本节中未注明资料来源的图表均根据日本贸易图鉴网站(https://jtrade.ecodb.net/) 的图解整理而成。日本贸易图鉴网站根据联合国商品贸易统计数据库(UN Comtrade) 的数据制作图解，因此图表中含日本贸易图鉴网站推算数据。"中国"的进出口金额数据仅计算了中国大陆地区的数据，不含中国港澳台地区，"中国台湾"的数据均为推算数据。

28 机器人及注塑成型机

上游产业链（部分）　　下游产业链（部分）

机器人及注塑成型机
主要包括为车床加工、铣床加工、切削加工、激光加工而制造的车床、铣床、研磨机、车削中心、加工中心、数控机床、放电加工中心、滚轧机等产品。

汽车/车用部件
丰田汽车、电装、本田技研工业等

家电/PC
精工爱普生、日本三星等

OA机器/终端
佳能、阿尔卑斯电气、欧姆龙、东芝技术等

综合商社/专业商社
双日、伊藤忠商事、三井物产机器技术等

1980～2019年日本产业机器人的生产和出口情况

		1980年	1990年	2000年	2010年	2018年	2019年
数量（台）	国内生产	19,873	79,096	89,399	93,587	240,339	192,820
	国内销售	18,239	67,514	49,810	24,959	59,068	53,612
	出口	1,170	12,587	40,758	67,453	183,059	143,011
	海外生产					40,902	32,516
金额（亿日元）	国内生产	784	5,443	6,475	5,564	9,116	7,783
	国内销售	750	4,461	3,177	1,487	2,733	2,544
	出口	20	1,078	3,226	4,076	6,590	5,493

资料来源：公益财团法人矢野恒太记念会『日本国势図会2021/22』、日本ロボット工业会『ロボット産業需給動向（産業ロボット編）』（2020年版）により作成。

左侧竖栏目录：

日本著名机器人生产企业

发那科（株）
【6954】ファナック株式会社
https://www.fanuc.co.jp

主要生产学习型协动机器人、标量机器人、电弧焊接机器人、喷涂机器人、操纵机器人，以及电动射出成型机等。

销售收入 **7,330** 亿日元　　营业利润 **1,832** 亿日元
2011年 5,384　2021年 7,330　单位：亿日元
10年销售额变化 **+36.14%**

（株）安川电机
【6506】株式会社安川電機
https://www.yaskawa.co.jp

主要生产电焊/电弧机器人、喷涂机器人、操纵机器人、晶圆片/液晶面板搬送机器人、生物医学机器人、包装机器人、密封/切断机器人，以及伺服电机、逆变器等。

销售收入（2022/02决算报表） **4,790** 亿日元　　营业利润 **528** 亿日元
2011年 3,071　2021年 4,790　单位：亿日元
10年销售额变化 **+55.98%**

（株）不二越
【6474】株式会社不二越
https://www.nachi-fujikoshi.co.jp

该领域产品有焊接机器人、组装机器人、搬运机器人等。

销售收入（2021/11决算报表） **2,291** 亿日元　　营业利润 **147** 亿日元
2011年 1,660　2021年 2,291　单位：亿日元
10年销售额变化 **+38.01%**

主要多关节机器人、成型机生产企业	搬送机器人	组装机器人

三菱电机（株）

【6503】三菱電機株式会社
https://mitsubishielectric.co.jp

主要提供融合高速、高精度智能化传感器以及自动化所需的定序器、AC伺服电机组合的各种FA解决方案机器人（包括现场组装、检查、搬送等）。

销售收入 **44,767** 亿日元　营业利润 **2,520** 亿日元

日本电产三协（株）

【未上市】日本電産サンキョー株式会社
https://www.nidec.com/jp/nidec-sankyo

主要生产晶圆片搬送机器人、液晶 /OLED 玻璃基板搬送机器人等。

销售收入 **908** 亿日元　营业利润 **25** 亿日元

松下（株）

【6752】パナソニック株式会社
https://www.panasonic.com/jp/home.html

该领域产品为中小型电子元器件组装机器人、焊接机器人等。

销售收入 **73,887** 亿日元　营业利润 **3,575** 亿日元

雅马哈发动机（株）

【7272】ヤマハ発動機株式会社
https://global.yamaha-motor.com/jp/

主要生产从单轴机器人到垂直多轴机器人等全阵容机器人。

销售收入 （2021/12 决算报表） **18,124** 亿日元　营业利润 **1,823** 亿日元

（株）STAR 精机

【未上市】株式会社スター精機
https://www.stertec.co.jp/

主要生产横走式自动机械臂（注塑机用机械臂）。

销售收入 （2020/12 决算报表） **209** 亿日元　营业利润 **N/A** 亿日元

（株）FUJI

【6134】株式会社 FUJI
https://www.fuji.co.jp

主要生产元器件组装机器人、小型多关节机器人、移送支持机器人等。

销售收入 **1,481** 亿日元　营业利润 **284** 亿日元

川崎重工业（株）

【7012】川崎重工業株式会社
https://www.khi.co.jp/

主要生产洁净室工作机器人、喷涂机器人、密封机器人、电焊机器人、组装机器人、装载 / 卸载机器人、整理 / 研磨机器人、包装机器人等。

销售收入 **15,008** 亿日元　营业利润 **458** 亿日元

（株）有信精机

【6482】株式会社ユーシン精機
https://www.ype.co.jp/

主要生产小型高速注塑成型机产品取出机器人。

销售收入 **208** 亿日元　营业利润 **28** 亿日元

重机（株）

【6440】JUKI 株式会社
https://www.juki.co.jp/

可生产变种变量（品种 + 产量）、自动检查 / 管理的全阵容电子元器件组装机器人。

销售收入 （2021/12 决算报表） **1,012** 亿日元　营业利润 **38** 亿日元

精工爱普生（株）

【6724】セイコーエプソン株式会社
https://www.epson.jp/

主要生产水平多关节标量机器人、垂直多关节六轴机器人，以及与机器人关联的图像处理系统、力觉传感系统、控制器等。

销售收入 **11,289** 亿日元　营业利润 **944** 亿日元

（株）DAIHEN

【6622】株式会社ダイヘン
https://www.daihen.co.jp/

日本最大电弧焊接机器人生产企业，其他产品包括半导体晶圆搬送机器人、液晶面板搬运机器人等。

销售收入 **1,606** 亿日元　营业利润 **141** 亿日元

UBE Machinery（株）

【未上市】UBEマシナリー株式会社
https://www.ubemachinery.co.jp/

主要生产压铸机、射出成型机、冲压加工机等。

销售收入 **517** 亿日元　营业利润 **31** 亿日元

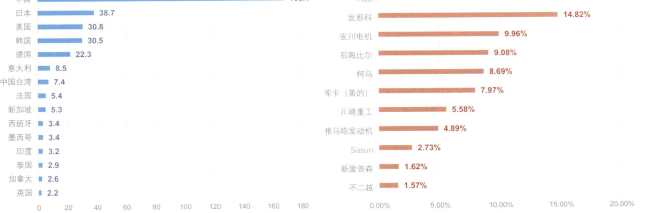

2020 年产业机器人年装机台数最多的 15 个国家 / 地区　单位:千台

国家/地区	数值
中国	168.4
日本	38.7
美国	30.8
韩国	30.5
德国	22.3
意大利	8.5
中国台湾	7.4
法国	5.4
新加坡	5.3
西班牙	3.4
墨西哥	3.4
印度	3.2
泰国	2.9
加拿大	2.6
英国	2.2

资料来源:World Robotics 2021（转自（株）マツシマ　メジャテック网站）。

2021 年日本各品牌产业机器人市场份额

品牌	份额
ABB	16.03%
发那科	14.82%
安川电机	9.96%
石陶比尔	9.08%
柯马	8.69%
库卡（美的）	7.97%
川崎重工	5.58%
雅马哈发动机	4.89%
Siasun	2.73%
新爱普森	1.62%
不二越	1.57%

资料来源:deallab 网站 https://deallab.info/elevator。

工业机械与设备制造业

（28）机器人及注塑成型机

医疗机器与器具

网络与通信设备

FA 控制及计测设备

分析仪器与试验设备

OA 机器与业务终端

工作机床

机器人及注塑成型机

半导体制造装置

建筑机械及重型设备

···

主要多关节机器人、成型机生产企业	其他多关节机器人、成型机生产企业	组装机器人

芝浦机械（株）
【6104】芝浦機械株式会社
https://www.shibaura-machine.co.jp
主要生产标量机器人、垂直多关节机器人、直交机器人、特殊机器人等。
销售收入 **1,077** 亿日元　营业利润 **42** 亿日元

（株）电装 Wave
【未上市】株式会社デンソーウェーブ
https://www.denso-wave.com/
生产水平多关节机器人、垂直多关节机器人、与人协动机器人、医疗/医药机器人、组装/工程搬送机器人等。
销售收入 **437** 亿日元　营业利润 **6** 亿日元

日精树脂工业（株）
【6293】日精樹脂工業株式会社
http://www.nisseijushi.co.jp/
主要生产涂装机器人及各种成型机等。
销售收入 **487** 亿日元　营业利润 **25** 亿日元

（株）Hirano Tecseed
【6245】株式会社ヒラノテクシード
https://www.hirano-tec.co.jp/
主要生产塗工机器等。
销售收入 **378** 亿日元　营业利润 **39** 亿日元

平田机工（株）
【6258】平田機工株式会社
https://www.hirata.co.jp
主要生产产品组装装置、搬送机器人、直交机器人等。
销售收入 **670** 亿日元　营业利润 **38** 亿日元

会田工程技术（株）
【6118】アイダエンジニアリング株式会社
https://www.aida.co.jp
主要生产冲压加工机、搬送机器人等。
销售收入 **624** 亿日元　营业利润 **25** 亿日元

阿耐思特岩田（株）
【6381】アネスト岩田株式会社
https://www.anest-iwata.co.jp
主要生产涂装机器人等。
销售收入 **423** 亿日元　营业利润 **47** 亿日元

日精 ASB 机械（株）
【6284】日精エー・エス・ビー機械株式会社
http://www.nisseiasb.co.jp/
主要生产吹塑成型机、预成型机等。
销售收入 **358** 亿日元　营业利润 **87** 亿日元

东洋机械金属（株）
【6210】東洋機械金属株式会社
https://www.toyo-mm.co.jp
主要生产射出成型机、压铸机等。
销售收入 **332** 亿日元　营业利润 **17** 亿日元

重机自动化（株）
【未上市】JUKI オートメーションシステムズ株式会社
http://www.juki.co.jp/smt/index.html
主要生产多重任务电子元器件自动组装 MR-01 机器人，可以对基板正反面同时插入元器件，进行拧紧、分割、组装等。
销售收入 **153** 亿日元（2019/12 决算报表）　净利润 **2** 亿日元

CYBERDYNE（株）
【7779】CYBERDYNE 株式会社
https://www.cyberdyne.jp/
主要生产护理机器人等。
销售收入 **21** 亿日元　营业利润 **-9** 亿日元

Trinity 工业（株）
【6382】トリニティ工業株式会社
http://www.trinityind.co.jp/
主要生产涂装机器人等。
销售收入 **341** 亿日元　营业利润 **19** 亿日元

2019 ～ 2021 年日本产业机器人市场规模变化

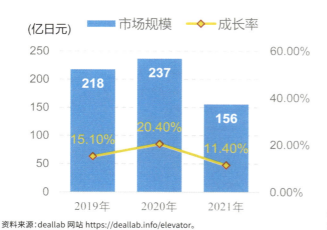

资料来源：deallab 网站 https://deallab.info/elevator。

2018 ～ 2020 年世界产业机器人销售情况（按行业分类）

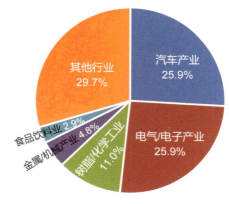

资料来源：LINE 证券の投资情报メディア网站，数据由野村证券投资情报部制作。(该图根据 2018 年、2019 年、2020 年产业分类机器人销售合计台数计算，数据来自国际机器人联盟）

其他多关节机器人、成型机生产企业

MuratecMechatronics（株） ●●●
【未上市】ムラテックメカトロニクス株式会社
https://www.muratec.jp/mmc/
生产独特的平行机构机器人，以及多功能数码复合机，清洁 FA 设备和集团公司产品。

销售收入	（2021/03 决算报表）	营业利润
165 亿日元		**0** 亿日元

（株）润工社 ●●●
【未上市】株式会社润工社
https://www.junkosha.com/jp
全球首个热融解氟树脂成型加工厂。

销售收入	（2021/03 决算报表）	税前利润
131 亿日元		**10** 亿日元

松本机械（株） ●●●
【未上市】マツモト機械株式会社
https://mac-wels.co.jp
机器人系统、自动熔接省力化装置，及熔接切断用夹具制造企业。熔接夹具国内市场占有率第一。

销售收入	（2021/03 决算报表）	营业利润
42 亿日元		**1** 亿日元

2015 ～ 2020 年产业机器人年装机台数及 2021 ～ 2024 年预测值

单位:千台

- 2015年: 254
- 2016年: 304
- 2017年: 400
- 2018年: 422
- 2019年: 382
- 2020年: 384 （-0%，实绩值）
- 2021年: 435（预测值，+13%）
- 2022年: 453
- 2023年: 486（年均增长+6%）
- 2024年: 518

资料来源:World Robotics 2021。

2009 ～ 2017 年全球产业机器人供应量及 2018 ～ 2021 年预测值

单位:千台

- 2009年: 60
- 2010年: 121
- 2011年: 166
- 2012年: 159
- 2013年: 178
- 2014年: 221
- 2015年: 254
- 2016年: 294
- 2017年: 381（+30%，实绩值）
- 2018年: 421（预测值，+10%）
- 2019年: 484
- 2020年: 553（年均增长+14%）
- 2021年: 630

资料来源:IFR World Robotics 2021（转自 Nikken Tsuangu 网站）。

2010 年和 2019 年世界主要国家和地区产业机器人工作台数

单位:千台

	2010年	2019年
中国	52.3	783.4
日本	307.7	354.9
韩国	101.1	319.0
美国	180.9	299.6
德国	148.3	221.5
意大利	62.4	74.4
中国台湾	26.9	71.8
全球合计	**1,059.2**	**2,722.1**

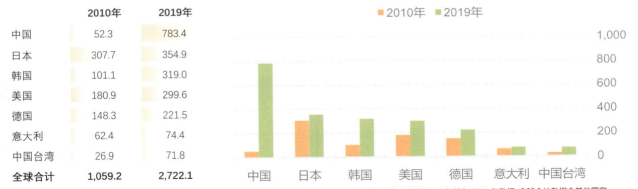

资料来源:公益財団法人矢野恒太記念会『日本国勢図会2021/ 22』、日本ロボット工業会資料により作成。 注:表格中美国 2010 年处为 2011 年数据；全球合计数据含其他国家。

工业机械与设备制造业

半导体制造装置

医疗机器与器具

网络与通信设备

FA控制及计测设备

分析仪器与试验设备

OA机器与业务终端

工作机床

机器人及注塑成型机

半导体制造装置

建筑机械及重型设备

...

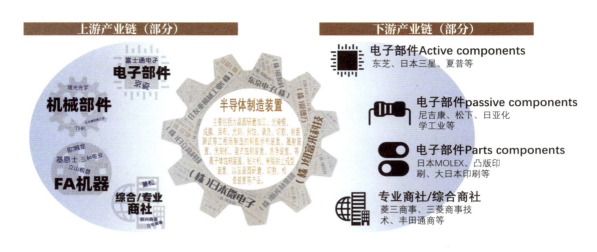

上游产业链（部分）

下游产业链（部分）

半导体制造装置

电子部件Active components
东芝、日本三星、夏普等

电子部件passive components
尼吉康、松下、日亚化学工业等

电子部件Parts components
日本MOLEX、凸版印刷、大日本印刷等

专业商社/综合商社
菱三商事、三菱商事技术、丰田通商等

全球半导体制造装置市场预测（国际半导体产业协会 SEMI 预测）

单位：10亿美元

	2020年	2021年	2022年推算	2023年推算
晶圆制造设备	61.20	87.50	100.99	104.27
测试设备	6.01	7.83	8.77	8.81
装配和包装设备	3.85	7.17	7.76	7.72

	$0	$25	$50	$75	$100	$125
2023年推算		86.32%			7.29%	6.39%
2022年推算		85.93%			7.46%	6.60%
2021年		85.37%			7.64%	7.00%
2020年		86.12%			8.46%	5.42%

著名半导体设备制造企业

东京电子（株）

【8035】東京エレクトロン株式会社

https://www.tel.co.jp/

著名半导体装置生产企业，主要生产涂布、成膜、刻蚀、清洗等装置。

销售收入 **20,038** 亿日元　　营业利润 **5,992** 亿日元

2011年 6,330
2021年 20,038
单位：亿日元

10年销售额变化 **+216.56%**

（株）日立高科技

【未上市】株式会社日立ハイテク

https://www.hitachi-hightech.com/jp/

该领域产品有刻蚀装置，掩模关联制品，缺陷检测装置等。

销售收入 **5,768** 亿日元　　营业利润 **587** 亿日元

2011年 6,458
2021年 5,768
单位：亿日元

10年销售额变化 **-10.68%**

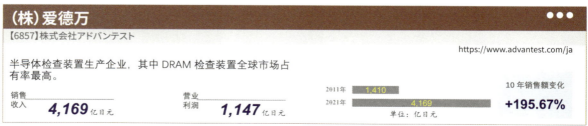

（株）爱德万

【6857】株式会社アドバンテスト

https://www.advantest.com/ja

半导体检查装置生产企业，其中 DRAM 检查装置全球市场占有率最高。

销售收入 **4,169** 亿日元　　营业利润 **1,147** 亿日元

2011年 1,410
2021年 4,169
单位：亿日元

10年销售额变化 **+195.67%**

行业信息 一般社团法人 日本半导体制造装置协会　东京都千代田区六番町 3 番地六番町 SK 大厦 6F　电话：03-3261-8260　https://www.seaj.or.jp/

| 主要生产企业 | | 其他主要企业 | |

佳能(株)　●●●

【7751】キヤノン株式会社

https://canon.jp/

半导体领域产品主要是光刻机曝光设备。

销售收入（2021/12 决算报表）**35,133**亿日元　　营业利润**2,819**亿日元

(株)荏原制作所　●●●

【6361】株式会社荏原製作所

http://www.ebara.com/

产品为半导体装备领域的真空泵、CMP 研磨装置等。

销售收入（2021/12 决算报表）**6,032**亿日元　　营业利润**613**亿日元

(株)迪思科　●●●

【6146】株式会社ディスコ

https://www.disco.co.jp/jp/

半导体材料切断、切削、研磨装置生产规模全球最大。

销售收入**2,537**亿日元　　营业利润**915**亿日元

住友重机械工业(株)　●●●

【6302】住友重機械工業株式会社

https://www.shi.co.jp/

该领域产品有精密定位装置、真空成膜装置、塑形装置等。

销售收入**9,439**亿日元　　营业利润**656**亿日元

(株)堀场制作所　●●●

【6856】株式会社堀場製作所

https://www.horiba.com/

该领域产品主要为半导体计测机器、异物检查装置等。

销售收入（2021/12 决算报表）**2,243**亿日元　　营业利润**320**亿日元

(株)国际电气　●●●

【未上市】株式会社 KOKUSAI ELECTRIC

https://www.kokusai-electric.com

产品主要为成膜装置、枚叶处理装置、超声波洗净机等。

销售收入**1,964**亿日元　　营业利润**403**亿日元

(株)尼康　●●●

【7731】株式会社ニコン

https://www.nikon.co.jp

世界上半导体曝光设备（光刻机）主要生产企业之一。

销售收入**5,396**亿日元　　营业利润**499**亿日元

东京应化工业(株)　●●●

【4186】東京応化工業株式会社

https://www.tok.co.jp/

产品包括涂布装置、显像装置、真空 UV 处理装置、药液供给装置等。

销售收入（2021/12 决算报表）**1,400**亿日元　　营业利润**207**亿日元

(株)东京精密　●●●

【7729】株式会社東京精密

https://www.accretech.jp/

产品包括晶圆特性试验装置、晶圆切割装置、晶圆抛光研磨装置等。

销售收入**1,332**亿日元　　营业利润**285**亿日元

(株)斯库林集团　●●●

【7735】株式会社 SCREEN ホールディングス

https://www.screen.co.jp

主要生产半导体制造装置、12 英寸晶圆洗净装置。

销售收入**4,118**亿日元　　营业利润**612**亿日元

Lasertec(株)　●●●

【6920】レーザーテック株式会社

https://www.lasertec.co.jp/

生产以掩模缺陷检查装置为主的半导体关联设备。

销售收入（2022/06 决算报表）**903**亿日元　　营业利润**324**亿日元

(株)堀场 STEC　●●●

【未上市】株式会社堀場エステック

https://www.horiba.com/jp/horiba-stec/home/

堀场制作所的完全子公司，主要生产各种半导体设备，在流量测量和控制方面技术较强。

销售收入（2021/12 决算报表）**673**亿日元　　营业利润**164**亿日元

历年日本半导体制造装置、平板显示器制造装置生产额

单位：亿日元

	2000年	2005年	2010年	2015年	2019年	2020年
半导体制造装置	12,753	11,126	9,704	10,018	15,159	16,202
平板显示器制造装置	2,259	5,036	3,568	2,981	3,630	3,195
合计	15,012	16,162	13,272	12,999	18,789	19,397

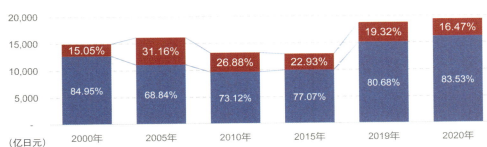

	2000年	2005年	2010年	2015年	2019年	2020年
(平板显示器 %)	15.05%	31.16%	26.88%	22.93%	19.32%	16.47%
(半导体 %)	84.95%	68.84%	73.12%	77.07%	80.68%	83.53%

（亿日元）

资料来源：公益財団法人矢野恒太記念会『日本国勢図会 2021/ 22』、経済産業省『生産動態統計』により作成。

東京都千代田区六番町 3 番地 六番町 SKビル6F
TEL :03-3261-8260　https://www.seaj.or.jp/

一 般 社 団 法 人
日本半導体製造装置協会

工业机械与设备制造业

29 半导体制造装置

医疗机器与器具

网络与通信设备

FA 控制及计测设备

分析仪器与试验设备

OA 机器与业务终端

工作机床

机器人及注塑成型机

半导体制造装置

建筑机械及重型设备

...

主要生产企业

(株)爱发科 ●●●
【6728】株式会社アルバック
https://www.ulvac.co.jp/
半导体设备领域主要为溅射装置、酸化膜除去装置等。
销售收入 **2,412** 亿日元 | 营业利润 **300** 亿日元

芝浦机电一体化(株) ●●●
【6590】芝浦メカトロニクス株式会社
https://www.shibaura.co.jp/
产品有离子化学蚀刻、化学干蚀刻、光掩模洗净装置等。
销售收入 **492** 亿日元 | 营业利润 **50** 亿日元

(株)日本微电子 ●●●
【6871】株式会社日本マイクロニクス
https://www.mjc.co.jp/
主要生产晶圆基金检查装置和半导体检查装置等。
销售收入 （2021/12 决算报表） **400** 亿日元 | 营业利润 **82** 亿日元

(株)纽富来科技 ●●●
【未上市】株式会社ニューフレアテクノロジー
http://nuflare.co.jp/
主营电子束掩膜光刻设备（占有全球最大市场份额）、外延生长设备、掩膜检测设备。
销售收入 **365** 亿日元 | 营业利润 **41** 亿日元

其他主要企业

乐孜(株) ●●●
【6323】ローツェ株式会社
https://www.rorze.com/
主要生产晶圆搬送装置、晶圆分类器、晶圆储料器等。
销售收入 （2022/02 决算报表） **670** 亿日元 | 营业利润 **158** 亿日元

GIGAPHOTON(株) ●●●
【未上市】ギガフォトン株式会社
https://www.gigaphoton.com/
开发和销售用于半导体光刻的准分子激光器和极紫外光源，拥有约50%的全球市场份额。
销售收入 **458** 亿日元 | 营业利润 **108** 亿日元

日本电产理德(株) ●●●
【未上市】日本電産リード株式会社
https://www.nidec.com/jp/nidec-read/
主营半导体封装检测装置和印刷电路板检测装置。
销售收入 **394** 亿日元 | 营业利润 **68** 亿日元

(株)纽富来科技 ●●●
【未上市】株式会社ニューフレアテクノロジー
http://www.nuflare.co.jp/
全球最大电子光束掩模描画装置生产商。
销售收入 **365** 亿日元 | 营业利润 **41** 亿日元

TOWA(株) ●●●
【6315】TOWA 株式会社
https://www.towajapan.co.jp/jp/
主要生产集成电路树脂封装装置、芯片切断装置等。
销售收入 **506** 亿日元 | 营业利润 **115** 亿日元

(株)日本微电子 ●●●
【6871】株式会社日本マイクロニクス
https://www.mjc.co.jp/
主要生产晶圆检查装置、半导体检查装置/测试装置等
销售收入 **400** 亿日元 | 营业利润 **82** 亿日元

住友重机械 IonTechnology(株) ●●●
【未上市】住友重机械イオンテクノロジー株式会社
https://shi-ion.jp
日本唯一的离子注入装置制造企业。
销售收入 （2021/03 决算报表） **381** 亿日元 | 营业利润 **87** 亿日元

佳能 ANELVA(株) ●●●
【未上市】キヤノンアネルバ株式会社
https://anelva.canon/
主要生产溅射装置、蚀刻装置等。
销售收入 （2021/12 决算报表） **306** 亿日元 | 营业利润 **52** 亿日元

▤ 2020 ~ 2021 年半导体制造装置销售额

单位：10 亿美元

地域	2021年	2020年		同比增长率（%）
中国	29.62	18.72	↗	58%
韩国	24.98	16.08	↗	55%
中国台湾	24.94	17.15	⇒	45%
日本	7.80	7.58	↓	3%
北美洲	7.61	6.53	↓	17%
其他地区	4.44	2.48	↑	79%
欧洲	3.25	2.64	↘	23%
合计	102.64	71.19	⇒	44%

2020年半导体制造装置全球市场份额

- 日本 13.2%
- 美国 11.0%
- 欧洲 5.1%
- 亚洲其他地区 3.5%
- 韩国 26.0%
- 中国台湾 20.9%
- 中国 20.3%

资料来源：转自日经クロステック（日本半导体设备产业协会 SEAJ、国际半导体产业协会 SEMI 2022 年 4 月数据）。

其他主要企业

樫山工业 (株)
【未上市】樫山工業株式会社
https://www.kashiyama.com/
生产用于半导体和 LCD 面板制造设备的干式真空泵和水封式真空泵。

销售收入 (2021/03 决算报表)	营业利润
275 亿日元	**15** 亿日元

龙云 (株)
【6266】タツモ株式会社
https://tazmo.co.jp/
产品为涂布 / 现象装置、磷酸处理装置、贴合 / 剥离装置等。

销售收入 (2021/12 决算报表)	营业利润
220 亿日元	**20** 亿日元

(株)石井表记
【6336】株式会社石井表記
http://www.ishiihyoki.co.jp/
主要生产半导体基板制造装置。

销售收入 (2022/01 决算报表)	营业利润
144 亿日元	**17** 亿日元

(株)YDK
【未上市】株式会社ワイ・デー・ケー
https://ydkinc.co.jp
产品主要包括半导体制造装置、通信设备、计算机控制器等。

销售收入	营业利润
143 亿日元	**11** 亿日元

(株)东精工程
【未上市】株式会社東精エンジニアリング
http://www.toseieng.co.jp/
主营专业设备、传感器和通用测量服务业务，也生产半导体晶圆制造设备。

销售收入	营业利润
140 亿日元	**29** 亿日元

D.T.FineElectronics (株)
【未上市】ディー・ティー・ファインエレクトロニクス株式会社
http://www.dtf.co.jp/
大日本印刷和凯侠的合并公司，生产半导体制造用光掩膜。

销售收入 (2021/03 决算报表)	营业利润
118 亿日元	**21** 亿日元

(株)尼可尼
【未上市】株式会社ニクニ
https://www.nikuni.co.jp
设计制造多种工业用泵及泵装置、半导体制造装置、半导体检测装置和光学器械等。

销售收入 (2021/03 决算报表)	营业利润
65 亿日元	**4** 亿日元

莎姆克 (株)
【6387】サムコ株式会社
https://www.samco.co.jp/
产品主要为成膜装置、蚀刻装置、洗净装置等。

销售收入 (2022/07 决算报表)	营业利润
64 亿日元	**13** 亿日元

(株)新川
【未上市】株式会社新川
https://www.yamaha-robotics.com/corporate/outline/shinkawa
主要生产引线结合器、芯片焊接机等。

销售收入	营业利润 (2021/12 决算报表)
N/A 亿日元	**3** 亿日元

2020～2021年全球半导体设备制造企业前15位示意图（其中7家来自日本）

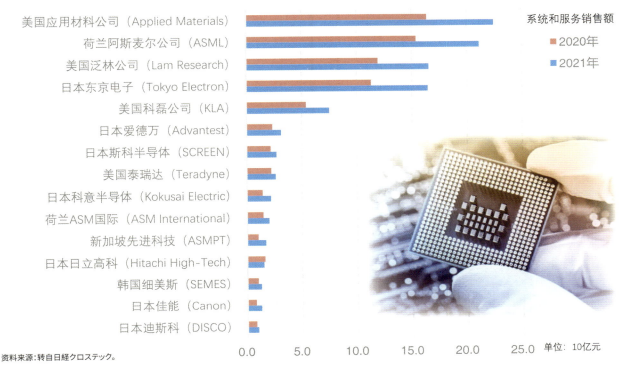

系统和服务销售额
2020年
2021年

美国应用材料公司（Applied Materials）
荷兰阿斯麦尔公司（ASML）
美国泛林公司（Lam Research）
日本东京电子（Tokyo Electron）
美国科磊公司（KLA）
日本爱德万（Advantest）
日本斯科半导体（SCREEN）
美国泰瑞达（Teradyne）
日本科意半导体（Kokusai Electric）
荷兰ASM国际（ASM International）
新加坡先进科技（ASMPT）
日本日立高科（Hitachi High-Tech）
韩国细美斯（SEMES）
日本佳能（Canon）
日本迪斯科（DISCO）

0.0　5.0　10.0　15.0　20.0　25.0　单位：10亿元

资料来源：转自日経クロステック。

工业机械与设备制造业

29

半导体制造装置

医疗机器与器具

网络与通信设备

FA 控制及计测设备

分析仪器与试验设备

OA 机器与业务终端

工作机床

机器人及注塑成型机

半导体制造装置

建筑机械及重型设备

…

2012～2024 年日本半导体制造装置销售额与增长率

注：2022～2024 年数据为日本半导体设备产业协会 SEAJ 预测。

	实绩										推算			
年度	2012年	2013年	2014年	2015年	2016年	2017年	2018年	2019年	2020年	2021年	2022年	2023年	2024年	CAGR
合计（亿日元）	2,363	3,653	5,000	6,562	5,047	8,138	9,878	6,961	8,009	9,103	11,834	13,017	14,319	16.3%
同比增长率（%）	-48.1	54.6	36.9	31.2	-23.1	61.3	21.4	-29.5	15.1	13.7	30.0	10.0	10.0	

资料来源：公益财团法人矢野恒太记念会『日本国勢図会2021/22』、经济産業省『生産動態統計』により作成。

2012～2024 年日本半导体制造装置市场预测

注：2022～2024 年数据为日本半导体设备产业协会 SEAJ 预测。

	实绩										推算			
年度	2012年	2013年	2014年	2015年	2016年	2017年	2018年	2019年	2020年	2021年	2022年	2023年	2024年	CAGR
合计（亿日元）	10,284	11,278	12,921	13,089	15,642	20,436	22,479	20,730	23,835	34,430	40,283	42,297	44,412	8.9%
同比增长率（%）	-18.6	9.7	14.6	1.3	19.5	30.6	10.0	-7.8	15.0	44.4	17.0	5.0	5.0	

资料来源：公益财团法人矢野恒太记念会『日本国勢図会2021/22』、经济産業省『生産動態統計』により作成。

2011～2021年日本半导体制造装置与世界半导体制造装置销售额及日本半导体制造装置生产企业市场份额

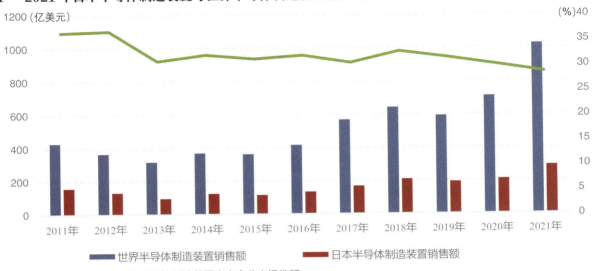

世界半导体制造装置销售额　　日本半导体制造装置销售额
日本半导体制造装置生产企业市场份额

资料来源：转自日经クロステック，根据日本半导体设备产业协会(SEAJ)、国际半导体产业协会(SEMI)数据推算。

2016～2020年日本半导体制造装置生产情况

		2016年	2017年	2018年	2019年	2020年
晶圆制造用装置 Wafer manufacturing system	数量（台）	196	245	329	313	317
	重量（kg）	1,347,880	1,474,400	2,145,900	2,303,630	2,136,555
	金额（百万日元）	11,801	19,087	24,977	27,936	27,513
晶圆工艺流程用装置 Wafer processing system	数量（台）	3,252	4,394	4,593	4,205	4,550
	重量（kg）	20,083,289	26,059,511	27,567,082	27,271,842	29,495,195
	金额（百万日元）	872,331	1,069,307	1,207,188	1,157,305	1,202,804
组装用装置 Assembly system	数量（台）	8,078	8,624	3,592	2,533	3,052
	重量（kg）	5,841,190	6,685,989	5,441,211	3,820,989	4,694,158
	金额（百万日元）	79,156	93,917	83,869	68,997	76,251
关联装置 （含掩模、光罩制造用装置）	数量（台）	21,194	23,514	21,246	14,951	19,585
	重量（kg）	14,151,385	17,138,398	17,570,187	12,592,197	16,131,951
	金额（百万日元）	208,245	243,039	288,151	261,616	313,629
半导体制造装置（以上合计） Semiconductor manufacturing system	数量（台）	32,720	36,777	29,760	22,002	27,504
	重量（kg）	41,423,744	51,358,298	52,724,380	45,988,658	52,457,859
	金额（百万日元）	1,171,533	1,425,350	1,604,185	1,515,854	1,620,197
成膜装置 Thin-Film deposition system	数量（台）	1,235	1,833	1,964	1,631	1,719
	重量（kg）	4,067,453	5,897,910	6,555,083	6,138,749	7,329,403
	金额（百万日元）	167,017	257,488	286,162	235,216	281,819
其他制造装置 Other wafer processing system	数量（台）	1,512	1,785	1,860	1,893	2,003
	重量（kg）	11,864,916	13,557,806	14,659,081	15,237,095	15,110,356
	金额（百万日元）	412,600	468,619	530,230	533,468	531,504

注：生产动态统计资料中无具体曝光、光刻、刻蚀用生产装置统计数据。
资料来源：经济产业省生产动态统计，https://www.meti.go.jp/。

说明：本节中未注明资料来源的图表均根据日本贸易图鉴网站(https://jtrade.ecodb.net/)的图解整理而成。日本贸易图鉴网站根据联合国商品贸易统计数据库(UN Comtrade)的数据制作图解，因此图表中含日本贸易图鉴网站推算数据。"中国"的进出口金额数据仅计算了中国大陆地区的数据，不含中国港澳台地区，"中国台湾"的数据均为推算数据。

東京都杉並区西荻北 3-12-2 回路会館 2 階　一 般 社 团 法 人　行业信息　153
TEL :03-5310-2020　https://jpca.jp/　日本電子回路工業会

工业机械与设备制造业

30 建筑机械及重型设备

日本著名建筑机械生产商

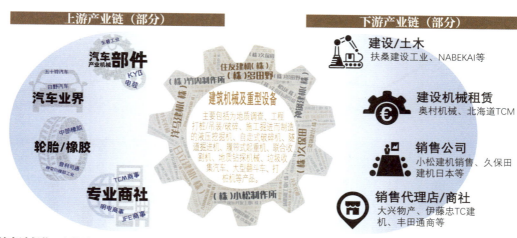

上游产业链（部分）

下游产业链（部分）

建设/土木
扶桑建设工业、NABEKAI等

建设机械租赁
奥村机械、北海道TCM

销售公司
小松建机销售、久保田建机日本等

销售代理店/商社
大兴物产、伊藤忠TC建机、丰田通商等

建筑机械及重型设备
主要包括力地质调查、工程打桩/吊装/破碎、施工掘进而制造的液压挖掘机、自走式破碎机、隧道掘进机、履带式起重机、联合收割机、地质勘探机械、垃圾收集汽车、大型颜料车、打桩机等产品。

日本建筑机械进口近况

单位：亿美元

年份	进口金额	同比增减（%）
2021	22.31	▲ 39.8
2020	15.95	▼ -20.5
2019	20.06	▲ 2.3
2018	19.61	▲ 25.7
2017	15.61	▲ 12.3
2016	13.89	▼ -7.9
2015	15.09	▲ 9.4
2014	16.65	▲ 10.5

日本建筑机械出口近况

单位：亿美元

年份	出口金额	同比增减（%）
2021	135.15	▲ 41.9
2020	95.26	▼ -20.9
2019	120.42	▼ -7.8
2018	130.62	▲ 13.3
2017	115.26	▲ 18.4
2016	97.38	▲ 9.4
2015	89.00	▼ -17.0
2014	107.28	▲ 0.7

（株）小松制作所

【6301】株式会社小松製作所

https://home.komatsu/jp/

产品为建设/矿山机械、挖掘机、推土机、破碎机、地下建设机械等。

销售收入 **28,023** 亿日元　　营业利润 **3,170** 亿日元

2011年 14,315
2021年 28,023
单位：亿日元

10 年销售额变化 **+95.76%**

日立建机（株）

【6305】日立建機株式会社

https://japan.hitachi-kenki.co.jp

主要生产液压挖掘机、推土机、铲车、道路机械、矿山机械、工程机械等。

销售收入 **10,249** 亿日元　　营业利润 **935** 亿日元

2011年 6,057
2021年 10,249
单位：亿日元

10 年销售额变化 **+69.21%**

（株）多田野

【6395】株式会社タダノ

https://www.tadano.co.jp

全球最大移动式起重设备生产商，也是高空作业车、车载起重车生产商。

销售收入 **2,056** 亿日元　　营业利润 **52** 亿日元

2011年 1,042
2021年 2,056
单位：亿日元

10 年销售额变化 **+97.31%**

行业信息 一般社团法人 日本建设机械工业会] 东京都港区芝公园 3-5-8 机械振兴会馆
电话：03-5406-2288　http://www.cema.or.jp

主要生产企业

(株)丰田自动织机
【6201】株式会社豊田自動織機
https://www.toyota-shokki.co.jp
该领域产品有著名的丰田牌叉车，拥有全球 20% 的市场份额。

销售收入 **27,051** 亿日元　　营业利润 **1,590** 亿日元

(株)久保田
【6326】株式会社クボタ
https://www.kubota.co.jp
主要生产农业机械、建设机械，其中农业机械市场份额国内第一、全球第三。

销售收入（2021/12 决算报表） **21,967** 亿日元　　营业利润 **2,462** 亿日元

三菱物捷仕(株)
【7105】三菱ロジスネクスト株式会社
https://www.logisnext.com
日本主要叉车生产企业，国内生产规模第二，全球第四。

销售收入 **4,654** 亿日元　　营业利润 **35** 亿日元

神钢建机(株)
【未上市】コベルコ建機株式会社
https://www.kobelco-kenki.co.jp
产品有液压挖掘机、轮式装载机、履带起重机、全台起重机、工程机械等。

销售收入 **2,212** 亿日元　　营业利润 **-60** 亿日元

其他主要企业

洋马控股(株)
【未上市】ヤンマーホールディングス株式会社
https://www.yanmar.com/
主要生产农业和建筑机械以及小型工业柴油机。

销售收入 **8,714** 亿日元　　营业利润 **362** 亿日元

古河机械金属(株)
【5715】古河機械金属株式会社
https://www.furukawakk.co.jp
日本车载起重机主要生产企业，也是隧道掘进机、矿山机械生产商。

销售收入 **1,990** 亿日元　　营业利润 **77** 亿日元

极东开发工业(株)
【7226】極東開発工業株式会社
https://www.kyokuto.com
主要生产土方车、洒水车、泵车、搅拌车等。

销售收入 **1,169** 亿日元　　营业利润 **69** 亿日元

(株)加藤制作所
【6390】株式会社加藤製作所
http://www.kato-works.co.jp
主要生产吊车、液压挖掘机、路面清扫车、除雪车等。

销售收入 **635** 亿日元　　营业利润 **-73** 亿日元

新明和工业(株)
【7224】新明和工業株式会社
https://www.shinmaywa.co.jp
主要生产环保车辆如垃圾回收车，同时生产拖车等。

销售收入 **2,168** 亿日元　　营业利润 **105** 亿日元

井关农机(株)
【6310】井関農機株式会社
https://www.iseki.co.jp/
主要生产各种农业机械等。

销售收入（2021/12 决算报表） **1,581** 亿日元　　营业利润 **41** 亿日元

(株)日立建机 Tierra
【未上市】株式会社日立建機ティエラ
https://tierra.hitachi-kenki.co.jp/
主要生产小型挖掘机 / 装载机、液压挖掘机等。

销售收入 **1,087** 亿日元　　营业利润 **94** 亿日元

住友重机械建机起重机(株)
【未上市】住友重機械建機クレーン株式会社
http://www.hsc-cranes.com
日本主要履带式起重机专业生产商，国内市场占有率最高。

销售收入 **364** 亿日元　　营业利润 **9** 亿日元

2021 年日本建筑机械进口额排名前十的国家 / 地区

单位：亿美元

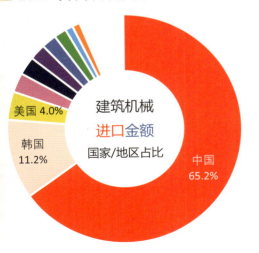

建筑机械
进口金额
国家/地区占比

中国 65.2%
美国 4.0%
韩国 11.2%

排名	国家/地区	进口金额	占比（%）
1	中国	14.55	65.2
2	韩国	2.5	11.2
3	美国	0.89	4.0
4	印度尼西亚	0.61	2.7
5	德国	0.58	2.6
6	英国	0.51	2.3
7	越南	0.46	2.1
8	泰国	0.38	1.7
9	意大利	0.24	1.1
10	巴西	0.23	1.1
	其他所有国家/地区	1.36	6.1

工业机械与设备制造业

30

建筑机械及重型设备

医疗机器与器具

网络与通信设备

FA 控制及计测设备

分析仪器与试验设备

OA 机器与业务终端

工作机床

机器人及注塑成型机

半导体制造装置

建筑机械及重型设备

...

主要生产企业	其他主要企业	

住友建机 (株) ●●●
【未上市】住友建机株式会社
https://www.sumitomokenki.co.jp
住友重机械旗下的建机综合制造商（油压挖掘机 / 应用机 / 道路机械）。

销售收入 **1,419** 亿日元　营业利润 **14** 亿日元

三菱 Mahindar 农机 (株) ●●●
【未上市】三菱マヒンドラ農機株式会社
http://www.mam.co.jp
主要生产各种农业机械。

销售收入 **273** 亿日元　营业利润 **0** 亿日元

酒井重工业 (株) ●●●
【6358】酒井重工業株式会社
http://www.sakainet.co.jp
主要生产压路机、轮胎压路机、碎石振动压路机、平板夯机等。

销售收入 **265** 亿日元　营业利润 **13** 亿日元

(株) 竹内制作所 ●●●
【6432】株式会社竹内製作所
http://www.takeuchi-mfg.co.jp
主要生产以出口为主的小型挖掘机，海外收入占总收入的 99%。

销售收入 （2022/02 决算报表）**1,408** 亿日元　营业利润 **177** 亿日元

住友纳科叉车 (株) ●●●
【未上市】住友ナコ　フォークリフト株式会社
http://www.sumitomonacco.co.jp/
日本叉车制造企业。

销售收入 （2021/12 决算报表）**233** 亿日元　营业利润 **4** 亿日元

(株) 三井三池制作所 ●●●
【未上市】株式会社三井三池製作所
https://www.mitsuimiike.co.jp
经营各种搬运机械、流体机械、原动机及挖掘机械。

销售收入 **233** 亿日元　营业利润 **10** 亿日元

洋马建机 (株) ●●●
【未上市】ヤンマー建機株式会社
https://www.yanmar.com/jp/about/company/construction/
主要生产小型农业机械、建设机械、柴油机以及传动装置组件等。

销售收入 **903** 亿日元　营业利润 **12** 亿日元

松山 (株) ●●●
【未上市】松山株式会社
https://www.niplo.co.jp/
拖拉机用作业机、自走式蔬菜收割机、蔬菜包装机等农业机械制造企业。

销售收入 （2020/12 决算报表）**207** 亿日元　税前利润 **12** 亿日元

(株) 矢野特殊自动车 ●●●
【未上市】株式会社矢野特殊自動車
https://www.yano-body.co.jp/
生产特殊用途车辆的先驱企业，在重型车辆方面处于领先地位。

销售收入 （2021/03 决算报表）**126** 亿日元　营业利润 **5** 亿日元

三笠产业 (株) ●●●
【未上市】三笠産業株式会社
https://www.mikasas.jp/
内燃式冲击夯、地砖专用整形机等小型建设机械制造企业。

销售收入 **113** 亿日元　净利润 **6** 亿日元

MINORU 产业 (株) ●●●
【未上市】みのる産業株式会社
https://www.minoru-sangyo.co.jp/
农业机械制造企业，主力产品为成苗插秧机。也生产碾米机等家电产品、园艺器材、高尔夫打球机、绿化器材等。

销售收入 （2020/09 决算报表）**72** 亿日元　营业利润 **2** 亿日元

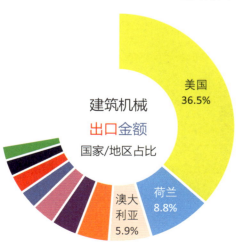

▤ 2021 年日本建筑机械出口额排名前十的国家 / 地区
单位：亿美元

建筑机械
出口金额
国家/地区占比

美国 36.5%
荷兰 8.8%
澳大利亚 5.9%

排名	国家/地区	出口金额	占比 (%)
1	美国	49.25	36.5
2	荷兰	11.89	8.8
3	澳大利亚	8	5.9
4	俄罗斯	6.12	4.5
5	英国	4.92	3.6
6	印度尼西亚	4.4	3.3
7	加拿大	3.55	2.6
8	中国	3.52	2.6
9	比利时	3.19	2.4
10	泰国	2.77	2.1
	其他所有国家/地区	37.51	27.8

【行业信息】 一般社团法人 日本产业机械工业会 〕 东京都港区芝公园三丁目 5 番 8 号 机械振兴会馆 4F405 号
电话：03-3434-6821（代表）传真：03-3434-4767　https://www.jsim.or.jp/

2017～2021 年日本建筑机械出货金额

单位：百万日元

		2017年	2018年	2019年	2020年	2021年
牵引车	国内	113,824	115,732	122,148	109,091	113,321
	出口	174,103	184,248	162,132	111,941	197,595
	小计	287,927	299,980	284,280	221,032	310,916
液压挖掘机	国内	290,217	248,503	281,946	299,580	297,366
	出口	616,861	758,170	673,085	458,008	702,453
	小计	907,078	1,006,673	955,031	757,588	999,819
小型挖掘机	国内	83,347	88,484	85,418	88,704	86,542
	出口	205,249	225,644	230,930	220,410	305,844
	小计	288,596	314,128	316,348	309,114	392,386
建筑起吊车	国内	200,834	194,603	199,748	175,811	163,638
	出口	69,112	79,754	85,928	59,839	62,894
	小计	269,946	274,357	285,676	235,650	226,532
道路机械	国内	40,153	35,448	37,390	41,443	40,650
	出口	35,376	34,785	23,004	19,120	33,673
	小计	75,529	70,233	60,394	60,563	74,323
混凝土搅拌机	国内	29,401	27,490	31,674	30,213	32,432
	出口	1,557	1,068	1,228	876	1,019
	小计	30,958	28,558	32,902	31,089	33,451
隧道机械	国内	15,596	1,206	152		
	出口	455				
	小计	16,051	1,206	152		
基础机械	国内	39,127	42,910	42,502	36,518	35,246
	出口	6,741	3,884	4,588	4,955	4,729
	小计	45,868	46,794	47,090	41,473	39,975
液压	国内	19,946	20,364	20,649	19,316	21,463
	出口	8,983	9,887	8,886	6,759	9,237
	小计	28,929	30,251	29,535	26,075	30,700
其他建筑机械	国内	65,993	69,984	75,552	69,573	72,528
	出口	213,277	264,113	204,091	139,242	225,419
	小计	279,270	334,097	279,643	208,815	297,947
机械本体小计	国内	898,438	844,724	897,179	870,249	863,186
	出口	1,331,714	1,561,553	1,393,872	1,021,150	1,542,863
	小计	2,230,152	2,406,277	2,291,051	1,891,399	2,406,049
补修备用品	国内	119,695	118,586	122,454	125,241	130,518
	出口	201,472	234,108	219,345	149,251	220,291
	小计	321,167	352,694	341,799	274,492	350,809
合计	国内	1,018,133	963,310	1,019,633	995,490	993,704
	出口	1,533,186	1,795,661	1,613,217	1,170,401	1,763,154
	小计	2,551,319	2,758,971	2,632,850	2,165,891	2,756,858

资料来源：一般社团法人 日本建设机械工业会统计资料 https://www.cema.or.jp/general/。

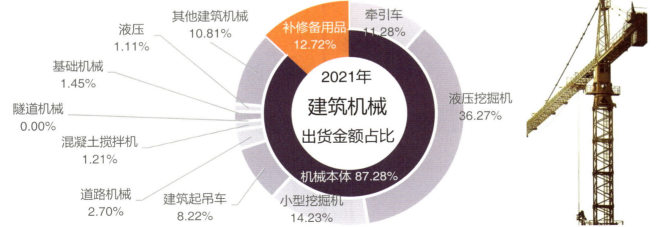

其他建筑机械 10.81%
液压 1.11%
基础机械 1.45%
隧道机械 0.00%
混凝土搅拌机 1.21%
道路机械 2.70%
建筑起吊车 8.22%
小型挖掘机 14.23%
机械本体 87.28%
液压挖掘机 36.27%
牵引车 11.28%
补修备用品 12.72%

2021年
建筑机械
出货金额占比

工业机械与设备制造业

说明：本节中未注明资料来源的图表均根据日本贸易图鉴网站(https://jtrade.ecodb.net/)的图解整理而成。日本贸易图鉴网站根据联合国商品贸易统计数据库（UN Comtrade）的数据制作图解，因此图表中含日本贸易图鉴网站推算数据。"中国"的进出口金额数据仅计算了中国大陆地区的数据，不含中国港澳台地区，"中国台湾"的数据均为推算数据。

31 造船及车辆

上游产业链（部分）

东亚工机
产业机械 **部件**
东芝
电气部件 三菱电机
冈谷钢机
专业商社 神钢商事・川重商事
住友商事
综合商社
三井物产

造船及车辆

主要包括为港口装卸、船舶推进系统、车辆连接系统、车辆制动系统而制造的大型原油运输船、集装箱货船、大型游轮、极地调查船、军舰、新干线车辆、路面电车/地铁车辆、磁悬浮列车等产品。

（川崎重工（株）、三菱重工（株）、三井E&S控股（株）、日本车辆制造（株）等）

下游产业链（部分）

北美/南美
委瑞内拉国铁、巴西国铁等

欧洲
英国国铁等

亚洲
中国台湾高铁、泰国国铁、印度国铁等

日本
日本邮船、商船三井、JR东日本等

日本船舶进口近况
单位：亿美元

年份	进口金额	同比增减（%）
2021	8.24	▲ 116.8
2020	3.8	▼ -45.2
2019	6.94	▲ 61.5
2018	4.29	▼ -42.9
2017	7.52	▼ -7.1
2016	8.09	▲ 62.6
2015	4.98	▼ -12.5
2014	5.69	▲ 8.6

注：含游艇、小船。

日本船舶出口近况
单位：亿美元

年份	出口金额	同比增减（%）
2021	96.8	▼ -10.9
2020	108.66	▼ -21.3
2019	137.99	▲ 9.4
2018	126.17	▲ 2.8
2017	122.76	▼ -4.8
2016	128.95	▲ 13.1
2015	114.07	▼ -11.7
2014	129.14	▼ -16.1

注：含游艇、小船。

日本三大造船\海工设备制造企业

三菱重工业（株）

【7011】三菱重工業株式会社

https://www.mhi.com/jp/

该领域主要建造客船、LNG/LPG船、特殊船、军舰、各种铁道车辆等。

销售收入 **38,602** 亿日元　　税前利润 **1,736** 亿日元

2011年	28,209
2021年	38,602

单位：亿日元

10年销售额变化 **+36.84%**

川崎重工业（株）

【7012】川崎重工業株式会社

https://www.khi.co.jp/

该领域主要建造各种铁道车辆、单轨电车、LNG/LPG船、汽车滚装船、潜水艇等。

销售收入 **15,008** 亿日元　　营业利润 **458** 亿日元

2011年	13,037
2021年	15,008

单位：亿日元

10年销售额变化 **+15.12%**

（株）三井 E&S 控股

【7003】株式会社三井E&Sホールディングス

https://www.mes.co.jp/

主要生产LNG船、油轮、各种货运船、海洋工程构造物等。

销售收入 **5,793** 亿日元　　营业利润 **-101** 亿日元

2011年	5,718
2021年	5,793

单位：亿日元

10年销售额变化 **+1.31%**

造船及车辆
航空航天产业
工厂设备与机械
水处理及循环利用设备
重型电机及成套设备
厨房与料理设备
冷冻与冷藏设备
电梯及自动扶梯

行业信息【一般社団法人 日本造船工业会】东京都港区虎门1-15-12 日本瓦斯协会大厦 电话：03-3850-1561　https://www.sajn.or.jp/

主要造船 / 铁路车辆制造企业　　　　其他造船 / 铁路车辆制造企业

(株)日立制作所
【6501】株式会社日立製作所
https://www.hitachi.co.jp
主要生产各种铁路车辆、磁悬浮列车、单轨电车等。

销售收入 **102,646** 亿日元　　营业利润 **7,382** 亿日元

今冶造船(株)
【未上市】今治造船株式会社
https://www.imazo.co.jp/
主要建造油轮、散装货轮、煤炭运输船、舰艇等。

销售收入 **3,652** 亿日元　　营业利润 **130** 亿日元

日本海洋联合(株)
【未上市】ジャパン マリンユナイテッド株式会社
https://www.jmuc.co.jp/
主要生产集装箱船、油轮、LPG船、客船、渡船、舰艇等。

销售收入 **2,133** 亿日元　　营业利润 **-15** 亿日元

常石造船(株)
【未上市】常石造船株式会社
http://www.tsuneishi.co.jp/
主要建造油轮、散装货船、集装箱船、木材运输船、汽车滚装船等。

销售收入（2021/12决算报表）**791** 亿日元　　营业利润 **-19** 亿日元

(株)大岛造船所
【未上市】株式会社大島造船所
http://www.osy.co.jp/
主要建造散货船、木材运输船、特殊货物船等。

销售收入 **1,159** 亿日元　　营业利润 **-152** 亿日元

(株)新来岛造船厂
【未上市】株式会社新来島どっく
https://www.skdy.co.jp/
日本中型造船厂，生产船舶多样化。

销售收入 **886** 亿日元　　营业利润 **1** 亿日元

三菱造船(株)
【未上市】三菱造船株式会社
http://www.msb.mhi.co.jp/
从三菱重工业的商船业务中独立出的造船和工程公司。

销售收入（2021/03决算报表）**587** 亿日元　　营业利润 **22** 亿日元

北日本造船(株)
【未上市】北日本造船株式会社
http://www.kitanihonship.co.jp/
中型造船厂，擅长建造化学品运输船，也生产冷藏船、RORO船和汽车运输船等。

销售收入（2021/03决算报表）**352** 亿日元　　营业利润 **N/A** 亿日元

日本车辆制造(株)
【7102】日本車輌製造株式会社
https://www.n-sharyo.co.jp/
主要生产各种铁道车辆、路面电车、试验车辆、单轨电车等。

销售收入 **940** 亿日元　　营业利润 **62** 亿日元

(株)名村造船所
【7014】株式会社名村造船所
https://www.namura.co.jp/ja/index.html
主要建造散货船、铁矿石运输船、油轮、LPG船、集装箱船等。

销售收入 **834** 亿日元　　营业利润 **-96** 亿日元

近畿车辆(株)
【7122】近畿車輌株式会社
https://www.kinkisharyo.co.jp/
主要生产各种铁道车辆、路面电车等。

销售收入 **393** 亿日元　　营业利润 **17** 亿日元

内海造船(株)
【7018】内海造船株式会社
https://www.naikaizosen.co.jp/
主要建造集装箱船、油轮、冷藏船、汽车滚装船、散货船等。

销售收入 **330** 亿日元　　营业利润 **4** 亿日元

2021 年日本船舶进口额排名前十的国家 / 地区

单位：亿美元

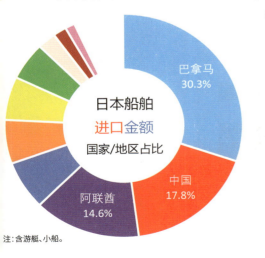

日本船舶
进口金额
国家/地区占比

注：含游艇、小船。

排名	国家/地区	进口金额	占比（%）
1	巴拿马	2.49	30.3
2	中国	1.47	17.8
3	阿联酋	1.2	14.6
4	韩国	0.58	7.0
5	开曼群岛	0.52	6.3
6	美国	0.52	6.3
7	新加坡	0.45	5.5
8	意大利	0.21	2.5
9	墨西哥	0.15	1.8
10	法国	0.11	1.3
	其他所有国家/地区	0.55	6.7

工业设备制造业

工业机械与设备制造业

31

造船及车辆

造船及车辆

航空航天产业

工厂设备与机械

水处理及循环利用设备

重型电机及成套设备

厨房与料理设备

冷冻与冷藏设备

电梯及自动扶梯

其他造船 / 铁路车辆制造企业

JR 东日本技术(株)
【未上市】JR 東日本テクノロジー株式会社
http://www.ttech.co.jp/

主要生产铁道车辆等。

销售收入	(2021/03 决算报表)	营业利润
324 亿日元		**5** 亿日元

东海交通机械(株)
【未上市】東海交通機械株式会社
http://www.t-ckk.co.jp/

主要生产铁道车辆等。

销售收入	(2021/03 决算报表)	营业利润
315 亿日元		**12** 亿日元

SANOYAS 造船(株)
【未上市】株式会社新来島サノヤス造船
http://www.sanoyas.skdy.co.jp/

主要建造散货船、木材运输船、油轮等。

销售收入		营业利润
291 亿日元		**-70** 亿日元

东发(株)
【未上市】トーハツ株式会社
https://www.tohatsu.co.jp/

著名小船和休闲船用舷外发动机制造商，还生产便携式消防泵，占 5 成以上国内市场份额。

销售收入		营业利润
242 亿日元		**25** 亿日元

BEMAC(株)
【未上市】BEMAC 株式会社
https://www.bemac-jp.com/

船舶用综合电机制造商。

销售收入	(2021/03 决算报表)	净利润
238 亿日元		**11** 亿日元

佐世保重工业(株)
【未上市】佐世保重工業株式会社
http://www.ssk-sasebo.co.jp/

主要建造油轮散货船、煤炭运输船、舰艇等。

销售收入		营业利润
195 亿日元		**8** 亿日元

日本 Cable(株)
【未上市】日本ケーブル株式会社
https://www.nipponcable.com/

日本领先索道、缆车、吊车和电梯等运输设施制造商。

销售收入	(2021/03 决算报表)	营业利润
183 亿日元		**23** 亿日元

(株)MAKITA
【未上市】株式会社マキタ
https://www.makita-corp.com/

海洋相关制造商，低速、小口径类（气缸直径 300~460 毫米）拥有超过 40% 的全球市场份额。

销售收入	(2021/03 决算报表)	营业利润
161 亿日元		**N/A** 亿日元

西芝电机(株)
【未上市】西芝電機株式会社
http://www.nishishiba.co.jp/

日本最大船舶电机制造商，也从事发电·工业系统事业。

销售收入		营业利润
160 亿日元		**3** 亿日元

三井 E&S 造船(株)
【未上市】三井 E & S 造船株式会社
https://www.mes.co.jp/shipbuilding/

三井 E&S 控股旗下公司，参与船舶和海军舰艇的建造。

销售收入		营业利润
151 亿日元		**-14** 亿日元

(株)马自达 E&T
【未上市】株式会社マツダ E & T
https://www.mazda-eandt.co.jp/

从事马自达车辆设计、分析和测试以及福利车和教练车的大规模生产。

销售收入		净利润
142 亿日元		**3** 亿日元

(株)YDKTechnologies
【未上市】株式会社 YDK デクノロジーズ
https://www.ydktechs.co.jp/

主要生产航海和防御相关设备，如自动驾驶仪和陀螺罗盘，还经营环境测量和航空燃烧器。

销售收入		净利润
138 亿日元		**4** 亿日元

▤ 2021 年日本船舶出口额排名前十的国家 / 地区

单位:亿美元

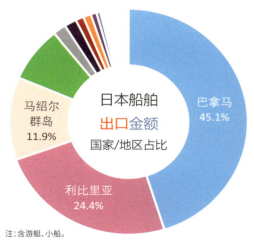

日本船舶
出口金额
国家/地区占比

巴拿马 45.1%

利比里亚 24.4%

马绍尔群岛 11.9%

排名	国家/地区	出口金额	占比（%）
1	巴拿马	43.64	45.1
2	利比里亚	23.6	24.4
3	马绍尔群岛	11.54	11.9
4	新加坡	7.63	7.9
5	菲律宾	1.74	1.8
6	巴哈马	1.58	1.6
7	中国香港	1.05	1.1
8	马耳他	1.02	1.1
9	加拿大	0.76	0.8
10	英国	0.51	0.5
	其他所有国家/地区	3.72	3.8

注:含游艇、小船。

行业信息 一般社团法人 日本造船工业会 东京都港区虎门 1-15-12 日本瓦斯协会大厦 电话：03-3850-1561 https://www.sajn.or.jp/

其他造船 / 铁路车辆制造企业

(株)JMUAMTEC ●●●
【未上市】株式会社 JMU アムテックス
https://jmu-amtec.co.jp/

主要从事船舶维修和改装、小型船舶新建和沿海钢结构建造等相关业务。

销售收入	(2021/03 决算报表)	营业利润	
	86 亿日元		**3** 亿日元

(株)五光制作所 ●●●
【未上市】株式会社五光製作所
http://www.go-ko.co.jp/

主要产品为铁路和公共汽车的厕所和抽水设备，以及船舶的进货处理设备。铁路和公共汽车厕所约占国内 80% 的市场份额。

销售收入	(2021/02 决算报表)	营业利润	
	38 亿日元		**2** 亿日元

Alna 车辆(株) ●●●
【未上市】アルナ車両株式会社
http://alna-sharyo.co.jp/

阪急阪神控股集团的运输机械和设备制造商，负责集团铁路车辆的改装和维护。

销售收入	(2021/03 决算报表)	营业利润	
	34 亿日元		**1** 亿日元

日本铁道车辆进口近况
单位:亿美元

年份	进口金额	同比增减（%）
2021	2.64	▲ 56.2
2020	1.69	▼ -4.9
2019	1.77	▼ -19.4
2018	2.2	▲ 6.9
2017	2.06	▲ 4.7
2016	1.97	▼ -10.8
2015	2.21	▲ 35.4
2014	1.63	▼ -2.6

注:含货运列车、机车、轨道电车等。

日本铁道车辆出口近况
单位:亿美元

年份	出口金额	同比增减（%）
2021	5.39	▼ -14.8
2020	6.33	▼ -15.4
2019	7.48	▼ -53.9
2018	16.24	▲ 25.5
2017	12.94	▲ 0.2
2016	12.92	▲ 46.3
2015	8.83	▲ 34.6
2014	6.56	▼ -14.6

注:含货运列车、机车、轨道电车等。

2021 年日本铁道车辆进口额排名前十的国家 / 地区
单位:亿美元

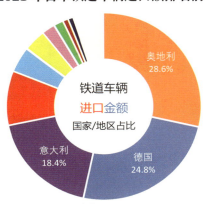

排名	国家/地区	进口金额	占比（%）
1	奥地利	0.75	28.6
2	德国	0.62	24.8
3	意大利	0.48	18.4
4	中国	0.25	9.4
5	匈牙利	0.12	4.4
6	美国	0.1	3.7
7	瑞士	0.06	2.3
8	韩国	0.04	1.6
9	英国	0.02	0.9
10	芬兰	0.02	0.9
	其他所有国家/地区	0.13	5.0

注:含货运列车、机车、轨道电车等。

2021 年日本铁道车辆出口额排名前十的国家 / 地区
单位:亿美元

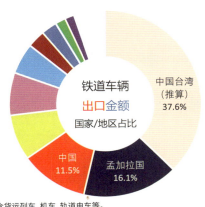

排名	国家/地区	出口金额	占比（%）
1	中国台湾（推算）	2.03	37.6
2	孟加拉国	0.87	16.1
3	中国	0.62	11.5
4	美国	0.43	8.0
5	越南	0.40	7.4
6	卡塔尔	0.28	5.3
7	英国	0.16	3.0
8	菲律宾	0.14	2.7
9	韩国	0.09	1.8
10	意大利	0.08	1.6
	其他所有国家/地区	0.28	5.2

注:含货运列车、机车、轨道电车等。

工业原材料制造业

工业器件与部件制造业

工业机械与设备制造业

32

航空航天产业

...

造船及车辆

航空航天产业

工厂设备与机械

水处理及循环利用设备

重型电机及成套设备

厨房与料理设备

冷冻与冷藏设备

电梯及自动扶梯

...

日本航空制造关联企业

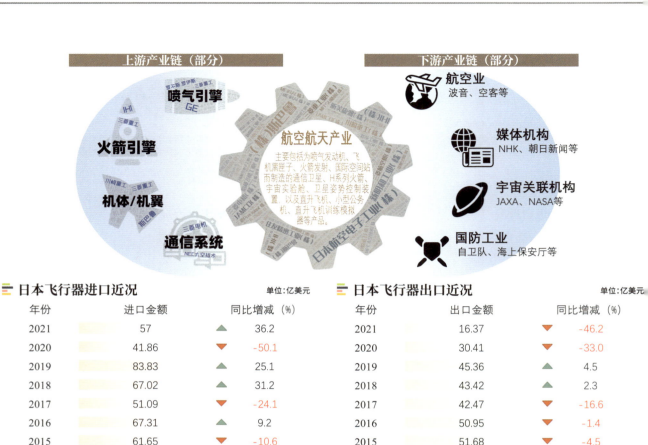

上游产业链（部分）

喷气引擎 GE

火箭引擎

机体/机翼

通信系统

航空航天产业
主要包括为喷气发动机、飞机黑匣子、火箭发射、国际空间站而制造的通信卫星、H系列火箭、宇宙实验舱、卫星姿势控制装置，以及直升飞机、小型公务机、直升飞机训练模拟器等产品。

下游产业链（部分）

航空业
波音、空客等

媒体机构
NHK、朝日新闻等

宇宙关联机构
JAXA、NASA等

国防工业
自卫队、海上保安厅等

日本飞行器进口近况
单位：亿美元

年份	进口金额		同比增减（%）
2021	57	▲	36.2
2020	41.86	▼	-50.1
2019	83.83	▲	25.1
2018	67.02	▲	31.2
2017	51.09	▼	-24.1
2016	67.31	▲	9.2
2015	61.65	▼	-10.6
2014	68.96	▼	-2.1

注：含飞机、直升机、宇宙航天器。

日本飞行器出口近况
单位：亿美元

年份	出口金额		同比增减（%）
2021	16.37	▼	-46.2
2020	30.41	▼	-33.0
2019	45.36	▲	4.5
2018	43.42	▲	2.3
2017	42.47	▼	-16.6
2016	50.95	▼	-1.4
2015	51.68	▼	-4.5
2014	54.11	▲	23.7

注：含飞机、直升机、宇宙航天器。

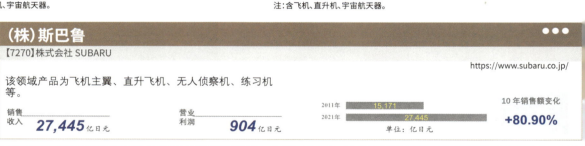

（株）斯巴鲁
【7270】株式会社 SUBARU

https://www.subaru.co.jp/

该领域产品为飞机主翼、直升飞机、无人侦察机、练习机等。

销售收入　**27,445**亿日元　　营业利润　**904**亿日元

2011年　15,171
2021年　27,445
单位：亿日元

10年销售额变化
+80.90%

日本航空电子工业（株）
【6807】日本航空電子工業株式会社

https://www.jae.com/

该领域产品为惯性导航装置、控制装置等。

销售收入　**2,250**亿日元　　营业利润　**180**亿日元

2011年　1,123
2021年　2,250
单位：亿日元

10年销售额变化
+100.36%

新明和工业（株）
【7224】新明和工业株式会社

https://www.shinmaywa.co.jp

该领域产品为水陆两用飞行艇。

销售收入　**2,168**亿日元　　营业利润　**105**亿日元

2011年　1,089
2021年　2,168
单位：亿日元

10年销售额变化
+99.08%

主要制造企业

三菱电机(株)
【6503】三菱電機株式会社
https://mitsubishielectric.co.jp

该领域产品为人造卫星、宇宙空间站货运飞船等。

销售收入 **44,767** 亿日元　营业利润 **2,520** 亿日元

三菱重工业(株)
【7011】三菱重工業株式会社
https://www.mhi.com/jp/

主要建造客船、LNG/LPG 船、特殊船、军舰、各种铁道车辆等。

销售收入 **38,602** 亿日元　税前利润 **1,736** 亿日元

川崎重工业(株)
【7012】川崎重工業株式会社
https://www.khi.co.jp/

该领域产品为飞机、直升飞机、宇宙空间站、卫星、空间站实验系统等。

销售收入 **15,008** 亿日元　营业利润 **458** 亿日元

(株)IHI
【7013】株式会社 IHI
https://www.ihi.co.jp/

该领域产品为火箭、火箭发动机、飞机发动机等。

销售收入 **11,729** 亿日元　营业利润 **814** 亿日元

其他制造企业

昕芙旎雅(株)
【未上市】シンフォニアテクノロジー株式会社
https://www.sinfo-t.jp/

主要生产航空器电源系统、空港地面支援车辆等。

销售收入 **945** 亿日元　营业利润 **75** 亿日元

住友精密工业(株)
【6355】住友精密工業株式会社
https://www.spp.co.jp/

螺旋桨系统、起落架装置、刹车系统、热交换器等。

销售收入 **438** 亿日元　营业利润 **18** 亿日元

NEC 网络 / 传感器(株)
【未上市】NEC ネットワーク・センサ株式会社
https://www.necnets.co.jp/

主要研制生产雷达装置、声纳装置、通信／电子装置等。

销售收入 **277** 亿日元　营业利润 **5** 亿日元

MEIRA(株)
【未上市】メイラ株式会社
https://www.meira.co.jp

面向航空、宇宙、汽车、医疗等领域，研发制造高强度、高品质的螺丝钉和精密加工部件。

销售收入 **234** 亿日元　营业利润 **N/A** 亿日元

(株)IHI 航空航天
【未上市】株式会社 IHI エアロスペース
https://www.ihi.co.jp/ia/

生产各种火箭、火箭系统等。

销售收入 **489** 亿日元　营业利润 **25** 亿日元

JAMCO(株)
【7408】株式会社ジャムコ
https://www.jamco.co.jp/

主要生产航空器内装品等。

销售收入 **390** 亿日元　营业利润 **-32** 亿日元

爱国阿尔法(株)
【未上市】アイコクアルファ株式会社
https://www.aikoku.co.jp/

汽车和航空航天部件制造商。

销售收入 **265** 亿日元　营业利润 **15** 亿日元

三菱 Precision(株)
【未上市】三菱プレシジョン株式会社
https://www.mpcnet.co.jp/

主要产品是飞机、铁路、汽车和医疗的模拟系统和停车系统。

销售收入 (2021/03 决算报表) **165** 亿日元　营业利润 **-3** 亿日元

📊 2021 年日本飞行器进出口额排名前十的国家 / 地区

单位：亿美元

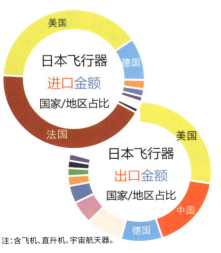

排名	进口 国家/地区	金额	占比 (%)	出口 国家/地区	金额	占比 (%)
1	法国	24.45	42.9	美国	9.57	27.8
2	美国	22.54	39.6	中国	5.93	17.2
3	德国	5.59	9.8	德国	3.24	9.4
4	加拿大	1.22	2.1	比利时	2.84	8.2
5	意大利	0.97	1.7	韩国	1.82	5.3
6	英国	0.7	1.2	越南	1.4	4.1
7	韩国	0.46	0.8	荷兰	0.81	2.3
8	菲律宾	0.21	0.4	中国台湾（推算）	0.64	1.9
9	马来西亚	0.18	0.3	马来西亚	0.6	1.7
10	中国台湾（推算）	0.11	0.2	澳大利亚	0.55	1.6
	其他所有国家/地区	0.56	1.0	其他所有国家/地区	7.10	20.6

注：含飞机、直升机、宇宙航天器。

東京都港区赤坂 2-5-8 ヒューリック JP 赤坂ビル 10 階
TEL：03-3585-0511　FAX：03-3585-0541　https://www.sjac.or.jp/
一 般 社 団 法 人 日 本 航 空 宇 宙 工 業 会

工业原材料制造业

工业器件与部件制造业

工业机械与设备制造业

32

航空航天产业

| 其他制造企业 |

中菱工程(株)
【未上市】中菱エンジニアリング株式会社
http://www.churyo.co.jp/

主要生产航空发动机、液体火箭引擎、搭载控制装置等。

销售收入 **(2021/03 决算报表)** **161** 亿日元　税前利润 **1** 亿日元

NEC 太空技术(株)
【未上市】NEC スペーステクノロジー株式会社
http://www.necspace.co.jp/

主要研制人造卫星、太空探查设备、宇宙空间站等。

销售收入 **159** 亿日元　营业利润 **3** 亿日元

昭和飞机工业(株)
【未上市】昭和飛行機工業株式会社
https://www.showa-aircraft.co.jp/

主要生产航空器内饰品等。

销售收入 **157** 亿日元　营业利润 **12** 亿日元

MITSU 精机(株)
【未上市】ミツ精機株式会社
http://www.mitsu.co.jp/

主要从事航空航天、医疗设备和精密机械部件的加工业务。

销售收入 **(2021/03 决算报表)** **25** 亿日元　税前利润 **3** 亿日元

三菱航空机(株)
【未上市】三菱航空機株式会社
https://www.mhi.com/jp/group/mitac/

主要研制喷气式飞机等。

销售收入 **0** 亿日元　净利润 **-87** 亿日元

2015 ～ 2021 年日本航空产业生产额变化
单位:亿日元

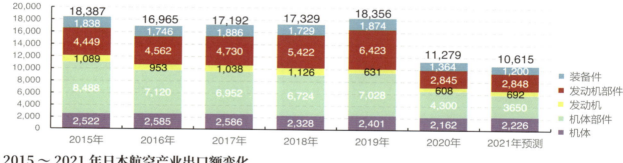

图例：装备件、发动机部件、发动机、机体部件、机体

	2015年	2016年	2017年	2018年	2019年	2020年	2021年预测
合计	18,387	16,965	17,192	17,329	18,356	11,279	10,615
装备件	1,838	1,746	1,886	1,729	1,874	1,364	1,200
发动机部件	4,449	4,562	4,730	5,422	6,423	2,845	2,848
发动机	1,089	953	1,038	1,126	631	608	692
机体部件	8,488	7,120	6,952	6,724	7,028	4,300	3650
机体	2,522	2,585	2,586	2,328	2,401	2,162	2,226

2015 ～ 2021 年日本航空产业出口额变化
单位:亿日元

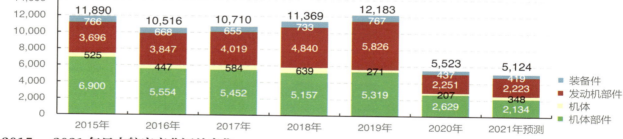

图例：装备件、发动机部件、机体、机体部件

	2015年	2016年	2017年	2018年	2019年	2020年	2021年预测
合计	11,890	10,516	10,710	11,369	12,183	5,523	5,124
装备件	766	668	655	733	767	437	419
发动机部件	3,696	3,847	4,019	4,840	5,826	2,251	2,223
机体	525	447	584	639	271	207	348
机体部件	6,900	5,554	5,452	5,157	5,319	2,629	2,134

2015 ～ 2021 年日本航空产业订单变化
单位:亿日元

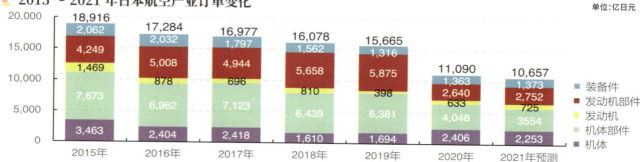

图例：装备件、发动机部件、发动机、机体部件、机体

	2015年	2016年	2017年	2018年	2019年	2020年	2021年预测
合计	18,916	17,284	16,977	16,078	15,665	11,090	10,657
装备件	2,062	2,032	1,797	1,562	1,316	1,363	1,373
发动机部件	4,249	5,008	4,944	5,658	5,875	2,640	2,752
发动机	1,469	878	696	810	398	633	725
机体部件	7,673	6,962	7,123	6,439	6,381	4,048	3554
机体	3,463	2,404	2,418	1,610	1,694	2,406	2,253

资料来源:一般社团法人日本航空宇宙工业会,https://www.sjac.or.jp/。

一般社团法人 日本航空宇宙工业会　东京都港区赤坂 2-5-8 Hulic JP 赤坂大楼 10F　电话: 03-3585-0511　传真: 03-3585-0541　https://www.sjac.or.jp/

造船及车辆

航空航天产业

工厂设备与机械

水处理及循环利用设备

重型电机及成套设备

厨房与料理设备

冷冻与冷藏设备

电梯及自动扶梯

日本的航天航空技术

　　日本的航空宇宙技术和环境技术、机器人技术以及新干线技术一起承担着 21 世纪日本产业的发展重担，近年来，由于日本的精密机械和机床制造技术在世界航空制造业领域获得较高的声誉，因此美国波音最新型的 787 飞机开始全面采用日本独自开发的众多飞机部件。随着 IT 技术的发展和通信、地球环境、资源开发、灾害预警等监测卫星领域的拓展，日本航天航空领域的市场需求正在上升。

　　日本的宇宙产业史是从 20 世纪 60 年代开始的，1966 年日本发射了第一颗人造卫星，1977 年发射了同步轨道卫星，2001 年 H—ⅡA 液体火箭发射成功，2009 年 H—ⅡB 火箭开始正式投入国际商业航天发射市场，2013 年日本发射了全球最大规模的固体火箭 M-V，此后还成功发射了无人宇宙空间站补给舱，担负起国际空间站的物资运输补给任务。21 世纪日本又发射了探测器，该探测器在宇宙中飞行 7 年后登陆小行星，并成功带回小行星上的物质。总的来说，日本拥有自主进行宇宙开发、利用的能力，并拥有世界一流的火箭制造技术和卫星跟踪、管制、维护、运用等先进技术。

日本火箭主要性能

序号	主要指标	H-ⅡA	H-ⅡB	M-V
1	全长（米）	53.0	57.0	30.8
2	直径（米）	4.0	5.2	2.5
3	全重（不含有效荷载重量）（吨）	289.0	531.0	137.5
4	低轨道（LEO）发射能力（吨）	≈10	≈16.5	1.85
5	静止同步转移轨道（GTO）发射能力（吨）	≈4	≈9	--

资料来源：经济产业省制造产业局、航空机器宇宙产业课『我が国航空機産業の現状と課題』。

日本航空产业参与海外项目情况

项目	分工内容	参加形式
B767（参与制造15%）	前机身、后机身、主起落架舱门等	项目伙伴
B777（参与制造21%）	中央舱段、前机身、后机身等	项目伙伴
B787（参与制造35%）	主翼、中央翼、前机身等	项目伙伴
加拿大庞巴迪	主翼、中部机身	
CRJ700/900（庞巴迪）	尾部、前起落架及主起落架系统	RSP（风险分担合作伙伴）
巴西航空 E-170/190	主翼、中央翼	
Hawker4000（美国）	主翼结构系统	
湾流航空	襟副翼、起落架活动装置等	供应商
A380（空客）	货舱门、垂直尾翼结构部件、钛合金板、碳纤维、储水箱等	供应商

资料来源：经济产业省制造产业局、航空机武器宇宙产业课『我が国航空機産業の現状と課題』。

日本航空产业主要参与企业与分工内容

机体结构制造		航空发动机	
参与企业	分工内容	参与企业	分工内容
三菱重工业	主翼	IHI	低压系列发动机、发动机轴等
川崎重工业	前机身、中段机身	川崎重工业	变速箱
富士重工业	中央翼	三菱重工业	燃烧器
新明和工业	机体结构部件		
日本飞行机	机体结构部件		
航空器装备品		**航空器材料**	
参与企业	分工内容	参与企业	分工内容
住友精密工业	起落架部件	神户制钢所	钛金属材料锻造
岛津制作所	起落架等驱动装置	UACJ（古河）	铝制品锻造
纳博特斯克	飞行控制驱动装置	日立金属	镍金属锻造
普利司通	飞机轮胎	大同特殊钢	轴承素形材
JAMCO	机上厨房、卫生间	东丽	碳素纤维
小糸工业	座椅	帝人	碳素纤维
松下电子产品	机内娱乐装置/设备	三菱化学	碳素纤维

资料来源：一般社团法人日本航空宇宙工业会，https://www.sjac.or.jp/。

日本民用飞机发动机国际合作（共同开发）

引擎	搭载机型	分工内容	参加形式
TRENT1000（罗尔斯·罗伊斯）	B787	中压压缩机模组、燃烧器模组、低压涡轮叶片	RSP（参与制造16%）
GEnx（通用电气）	B787	低压涡轮机、高压压缩机、机轴及燃烧器室	RSP（参与制造15%及分包）
TRENT900（罗尔斯·罗伊斯）	A380	低压涡轮叶片、中压压缩机箱	分包商
TRENT500（罗尔斯·罗伊斯）	A340	中压/低压涡轮叶片、压缩机箱、涡轮机室等	RSP（参与制造20%）
CF34-8/10（通用电气）	CRJ700/900、ARJ21、EMBRAER170/190等	低压涡轮模组、高压压缩机后段、叶片转子、变速箱等	RSP（参与制造30%）
PW4000（普拉特·惠特尼）	A310/330/340	低压涡轮叶片、DISK（涡轮叶片附近部件）、燃烧器、主动间隙控制等	RSP（参与制造11%及分包）
GE90（通用电气）	B777	低压涡轮动翼、DISK、长轴柄等	RSP（参与制造10%）
TRENT700/800（罗尔斯·罗伊斯）	A330、B777	低压涡轮叶片、DISK、长轴柄、低压涡轮、DISK、涡轮机箱	RSP（参与制造8%~9%）
V2500（国际航空发动机公司）	A320、MD90	风扇、低压压缩机、风扇罩等	项目合作伙伴23%

注：RSP＝风险分担合作伙伴。　资料来源：经济产业省制造产业局、航空机武器宇宙产业课『我が国航空機産業の現状と課題』。

说明：本节中未注明资料来源的图表均根据日本贸易图鉴网站（https://jtrade.ecodb.net/）的图解整理而成。日本贸易图鉴网站根据联合国商品贸易统计数据库（UN Comtrade）的数据制作图解，因此图表中含日本贸易图鉴网站推算数据。"中国"的进出口金额数据仅计算了中国大陆地区的数据，不含中国港澳台地区，"中国台湾"的数据均为推算数据。

東京都港区赤坂 2-5-8 ヒューリック JP 赤坂ビル 10 階　〔一 般 社 团 法 人〕
TEL：03-3585-0511　FAX：03-3585-0541　https://www.sjac.or.jp/　日 本 航 空 宇 宙 工 业 会

工业原材料制造业

工业零件与器件制造业

工业机械与设备制造业

33

工厂设备与机械

…

造船及车辆

航空航天产业

工厂设备与机械

水处理及循环利用设备

重型电机及成套设备

厨房与料理设备

冷冻与冷藏设备

电梯及自动扶梯

…

日本重要工厂机械设备制造商

上游产业链（部分）　　下游产业链（部分）

FA机器　安川电机　三菱电机　日本电产技术马达　产业机械部件　三浦工业(株)　住友重机械工业(株)

专业商社　伊藤忠丸红钢铁　神钢商事　美达王

综合商社　丸红　住友商事

工厂设备与机械
主要包括为钢铁厂、化工厂、金属铝再循环利用工厂、洁净厂房系统而制造的汽轮机、诱导溶解炉、视搅拌槽、脱氧装置、蒸汽驱动空压机、烧结炉、锅炉、大型多轴鼓风机、净化车间成套装置等产品。

委托制造　日立电器等

半导体制造装置　日立高新技术等

成套设备　日挥、千代田化工等

专业商社　川崎商社、Inax稻本等

日本内燃机进口近况　　　　单位：亿美元

年份	进口金额	同比增减（%）
2021	29.82	▲ 24.7
2020	23.92	▼ -28.1
2019	33.26	▼ -12.6
2018	38.08	▲ 5.8
2017	36.01	▬ 0.0
2016	36.02	▲ 4.3
2015	34.53	▼ -3.3
2014	35.71	▲ 21.4

日本内燃机出口近况　　　　单位：亿美元

年份	出口金额	同比增减（%）
2021	165.42	▲ 17.2
2020	141.19	▼ -19.1
2019	174.47	▼ -6.5
2018	186.69	▲ 12.4
2017	166.08	▲ 11.2
2016	149.36	▲ 4.8
2015	142.56	▼ -13.2
2014	164.25	▼ -7.0

（株）日立制作所

【6501】株式会社日立製作所

https://www.hitachi.co.jp

主要产品有马达、泵、空压机、家用发电机、工业成套设备等。

销售收入 **102,646** 亿日元　　营业利润 **7,382** 亿日元

2011年	96,658
2021年	102,646

单位：亿日元

10年销售额变化 **+6.20%**

（株）荏原制作所

【6361】株式会社荏原製作所

http://www.ebara.com/

主要产品包括风力／水力机械装置（泵、燃气机、送风机、冷冻机）、净水设备、排水机械设施等。

销售收入 （2021/12 决算报表） **6,032** 亿日元　　营业利润 **613** 亿日元

2011年	4,120
2021年	6,032

单位：亿日元

10年销售额变化 **+46.41%**

古河机械金属（株）

【5715】古河機械金属株式会社

https://www.furukawakk.co.jp

主要产品有泵、破碎机、粉碎机等设备。

销售收入 **1,990** 亿日元　　营业利润 **77** 亿日元

2011年	1,575
2021年	1,990

单位：亿日元

10年销售额变化 **+26.35%**

行业信息 一般社团法人 工程技术协会　东京都港区虎门 3-18-19UD 神谷町大厦　电话：03-5405-7201（代表）　https://www.enaa.or.jp/

主要生产企业		其他生产企业

三菱重工业（株）

【7011】三菱重工業株式会社
https://www.mhi.com/jp/

主要制造客船、LNG/LPG 船、特殊船、军舰、各种铁道车辆等。

销售收入 **38,602** 亿日元　　税前利润 **1,736** 亿日元

（株）日立产机系统

【未上市】株式会社日立産機システム
https://www.hitachi-ies.co.jp/

主要生产马达、变频器、空压机、制氧机、泵、风机等。

销售收入 **1,712** 亿日元　　营业利润 **161** 亿日元

日机装（株）

【6376】日機装株式会社
https://www.nikkiso.co.jp/

主要生产各种泵、空压机、排水处理装置、风尘测定装置、压缩机装置等。

销售收入 （2021/12 决算报表） **1,677** 亿日元　　营业利润 **31** 亿日元

川崎重工业（株）

【7012】川崎重工業株式会社
https://www.khi.co.jp/

主要产品为飞机、直升飞机、宇宙空间站、卫星、空间站实验系统等。

销售收入 **15,008** 亿日元　　营业利润 **458** 亿日元

三浦工业（株）

【6005】三浦工業株式会社
https://www.miuraz.co.jp/

主要生产各种锅炉、排水处理装置、泵、空压机等。

销售收入 **1,435** 亿日元　　营业利润 **194** 亿日元

山洋电气（株）

【6516】山洋電気株式会社
https://www.sanyodenki.co.jp/

主要生产各种风机、UPS 电源、切管装置等。

销售收入 **1,011** 亿日元　　营业利润 **109** 亿日元

（株）IHI

【7013】株式会社 IHI
https://www.ihi.co.jp/

主要产品为火箭、火箭发动机、飞机发动机等。

销售收入 **11,729** 亿日元　　营业利润 **814** 亿日元

新晃工业（株）

【6458】新晃工業株式会社
https://www.sinko.co.jp/

主要生产各种空调装置、洁净厂房、除湿机等。

销售收入 **419** 亿日元　　营业利润 **57** 亿日元

理研计器（株）

【7734】理研計器株式会社
https://www.rikenkeiki.co.jp/

产品有各种瓦斯报警器等。

销售收入 **373** 亿日元　　营业利润 **84** 亿日元

住友重机械工业（株）

【6302】住友重機械工業株式会社
https://www.shi.co.jp/

主要产品为减速机等。

销售收入 **9,439** 亿日元　　营业利润 **656** 亿日元

油研工业（株）

【6393】油研工業株式会社
https://www.yuken.co.jp/

主要生产液压泵、液压马达、压力控制器等。

销售收入 **291** 亿日元　　营业利润 **16** 亿日元

中外炉工业（株）

【1964】中外炉工業株式会社
https://chugai.co.jp/

主要生产各种加热炉、热处理炉等。

销售收入 **263** 亿日元　　营业利润 **12** 亿日元

■ 2021 年日本内燃机进出口额排名前十的国家 / 地区

单位：亿美元

内燃机 进口金额 国家/地区占比

内燃机 出口金额 国家/地区占比

	进口				出口		
排名	国家/地区	金额	占比 (%)		国家/地区	金额	占比 (%)
1	中国	5.17	17.3		美国	55.44	33.5
2	美国	4.85	16.3		中国	30.68	18.5
3	德国	3.75	12.6		泰国	11.76	7.1
4	泰国	3.4	11.4		印度尼西亚	5.79	3.5
5	英国	2	6.7		墨西哥	4.92	3.0
6	意大利	1.85	6.2		阿联酋	4.48	2.7
7	印度尼西亚	1.78	6.0		韩国	3.73	2.3
8	韩国	1.29	4.3		俄罗斯	3.71	2.2
9	越南	0.76	2.6		德国	3.45	2.1
10	墨西哥	0.72	2.4		法国	3.41	2.1
	其他所有国家/地区	4.25	14.3		其他所有国家/地区	38.07	23.0

東京都港区虎ノ門 3-18-19UD 神谷町ビル
TEL：03-5405-7201（代表）　https://www.enaa.or.jp/
一 般 社 団 法 人
エンジニアリング協会

工业机械与设备制造业

33

工厂设备与机械

...

造船及车辆

航空航天产业

工厂设备与机械

水处理及循环利用设备

重型电机及成套设备

厨房与料理设备

冷冻与冷藏设备

电梯及自动扶梯

...

主要生产企业	其他生产企业

东芝三菱电机产业系统(株)
【未上市】東芝三菱電機産業システム株式会社
https://www.tmeic.co.jp/
主要生产变频器、逆变器、UPS、电力存储装置、发电机、臭氧发生器等。
销售收入 **1,783** 亿日元　营业利润 **93** 亿日元

东方马达(株)
【未上市】オリエンタルモーター株式会社
https://orientalmotor.co.jp
以制造销售动力、控制用精密小型电动机为主。
销售收入 **560** 亿日元　营业利润 **60** 亿日元

(株)酉岛制作所
【6363】株式会社酉島製作所
https://www.torishima.co.jp
主要生产各种泵等。
销售收入 **522** 亿日元　营业利润 **44** 亿日元

(株)IHI 回转机械
【未上市】株式会社 IHI 回転機械エンジニアリング
https://www.ihi.co.jp/irm/
主要生产各种空压机、分离机、过滤机、减速机等。
销售收入 **405** 亿日元　营业利润 **35** 亿日元

(株)鹭宫制作所
【未上市】株式会社鷺宮製作所
https://www.saginomiya.co.jp
自动控制器龙头企业，产品广泛用于制冷、热水供暖、汽车、医疗等领域。
销售收入 **392** 亿日元　营业利润 **31** 亿日元

多摩川精机(株)
【未上市】多摩川精機株式会社
https://www.tamagawa-seiki.co.jp
主营特殊精密电动机、传感器，同步机生产日本第一。
销售收入 (2020/11 决算报表) **360** 亿日元　营业利润 **9** 亿日元

ShinanoKenshi(株)
【未上市】シナノケンシ株式会社
https://jp.aspina-group.com/
高效率、低噪音精密电动机及工业系统设备制造商。
销售收入 (2021/02 决算报表) **348** 亿日元　营业利润 **-19** 亿日元

佳能 ANELVA(株)
【未上市】キヤノンアネルバ株式会社
https://anelva.canon/
主要生产溅射装置、蚀刻装置等。
销售收入 (2021/12 决算报表) **306** 亿日元　营业利润 **52** 亿日元

日本电产高科电机(株)
【未上市】日本電産テクノモータ株式会社
https://www.nidec.com/jp/nidec-technomotor
生产各种中小型马达，其空调用 DC 无刷马达销量世界第一。
销售收入 **306** 亿日元　营业利润 **25** 亿日元

(株)日阪制作所
【6247】株式会社日阪製作所
https://www.hisaka.co.jp/
主要生产各种热交换器等。
销售收入 **300** 亿日元　营业利润 **18** 亿日元

新日本造机(株)
【未上市】新日本造機株式会社
http://www.snm.co.jp/
主要生产蒸汽轮机、工艺流程泵等。
销售收入 **131** 亿日元　营业利润 **6** 亿日元

理化工业(株)
【未上市】理化工業株式会社
https://www.rkcinst.co.jp
工业用控制器专业制造商。
销售收入 (2020/11 决算报表) **117** 亿日元　营业利润 **15** 亿日元

日本锅炉进口近况
单位：亿美元

年份	进口金额	同比增减（%）
2021	2.88	▼ -16.0
2020	3.43	▲ 47.2
2019	2.33	▼ -29.6
2018	3.31	▲ 63.1
2017	2.03	▲ 34.5
2016	1.51	▼ -4.8
2015	1.59	▲ 37.2
2014	1.16	▲ 57.8

日本锅炉出口近况
单位：亿美元

年份	出口金额	同比增减（%）
2021	3.02	▲ 137.8
2020	1.27	▼ -63.2
2019	3.45	▼ -25.4
2018	4.63	▲ 2.3
2017	4.53	▲ 35.9
2016	3.33	▼ -28.8
2015	4.68	▼ -32.2
2014	6.89	▼ -5.8

其他生产企业

旭电器工业(株)
【未上市】旭電器工業株式会社
https://asahidenki.biz

松下系的配线器具、控制器械制造商。

销售收入 (2021/03 决算报表) **116** 亿日元　　营业利润 **1** 亿日元

(株)IMEX
【未上市】株式会社アイメックス
https://www.eco-imex.co.jp

主营蒸发器、航海用柴油机及产业机械。

销售收入 **109** 亿日元　　营业利润 **4** 亿日元

旭灿纳克(株)
【未上市】旭サナック株式会社
https://www.sunac.co.jp

涂装机械和锻造机械一流制造商。此外还开发制造精密清洗装置及精密涂层装置。

销售收入 (2021/05 决算报表) **104** 亿日元　　营业利润 **6** 亿日元

东芝泰力(株)
【未上市】東芝テリー株式会社
https://www.toshiba-teli.co.jp

主营工业用、监控用、特殊环境用，以及上下水道管内检查用等各种相机产品及无线操控装置。

销售收入 (2021/03 决算报表) **85** 亿日元　　营业利润 **5** 亿日元

OBARA(株)
【未上市】OBARA 株式会社
http://www.obara.co.jp/

OBARA 集团旗下的熔接机制造中坚企业。

销售收入 (2020/09 决算报表) **82** 亿日元　　税前利润 **15** 亿日元

Nikkoshi(株)
【未上市】ニッコーシ株式会社
https://www.nikkoshi.co.jp

在磁技术和精密加工方面有较深厚的技术基础，从事精密机器、装置部件、功能材料的生产。

销售收入 (2020/12 连结报表) **63** 亿日元　　营业利润 **5** 亿日元

日本 PulseMotor(株)
【未上市】日本パルスモーター株式会社
https://www.pulsemotor.com

主营空调、游戏机用精密小型步进电机。

销售收入 (2022/04 决算报表) **57** 亿日元　　净利润 **2** 亿日元

富士电波工业(株)
【未上市】富士電波工業株式会社
https://www.fujidempa.co.jp

生产新材料、精细陶瓷用高温烧结炉、高周波溶解炉等高周波加热装置。

销售收入 (2020/08 决算报表) **51** 亿日元　　营业利润 **5** 亿日元

超音波工业(株)
【未上市】超音波工業株式会社
https://www.cho-onpa.co.jp

产品有超音波金属电焊机、超音波清洗装置、超音波塑料接合机、超音波测量机等。

销售收入 **40** 亿日元　　净利润 **3** 亿日元

东京 ElectronDevice 长崎(株)
【未上市】東京エレクトロンデバイス長崎株式会社
https://www.ngs.teldevice.co.jp

产品有工业用控制机器、CTI 关联机器、半导体制造装置、画像处理机器、计量控制机器、通信机器等。

销售收入 (2021/03 决算报表) **32** 亿日元　　营业利润 **4** 亿日元

(株)Seki
【未上市】株式会社セキコーポレーション
http://seki-corp.co.jp/

从事汽车、音响、照相机、事务机器等配件的冲压加工，以及金属冲压模具的设计制作。

销售收入 (2020/12 决算报表) **9** 亿日元　　营业利润 **-2** 亿日元

(株)岛川制作所
【未上市】株式会社島川製作所
https://www.shimakawa.co.jp/

主要生产工业用干燥机、热处理炉、加热炉、脱臭装置等。

销售收入 **N/A** 亿日元　　营业利润 **N/A** 亿日元

2021 年日本锅炉进出口额排名前十的国家 / 地区

单位：亿美元

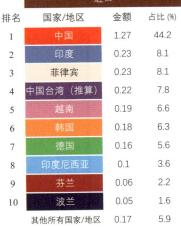

排名	进口 国家/地区	金额	占比(%)	出口 国家/地区	金额	占比(%)
1	中国	1.27	44.2	孟加拉国	1.05	34.6
2	印度	0.23	8.1	越南	0.87	28.7
3	菲律宾	0.23	8.1	印度	0.35	11.5
4	中国台湾（推算）	0.22	7.8	中国台湾（推算）	0.21	7.0
5	越南	0.19	6.6	韩国	0.16	5.4
6	韩国	0.18	6.3	中国	0.12	3.9
7	德国	0.16	5.6	印度尼西亚	0.06	1.9
8	印度尼西亚	0.1	3.6	泰国	0.05	1.9
9	芬兰	0.06	2.2	菲律宾	0.03	0.9
10	波兰	0.05	1.6	新加坡	0.02	0.7
	其他所有国家/地区	0.17	5.9	其他所有国家/地区	0.11	3.7

工业机械与设备制造业

33

工厂设备与机械

其他生产企业

（株）川本制作所
【未上市】株式会社川本製作所
https://www.kawamoto.co.jp
生产泵及泵装置的大型专业生产企业。

销售收入 （2021/08 决算报表） **437** 亿日元　　净利润 **50** 亿日元

OKURA 输送机（株）
【未上市】オークラ輸送機式会社
https://www.okurayusoki.co.jp
大型物流机器（输送机等）制造商。堆垛机生产位于世界前列。

销售收入 **355** 亿日元　　营业利润 **34** 亿日元

（株）佐竹
【未上市】株式会社サタケ
https://satake-japan.co.jp
谷物加工处理机综合制造商。大型碾米机制造垄断国内市场。

销售收入 （2021/02 决算报表） **354** 亿日元　　税前利润 **16** 亿日元

新明工业（株）
【未上市】新明工業株式会社
http://www.shinmei.co.jp/
主营 EV/HV/FCV/PHEV 等汽车生产设备的设计与制造。

销售收入 （2021/01 决算报表） **280** 亿日元　　营业利润 **4** 亿日元

久保田精机（株）
【未上市】クボタ精機株式会社
https://www.kubota-seiki.co.jp/
从事农业机械、通用机械、建筑机械用油压设备的开发制造。

销售收入 （2021/12 决算报表） **266** 亿日元　　净利润 **7** 亿日元

（株）速技能机械
【未上市】株式会社スギノマシン
https://www.sugino.com
高压喷射清洗装置、超高压水切割机、机床加工中心等产业机械制造企业。

销售收入 **211** 亿日元　　营业利润 **25** 亿日元

大晃机械工业（株）
【未上市】大晃機械工業株式会社
https://www.taiko-kk.com
流体输送机器综合企业，设计制造各种泵、鼓风机、真空泵及环境产品。

销售收入 （2021/03 决算报表） **149** 亿日元　　营业利润 **15** 亿日元

（株）JTEKT Thermo Systems Corporation
【未上市】株式会社ジェイテクトサーモシステム
https://www.jtekt-thermos.co.jp/company/gaiyo.html
热处理综合制造商，生产销售工业用热处理装置和供热机组"Moldatherm Heater"。

销售收入 （2021/03 决算报表） **142** 亿日元　　营业利润 **4** 亿日元

（株）OREC
【未上市】株式会社オーレック
https://www.orec-jp.com
生产除草机、农业机械、除雪机等。除草机在欧洲市场占有率较高。

销售收入 （2020/06 决算报表） **136** 亿日元　　营业利润 **10** 亿日元

（株）ISOWA
【未上市】株式会社 ISOWA
http://www.isowa.co.jp/
业界第二的瓦楞纸箱机械设计制造商。

销售收入 （2021/03 决算报表） **112** 亿日元　　净利润 **5** 亿日元

静冈制机（株）
【未上市】静岡製機株式会社
https://www.shizuoka-seiki.co.jp
谷物烘干机、业务用冷温热机器知名企业。大米冷藏库、红外线加热器的市场占有率日本第一。

销售收入 （2021/03 决算报表） **104** 亿日元　　营业利润 **3** 亿日元

多田电机（株）
【未上市】多田電機株式会社
http://www.tadadenki.jp/
主营各种热交换器、电子束加工机及钢铁用熔接机。

销售收入 （2021/03 决算报表） **90** 亿日元　　营业利润 **2** 亿日元

日本蒸汽涡轮机进口近况
单位：亿美元

年份	进口金额	同比增减（%）
2021	2.17	▲ 24.6
2020	1.74	▼ -4.1
2019	1.81	▲ 63.3
2018	1.11	▼ -4.9
2017	1.17	▲ 15.1
2016	1.02	▼ -24.7
2015	1.35	▼ -1.9
2014	1.37	▼ -20.6

日本蒸汽涡轮机出口近况
单位：亿美元

年份	出口金额	同比增减（%）
2021	6.43	▼ -10.8
2020	7.21	▼ -4.4
2019	7.53	▼ -8.8
2018	8.26	▼ -37.6
2017	13.25	▲ 6.3
2016	12.47	▼ -14.1
2015	14.52	▼ -13.6
2014	16.8	▲ 3.9

行业信息 [一 般 社 团 法 人 日本产业机械工业会] 东京都港区芝公园三丁目 5 番 8 号 机械振兴会馆 4F405 号
电话：03-3434-6821（代表）传真：03-3434-4767　https://www.jsim.or.jp/

其他生产企业

月岛环境工程(株)　●●●
【未上市】月島環境エンジニアリング株式会社
https://www.tske.co.jp
废液焚烧装置、盐酸回收装置、氟利昂破坏装置等的一流制造企业。

销售收入 (2021/03 决算报表) **80** 亿日元　营业利润 **2** 亿日元

(株)东振精机　●●●
【未上市】株式会社東振精機
http://www.tohshin-inc.co.jp/profile/tohshinseiki/
世界上为数不多的产业机械用高精度轴承滚柱专业生产厂家。

销售收入 (2020/11 决算报表) **80** 亿日元　营业利润 **0** 亿日元

(株)共荣社　●●●
【未上市】株式会社共栄社
https://www.baroness.co.jp/
除草机等绿地管理机械生产企业。

销售收入 (2021/12 决算报表) **68** 亿日元　净利润 **5** 亿日元

NOKFugaku 工程(株)　●●●
【未上市】NOK フガクエンジニアリング株式会社
http://www.fugaku-koki.co.jp/
生产精密金属模具和各种机械装置（压缩成型机）。

销售收入 **67** 亿日元　净利润 **-2** 亿日元

Coretec(株)　●●●
【未上市】コアテック株式会社
https://www.coretec.co.jp
主营自动装配机、泄露检验设备等工业用机械设备，也涉足发电系统和 AC 伺服器等领域。

销售收入 (2021/03 决算报表) **57** 亿日元　营业利润 **1** 亿日元

(株)TISM　●●●
【未上市】株式会社 TISM
https://tism-tajima.co.jp
全球顶级多头式电子刺绣机生产商。

销售收入 (2021/03 决算报表) **49** 亿日元　营业利润 **-11** 亿日元

(株)恩司迪　●●●
【未上市】株式会社 MST コーポレーション
http://www.mst-corp.co.jp/
生产加工中心用刀柄系统、复合加工机用 HSK 刀柄系统、测量仪、保养工具、放电加工机用治具等产品。

销售收入 (2021/02 决算报表) **39** 亿日元　营业利润 **3** 亿日元

瓜生制作(株)　●●●
【未上市】瓜生製作株式会社
https://www.uryu.co.jp
制造销售气动电动工具及其相关设备。

销售收入 (2020/09 决算报表) **39** 亿日元　营业利润 **-2** 亿日元

川崎油工(株)　●●●
【未上市】川崎油工株式会社
http://www.khm.co.jp/
油压机生产企业，大型、超大型油压机占有日本最大市场份额。

销售收入 (2021/03 决算报表) **35** 亿日元　营业利润 **-1** 亿日元

共和真空技术(株)　●●●
【未上市】共和真空技術株式会社
https://www.kyowac.jp
真空冷冻干燥机行业领军企业。

销售收入 (2021/03 决算报表) **38** 亿日元　营业利润 **6** 亿日元

AshizawaFinetech(株)　●●●
【未上市】アシザワ・ファインテック株式会社
https://www.ashizawa.com
粉碎、分散机制造商，湿式粉碎机生产日本第一。拥有独特的微粒子开发技术。

销售收入 (2021/03 决算报表) **27** 亿日元　营业利润 **1** 亿日元

CleanTechnology(株)　●●●
【未上市】クリーン・テクノロジー株式会社
http://www.cleantechnology.co.jp/
技术开发型企业，主营紫外线清洗装置、加热冷却装置及胶水涂布、烘干装置。

销售收入 (2021/03 决算报表) **22** 亿日元　营业利润 **4** 亿日元

2021 年日本蒸汽涡轮机进出口额排名前十的国家 / 地区
单位:亿美元

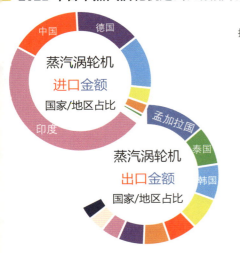

蒸汽涡轮机 进口金额 国家/地区占比

蒸汽涡轮机 出口金额 国家/地区占比

排名	进口 国家/地区	金额	占比 (%)	出口 国家/地区	金额	占比 (%)
1	印度	1.04	48.0	孟加拉国	0.88	13.7
2	中国	0.35	16.2	泰国	0.57	8.9
3	德国	0.33	15.1	韩国	0.53	8.3
4	韩国	0.26	12.4	美国	0.48	7.5
5	美国	0.08	3.7	中国	0.42	6.5
6	墨西哥	0.05	2.5	菲律宾	0.38	5.8
7	瑞士	0.02	0.9	澳大利亚	0.37	5.8
8	加拿大	0.01	0.7	印度	0.27	4.1
9	英国	0.01	0.4	巴西	0.24	3.7
10	意大利	0.01	0.3	马来西亚	0.2	3.2
	其他所有国家/地区	(0.00)	0.0	其他所有国家/地区	2.09	32.5

東京都港区芝公園三丁目 5 番 8 号　機械振興会館 4 階 405 号
TEL: 03-3434-6821（代表）　FAX: 03-3434-4767　https://www.jsim.or.jp/
一 般 社 団 法 人　日 本 産 業 機 械 工 業 会

行业信息　171

工业机械与设备制造业

33

工厂设备与机械

……

造船及车辆

航空航天产业

工厂设备与机械

水处理及循环利用设备

重型电机及成套设备

厨房与料理设备

冷冻与冷藏设备

电梯及自动扶梯

……

其他生产企业

Paloma（株）
【未上市】パロマ株式会社
https://www.paloma.co.jp
大型燃气设备（炉灶、热水器、业务用器具）制造商。

销售收入	（2021/12 合并数字）	营业利润
6,749 亿日元		**800** 亿日元

YKKAP（株）
【未上市】YKK AP 株式会社
https://www.ykkap.co.jp
YKK 子公司，窗纱窗等建材的制造商，纱窗生产日本第二。

销售收入	营业利润
3,772 亿日元	**136** 亿日元

三菱重工机械系统（株）
【未上市】三菱重工機械システム株式会社
https://www.mhi-ms.com/jp
三菱重工全资子公司，经营范围涵盖 ITS 产品、机械装置、油压设备、食品包装机械、停车场设备、铁构造成套设备/纸加工机械等。

销售收入	营业利润
1,156 亿日元	**53** 亿日元

YKK（株）
【未上市】YKK 株式会社
https://www.ykk.co.jp/
链扣行业内最大制造商，除链扣产品外，还生产建材产品（门窗）、链扣加工机械及建材加工机械。

销售收入	营业利润
910 亿日元	**-72** 亿日元

中西金属工业（株）
【未上市】中西金属工業株式会社
https://www.nkc-j.co.jp/
主营轴承保持器、输送机系统及住宅用产品。

销售收入	营业利润
534 亿日元	**32** 亿日元

（株）TATSUNO
【未上市】株式会社タツノ
https://tatsuno-corporation.com/jp/
日本综合能源设备制造商，世界第三大汽油称重设备制造商，生产加油站设备。

销售收入	（2021/03 决算报表）	营业利润
509 亿日元		**29** 亿日元

（株）初田制作所
【未上市】株式会社初田製作所
https://hatsuta.co.jp
以储压式灭火器为主力产品，生产制造各种灭火器和自动灭火设备。

销售收入	（2020/11 决算报表）	营业利润
176 亿日元		**0** 亿日元

兵神装备（株）
【未上市】兵神装備株式会社
https://heishin.jp
工业泵"Mohno Pump"及其周边装置制造商。

销售收入	（2020/12 决算报表）	营业利润
126 亿日元		**32** 亿日元

丸安机械（株）
【未上市】マルヤス機械株式会社
http://www.maruyasukikai.co.jp/
滚轴式输送机、传送带等设备的专业制造企业。

销售收入	（2020/12 决算报表）	营业利润
126 亿日元		**14** 亿日元

日本无机（株）
【未上市】日本無機株式会社
https://www.nipponmuki.co.jp
主营空气净化产品，高性能空气过滤器生产日本第一。

销售收入	营业利润
125 亿日元	**17** 亿日元

三木普利（株）
【未上市】三木プーリ株式会社
https://www.mikipulley.co.jp
传动、控制机器综合制造商。联轴器、电磁离合器、制动器、变速机等产品在全球占有较高市场份额。

销售收入	（2021/03 决算报表）	营业利润
110 亿日元		**1** 亿日元

YOSHIDA L'SYS（株）
【未上市】ヨシダエルシス株式会社
https://www.yoshida-lsys.com
从事养鸡用耗材机械器具制造，及鸡棚、大型仓库、物流中心建设。

销售收入	（2020/05 决算报表）	营业利润
105 亿日元		**6** 亿日元

日本泵、空压机进口近况
单位：亿美元

年份	进口金额	同比增减（%）
2021	50.72	▲ 18.4
2020	42.85	▼ -2.7
2019	44.04	▲ 0.4
2018	43.86	▲ 14.5
2017	38.32	▲ 6.5
2016	35.97	▲ 2.4
2015	35.12	▼ -10.3
2014	39.18	▬ 0.0

日本泵、空压机出口近况
单位：亿美元

年份	出口金额	同比增减（%）
2021	86.32	▲ 16.1
2020	74.34	▼ -1.7
2019	75.6	▼ -4.8
2018	79.43	▲ 5.1
2017	75.61	▲ 2.5
2016	73.79	▲ 9.8
2015	67.2	▼ -13.3
2014	77.48	▼ -2.5

……

一 般 社 团 法 人
日本产业机械工业会
东京都港区芝公园三丁目 5 番 8 号 机械振兴会馆 4F405 号
电话：03-3434-6821（代表）传真：03-3434-4767 https://www.jsim.or.jp/

其他生产企业

三井 Meehanite Metal（株）

【未上市】三井ミーハナイト・メタル株式会社
https://www.m-meehanite.co.jp

铸器生产企业，生产各种铸造品和机械用部件。

销售收入	100 亿日元	净利润	-2 亿日元

日本 Elevator 制造（株）

【未上市】日本エレベーター製造株式会社
https://www.nichiele.co.jp

经营电梯、自动扶梯、小件行李专用升降机等的制造销售、安装与维修。

销售收入	(2020/06 决算报表) 92 亿日元	营业利润	13 亿日元

二宫产业（株）

【未上市】二宮産業株式会社
http://www.ninomiya-co.co.jp/

制造销售立体停车装置、建筑机械用驾驶室及主要结构部件。建机驾驶室的设计制作为全球一流。

销售收入	(2021/03 决算报表) 89 亿日元	营业利润	6 亿日元

丰兴工业（株）

【未上市】豊興工業株式会社
https://www.toyooki.jp

油压机、空压机综合制造企业。此外还从事检查/试验机械装置、汽车部件的生产。

销售收入	(2021/03 决算报表) 83 亿日元	营业利润	-1 亿日元

（株）福井制作所

【未上市】株式会社福井製作所
http://fkis.co.jp/

安全阀（保险阀）专业制造企业。

销售收入	(2021/03 决算报表) 67 亿日元	营业利润	12 亿日元

（株）不二制作所

【未上市】株式会社不二製作所
https://www.fujimfg.co.jp

喷沙器装置专业制造商，除生产各种鼓风装置，也从事租赁、磨料、受托加工。

销售收入	(2021/03 决算报表) 52 亿日元	营业利润	-1 亿日元

REX 工业（株）

【未上市】レッキス工業株式会社
http://www.rexind.co.jp/jp/

管线用机械工具专业生产厂商，主力产品管道机和 EF 控制器的国内市场份额超 70%。

销售收入	(2021/03 决算报表) 49 亿日元	营业利润	3 亿日元

日本 Roll 制造（株）

【未上市】日本ロール製造株式会社
https://www.nippon-roll.co.jp

经营机械轧辊、建筑耗材、PVC 管三大事业。是日本最大的压延机专业制造商。

销售收入	(2020/09 决算报表) 47 亿日元	营业利润	5 亿日元

东阳建设工机（株）

【未上市】東陽建設工機株式会社
https://www.toyokensetsukohki.co.jp

日本唯一的切断机、弯曲机等钢筋加工机专业生产厂家。

销售收入	(2021/06 决算报表) 46 亿日元	营业利润	-1 亿日元

（株）明思作工业

【未上市】株式会社ミスズ工業
https://www.miszu.co.jp/

主营精密机械部件和电子设备机械。

销售收入	40 亿日元	营业利润	N/A 亿日元

宫崎机械系统（株）

【未上市】宮崎機械システム株式会社
https://www.miyazakijp.com

日本唯一一家集绞线、拉丝、拉拔于一体的综合企业，生产多种拉拔机、拉丝机、成圈机及绞线机。

销售收入	(2021/03 决算报表) 39 亿日元	营业利润	1 亿日元

本多机工（株）

【未上市】本多機工株式会社
https://www.hondakiko.co.jp/

生产运行泵、废水处理泵等工业用特殊泵的企业。

销售收入	(2020/08 决算报表) 25 亿日元	营业利润	2 亿日元

📊 2021 年日本泵、空压机进出口额排名前十的国家 / 地区

单位：亿美元

泵、空压机 进口金额 国家/地区占比

泵、空压机 出口金额 国家/地区占比

排名	进口			出口		
	国家/地区	金额	占比(%)	国家/地区	金额	占比(%)
1	中国	22.31	44.0	中国	18.55	21.5
2	美国	6.24	12.3	美国	17.62	20.4
3	泰国	4.12	8.1	泰国	6.62	7.7
4	德国	3.07	6.1	韩国	5.2	6.0
5	韩国	3.06	6.0	德国	4.89	5.7
6	中国台湾（推算）	1.56	3.1	中国台湾（推算）	4.84	5.6
7	菲律宾	1.39	2.8	荷兰	2.19	2.5
8	越南	1.31	2.6	比利时	2.06	2.4
9	马来西亚	0.94	1.9	印度	1.74	2.0
10	英国	0.87	1.7	波兰	1.58	1.8
	其他所有国家/地区	5.85	11.5	其他所有国家/地区	21.02	24.4

说明：本节中未注明资料来源的图表均根据日本贸易图鉴网站（https://jtrade.ecodb.net/）的图解整理而成。日本贸易图鉴网站根据联合国商品贸易统计数据库（UN Comtrade）的数据制作图解，因此图表中含日本贸易图鉴网站推算数据。"中国"的进出口金额数据仅计算了中国大陆地区的数据，不含中国港澳台地区，"中国台湾"的数据均为推算数据。

工业机械与设备制造业

34

水处理及循环利用设备

...

造船及车辆

航空航天产业

工厂设备与机械

水处理及循环利用设备

重型电机及成套设备

厨房与料理设备

冷冻与冷藏设备

电梯及自动扶梯

...

日本大型水处理及循环利用设备制造商

日本液体用泵进口近况
单位：亿美元

年份	进口金额	同比增减（%）
2021	16.15	▲ 14.9
2020	14.07	▼ -10.7
2019	15.74	▲ 2.8
2018	15.3	▲ 8.0
2017	14.17	▼ -0.4
2016	14.22	▲ 1.6
2015	13.99	▼ -2.4
2014	14.34	▲ 17.8

注：含内燃引擎用泵、混凝土泵、电梯泵等。

日本液体用泵出口近况
单位：亿美元

年份	出口金额	同比增减（%）
2021	41.16	▲ 14.9
2020	35.82	▼ -4.2
2019	37.38	▼ -1.9
2018	38.11	▲ 1.4
2017	37.58	▼ -3.6
2016	39	▲ 5.1
2015	37.1	▼ -9.3
2014	40.92	▼ -4.6

注：含内燃引擎用泵、混凝土泵、电梯泵等。

栗田工业（株）
【6370】栗田工業株式会社
https://www.kurita.co.jp

主要生产垃圾焚烧设备、水处理设备、海水淡化成套设备、资源再利用设备等。

销售收入 **2,882** 亿日元　　营业利润 **357** 亿日元　　2011年 1,937　2021年 2,882　单位：亿日元　10年销售额变化 **+48.79%**

METAWATER（株）
【9551】メタウォーター株式会社
https://www.metawater.co.jp

主要生产水处理设备、垃圾资源循环再利用设备等。

销售收入 **1,355** 亿日元　　营业利润 **81** 亿日元　　2011年 927　2021年 1,355　单位：亿日元　10年销售额变化 **+46.17%**

月岛机械（株）
【6332】月島機械株式会社
https://www.tsk-g.co.jp/

主要生产水处理设备等。

销售收入 **930** 亿日元　　营业利润 **56** 亿日元　　2011年 724　2021年 930　单位：亿日元　10年销售额变化 **+28.45%**

| 主要生产企业 | | 其他生产企业 | |

（株）久保田
【6326】株式会社クボタ
https://www.kubota.co.jp

产品有水处理设备、资源再生设备、泵、净化槽等。

| 销售收入 | （2021/12 决算报表）**21,967** 亿日元 | 营业利润 | **2,462** 亿日元 |

（株）TAKUMA
【6013】株式会社タクマ
https://www.takuma.co.jp

主要生产垃圾焚烧设备、垃圾循环再利用设备、水处理设备等。

| 销售收入 | **1,340** 亿日元 | 营业利润 | **99** 亿日元 |

奥加诺（株）
【6368】オルガノ株式会社
https://www.organo.co.jp/

水处理设备生产企业，主要生产半导体工厂用纯水制造装置。

| 销售收入 | **1,120** 亿日元 | 营业利润 | **108** 亿日元 |

川崎重工业（株）
【7012】川崎重工業株式会社
https://www.khi.co.jp/

主要产品为飞机、直升飞机、宇宙空间站、卫星、空间站实验系统等。

| 销售收入 | **15,008** 亿日元 | 营业利润 | **458** 亿日元 |

（株）神钢环境解决方案
【未上市】株式会社神鋼環境ソリューション
https://www.kobelco-eco.co.jp/

主要生产水处理设备、垃圾焚烧设备、生物资源再生设备等。

| 销售收入 | **845** 亿日元 | 营业利润 | **51** 亿日元 |

三菱重工环境 / 化学工程（株）
【未上市】三菱重工環境・化学エンジニアリング株式会社
https://www.mhiec.co.jp/jp/

主要生产垃圾焚烧设备、污泥处理设备等。

| 销售收入 | **698** 亿日元 | 营业利润 | **94** 亿日元 |

日立造船（株）
【7004】日立造船株式会社
https://www.hitachizosen.co.jp/

产品有垃圾焚烧设备、水处理设备、海水淡化设备等。

| 销售收入 | **4,417** 亿日元 | 营业利润 | **155** 亿日元 |

荏原环境成套（株）
【未上市】荏原環境プラント株式会社
https://www.eep.ebara.com/

主要生产垃圾、产业废弃物的焚烧设备，以及从事生物发电事业。

| 销售收入 | （2021/12 决算报表）**653** 亿日元 | 营业利润 | **56** 亿日元 |

（株）Housetec
【未上市】株式会社ハウステック
http://www.housetec.co.jp/

主要生产净化槽等。

| 销售收入 | （2022/02 决算报表）**579** 亿日元 | 净利润 | **15** 亿日元 |

古河机械金属（株）
【5715】古河機械金属株式会社
https://www.furukawakk.co.jp/

主要产品主要为资源循环再利用设备等。

| 销售收入 | **1,990** 亿日元 | 营业利润 | **77** 亿日元 |

（株）酉岛制作所
【6363】株式会社酉島製作所
https://www.torishima.co.jp/

主要生产各种泵等。

| 销售收入 | **522** 亿日元 | 营业利润 | **44** 亿日元 |

三菱化工机（株）
【6331】三菱化工機株式会社
http://www.kakoki.co.jp/

主要生产水处理设备、离心机、过滤机等。

| 销售收入 | **454** 亿日元 | 营业利润 | **27** 亿日元 |

2021 年日本液体用泵进口额排名前十的国家 / 地区

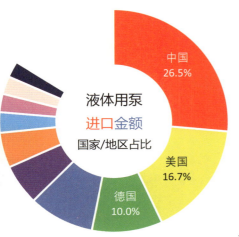

单位:亿美元

排名	国家/地区	进口金额	占比（%）
1	中国	4.28	26.5
2	美国	2.7	16.7
3	德国	1.61	10.0
4	泰国	1.49	9.2
5	中国台湾（推算）	0.95	5.9
6	韩国	0.82	5.1
7	越南	0.48	3.0
8	挪威	0.43	2.7
9	捷克	0.42	2.6
10	奥地利	0.37	2.3
	其他所有国家/地区	2.60	16.1

注：含内燃引擎用泵、混凝土泵、电梯泵等。

工业机械与设备制造业

造船及车辆

航空航天产业

工厂设备与机械

水处理及循环利用设备

重型电机及成套设备

厨房与料理设备

冷冻与冷藏设备

电梯及自动扶梯

其他生产企业

富士 CLEAN 工业(株)
【未上市】フジクリーン工業株式会社
https://www.fujiclean.co.jp/

日本行业领先的净化槽制造商，可以生产大、中、小各种规格的净化槽产品和成套净化设备。

销售收入	(2020/06 决算报表)	营业利润	
186 亿日元		16 亿日元	

(株)石垣
【未上市】株式会社石垣
https://www.ishigaki.co.jp

运用先进的水处理技术，从事脱水机、过滤器、泵的制造销售，以及上下水道设备的设计施工。

销售收入	(2021/06 决算报表)	营业利润	
161 亿日元		19 亿日元	

(株)EARTHTECHNICA
【未上市】株式会社アーステクニカ
http://www.earthtechnica.co.jp/

主要生产粉碎机、破碎机等。

销售收入		营业利润	
141 亿日元		6 亿日元	

Swing(株)
【未上市】水 ing 株式会社
https://www.swing-w.com/

主要生产水处理设备、产业水处理设备、污泥处理设备等。

销售收入	(2021/03 决算报表)	营业利润	
113 亿日元		5 亿日元	

(株)Actree
【未上市】株式会社アクトリー
http://www.actree.co.jp/

主营各种环境相关设备，如废弃物焚烧炉、烧结炉、碳化炉等，并以此发展垃圾焚烧发电事业。

销售收入	(2021/03 决算报表)	营业利润	
111 亿日元		33 亿日元	

ENEX(株)
【未上市】エネックス株式会社
https://www.enex.co.jp/

生产打印机的墨粉、墨水等再生产品，还从事污水处理厂环境设备的设计施工，以及化妆品原料等功能性材料的生产销售。

销售收入		净利润	
35 亿日元		0 亿日元	

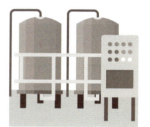

(株)森田环境技术
【未上市】株式会社モリタ環境テック
https://www.morita119-kt.com/

主要生产废金属处理机、选别机、资源再生设备等。

销售收入		净利润	(2021/03)
N/A 亿日元		1 亿日元	

2021 年日本液体用泵出口额排名前十的国家／地区

单位：亿美元

液体用泵
出口金额
国家/地区占比

中国 25.5%
美国 23.4%
韩国 6.7%

排名	国家/地区	出口金额	占比（%）
1	中国	10.49	25.5
2	美国	9.61	23.4
3	韩国	2.76	6.7
4	泰国	2.59	6.3
5	德国	1.36	3.3
6	印度尼西亚	1.27	3.1
7	印度	1.19	2.9
8	中国台湾（推算）	1.09	2.7
9	沙特阿拉伯	0.66	1.6
10	英国	0.65	1.6
	其他所有国家/地区	9.49	23.1

注：含内燃引擎用泵、混凝土泵、电梯泵等。

行业信息 一般社团法人 工程技术协会 东京都港区虎门 3-18-19UD 神谷町大厦 电话：03-5405-7201（代表） https://www.enaa.or.jp/

其他参与水处理事业的日本上市公司

三菱化学控股（株）
【4188】三菱ケミカルグループ株式会社
https://www.mitsubishichem-hd.co.jp

旗下公司主要参与水处理装置设计、制造、施工，以及脱气膜模组制造等。

帝人（株）
【3401】帝人株式会社
https://www.teijin.co.jp/

开发和制造可保存大量高密度微生物，且耐高负荷运转的排水处理纤维产品。

荏原实业（株）
【6328】荏原実業株式会社
https://www.ejk.co.jp/

主要从事臭氧浓度计、臭氧应用机、脱臭装置以及水处理设施等各种成套设备的设计和施工等。

旭化成（株）
【3407】旭化成株式会社
https://www.asahi-kasei.com

主要开发和制造针对不同物质大小的 NF 精密过滤膜和 UF 超滤膜等中空丝膜产品。

日东电工（株）
【6988】日東電工株式会社
https://www.nitto.com/jp/

主要制造用于住宅排水再利用、医疗纯水制造、农业用水生成、海水淡化的高分子分离膜。

野村微科学（株）
【6254】野村マイクロ・サイエンス株式会社
https://www.kensetumap.com

主要使用尖端技术生产半导体制造工程所用超纯水装置，以及相关的处理设施和药品。

日本其他主要水处理成套设备提供商

东丽（株）
【3402】東レ株式会社
https://www.toray.co.jp/

主要制造 RO 逆渗透膜、UF 超滤膜等，拥有海水淡化处理饮料水及废水再利用技术。

东洋纺（株）
【3101】東洋紡株式会社
https://www.toyobo.co.jp/

旗下企业开发与制造中空丝逆渗透膜模组，以及纯水制造装置等。

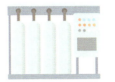

水处理装置提供商
（株）日立成套设备服务
【未上市】株式会社日立プラントサービス
https://www.hitachi-hps.co.jp/

水处理成套设备提供商
日本滤水机工业（株）
【未上市】日本濾水機工業株式会社
https://rosuiki.co.jp/

排水处理设备提供商
COSMO 工程（株）
【未上市】コスモエンジニアリング株式会社
https://www.cosmoeng.co.jp/

水处理成套设备提供商
（株）丸岛水系统
【未上市】株式会社丸島アクアシステム
http://www.marsima.co.jp/

用水处理装置提供商
寿化工机（株）
【未上市】壽化工機株式会社
https://www.kotobuki-grp.com/

水处理成套设备提供商
（株）S&L
【未上市】株式会社エス・エル
http://www.kk-sl.co.jp/outline/index.html

水处理、污泥处理设备提供商
（株）TAKUMA
【6013】株式会社タクマ
https://www.takuma.co.jp/

排水处理设备提供商
中山环境工程（株）
【未上市】中山環境エンジ株式会社
https://nakayama-ee.co.jp/

水处理成套设备提供商
（株）WILLTOS
【未上市】株式会社ウィルトス
https://www.willtos.co.jp/

🌐 日本水处理膜关联产业市场

单位：亿日元

水处理膜		2021年预测	2020年比	2030年预测
MF膜/UF膜	世界市场	569	106.2%	884
	｜国内市场	39	105.4%	44
MBR用膜	世界市场	586	106.5%	941
	｜国内市场	36	105.9%	41
RO膜/NF膜	世界市场	1,282	109.2%	1,870
	｜国内市场	62	105.1%	70
合计	世界市场	**2,437**	**107.8%**	**3,695**
	｜国内市场	**137**	**105.4%**	**155**

水处理关联国内市场	2021年预测	2020年比	2030年预测
水处理膜	137	105.4%	155
水处理药品/辅助材料	1,403	102.0%	1,378
水处理装置/成套设备	972	101.8%	993
水处理关联服务	657	106.7%	757
合计	**3,169**	**104.0%**	**3,283**

资料来源：(株)富士经济『2021 年版水资源关联市场的现状和展望』2021/12/16（ 数据为富士经济根据水处理膜 3 项、水处理药品 / 辅助材料 7 项、水处理装置 / 成套设备 9 项、水处理关联服务 3 项的市场调查、分析整理）。

说明：本节中未注明资料来源的图表均根据日本贸易图鉴网站(https://jtrade.ecodb.net/) 的图解整理而成。日本贸易图鉴网站根据联合国商品贸易统计数据库(UN Comtrade) 的数据制作图解，因此图表中含日本贸易图鉴网站推算数据。"中国"的进出口金额数据仅计算了中国大陆地区的数据，不含中国港澳台地区，"中国台湾"的数据均为推算数据。

工业原材料制造业

工业零件与部件制造业

工业机械与设备制造业

(35) 重型电机及成套设备

造船及车辆

航空航天产业

工厂设备与机械

水处理及循环利用设备

重型电机及成套设备

厨房与料理设备

冷冻与冷藏设备

电梯及自动扶梯

日本重机及成套设备制造/集成

上游产业链（部分）

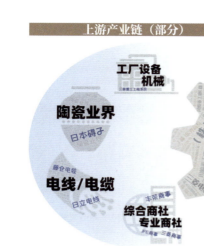

下游产业链（部分）

 电力行业
关西电力、东京电力、九州电力等

 电气工程
关电工、住友电设、九电工、近电工等

 制造业
三井造船、东芝、三菱重工等

专门商社/综合商社
日本电商、明电商事、丰田通商、三菱商事等

日本电力机器进口近况

单位：亿美元

年份	进口金额	同比增减（%）
2021	38.11	▲ 16.7
2020	32.65	▲ 2.2
2019	31.96	▼ -1.6
2018	32.49	▲ 2.5
2017	31.68	▲ 3.2
2016	30.7	▼ -2.6
2015	31.53	▼ -10.1
2014	35.07	▲ 2.5

日本电力机器出口近况

单位：亿美元

年份	出口金额	同比增减（%）
2021	50.33	▲ 15.4
2020	43.62	▲ 7.6
2019	40.54	▲ 0.8
2018	40.2	▲ 2.0
2017	39.42	▲ 8.0
2016	36.51	▲ 0.4
2015	36.36	▼ -13.4
2014	41.98	▲ 4.7

日晖控股（株） ●●●

【1963】日揮ホールディングス株式会社

全球屈指可数的日本最大石化工程成套设备供应商。

https://www.jgc.com/jp

销售收入	营业利润		10年销售额变化
4,284亿日元	**206**亿日元	2011年 5,569 2021年 4,284 单位：亿日元	**-23.07%**

（株）明电舍 ●●●

【6508】株式会社明電舎

该企业产品主要为发电设备、受变电设备等。

https://www.meidensha.co.jp/

销售收入	营业利润		10年销售额变化
2,550亿日元	**94**亿日元	2011年 1,811 2021年 2,550 单位：亿日元	**+40.81%**

日新电机（株） ●●●

【6641】日新電機株式会社

该企业产品主要为受变电设备、变压器、功率调节器等。

https://nissin.jp/

销售收入	营业利润		10年销售额变化
1,321亿日元	**167**亿日元	2011年 1,003 2021年 1,321 单位：亿日元	**+31.70%**

主要生产企业	其他生产企业

(株)日立制作所

【6501】株式会社日立製作所
https://www.hitachi.co.jp

主要生产发电设备、受变电设备等。

销售收入 **102,646** 亿日元　营业利润 **7,382** 亿日元

三菱电力(株)

【未上市】三菱パワー株式会社
https://power.mhi.com/jp

三菱重工业全资子公司，全球领先的火力发电设备及服务供应商。

销售收入 **3,635** 亿日元　营业利润 **-108** 亿日元

(株)DAIHEN

【6622】株式会社ダイヘン
https://www.daihen.co.jp/

主要生产受变电设备、变压器、功率调节器等。

销售收入 **1,606** 亿日元　营业利润 **141** 亿日元

三菱电机(株)

【6503】三菱電機株式会社
https://mitsubishielectric.co.jp

主要生产发电设备、受变电设备等。

销售收入 **44,767** 亿日元　营业利润 **2,520** 亿日元

日东工业(株)

【6651】日東工業株式会社
https://www.nito.co.jp/

主要生产高压受电设备、分电盘、系统机架、断路器等。

销售收入 **1,327** 亿日元　营业利润 **86** 亿日元

爱知电机(株)

【6623】愛知電機株式会社
https://www.aichidenki.jp/

主要生产受变电设备、变压器、电源设备、太阳能发电设备等。

销售收入 **943** 亿日元　营业利润 **66** 亿日元

三菱重工业(株)

【7011】三菱重工業株式会社
https://www.mhi.com/jp/

主要制造客船、LNG/LPG 船、特殊船、军舰、各种铁道车辆等。

销售收入 **38,602** 亿日元　税前利润 **1,736** 亿日元

(株)东光高岳

【6617】株式会社東光高岳
https://www.tktk.co.jp/

主要生产变压器、开闭器、电源设备、变电设备、配电设备等。

销售收入 **919** 亿日元　营业利润 **46** 亿日元

大崎电气工业(株)

【6644】大崎電気工業株式会社
https://www.osaki.co.jp/ja/index.html

占据日本国内智能电表市场份额最大的企业，主要生产电力计测表、配电盘、分电盘、控制盘等。

销售收入 **761** 亿日元　营业利润 **12** 亿日元

(株)东芝

【6502】株式会社東芝
https://www.toshiba.co.jp

主要生产发电设备、受变电设备等。

销售收入 **33,369** 亿日元　营业利润 **1,589** 亿日元

东洋火热(株)

【6369】トーヨーカネツ株式会社
https://www.toyokanetsu.co.jp/

主要生产石油 / 瓦斯成套设备用储藏槽、配管设备等。

销售收入 **591** 亿日元　营业利润 **28** 亿日元

河村电器产业(株)

【未上市】河村電器産業株式会社
https://www.kawamura.co.jp/

主要生产分电盘、开闭器、控制盘等。

销售收入 **501** 亿日元　营业利润 **28** 亿日元

2021 年日本电力机器进出口额排名前十的国家 / 地区

单位：亿美元

电力机器 进口金额 国家/地区占比

电力机器 出口金额 国家/地区占比

	进口			出口		
排名	国家/地区	金额	占比 (%)	国家/地区	金额	占比 (%)
1	中国	25.28	66.4	中国	11.66	23.1
2	泰国	1.86	4.9	美国	9.42	18.7
3	马来西亚	1.52	4.0	中国香港	4.73	9.4
4	菲律宾	1.52	4.0	韩国	3.57	7.1
5	美国	1.46	3.8	中国台湾（推算）	3.07	6.1
6	中国台湾（推算）	1.11	2.9	德国	2.96	5.9
7	德国	1.02	2.7	英国	1.78	3.5
8	越南	0.85	2.2	泰国	1.46	2.9
9	韩国	0.74	2.0	加拿大	1.4	2.8
10	印度尼西亚	0.52	1.4	法国	1.38	2.8
	其他所有国家/地区	2.23	5.8	其他所有国家/地区	8.94	17.7

工业原材料制造业

工业器件与部件制造业

工业机械与设备制造业

35

重型电机及成套设备

造船及车辆

航空航天产业

工厂设备与机械

水处理及循环利用设备

重型电机及成套设备

厨房与料理设备

冷冻与冷藏设备

电梯及自动扶梯

主要生产企业　　　　　　　　　**其他生产企业**

川崎重工业(株)
【7012】川崎重工業株式会社
https://www.khi.co.jp/
主要产品为飞机、直升飞机、卫星、宇宙空间站实验舱等。

销售收入 **15,008** 亿日元　　营业利润 **458** 亿日元

东丽工程(株)
【未上市】東レエンジニアリング株式会社
https://www.toray-eng.co.jp/
东丽子公司，主要设计制造成套设备、工厂自动化设备及半导体制造装置等。

销售收入 **465** 亿日元　　营业利润 **6** 亿日元

寺崎电气产业(株)
【6637】寺崎電気産業株式会社
http://www.terasaki.co.jp/
主要生产配电设备、控制设备等。

销售收入 **378** 亿日元　　营业利润 **16** 亿日元

(株)IHI
【7013】株式会社 IHI
https://www.ihi.co.jp/
主要产品为火箭、火箭发动机、飞机发动机等。

销售收入 **11,729** 亿日元　　营业利润 **814** 亿日元

DIAMOND&ZEBRA 电机(株)
【未上市】ダイヤゼブラ電機株式会社
https://www.diaelec-hd.co.jp/
主要生产功率调节器等。

销售收入 (2021/03 决算报表) **253** 亿日元　　净利润 **20** 亿日元

日本化学机械制造(株)
【未上市】日本化学機械製造株式会社
https://www.nikkaki.co.jp/
设计制造化学成套设备和超低温液化气容器，酒精蒸馏技术业界第一。

销售收入 (2021/04 决算报表) **50** 亿日元　　营业利润 **1** 亿日元

富士电机(株)
【6504】富士電機株式会社
https://www.fujielectric.co.jp/
主要生产发电设备、受变电设备等。

销售收入 **9,102** 亿日元　　营业利润 **748** 亿日元

(株)荏原制作所
【6361】株式会社荏原製作所
http://www.ebara.com/
主要生产泵、空气压缩机、燃气机等。

销售收入 (2021/12 决算报表) **6,032** 亿日元　　营业利润 **613** 亿日元

日本 Filter(株)
【未上市】日本フイルター株式会社
https://www.nihon-filter.com
水处理专业设备生产商，制造销售排水处理成套设备和精密过滤机。

销售收入 (2020/09 决算报表) **30** 亿日元　　营业利润 **1** 亿日元

2018 ~ 2021 年各季度日本重电机器订单实绩（内需 + 外需）

图例：内需　外需　与上年同期比

（亿日元）

	2018年 I	II	III	IV	2019年 I	II	III	IV	2020年 I	II	III	IV	2021年 I	II	III	IV
与上年同期比	92.7%	94.3%	100.7%	98.1%	110.4%	107.5%	107.9%	101.3%	89.1%	89.2%	85.4%	91.8%	111.9%	93.6%	115.3%	109.1%
内需	3,426	4,389	3,869	4,982	3,783	4,718	4,176	5,046	3,373	4,210	3,567	4,634	3,775	3,941	4,113	5,055
外需	914	1,059	885	1,589	789	1,091	1,124	1,390	747	921	795	1,252	708	939	948	1,312
	2,512	3,331	2,983	3,392	2,995	3,628	3,052	3,656	2,626	3,289	2,772	3,381	3,068	3,002	3,165	3,744

资料来源：一般社团法人日本电机工业会，https://www.jema-net.or.jp/。

行业信息　【一般社团法人　日本产业机械工业会】　东京都港区芝公园三丁目 5 番 8 号 机械振兴会馆 4F405 号
电话：03-3434-6821（代表）传真：03-3434-4767　https://www.jsim.or.jp/

2018～2021年各季度日本重电机器内需（制造业）分类订单实绩

资料来源：一般社团法人日本电机工业会，https://www.jema-net.or.jp/。

2018～2021年各季度日本重电机器内需（非制造业）分类订单实绩

资料来源：一般社团法人日本电机工业会，https://www.jema-net.or.jp/。

2012～2021年日本重电机器（非制造业）分类订单实绩（内需＋外需）

资料来源：一般社团法人日本电机工业会，https://www.jema-net.or.jp/。

说明：本节中未注明资料来源的图表均根据日本贸易图鉴网站（https://jtrade.ecodb.net/）的图解整理而成。日本贸易图鉴网站根据联合国商品贸易统计数据库（UN Comtrade）的数据制作图解，因此图表中含日本贸易图鉴网站推算数据。"中国"的进出口金额数据仅计算了中国大陆地区的数据，不含中国港澳台地区，"中国台湾"的数据均为推算数据。

东京都港区芝公园三丁目5番8号　机械振兴会馆4阶405号　一般社团法人
TEL：03-3434-6821（代表）　FAX：03-3434-4767　https://www.jsim.or.jp/　日本产业机械工业会

工业原材料制造业

工业零件与部件制造业

工业机械与设备制造业

厨房与料理设备

日本业务用厨房机器业界简介

日本的业务用厨房机器制造业主要生产厨房料理机器（切片机、搅拌机、蔬菜洗净机）、加热机器（油炸锅、烤箱、微波炉、炉具）、炊饭机器、洗净机器（食器洗净机、炊饭器洗净机、便当箱洗净机等）、冷却机器（冷冻冷藏机器、制冰机器）、饮料供给机器、食材供给机器等。日本厨房料理机器市场主要受不断扩大店铺数量的连锁餐饮店和各类快餐店的影响，此外就是中小学校的学生餐供应中心的需求，以及官方需求等。

常年来由于日本坚持餐饮产业厨房卫生管理的推进，包括料理系统化、高品质化、操作手册化，以及厨房环境的改善、厨房设备电气化的普及等，日本餐饮业厨房设备市场已经发生了很大变化，如日本便利店料理副食品出现内制化现象等。

2015 年以后，日本高级餐厅和日式料亭的商品单价上涨较快，曾促使日本厨房料理机器市场出现了一轮竞相开发特殊料理设备的热潮。此外，超市、便利店纷纷加大内制副食品的生产量，也给厨房机器业界带来了新的活力。但由于新冠肺炎疫情对全球经济的影响，目前日本业务用厨房机器市场呈现低增长趋势，加之餐饮市场食材价格的上升、人才不足，日本业务用厨房机器业界已经出现一批研发生产具有专业厨师水平的自动化厨房设备的企业，市场也开始加速引进具有专业水准、更人性化的厨房自动化设备。

企业介绍

星崎电机（株）
【6465】ホシザキ株式会社
https://www.hoshizaki.co.jp/

主要研发、制造、销售全自动制冰机、业务用冷冻冷藏库、食器洗净机（洗碗机）等。

销售收入	（2021/12 决算报表）	营业利润	
2,744 亿日元		249 亿日元	

（株）MARUZEN
【5982】株式会社マルゼン
http://www.maruzen-kitchen.co.jp/

主要生产微波炉、油炸锅、烤箱、蒸汽机、煮面机等。

销售收入	（2022/02 决算报表）	营业利润	
528 亿日元		38 亿日元	

（株）中西制作所
【5941】株式会社中西製作所
https://www.nakanishi.co.jp/

生产厨房清洗／消毒／炊事机器、切片／搅拌／油炸／烘烤／煮面机器等。

销售收入		营业利润	
300 亿日元		16 亿日元	

（株）福喜玛克
【5965】株式会社フジマック
https://www.fujimak.co.jp/

主要生产烤箱、炉灶、油炸锅、微波炉、面包烤箱、炊饭器等。

销售收入	（2021/12 决算报表）	营业利润	
293 亿日元		7 亿日元	

日本调理机（株）
【2961】日本調理機株式会社
https://www.nitcho.co.jp/

主要制造与销售业务用厨房机器。

销售收入	（2021/09 决算报表）	营业利润	
171 亿日元		7 亿日元	

北泽产业（株）
【9930】北沢産業株式会社
https://www.kitazawasangyo.co.jp/

主要生产烤箱、面包烤箱、煮面机等。

销售收入		营业利润	
156 亿日元		3 亿日元	

SHINPO（株）
【5903】シンポ株式会社
https://www.shinpo.jp/

主要生产无烟烤箱、无烟烤肉机、桌面炉等。

销售收入	（2022/06 决算报表）	营业利润	
62 亿日元		8 亿日元	

山冈金属工业（株）
【未上市】山岡金属工業株式会社
https://www.silkroom.co.jp/

主要提供各种家庭用、业务用料理机器。

西山工业（株）
【未上市】西山工業株式会社
https://www.nishi.co.jp/

主要生产食品机械等。

（株）村幸
【未上市】株式会社村幸
http://www.murako.co.jp/

主要为咖啡店、居酒屋、餐厅、酒店提供厨房设计与施工。

（株）吉田金属制作所
【未上市】株式会社吉田金属製作所
http://www.yoshida-kinzoku.com/

主要生产蒸包子机器、冷冻面解冻机、饮料保温库、其他业务用食品加温／冷藏机等。

（株）Nestor
【未上市】株式会社ネスター
http://www.nestor.jp/

主要生产和销售业务用厨房机器、食品服务机器等。

行业信息 一般社团法人
日本厨房工业会 东京都港区东麻布 1-27-8（厨房机器会馆）
电话：03-3585-7251 传真：03-3585-0170 https://www.jfea.or.jp/

小资料：日本家用电器进出口近况

日本电视机进口近况
单位：亿美元

年份	进口金额	同比增减（%）
2021	45.03	▲ 12.6
2020	40	▲ 5.4
2019	37.95	▲ 12.7
2018	33.68	▲ 7.5
2017	31.32	▲ 43.2
2016	21.87	▼ -1.9
2015	22.3	▼ -12.2
2014	25.41	▲ 2.5

日本电视机出口近况
单位：亿美元

年份	出口金额	同比增减（%）
2021	12.54	▲ 10.0
2020	11.4	▼ -19.2
2019	14.1	▼ -1.6
2018	14.33	▲ 8.7
2017	13.19	▲ 39.8
2016	9.43	▼ -5.6
2015	9.99	▲ 0.5
2014	9.94	▲ 8.4

2021年日本电视机进出口额排名前十的国家/地区
单位：亿美元

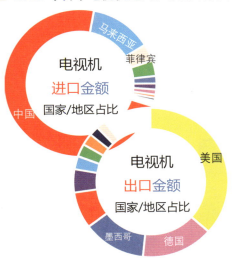

排名	进口 国家/地区	金额	占比(%)	出口 国家/地区	金额	占比(%)
1	中国	32.89	73.0	美国	4.6	36.7
2	马来西亚	5.95	13.2	德国	1.89	15.1
3	菲律宾	1.7	3.8	墨西哥	1.65	13.2
4	泰国	1.5	3.3	中国	0.98	7.8
5	印度尼西亚	0.74	1.6	中国台湾（推算）	0.64	5.1
6	中国台湾（推算）	0.6	1.3	中国香港	0.35	2.8
7	韩国	0.51	1.1	英国	0.34	2.7
8	美国	0.32	0.7	荷兰	0.32	2.5
9	越南	0.27	0.6	越南	0.26	2.1
10	法国	0.22	0.5	捷克	0.25	2.0
	其他所有国家/地区	0.36	0.8	其他所有国家/地区	1.26	10.0

2021年日本主要家电产品进出口额排名前十的国家/地区
单位：亿美元

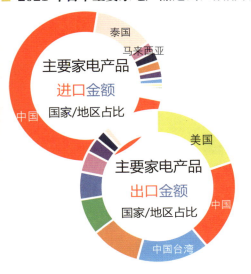

排名	进口 国家/地区	金额	占比(%)	出口 国家/地区	金额	占比(%)
1	中国	43.14	74.3	美国	2.53	19.9
2	泰国	7.34	12.7	中国	2.47	19.5
3	马来西亚	1.36	2.3	中国台湾（推算）	1.9	15.0
4	越南	1.22	2.1	韩国	1.33	10.5
5	韩国	1.22	2.1	新加坡	0.98	7.7
6	德国	0.96	1.7	中国香港	0.75	5.9
7	印度尼西亚	0.72	1.2	荷兰	0.57	4.5
8	美国	0.37	0.6	德国	0.41	3.2
9	菲律宾	0.3	0.5	越南	0.26	2.0
10	罗马尼亚	0.26	0.5	泰国	0.18	1.4
	其他所有国家/地区	1.16	2.0	其他所有国家/地区	1.34	10.5

注：主要家电产品指洗衣机、冰箱、洗碗机、剃须刀等。

说明：本节中未注明资料来源的图表均根据日本贸易图鉴网站(https://jtrade.ecodb.net/)的图解整理而成。日本贸易图鉴网站根据联合国商品贸易统计数据库(UN Comtrade)的数据制作图解，因此图表中含日本贸易图鉴网站推算数据。"中国"的进出口金额数据仅计算了中国大陆地区的数据，不含中国港澳台地区，"中国台湾"的数据均为推算数据。

…

造船及车辆

航空航天
产业

工厂设备
与机械

水处理及循
环利用设备

重型电机及
成套设备

厨房与料理
设备

冷冻与冷
藏设备

电梯及自动
扶梯

…

日本冷却装置（含加热装置）进口近况
单位:亿美元

年份	进口金额	同比增减（%）
2021	48.96	▲ 14.7
2020	42.67	▼ -7.4
2019	46.08	▲ 0.7
2018	45.77	▲ 13.7
2017	40.26	▲ 5.3
2016	38.25	▼ -1.0
2015	38.64	▼ -12.5
2014	44.16	▼ -3.6

注:除冷藏、冷冻装置外,还包括空调、焚烧炉、业务用烤箱等。

日本冷却装置（含加热装置）出口近况
单位:亿美元

年份	出口金额	同比增减（%）
2021	42.65	▲ 10.9
2020	38.47	▼ -11.6
2019	43.52	▼ -5.8
2018	46.21	▲ 12.7
2017	40.99	▲ 2.0
2016	40.2	▲ 3.5
2015	38.84	▼ -14.8
2014	45.61	▼ -2.5

注:除冷藏、冷冻装置外,还包括空调、焚烧炉、业务用烤箱等。

2021 年日本冷却装置（含加热装置）进口额排名前十的国家 / 地区
单位:亿美元

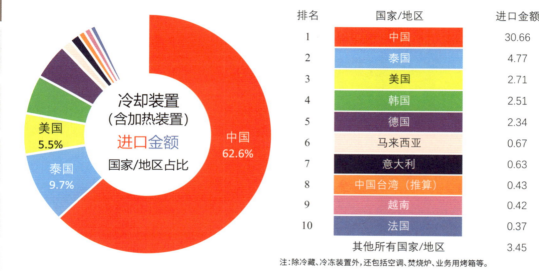

排名	国家/地区	进口金额	占比（%）
1	中国	30.66	62.6
2	泰国	4.77	9.7
3	美国	2.71	5.5
4	韩国	2.51	5.1
5	德国	2.34	4.8
6	马来西亚	0.67	1.4
7	意大利	0.63	1.3
8	中国台湾（推算）	0.43	0.9
9	越南	0.42	0.9
10	法国	0.37	0.8
	其他所有国家/地区	3.45	7.1

注:除冷藏、冷冻装置外,还包括空调、焚烧炉、业务用烤箱等。

2021 年日本冷却装置（含加热装置）出口额排名前十的国家 / 地区
单位:亿美元

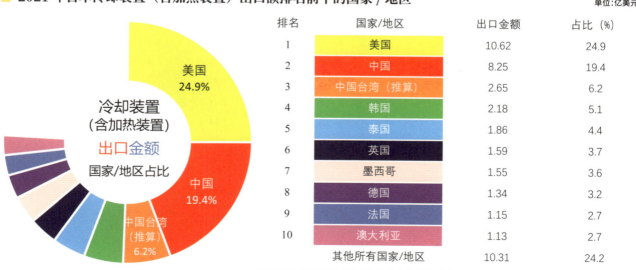

排名	国家/地区	出口金额	占比（%）
1	美国	10.62	24.9
2	中国	8.25	19.4
3	中国台湾（推算）	2.65	6.2
4	韩国	2.18	5.1
5	泰国	1.86	4.4
6	英国	1.59	3.7
7	墨西哥	1.55	3.6
8	德国	1.34	3.2
9	法国	1.15	2.7
10	澳大利亚	1.13	2.7
	其他所有国家/地区	10.31	24.2

注:除冷藏、冷冻装置外,还包括空调、焚烧炉、业务用烤箱等。

 行业信息 一般社团法人 东京都港区芝公园 3-5-8 机械振兴会馆内
日本冷冻空调工业会 电话:03-3432-1671（代表） https://www.jraia.or.jp/

企业介绍

松下（株）
【6752】パナソニック株式会社
https://www.panasonic.com/jp/home.html

综合家电企业，同时生产企业用冷冻机、冷冻冷藏库、冷冻冷藏陈列柜、制冰机等。

销售收入 **73,887** 亿日元　　营业利润 **3,575** 亿日元

星崎电机（株）
【6465】ホシザキ株式会社
https://www.hoshizaki.co.jp/

主要生产制冰机、电解水生产装置、急速冷却调理/加工机等。

销售收入（2021/12 决算报表） **2,744** 亿日元　　营业利润 **249** 亿日元

福岛 GALILEI（株）
【6420】フクシマガリレイ株式会社
https://www.galilei.co.jp/

主要生产业务用冷冻冷藏库/陈列柜、急速冷却调理/加工机等。

销售收入 **960** 亿日元　　营业利润 **98** 亿日元

大和冷机工业（株）
【6459】大和冷機工業株式会社
http://www.drk.co.jp/

主要生产制冰机、业务用冷冻冷藏库、冷冻冷藏陈列柜等。

销售收入（2021/12 决算报表） **439** 亿日元　　营业利润 **62** 亿日元

（株）不二工机
【未上市】株式会社不二工機
https://www.fujikoki.co.jp/

制造销售用于冷冻、家用空调、汽车空调等的自动控制设备。

销售收入（2021/03 决算报表） **394** 亿日元　　税前利润 **9** 亿日元

中野冷机（株）
【6411】中野冷機株式会社
https://nakano-reiki.com/

主要生产冷冻冷藏陈列柜等。

销售收入（2021/12 决算报表） **326** 亿日元　　营业利润 **19** 亿日元

📊 日本商用离心式冷冻机国内销售情况

资料来源：一般社团法人 日本冷冻空调工业会统计资料（注：1RT=3.516kw）

其他日本冷冻/冷藏设备制造企业

荏原冷热系统（株）	荏原冷熱システム株式会社	https://www.ers.ebara.com/
大金工业（株）	ダイキン工業株式会社	https://www.daikin.co.jp/
东芝Carrier（株）	東芝キヤリア株式会社	https://www.toshiba-carrier.co.jp/
TRANE日本（株）	トレイン・ジャパン株式会社	https://www.jp.trane.com/
日立约翰孙控制空调（株）	日立ジョンソンコントロールズ空調株式会社	https://www.jci-hitachi.com/jp/
三菱重工热能系统（株）	三菱重工サーマルシステムズ株式会社	https://mth.mhi.com/
川重冷热工业（株）	川重冷熱工業株式会社	https://www.khi.co.jp/
松下产机系统（株）	パナソニック産機システムズ株式会社	https://panasonic.co.jp/
矢崎能源系统（株）	矢崎エナジーシステム株式会社	https://www.yazaki-group.com/

工业原材料制造业

工业器件与部件制造业

工业机械与设备制造业

37

冷
冻
与
冷
藏
设
备

...

造船及车辆

航空航天
产业

工厂设备
与机械

水处理及循
环利用设备

重型电机及
成套设备

厨房与料理
设备

冷冻与冷
藏设备

电梯及自动
扶梯

...

■ **日本吸收式冷冻机销售情况**

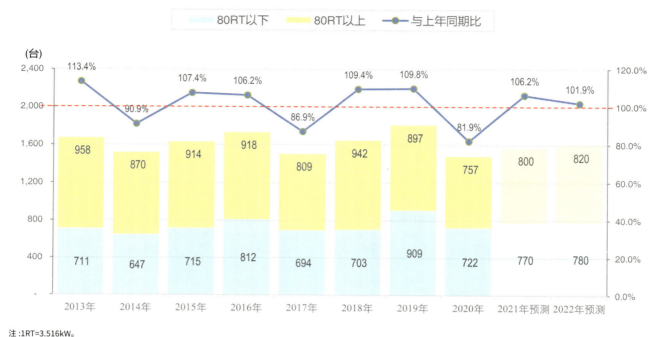

注 :1RT=3.516kW。
资料来源 : 一般社团法人日本冷冻空调工业会统计资料。

■ **日本业务用冷藏库销售情况**

资料来源 : 一般社团法人日本冷冻空调工业会统计资料。

行业信息　一般社团法人 　东京都港区芝公园 3-5-8 机械振兴会馆 3F
日本冷冻空调设备工业联合会　电话：03-3435-9411　传真：03-3435-9413　https://www.jarac.or.jp

日本运输业冷冻 / 冷藏单元（台）销售情况

资料来源：一般社团法人日本冷冻空调工业会统计资料。

日本商业陈列冷冻冷藏展示柜销售情况

资料来源：一般社团法人日本冷冻空调工业会统计资料。

说明：本节中未注明资料来源的图表均根据日本贸易图鉴网站(https://jtrade.ecodb.net/)的图解整理而成。日本贸易图鉴网站根据联合国商品贸易统计数据库(UN Comtrade)的数据制作图解，因此图表中含日本贸易图鉴网站推算数据。"中国"的进出口金额数据仅计算了中国大陆地区的数据，不含中国港澳台地区，"中国台湾"的数据均为推算数据。

東京都港区芝公園 3-5-8　機械振興会館 3 階
TEL:03-3435-9411　FAX：03-3435-9413　https://www.jarac.or.jp
一 般 社 团 法 人
日本冷凍空調設備工業連合会

（台）工业原材料制造业　工业零件与部件制造业　工业机械与设备制造业

38

电
梯
及
自
动
扶
梯

…

造船及车辆

航空航天
产业

工厂设备
与机械

水处理及循
环利用设备

重型电机及
成套设备

厨房与料理
设备

冷冻与冷
藏设备

电梯及自动
扶梯

…

日本电梯产业简介

　　日本电梯市场的大部分份额由三菱电机、日立制作所、东芝电梯，以及电梯专业制造企业富士达四家企业垄断，企业业务用或小型电梯则由众多中小企业制造。根据经济产业省的调查，2020 年日本电梯生产值约为 2003 亿日元，自动扶梯生产值约为 231 亿日元。

　　日本国内最大的电梯制造企业是三菱电机，含制造、维修服务的升降机事业 2020 年度销售额为 7,200 亿日元，其中海外市场收入约占全部收入的 50%。三菱电机目前已经开始运用人工智能进行楼宇电梯运营管理，正在开发机器人参与楼宇电梯作业技术等。

　　日本第二大电梯制造商是日立制作所，其在 2022 年 4 月并购了中国台湾地区的永大机电工业，加速在汉语圈的商业布局，并在欧洲地区全资收购了英国一家电梯维修服务公司。此外，日立制作所从 2023 年 3 月开始，将在国内运用远程管理技术进行电梯维修服务。

产业相关重要企业

（株）岛田电机制作所	株式会社島田電機製作所 电梯操作板、电梯显示器及电梯灯具主要生产企业	https://www.shimada.cc/
横滨电梯（株）	横浜エレベータ株式会社 主要生产电梯和自动扶梯	http://www.yokohama-elevator.jp/
名古屋精密工业（株）	名古屋精密工業株式会社 电梯、自动扶梯机械部件加工	http://nagoyaseimitsu.co.jp/
稻菱技术（株）	稲菱テクニカ株式会社 三菱集团内电梯、自动扶梯、升降机部件开发与制造	http://www.inaryo.co.jp/
（株）有田制作所	株式会社有田製作所 电梯部件的加工、组装	http://www.arita-ss.co.jp/
三菱电机大楼解决方案（株）	三菱電機ビルソリューションズ株式会社 电梯维修维护、楼宇管理、远程监测服务等	https://www.meltec.co.jp/
三菱日立家庭电梯（株）	三菱日立ホームエレベーター株式会社 电梯、自动扶梯、家庭电梯、小型建筑物电梯的开发、设计、生产、销售、安装等	https://www.mh-he.co.jp/
中央电梯工业（株）	中央エレベーター工業株式会社 各种电梯、升降机、小型专用货物升降机的设计、制造、安装、维护、修理等	https://www.chuo-elv.co.jp/
日本电梯制造（株）	日本エレベーター製造株式会社 电梯的制造、销售、安装、维护、修理等	https://www.nichiele.co.jp/

2021 年全球电梯业界市场份额

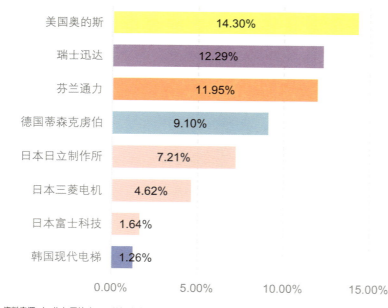
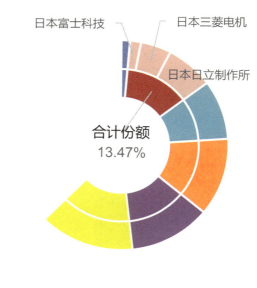

- 美国奥的斯 14.30%
- 瑞士迅达 12.29%
- 芬兰通力 11.95%
- 德国蒂森克虏伯 9.10%
- 日本日立制作所 7.21%
- 日本三菱电机 4.62%
- 日本富士科技 1.64%
- 韩国现代电梯 1.26%

合计份额 13.47%

资料来源：deallab 网站，https://deallab.info/elevator。

企业介绍

(株)日立制作所
【6501】株式会社日立製作所
https://www.hitachi.co.jp

产品有各种电梯/自动扶梯、自动步行道、站台电梯、业务用升降机等。

销售收入 **102,646** 亿日元　营业利润 **7,382** 亿日元

三菱电机(株)
【6503】三菱電機株式会社
https://mitsubishielectric.co.jp

产品有自动扶梯、自动步行道、站台电梯、业务用升降机等。

销售收入 **44,767** 亿日元　营业利润 **2,520** 亿日元

富士达(株)
【6406】フジテック株式会社
https://www.fujitec.co.jp/

主要生产各种电梯/自动扶梯、自动步行道等。

销售收入 **1,870** 亿日元　营业利润 **137** 亿日元

东芝电梯(株)
【未上市】東芝エレベータ株式会社
https://www.toshiba-elevator.co.jp/elv/index_j.html

主要生产各种电梯/自动扶梯、小型货物专用升降机等。

销售收入 **1,536** 亿日元　营业利润 **20** 亿日元

日本奥的斯电梯(株)
【未上市】日本オーチス・エレベータ株式会社
https://www.otis.com/ja/jp/

主要生产各种电梯/自动扶梯、业务用升降机等。

销售收入 (2021/11 决算报表) **698** 亿日元　营业利润 **171** 亿日元

Kumalift(株)
【未上市】クマリフト株式会社
https://www.kumalift.co.jp

主要生产业务用升降机、站台电梯等。

销售收入 (2020/03 决算报表) **68** 亿日元　营业利润 **N/A** 亿日元

2018～2021 年电梯业界市场规模预测

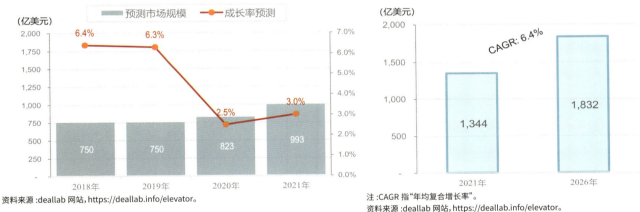

资料来源:deallab 网站,https://deallab.info/elevator。

2021 年和 2026 年全球电梯、自动扶梯市场规模预测

注:CAGR 指"年均复合增长率"。
资料来源:deallab 网站,https://deallab.info/elevator。

2021 年和 2026 年新装市场在电梯、自动扶梯市场占据的最大份额预测

注:CAGR 指"年均复合增长率"。
资料来源:deallab 网站,https://deallab.info/elevator。

工业机械与设备制造业

…

重型电机及
成套设备

厨房与料理
设备

冷冻与冷
藏设备

电梯及自动
扶梯

工业用缝
纫机

产业印刷机
及打印机

炼钢设备
与机械

真空包装及
包装机械

食品及医药
品制造机械

2021 年日本缝纫机各区域出口实绩（不含部件）

单位：台,千日元

区域	家庭用缝纫机		工业用缝纫机		合计	
	数量	金额	数量	金额	数量	金额
东亚	15	1,553	35,030	7,684,683	35,045	7,686,236
东南亚	68,217	169,232	38,832	7,855,982	107,049	8,025,214
中东	209,211	1,036,486	13,650	166,915	222,861	1,203,401
欧洲	19,858	996,236	12,979	3,263,339	32,837	4,259,575
北美	14,628	793,122	13,051	3,364,003	27,679	4,157,125
中南美	2,411	2,581	3,338	425,864	5,749	428,445
非洲	1,462	6,826	537	34,644	1,999	41,470
大洋洲	1,165	90,203	197	22,575	1,362	112,778
合计	316,967	3,096,239	117,614	22,818,005	434,581	25,914,244

资料来源：一般社团法人日本缝制机械工业会网站统计资料，https://www.jasma.or.jp。

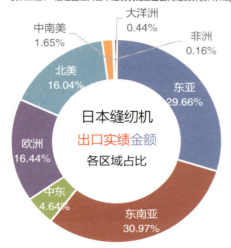

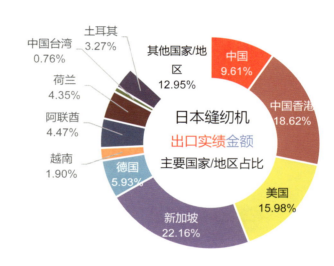

2021 年日本缝纫机主要国家 / 地区出口实绩（不含部件）

单位：台,千日元

主要国家/地区	家庭用缝纫机		工业用缝纫机		合计	
	数量	金额	数量	金额	数量	金额
中国	3	280	14,793	2,489,152	14,796	2,489,432
中国香港	0	-	17,980	4,825,518	17,980	4,825,518
美国	14,597	783,209	13,015	3,357,632	27,612	4,140,841
新加坡	64	3,143	27,428	5,740,716	27,492	5,743,859
德国	16,856	861,056	3,285	676,239	20,141	1,537,295
越南	13,197	15,238	2,718	476,753	15,915	491,991
阿联酋	209,127	1,030,051	13,525	127,902	222,652	1,157,953
荷兰	0		3,942	1,126,170	3,942	1,126,170
中国台湾	2	324	998	197,845	1,000	198,169
土耳其	568	3,507	4,244	843,890	4,812	847,397

资料来源：一般社团法人日本缝制机械工业会网站统计资料，https://www.jasma.or.jp。

一般社团法人
日本缝制机械工业会　　东京都港区新桥 5-25-3　电话：03-6435-8190　传真：03-6435-8192　https://www.jasma.or.jp

企业介绍

(株)丰田自动织机
【6201】株式会社豊田自動織機
https://www.toyota-shokki.co.jp
产品主要有纺机、织机等。

销售收入	营业利润
27,051亿日元	**1,590**亿日元

重机(株)
【6440】JUKI 株式会社
https://www.juki.co.jp/
主要生产工业缝纫机、专业用缝纫机、家庭用缝纫机等。

销售收入 (2021/12 决算报表)	营业利润
1,012亿日元	**38**亿日元

(株)岛精机制作所
【6222】株式会社島精機製作所
https://www.shimaseiki.co.jp/
主要生产横编机、裁断机、打印机器等。

销售收入	营业利润
310亿日元	**-43**亿日元

津田驹工业(株)
【6217】津田駒工業株式会社
https://www.tsudakoma.co.jp/
主要生产织机等。

销售收入 (2021/11 决算报表)	营业利润
277日元	**-38**亿日元

飞马缝纫机制造(株)
【6262】ペガサスミシン製造株式会社
https://www.pegasus.co.jp/ja/
主要生产各种工业用缝纫机。

销售收入	营业利润
204亿日元	**18**亿日元

2013～2020 年日本工业用缝纫机需求供给
单位:台,百万元

		2013年	2014年	2015年	2016年	2017年	2018年	2019年	2020年
生产	数量	99,283	116,243	101,101	98,939	89,476	102,129	82,887	50,448
	金额	25,577	30,250	30,314	29,369	27,046	28,836	22,058	12,034
出口	数量	167,162	173,650	155,079	154,159	152,838	155,711	124,138	79,971
	金额	30,627	36,813	36,870	35,207	32,993	37,247	27,816	12,704
进口	数量	41,608	38,170	32,114	36,031	26,732	26,032	50,202	15,821
	金额	3,510	3,423	3,289	3,390	2,686	2,497	2,869	1,451

注:生产数据来自经济产业省"生产动态统计",进出口数据来自财务省海关统计数据。
资料来源:一般社团法人日本缝制机械工业会网站统计资料,https://www.jasma.or.jp。

2013～2020 年日本家庭用缝纫机需求供给
单位:台,百万日元

		2013年	2014年	2015年	2016年	2017年	2018年	2019年	2020年
生产	数量	56,411	60,422	57,421	61,680	54,174	52,998	49,467	48,809
	金额	3,009	3,442	3,259	3,150	2,559	2,605	2,324	2,140
出口	数量	262,651	270,322	260,127	278,626	312,180	244,557	280,198	293,926
	金额	3,059	3,285	3,260	3,004	2,926	2,599	2,553	2,652
进口	数量	954,308	934,474	749,124	852,334	809,610	667,145	747,622	1,425,327
	金额	8,772	9,958	8,903	8,552	8,534	7,438	6,788	11,166

注:生产数据来自经济产业省"生产动态统计",进出口数据来自财务省海关统计数据。
资料来源:一般社团法人日本缝制机械工业会网站统计资料,https://www.jasma.or.jp。

2021 年日本缝纫机主要国家/地区进口实绩(不含部件)
单位:台,千日元

主要国家/地区	家庭用缝纫机		工业用缝纫机		合计	
	数量	金额	数量	金额	数量	金额
越南	319,887	3,081,220	1,030	132,862	320,917	3,214,082
中国	353,176	3,196,055	14,529	1,379,459	367,705	4,575,514
中国台湾	168,732	2,566,778	2,469	405,694	171,201	2,972,472
泰国	114,948	620,515	3	657	114,951	621,172
德国	1	287	36	46,997	37	47,284
美国	2	640	75	9,973	77	10,613
韩国	32,210	358,489	209	17,044	32,419	375,533
新加坡	0	-	10	2,770	10	2,770
菲律宾	0	-	300	4,409	300	4,409
意大利	0	-	13	23,170	13	23,170

资料来源:一般社团法人日本缝制机械工业会网站统计资料,https://www.jasma.or.jp。

40

产业印刷机及打印机

...

重型电机及成套设备

厨房与料理设备

冷冻与冷藏设备

电梯及自动扶梯

工业用缝纫机

产业印刷机及打印机

炼钢设备与机械

真空包装及包装机械

食品及医药品制造机械

日本印刷/制本机械进口近况

单位：亿美元

年份	进口金额	同比增减（%）
2021	1.88	▼ -2.7
2020	1.94	▼ -0.8
2019	1.95	▼ -23.1
2018	2.54	▲ 17.6
2017	2.16	▼ -4.4
2016	2.26	▼ -13.6
2015	2.61	▼ -13.7
2014	3.02	▲ 6.0

日本印刷/制本机械出口近况

单位：亿美元

年份	出口金额	同比增减（%）
2021	6.85	▲ 21.9
2020	5.62	▼ -24.1
2019	7.41	▼ -8.9
2018	8.13	▼ -0.8
2017	8.2	▲ 1.6
2016	8.07	▼ -5.2
2015	8.51	▼ -10.9
2014	9.55	▼ -6.1

2021 年日本印刷/制本机械进口额排名前十的国家/地区

单位：亿美元

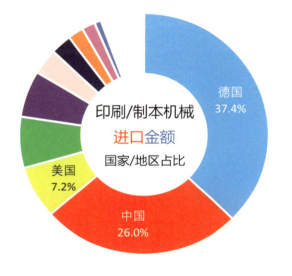

排名	国家/地区	进口金额	占比（%）
1	德国	0.71	37.4
2	中国	0.49	26.0
3	美国	0.14	7.2
4	瑞士	0.13	6.8
5	以色列	0.12	6.1
6	意大利	0.06	3.4
7	法国	0.05	2.7
8	韩国	0.04	2.0
9	中国台湾（推算）	0.03	1.7
10	泰国	0.02	0.9
	其他所有国家/地区	0.11	5.7

2021 年日本印刷/制本机械出口额排名前十的国家/地区

单位：亿美元

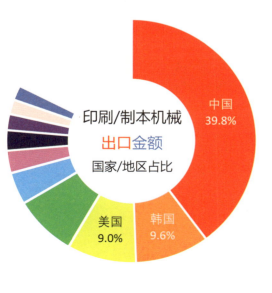

排名	国家/地区	出口金额	占比（%）
1	中国	2.73	39.8
2	韩国	0.66	9.6
3	美国	0.61	9.0
4	印度	0.56	8.1
5	荷兰	0.29	4.2
6	中国台湾（推算）	0.2	3.0
7	越南	0.19	2.7
8	中国香港	0.15	2.1
9	意大利	0.13	2.0
10	泰国	0.13	2.0
	其他所有国家/地区	1.21	17.6

企业介绍

京瓷办公信息系统（株）
【未上市】京セラドキュメントソリューションズ株式会社
https://www.kyoceradocumentsolutions.co.jp
主要生产打印机、数码复合机、影印机等
印刷办公器械。

销售收入	（2022/03 合并报表）	税前利润
3,666 亿日元		**333** 亿日元

（株）小森
【6349】株式会社小森コーポレーション
https://www.komori.com/ja/jp/
主要生产胶印机、特种印刷机、纸器用印
刷机械等。

销售收入	营业利润
876 亿日元	**22** 亿日元

（株）御牧工程
【6638】株式会社ミマキエンジニアリング
https://ir.mimaki.com/
主要生产业务用喷墨打印机、刻字绘图机
等。

销售收入	营业利润
595 亿日元	**25** 亿日元

罗兰（株）
【6789】ローランド ディー . ジー . 株式会社
https://www.rolanddg.com/
主要生产业务用喷墨打印机、刻字绘图
机、3D 打印机等。

销售收入	（2021/12 决算报表）	营业利润
450 亿日元		**60** 亿日元

长滨佳能（株）
【未上市】長浜キヤノン株式会社
https://nagahama.canon/ja/
佳能旗下的全资子公司，参与生产激光束
打印机和复印机的碳粉盒、感光鼓。

销售收入	（2021/12 决算报表）	净利润
384 亿日元		**3** 亿日元

东北爱普生（株）
【未上市】東北エプソン株式会社
https://www.epson.jp/company/tohokuepson/
精工爱普生的全资子公司。主要生产工业印刷设备和
先进半导体产品，并且为爱普生机器制造核心部件。

销售收入	（2021/03 决算报表）	净利润
281 亿日元		**0** 亿日元

理光越岭美（株）
【未上市】リコーエレメックス株式会社
http://www.ricohelemex.co.jp/
日本理光的全资子公司，主要产品是精密设备（高精度组件单
元、工业设备）和信息设备（复印机和打印机的外围设备）。

销售收入	营业利润
178 亿日元	**3** 亿日元

（株）宫腰
【未上市】株式会社ミヤコシ
https://miyakoshi.co.jp
研发制造表格印刷机、特种印刷机、加工机、喷
墨打印机等印刷设备，国内市场占有率高达 80%。

销售收入	（2021/03 决算报表）	营业利润
83 亿日元		**-4** 亿日元

武藤工业（株）
【未上市】武藤工業株式会社
https://www.mutoh.co.jp/
主要生产喷墨打印机、3D 打印机、刻字绘
图机等。

销售收入	（2021/03 决算报表）	税前利润
82 亿日元		**-3** 亿日元

（株）东京机械制作所
【6335】株式会社東京機械製作所
https://www.tks-net.co.jp/
生产胶印机、凸版印刷机等。

销售收入	营业利润
68 亿日元	**-7** 亿日元

桂川电机（株）
【6416】桂川電機株式会社
http://www.kiphq.co.jp/
主要生产业务用喷墨打印机、刻字绘图机
等。

销售收入	营业利润
53 亿日元	**-6** 亿日元

（株）樱井 GRAPHICSYSTEMS
【未上市】株式会社桜井グラフィックシステムズ
https://sakurai-gs.co.jp
大型胶印机、丝印机及其相关机器生产企
业。

销售收入	营业利润
38 亿日元	**0** 亿日元

Newlong 精密工业（株）
【未上市】ニューロング精密工業株式会社
https://newlong.co.jp
丝印机一流生产企业。

销售收入	（2020/09 决算报表）	营业利润
31 亿日元		**0** 亿日元

工业机械与设备制造业

41

炼钢设备与机械

...

重型电机及
成套设备

厨房与料理
设备

冷冻与冷
藏设备

电梯及自动
扶梯

工业用缝
纫机

产业印刷机
及打印机

炼钢设备
与机械

真空包装及
包装机械

食品及医药
品制造机械

2020 年日本炼钢设备订单构成比

非制造业
2,606 百万日元
(2.9%)

制造业
58,430 百万日元
(64.9%)

订单额合计
900.95 亿日元

政府/公共需求
170 百万日元
(0.2%)

海外需求
27,636 百万日元
(30.7%)

代理店
1,253 百万日元
(1.4%)

资料来源：一般社团法人日本缝制机械工业会网站统计资料，https://www.jasma.or.jp。

2017 ～ 2021 年日本产业机械出口签约金额（按地域分）

单位：百万日元

	2017年	2018年	2019年	2020年	2021年
亚洲（不含中东）	904,084	925,808	931,718	611,263	1,016,632
其中：中国	258,439	279,358	203,727	241,174	338,079
与上年比 (%)	▲ 120.5	▲ 108.1	▲ 72.9	▲ 118.4	▲ 140.2
中东	98,193	79,588	52,297	949,200	64,931
欧洲	63,630	104,564	104,538	66,445	102,329
北美	123,353	433,808	135,041	110,395	179,962
南美	42	19,942	16,625	4,419	11,860
非洲	107,081	75,845	8,991	10,503	20,509
澳洲	69,232	22,232	15,446	14,204	26,721
俄罗斯、东欧	37,188	127,318	40,131	78,913	66,445
合计	1,402,719	1,789,105	1,304,787	1,845,342	1,489,389

注：数据统计范围为当年 4 月至翌年 3 月。
资料来源：一般社团法人日本产业机械工业会统计资料。

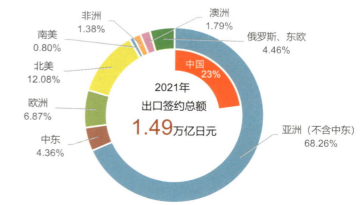

非洲 1.38%
南美 0.80%
北美 12.08%
欧洲 6.87%
中东 4.36%
澳洲 1.79%
俄罗斯、东欧 4.46%
中国 23%
2021年 出口签约总额 **1.49** 万亿日元
亚洲（不含中东）68.26%

行业信息 一般社团法人 日本产业机械工业会　东京都港区芝公园三丁目 5 番 8 号 机械振兴会馆 4F405 号　电话：03-3434-6821（代表）传真：03-3434-4767　https://www.jsim.or.jp/

企业介绍

新东工业（株）
【6339】新東工業株式会社
https://www.sinto.co.jp
主要制造锻造设备、表面处理装置、集尘机、成型机等。

销售收入	营业利润
992 亿日元	**26** 亿日元

普锐特冶金技术（株）
【未上市】Primetals Technologies Japan 株式会社
https://www.primetals.com/jp/
主要制造炼钢设备、压延设备、连续铸造设备、控制设备、工艺设备等。

销售收入 (2021/03 决算报表)	净利润
428 亿日元	**20** 亿日元

Steel Plantech（株）
【未上市】スチールプランテック株式会社
https://steelplantech.com/ja/
主要制造炼铁/炼钢/连续锻造/压延设备、工艺设备、烧结炉等。

销售收入	营业利润
170 亿日元	**12** 亿日元

（株）兵库制作所
【未上市】株式会社兵庫製作所
https://www.hyogo-mc.co.jp/
主要制造压延设备、连续铸造设备、工艺设备等。

销售收入 (2021/01 决算报表)	净利润
30 亿日元	**1** 亿日元

（株）昭和电机制作所
【未上市】株式会社昭和電機製作所
http://www.showa-e.co.jp
主要设计和生产钢铁、造纸等工业电气控制设备。此外也是日本最大的钢板纵切机床生产商。

销售收入 (2020/12 决算报表)	营业利润
26 亿日元	**4** 亿日元

2019～2021 年日本产业机械订单情况（按机械种类分）

单位：百万日元

	2019年	2020年	2021年
锅炉/发动机	1,457,937	1,121,752	1,268,113
矿山机械	19,970	25,858	23,134
化学机械（含冷冻机械）	1,156,240	1,899,561	1,098,820
其中：化学机械	689,093	1,434,773	569,816
油罐	25,977	17,640	24,922
塑料加工机械	192,897	213,537	340,865
泵	383,175	371,182	430,562
压缩机	273,215	245,636	273,062
送风机	26,190	25,871	23,304
搬运机械	462,175	373,033	500,167
金属加工机械	114,146	90,095	162,001
变速机	38,048	43,841	52,982
其他机械	637,976	604,160	751,504
合计	4,787,946	5,032,166	4,949,436

注：数据统计范围为当年4月至翌年3月。
资料来源：一般社团法人日本产业机械工业会统计资料。

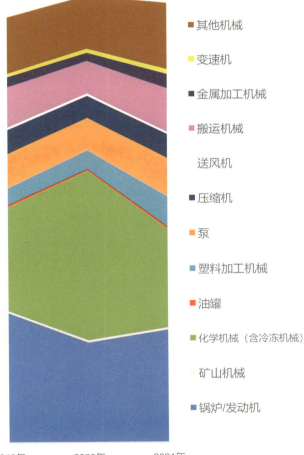

其他机械 / 变速机 / 金属加工机械 / 搬运机械 / 送风机 / 压缩机 / 泵 / 塑料加工机械 / 油罐 / 化学机械（含冷冻机械）/ 矿山机械 / 锅炉/发动机

2019年　2020年　2021年

工业机械与设备制造业

41

炼钢设备与机械

...

重型电机及成套设备

厨房与料理设备

冷冻与冷藏设备

电梯及自动扶梯

工业用缝纫机

产业印刷机及打印机

炼钢设备与机械

真空包装及包装机械

食品及医药品制造机械

▤ 2017～2021 年日本制造业产业机械订单情况

单位:百万日元

	2017年	2018年	2019年	2020年	2021年
食品工业	66,285	48,865	60,523	44,264	39,829
纤维工业	20,734	17,723	12,355	12,847	12,512
造纸、纸浆工业	24,696	27,093	24,937	18,456	17,443
化学工业	148,012	186,134	147,941	162,067	173,561
石油、煤炭制品工业	47,163	92,113	61,720	56,077	49,920
玻璃、水泥、陶瓷	22,319	25,392	26,810	20,945	26,537
钢铁工业	130,007	37,029	104,824	82,829	103,894
有色金属工业	80,472	64,123	59,753	70,042	176,875
金属制品工业	19,734	20,124	20,643	12,252	19,342
通用、生产用机械	124,844	138,735	121,646	111,719	125,971
业务专用机械	48,056	48,255	46,611	47,445	41,749
电气机械	86,969	101,165	102,326	72,497	107,921
信息通信机械	39,729	40,531	34,083	46,526	88,194
汽车工业	99,714	88,905	69,705	64,445	69,966
造船工业	30,059	25,872	25,817	32,010	33,388
其他运输机械工业	13,909	20,065	19,456	18,307	17,751
其他制造业	169,982	155,745	123,074	106,739	122,316
制造业合计	**1,172,684**	**1,137,869**	**1,062,224**	**979,467**	**1,227,169**

注:数据为当年 4 月至翌年 3 月。
资料来源:一般社团法人日本产业机械工业会统计资料。

▤ 2019～2021 日本产业机械订单情况（按部门分类）

单位:百万日元

	2019年	2020年	2021年
制造业	1,062,224	979,467	1,227,169
非制造业	1,283,616	1,066,294	1,002,483
民间需求	2,345,840	2,045,761	2,229,652
政府订单	642,655	703,807	742,047
代理店	367,764	342,804	361,516
内需小计	3,356,259	3,092,372	3,333,215
外需	1,431,687	1,939,794	1,616,221
总额	4,787,946	5,032,166	4,949,436

注:数据统计范围为当年 4 月至翌年 3 月。
资料来源:一般社团法人 日本产业机械工业会统计资料。

外需 32.65%
代理店 7.30%
2021年订单总额 **4.95**万亿日元
政府订单 14.99%
内需小计 67.35%
民间需求 45.05%

一般社团法人 日本产业机械工业会 东京都港区芝公园三丁目 5 番 8 号 机械振兴会馆 4F405 号
电话:03-3434-6821（代表）传真:03-3434-4767 https://www.jsim.or.jp/

2017 ～ 2021 年日本产业机械出口签约金额变化

单位：百万日元

		2017年	2018年	2019年	2020年	2021年
单体机械	锅炉、发动机	262,541	405,301	387,837	239,478	351,544
	矿山机械	1,858	1,192	1,705	655	2,139
	化学机械	180,127	368,894	177,601	242,102	83,300
	塑料加工机械	125,545	119,544	100,121	119,947	239,576
	风水力机械	173,169	196,524	177,025	171,144	219,040
	搬运机械	152,824	128,901	122,101	88,859	143,841
	变速机	8,660	7,807	5,281	6,466	9,398
	冷冻机械	63,287	68,614	70,875	63,061	96,363
	金属加工机械	61,513	39,830	32,794	21,256	70,011
	其他机械	156,029	153,787	146,070	105,695	209,315
	小计	1,185,553	1,490,394	1,221,410	1,058,663	1,424,527
成套设备	发电设备	88,072	4,477	48,594	-	23,926
	化学、石化设备	92,500	289,786	20,248	783,733	32,094
	炼钢、有色金属设备	-	-	1,700	-	-
	其他成套设备	36,594	4,448	12,835	2,946	8,842
	小计	217,166	298,711	83,377	786,679	64,862
合计		1,402,719	1,789,105	1,304,787	1,845,342	1,489,389
与上年比		▼ 91.3%	▲ 127.5%	▼ 72.9%	▲ 141.4%	▼ 80.7%

注：数据统计范围为当年 4 月至翌年 3 月。
资料来源：一般社团法人日本产业机械工业会统计资料。

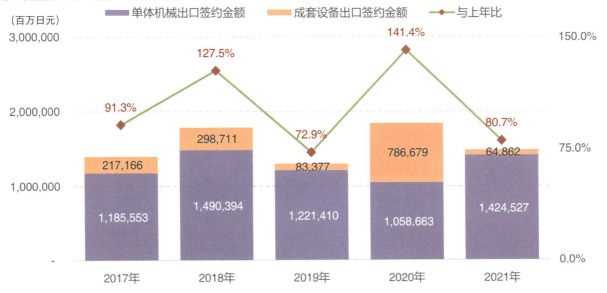

42

真空包装及包装机械

···

重型电机及成套设备

厨房与料理设备

冷冻与冷藏设备

电梯及自动扶梯

工业用缝纫机

产业印刷机及打印机

炼钢设备与机械

真空包装及包装机械

食品及医药品制造机械

日本的包装机械

日本的包装机械主要分为两大类，一大类是「个装·内装机械」，即需要分别包装或灌装商品的机械，另一大类是「外装·荷造机械」，即需要将商品装入纸箱进行捆包的机械。日本包装机械产业对国内市场的依存度很高，包装机械的一半以上客户都来自食品产业，医药、化妆品占20%，电机、汽车及杂货行业的客户不多，但是近年来日本国内包装机械需求正在下降，企业开始面向海外寻求生路，目前超过半数包装机械出口到中国大陆和中国台湾地区。

根据日本经济产业省生产动态统计数据，2020年日本包装机械生产额为2,082亿日元，比2019年下降5.2%，其中「个装·内装机械」减少5.8%，仅为1929亿日元，但「外装·荷造机械」生产额稍有增加，达152亿日元。

日本最大的饮料灌装机生产企业涩谷工业占国内60%的市场份额，也是世界第三大饮料灌装机生产企业。三菱重工旗下的数家饮料灌装机企业已经全部集中到三菱重工机械系统麾下，三菱重工不仅整合了饮料灌装机的设计、制造与组装，而且实行了一元化管理体制。

资料来源：根据日经电视网2022年7月调查资料《包装、捆包机械业界概要／市场动向／竞争状况》整理，https://www.nikkei.com/telecom/industry_s/。

日本一般机械进口近况

单位:亿美元

年份	进口金额	同比增减（%）
2021	12.84	▲ 0.1
2020	12.83	▲ 2.0
2019	12.58	▲ 4.3
2018	12.05	▲ 10.9
2017	10.87	▲ 1.9
2016	10.67	▬ 0.0
2015	10.66	▼ -18.9
2014	13.14	▲ 1.6

注:含包装机械、计量机器、业务用食物清洗器、喷枪等。

日本一般机械出口近况

单位:亿美元

年份	出口金额	同比增减（%）
2021	21.13	▲ 16.4
2020	18.15	▼ -10.0
2019	20.17	▼ -5.6
2018	21.36	▲ 9.5
2017	19.51	▲ 4.6
2016	18.64	▲ 7.5
2015	17.34	▼ -9.8
2014	19.22	▼ -3.8

注:含包装机械、计量机器、业务用食物清洗器、喷枪等。

2021年日本一般机械进口额排名前十的国家／地区

单位:亿美元

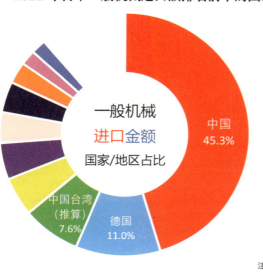

一般机械
进口金额
国家/地区占比

中国 45.3%
德国 11.0%
中国台湾（推算）7.6%

排名	国家/地区	进口金额	占比（%）
1	中国	5.81	45.3
2	德国	1.41	11.0
3	中国台湾（推算）	0.97	7.6
4	美国	0.66	5.1
5	意大利	0.62	4.8
6	泰国	0.53	4.1
7	韩国	0.52	4.1
8	越南	0.37	2.9
9	法国	0.26	2.0
10	瑞典	0.25	2.0
	其他所有国家/地区	1.44	11.2

注:含包装机械、计量机器、业务用食物清洗器、喷枪等。

行业信息 一般社团法人 日本包装机械工业会 东京都中央区新川2-5-6包装机械会馆3F 电话：03-6222-2279／03-6222-2275 传真：03-6222-2280 https://www.jpmma.or.jp/

企业介绍

东洋制罐（株）
【未上市】東洋製罐株式会社
https://www.toyo-seikan.co.jp

开发制造饮料用／食品用罐、塑料瓶、塑料等包装容器。饮料罐和塑料瓶的产能日本第一。

销售收入	营业利润
2,232 亿日元	**3** 亿日元

CKD（株）
【6407】CKD株式会社
https://www.ckd.co.jp/

主要生产塑胶包装机、枕式包装机等。

销售收入	营业利润
1,422 亿日元	**178** 亿日元

涩谷工业（株）
【6340】澁谷工業株式会社
https://www.shibuya.co.jp/

主要生产装箱机、封函机、包装机、液体灌装机、塑料袋封口机等。

销售收入（2022/06 决算报表）	营业利润
962 亿日元	**134** 亿日元

四国化工机（株）
【未上市】四国化工機株式会社
https://www.shikoku-kakoki.co.jp/

主要生产纸容器成型充填机、液体罐装机、装箱机、包装机、小袋充填机等。

销售收入	营业利润
461 亿日元	**N/A** 亿日元

（株）京都制作所
【未上市】株式会社京都製作所
https://www.kyotoss.co.jp

主要生产机器人机箱、装盒机等自动包装机，并在全球率先研发出DVD全自动组装机。

销售收入	营业利润
357 亿日元	**41** 亿日元

静甲（株）
【6286】静甲株式会社
https://www.seiko-co.com/

主要生产容器整列／洗净器、液体罐装机、瓶盖机、小袋充填机、包装机等。

销售收入	营业利润
314 亿日元	**5** 亿日元

（株）富士机械
【未上市】株式会社フジキカイ
https://www.fujikikai-inc.co.jp

包装机械领域领军企业，主力产品为卧式、枕式包装机。

销售收入（2021/03 决算报表）	营业利润
271 亿日元	**30** 亿日元

大森机械工业（株）
【未上市】大森機械工業株式会社
https://www.omori.co.jp/

生产枕式包装机、医药品专用包装机、真空包装机、自粘膜包装机、装盒机等各种全自动包装机。

销售收入（2020/05 决算报表）	营业利润
215 亿日元	**6** 亿日元

欧力希乐（株）
【未上市】オリヒロ株式会社
http://www.orihiro.co.jp/

主要生产无菌灌装机、液体灌装机、固形物充填包装机、小袋充填机等。

销售收入（2020/06 决算报表）	净利润
203 亿日元	**5** 亿日元

斯托派克（株）
【未上市】ストラパック株式会社
http://www.strapack.co.jp/

大型自动打包机生产商，制造销售自动化包装流水线、各类包装耗材、装卸搬运机等。

销售收入	营业利润
155 亿日元	**12** 亿日元

Newlong（株）
【未上市】ニューロング株式会社
https://www.newlong.com

世界一流自动包装机、大型制袋机生产企业，销售印刷机、纸浆加工机等产品。

销售收入（2020/06 决算报表）	营业利润
145 亿日元	**9** 亿日元

不二输送机工业（株）
【未上市】不二輸送機工業株式会社
https://www.fujiyusoki.com

物流机器专业生产商，制造销售搬运／包装机械、工业机器人及其他工业设备。

销售收入（2021/03 决算报表）	营业利润
120 亿日元	**17** 亿日元

2021 年日本一般机械出口额排名前十的国家／地区

单位：亿美元

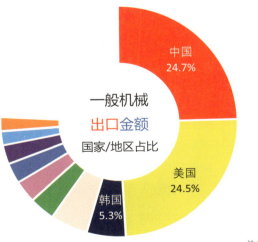

一般机械
出口金额
国家/地区占比

排名	国家/地区	出口金额	占比（%）
1	中国	5.22	24.7
2	美国	5.19	24.5
3	韩国	1.12	5.3
4	泰国	1.08	5.1
5	中国台湾（推算）	0.75	3.5
6	印度	0.66	3.1
7	英国	0.61	2.9
8	印度尼西亚	0.57	2.7
9	德国	0.42	2.0
10	越南	0.41	1.9
	其他所有国家/地区	5.10	24.1

注：含包装机械、计量机器、业务用食物清洗器、喷枪等。

说明：本节中未注明资料来源的图表均根据日本贸易图鉴网站(https://jtrade.ecodb.net/) 的图解整理而成。日本贸易图鉴网站根据联合国商品贸易统计数据库（UN Comtrade）的数据制作图解，因此图表中含日本贸易图鉴网站推算数据。"中国"的进出口金额数据仅计算了中国大陆地区的数据，不含中国港澳台地区，"中国台湾"的数据均为推算数据。

工业机械与设备制造业

42

真空包装及包装机械

≡ 2016～2020 年日本包装机械及商品装箱捆扎机械生产与销售

单位：百万日元

		2016年	2017年	2018年	2019年	2020年
包装机械及商品装箱捆扎机械	生产数量（台）	38,018	41,679	40,426	39,130	35,211
	生产金额	192,941	207,628	216,347	217,841	208,297
	销售数量（台）	37,557	40,732	39,690	38,731	35,783
	销售金额	193,155	208,933	218,996	224,342	211,468
< 其中：各装、内装机械	生产数量（台）	22,234	24,333	23,833	23,552	24,662
	生产金额	178,475	192,060	200,093	203,025	192,998
	销售数量（台）	21,670	23,998	23,558	23,583	24,335
	销售金额	177,824	191,370	201,354	207,158	195,022
<< 其中：柔性成形充填封口机械	生产数量（台）	3,453	3,300	3,324	3,007	2,952
	生产金额	58,968	58,323	61,999	58,758	56,406
	销售数量（台）	3,335	3,217	3,270	3,026	2,862
	销售金额	57,813	56,925	60,945	62,068	57,906
<< 其中：容器密封装填机械	生产数量（台）	119	144	144	176	230
	生产金额	4,735	6,998	10,572	12,334	12,146
	销售数量（台）	114	145	145	177	228
	销售金额	4,935	7,337	11,141	12,695	12,233
<< 其中：上包机械（含收缩、拉伸捆包机）	生产数量（台）	3,004	3,223	3,075	3,228	3,008
	生产金额	11,218	12,951	13,810	13,185	11,602
	销售数量（台）	2,901	3,094	2,947	3,089	2,882
	销售金额	11,002	12,645	13,631	12,912	11,393
<< 其中：装瓶机械（含洗瓶、杀菌机）	生产数量（台）	3,782	4,080	4,735	4,852	4,589
	生产金额	49,500	55,403	60,658	63,422	57,950
	销售数量（台）	3,784	4,078	4,739	4,852	4,590
	销售金额	49,470	55,174	61,040	63,217	58,151
< 其中：外装、装箱捆扎机械	生产数量（台）	15,784	17,346	16,593	15,578	10,549
	生产金额	14,466	15,568	16,254	14,816	15,299
	销售数量（台）	15,887	16,734	16,132	15,148	11,448
	销售金额	15,331	17,563	17,642	17,184	16,446
<< 其中：捆扎机械	生产数量（台）	12,145	13,820	13,621	11,886	8,148
	生产金额	4,197	4,416	4,073	3,380	2,285
	销售数量（台）	12,215	13,200	13,210	11,459	9,001
	销售金额	5,685	5,896	6,074	5,186	4,264
<< 其中：装盒机械	生产数量（台）	86	80	93	61	109
	生产金额	3,248	4,040	3,901	2,736	3,157
	销售数量（台）	87	77	87	68	104
	销售金额	3,216	3,983	3,650	3,075	2,878

注：不含手动包装设备；各装、内装机械指商品需要分别包装和灌装的机械；柔性成形充填封口机械为各装、内装机械的一种，主要用于液体饮料灌装；
容器密封装填机械为各装、内装机械的一种，主要用于容器装填的机械；外装、装箱捆扎机械指商品需要装入纸箱捆包的机械。
资料来源：经济产业省《生产动态统计年报机械统计篇 2020》，https://www.meti.go.jp/。

重型电机及成套设备

厨房与料理设备

冷冻与冷藏设备

电梯及自动扶梯

工业用缝纫机

产业印刷机及打印机

炼钢设备与机械

真空包装及包装机械

食品及医药品制造机械

行业信息 [一般社团法人 日本包装机械工业会] 东京都中央区新川 2-5-6 包装机械会馆 3F
电话：03-6222-2279 / 03-6222-2275　传真：03-6222-2280　https://www.jpmma.or.jp/

2016～2020年日本包装机械及商品装箱捆扎机械生产与销售变化

涩谷工业(株)	三菱重工机械系统(株)	(株)古川制作所
【6340】渋谷工業株式会社	【未上市】三菱重工機械システム株式会社	【未上市】株式会社古川製作所
https://www.shibuya.co.jp/	https://www.mhi.com/jp/group/mhims/	https://www.furukawa-mfg.co.jp/

(株)东阳机械制作所	(株)东京自动机械制作所	(株)寺冈精工
【未上市】株式会社東陽機械製作所	【6360】株式会社東京自働機械製作所	【未上市】株式会社寺岡精工
https://www.toyo-mc-mfg.com/	https://www.tam-tokyo.co.jp/	https://www.teraokaseiko.com/jp

(株)大生机械	四国化工机(株)	(株)川岛制作所
【未上市】株式会社大生機械	【未上市】四国化工機株式会社	【未上市】株式会社川島製作所
https://www.daisey.co.jp/	https://www.shikoku-kakoki.co.jp/	https://www.kawashima-pack.co.jp/

(株)岩黑制作所	大森机械工业(株)	(株)京都制作所
【未上市】株式会社岩黒製作所	【未上市】大森機械工業株式会社	【未上市】株式会社京都製作所
https://www.iwakuro.co.jp/	https://www.omori.co.jp/	https://www.kyotoss.co.jp/

三光机械(株)	东洋机械(株)	欧力希乐(株)
【未上市】三光機械株式会社	【未上市】東洋機械株式会社	【未上市】オリヒロ株式会社
http://www.sanko-kikai.co.jp/	http://www.toyo-machinery.co.jp/	http://www.orihiro.com/

43

食品及医药品制造机械

...

重型电机及成套设备

厨房与料理设备

冷冻与冷藏设备

电梯及自动扶梯

工业用缝纫机

产业印刷机及打印机

炼钢设备与机械

真空包装及包装机械

食品及医药品制造机械

日本食品机械进口近况
单位：亿美元

年份	进口金额	同比增减（%）
2021	1.63	▼ -7.8
2020	1.77	▼ -7.7
2019	1.92	▼ -12.2
2018	2.18	▲ 23.4
2017	1.77	▲ 9.3
2016	1.62	▼ -7.1
2015	1.74	▲ 15.4
2014	1.51	▼ -8.3

日本食品机械出口近况
单位：亿美元

年份	出口金额	同比增减（%）
2021	3.29	▲ 5.7
2020	3.12	▼ -1.7
2019	3.17	▼ -2.8
2018	3.26	▲ 11.5
2017	2.92	▼ -3.0
2016	3.02	▼ -4.4
2015	3.15	▲ 0.1
2014	3.15	▼ -0.5

2021 年日本食品机械进口额排名前十的国家／地区
单位：亿美元

食品机械 进口金额 国家/地区占比
德国 25.3%
中国 16.1%
美国 9.6%

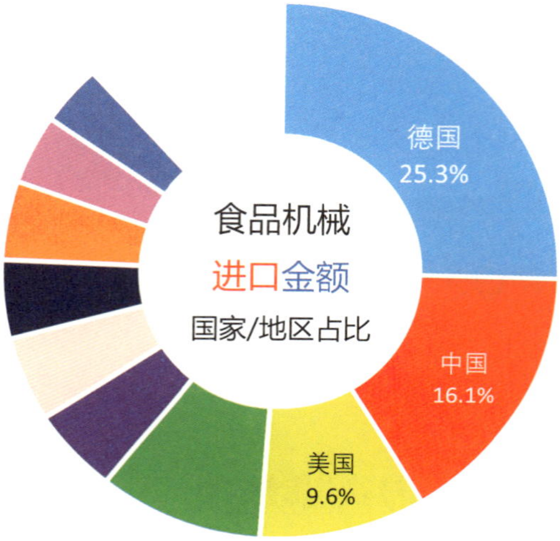

排名	国家/地区	进口金额	占比（%）
1	德国	0.41	25.3
2	中国	0.26	16.1
3	美国	0.16	9.6
4	荷兰	0.15	9.6
5	法国	0.09	5.3
6	瑞士	0.08	5.1
7	丹麦	0.08	4.7
8	意大利	0.07	4.7
9	韩国	0.07	4.2
10	中国台湾（推算）	0.06	3.6
	其他所有国家/地区	0.19	12.0

2021 年日本食品机械出口额排名前十的国家／地区
单位：亿美元

食品机械 出口金额 国家/地区占比
中国 22.5%
美国 17.6%
泰国 11.1%

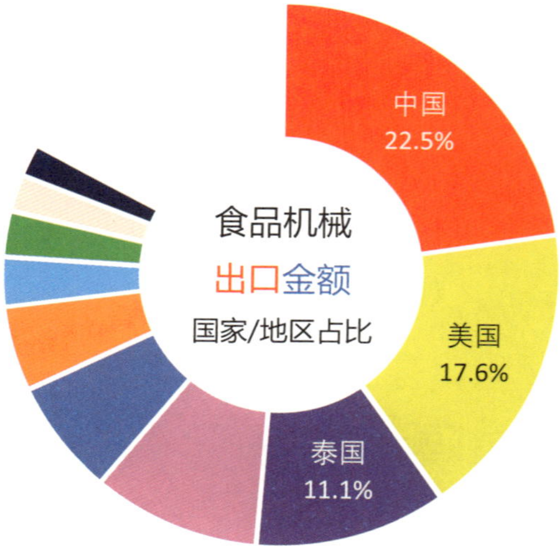

排名	国家/地区	出口金额	占比（%）
1	中国	0.74	22.5
2	美国	0.58	17.6
3	泰国	0.37	11.1
4	韩国	0.32	9.8
5	中国台湾（推算）	0.23	6.9
6	印度尼西亚	0.17	5.1
7	德国	0.1	3.0
8	荷兰	0.09	2.7
9	越南	0.07	2.2
10	澳大利亚	0.06	1.9
	其他所有国家/地区	0.56	17.2

企业介绍

ORION 机械（株）
【未上市】オリオン機械株式会社
https://www.orionkikai.co.jp
工业机器、乳畜业机器制造商。乳畜业机器产能业界第一。

销售收入（2021/03 决算报表）**310** 亿日元　营业利润 **39** 亿日元

安捷伦科技（株）
【未上市】アジレント・テクノロジー株式会社
https://www.agilent.com/
美国安捷伦科技的日本分社，在环境、食品、化学、制药/生物制药、诊断等领域开展业务。

销售收入（2020/10 决算报表）**284** 亿日元　净利润 **7** 亿日元

雷恩自动机（株）
【6272】レオン自動機株式会社
https://www.rheon.com/jp/index.php
主要产品有包子机、撒粉机、成型机、热处理机等。

销售收入 **265** 亿日元　营业利润 **11** 亿日元

岩井机械工业（株）
【未上市】岩井機械工業株式会社
http://www.iwai.co.jp
主营食品生产机械、医药品生产机械及化学产品生产机械的设计制造。

销售收入 **248** 亿日元　营业利润 **32** 亿日元

AnritsuInfivis（株）
【未上市】アンリツインフィビス株式会社
https://www.anritsu.com/ja-JP/anritsu-infivis
主营食品、医药品质检测自动化机械的开发制造。

销售收入（2021/03 决算报表）**178** 亿日元　营业利润 **7** 亿日元

（株）DALTON
【未上市】株式会社ダルトン
https://www.dalton.co.jp
主要产品有粉碎机、分级/选别机、混合/搅拌/捏合机、造粒机、干燥机等。

销售收入（2021/09 决算报表）**134** 亿日元　营业利润 **1** 亿日元

（株）IZUMI 食品机械
【未上市】株式会社イズミフードマシナリ
https://www.izumifood.shi.co.jp/
主要产品有加热/杀菌/冷却处理机、乳化/分散/溶解机器、搅拌机等。

销售收入（2021/03 决算报表）**59** 亿日元　净利润 **6** 亿日元

泷川工业（株）
【未上市】滝川工業株式会社
http://www.tkk-gr.co.jp
主要生产混合动力烤箱、蒸汽机、加热/冷却/干燥处理机等。

销售收入（2021/12 决算报表）**48** 亿日元　营业利润 **N/A** 亿日元

山本 VINITA（株）
【未上市】山本ビニター株式会社
https://www.vinita.co.jp
日本第一的电介质加热装置专业制造企业。产品有医疗机器、塑料加工机、食品加工机、木材加工机及加热干燥机。

销售收入（2021/01 决算报表）**44** 亿日元　净利润 **6** 亿日元

（株）大和制作所
【未上市】株式会社大和製作所
http://www.yamatomfg.com/
主要产品有乌冬制面机、拉面制面机、荞麦制面机、意大利面制面机等。

销售收入（2021/03 决算报表）**10** 亿日元　营业利润 **N/A** 亿日元

（株）MASDAC
【未上市】株式会社マスダック
https://www.masdac.co.jp/
主要产品有烤饼机、万能点心机、包馅机、混合动力烤箱、华夫饼制造机等。

销售收入 **N/A** 亿日元　净利润（2021/03）**1** 亿日元

2005 ～ 2019 年日本民用电子机器的生产情况

单位:亿日元

	2005年	2010年	2015年	2018年	2019年
日本企业生产额	72,500	86,687	47,364	39,928	38,522
其中：国内生产	25,600	23,957	6,806	6,074	5,091
国内生产比例（%）	35.3	27.6	14.4	15.2	13.2
全球总生产额	149,800	188,214	160,354	155,730	147,413
日本企业生产额占比（%）	48.4	46.1	29.5	25.6	26.1

资料来源：根据公益财团法人矢野恒太記念会『日本国勢図会2021/22』、电子情报技術産業協会『電子情報産業の世界生産見通し』により整理。

工业机械与设备制造业

说明：本节中未注明资料来源的图表均根据日本贸易图鉴网站(https://jtrade.ecodb.net/)的图解整理而成。日本贸易图鉴网站根据联合国商品贸易统计数据库(UN Comtrade)的数据制作图解，因此图表中含日本贸易图鉴网站推算数据。"中国"的进出口金额数据仅计算了中国大陆地区的数据，不含中国港澳台地区，"中国台湾"的数据均为推算数据。

2021 年日本制造业 133 强 （日本上市公司 300 强中的制造业企业）

排名	企业	代码	销售额	行业属性	排名	企业	代码	销售额	行业属性	排名	企业	代码	销售额	行业属性
1	丰田汽车	7203	313,795	汽车	46	任天堂	7974	16,953	其他制造	91	东洋制罐	5901	8,215	金属制品
2	本田汽车	7267	145,526	汽车	47	三井化学	4183	16,126	化学	92	阿尔卑斯阿尔派	6770	8,028	电气机器
3	日立制作所	6501	102,646	电气机器	48	凸版印刷	7911	15,475	印刷	93	UACJ	5741	7,829	有色金属
4	索尼集团	6758	99,215	电气机器	49	川崎重工业	7012	15,008	运输机械	94	UNICHARM	8113	7,827	化学
5	日产汽车	7201	84,245	汽车	50	大塚控股	4578	14,982	制药	95	欧姆龙	6645	7,629	电气机器
6	松下控股	6752	73,887	电气机器	51	王子控股	3861	14,701	造纸	96	小糸制作所	7276	7,607	电气机器
7	日本制铁	5401	68,088	钢铁	52	日野汽车	7205	14,597	汽车	97	卫材	4523	7,562	医药品
8	电装	6902	55,155	汽车部件	53	LIXIL	5938	14,285	金属制品	98	基恩士	6861	7,551	电气机器
9	三菱电机	6503	44,767	电气机器	54	捷太格特	6473	14,284	机械	99	Rengo	3941	7,479	造纸
10	JFE控股	5411	43,651	钢铁	55	丰田纺织	3116	14,214	汽车部件	100	牧田	6586	7,392	机械
11	三菱化学控股	4188	39,769	化学	56	昭和电工	4004	14,196	化学	101	发那科	6954	7,330	电气机器
12	爱信精机	7259	39,174	汽车部件	57	花王	4452	14,187	化学	102	SMC	6273	7,273	机械
13	三菱重工业	7011	38,602	机械	58	大日本印刷	7912	13,441	印刷	103	兄弟公司	6448	7,109	电气机器
14	富士通	6702	35,868	电气机器	59	安斯泰来制药	4503	12,961	医药品	104	太平洋水泥	5233	7,082	土石制品
15	武田药品工业	4502	35,690	制药	60	住友金属矿山	5713	12,590	有色金属	105	三菱瓦斯化学	4182	7,056	化学
16	铃木汽车	7269	35,683	汽车	61	日本火腿	2282	11,743	食料品	106	泰尔茂	4543	7,033	精密机器
17	佳能	7751	35,133	电气机器	62	IHI	7013	11,729	机械	107	钟化	4118	6,915	化学
18	住友电气工业	5802	33,678	有色金属	63	积水化学工业	4204	11,579	化学	108	恩福油封	7240	6,825	汽车部件
19	东芝	6502	33,369	电气机器	64	味之素	2802	11,493	食料品	109	日清制粉集团	2002	6,797	食料品
20	普利司通	5108	32,460	橡胶轮胎	65	精工爱普生	6724	11,289	电气机器	110	横滨橡胶	5101	6,708	橡胶
21	马自达	7261	31,203	汽车	66	美蓓亚三美	6479	11,241	电气机器	111	藤仓	5803	6,703	有色金属
22	大金工业	6367	31,091	机械	67	日本制纸	3863	10,450	造纸	112	保谷（HOYA）	7741	6,614	精密机器
23	日本电气NEC	6701	30,140	电气机器	68	第一三共	4568	10,448	医药品	113	宇部兴产	4208	6,552	化学
24	小松制作所	6301	28,023	机械	69	资生堂	4911	10,351	化学	114	TOTO	5332	6,452	土石制品
25	住友化学工业	4005	27,653	化学	70	日立建机	6305	10,249	机械	115	NTN	6472	6,420	机械
26	斯巴鲁	7270	27,445	汽车	71	明治控股	2269	10,130	食料品	116	三井金属矿业	5706	6,333	有色金属
27	丰田自动织机	6201	27,051	汽车部件	72	中外制药	4519	9,997	医药品	117	可乐丽	3405	6,293	化学
28	富士胶片控股	4901	25,257	化学	73	日本涂料控股	4612	9,982	化学	118	大王制纸	3880	6,123	造纸
29	五十铃汽车	7202	25,142	汽车	74	瑞萨电子	6723	9,944	电气机器	119	荏原	6361	6,032	机械
30	夏普	6753	24,955	电气机器	75	日本酸素控股	4091	9,571	化学	120	板硝子	5202	6,005	玻璃
31	旭化成	3407	24,613	化学	76	住友重机械工业	6302	9,439	机械	121	日本发条	5991	5,869	汽车部件
32	东丽	3402	22,285	纤维	77	日立金属	5486	9,427	钢铁	122	三井E&S控股	7003	5,793	运输机械
33	久保田	6326	21,967	机械	78	住友橡胶工业	5110	9,360	橡胶制品	123	双叶产业	7241	5,721	汽车部件
34	神户制钢所	5406	20,825	钢铁	79	古河电气工业	5801	9,304	有色金属	124	日清食品控股	2897	5,697	食料品
35	信越化学工业	4063	20,744	化学	80	帝人	3401	9,260	纤维	125	住友大日本制药	4506	5,600	医药品
36	三菱汽车	7211	20,389	汽车	81	东曹	4042	9,185	化学	126	雪印惠	2270	5,584	食料品
37	东京电子	8035	20,038	电气机器	82	柯尼卡美能达	4902	9,114	电气机器	127	（株）岛野	7309	5,465	运输机械
38	日本电产	6594	19,181	电气机器	83	富士电机	6504	9,102	电气机器	128	尼康	7731	5,396	精密机器
39	TDK	6762	19,021	电气机器	84	爱沃特	4088	8,886	化学	129	大同特殊钢	5471	5,296	钢铁
40	京瓷	6971	18,389	电气机器	85	奥林巴斯	7733	8,688	精密机器	130	龟甲万	2801	5,164	食料品
41	村田制作所	6981	18,125	电气机器	86	日本精工	6471	8,651	机械	131	（株）大福	6383	5,122	机械
42	雅马哈发动机	7272	18,124	机械	87	DIC	4631	8,553	化学	132	日清纺控股	3105	5,106	纤维制品
43	三菱材料	5711	18,117	有色金属	88	日东电工	6988	8,534	化学	133	日本碍子	5333	5,104	土石制品
44	理光	7752	17,585	电气机器	89	DOWA控股	5714	8,317	有色金属		销售额合计		2,758,746	
45	AGC	5201	16,973	玻璃	90	丰田合成	7282	8,302	汽车部件				亿日元	

资料来源：日本金融厅 EDINET 系统《2022 年上市企业有价证券报告书》。

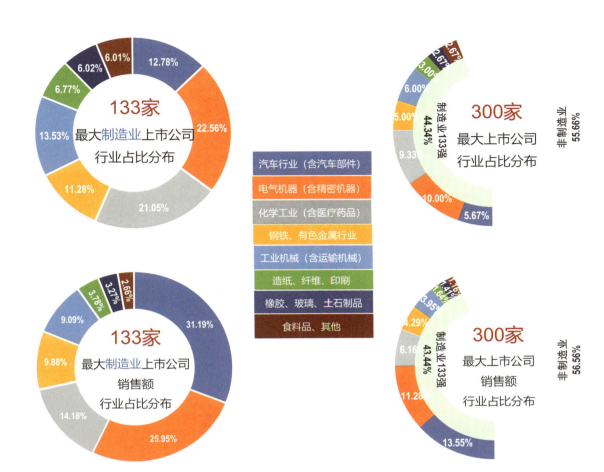

图例：
- 汽车行业（含汽车部件）
- 电气机器（含精密机器）
- 化学工业（含医疗药品）
- 钢铁、有色金属行业
- 工业机械（含运输机械）
- 造纸、纤维、印刷
- 橡胶、玻璃、土石制品
- 食料品、其他

133家 最大制造业上市公司 行业占比分布：12.78%、22.56%、21.05%、11.28%、13.53%、6.77%、6.02%、6.01%

300家 最大上市公司 行业占比分布：制造业133强 44.34%，非制造业 55.66%；2.67%、2.67%、3.00%、6.00%、5.00%、9.33%、10.00%、5.67%

133家 最大制造业上市公司 销售额 行业占比分布：31.19%、25.95%、14.18%、9.88%、9.09%、3.78%、3.27%、2.66%

300家 最大上市公司 销售额 行业占比分布：制造业133强 43.44%，非制造业 56.56%；2.44%、1.64%、3.95%、4.29%、6.16%、11.28%、13.55%

133 强最大制造业上市公司各行业入榜企业数量及前三企业

汽车行业（含汽车部件）				电气机器（含精密机器）				化学工业（含医疗药品）			
入榜数	前三企业			入榜数	前三企业			入榜数	前三企业		
17	1	丰田汽车	7203	313,795	30	3	日立制作所	6501	102,646	28	11	三菱化学控股	4188	39,769
	2	本田汽车	7267	145,526		4	索尼集团	6758	99,215		15	武田药品工业	4502	35,690
	5	日产汽车	7201	84,245		6	松下控股	6752	73,887		25	住友化学工业	4005	27,653

钢铁、有色金属行业				工业机械（含运输机械）				造纸、纤维、印刷			
入榜数	前三企业			入榜数	前三企业			入榜数	前三企业		
15	7	日本制铁	5401	68,088	18	13	三菱重工业	7011	38,602	9	32	东丽	3402	22,285
	10	JFE控股	5411	43,651		22	大金工业	6367	31,091		48	凸版印刷	7911	15,475
	18	住友电气工业	5802	33,678		24	小松制作所	6301	28,023		51	王子控股	3861	14,701

橡胶、玻璃、土石制品				食料品、其他			
入榜数	前三企业			入榜数	前三企业		
8	20	普利司通	5108	32,460	8	46	任天堂	7974	16,953
	45	AGC	5201	16,973		61	日本火腿	2282	11,743
	78	住友橡胶工业	5110	9,360		64	味之素	2802	11,493

资料来源：日本金融厅 EDINET 系统《2022 年上市企业有价证券报告书》。

d

224

图书在版编目(CIP)数据

日本制造业概览. 2022~2023 / 褚健主编. -- 北京：
社会科学文献出版社, 2022.12
　　ISBN 978-7-5228-1029-4

　　Ⅰ.①日… 　Ⅱ.①褚… 　Ⅲ.①制造工业-概况-日本
－2022-2023 　Ⅳ.①F431.36

　　中国版本图书馆CIP数据核字（2022）第203679号

日本制造业概览 2022~2023

主　　编 / 褚　健

出 版 人 / 王利民
组稿编辑 / 周　丽
责任编辑 / 徐崇阳
文稿编辑 / 李艳璐　张　爽　白　银
责任印制 / 王京美

出　　版 / 社会科学文献出版社·城市和绿色发展分社（010）59367143
　　　　　　地址：北京市北三环中路甲29号院华龙大厦　邮编：100029
　　　　　　网址：www.ssap.com.cn
发　　行 / 社会科学文献出版社（010）59367028
印　　装 / 北京盛通印刷股份有限公司

规　　格 / 开　本：889mm×1194mm　1/16
　　　　　　印　张：14.5　字　数：518千字
版　　次 / 2022年12月第1版　2022年12月第1次印刷
书　　号 / ISBN 978-7-5228-1029-4
定　　价 / 168.00元

读者服务电话：4008918866